Marta Kijowska

KURIER DER ERINNERUNG

MARTA KIJOWSKA

KURIER DER ERINNERUNG

DAS LEBEN DES JAN KARSKI

C.H.BECK

Gefördert aus den Mitteln
der Stiftung für deutsch-polnische Zusammenarbeit

Mit 39 Abbildungen

Gesetzt aus der Adobe Garamond Pro und der Frutiger bei: Janß GmbH, Pfungstadt
Druck und Bindung: Druckerei C.H.Beck, Nördlingen
Umschlagentwurf: Anzinger, Wüschner, Rasp, München
Umschlagabbildungen: © Stadtmuseum Lodz
Gedruckt auf säurefreiem, alterungsbeständigem Papier
(hergestellt aus chlorfrei gebleichtem Zellstoff)
Printed in Germany
ISBN 978 3 406 66073 3

www.beck.de

INHALT

Vorbemerkung ... 7

Marek Bieńczyk: *Der Große Erzähler* – Anstelle eines Vorworts ... 10

1. Der «Lodzermensch» – 1914–1931 ... 13
2. Nach Lemberg – 1931–1936 ... 31
3. Junger Diplomat – 1936–1939 ... 48
4. Der Kriegsausbruch – September–Oktober 1939 ... 64
5. Einstieg in die Konspiration – Oktober–Dezember 1939 ... 78
6. Angers und zurück – Erste und zweite Mission. Januar–Mai 1940 ... 93
7. In den Händen der Gestapo – Dritte Mission. Juni–Dezember 1940 ... 111
8. Arbeit im Untergrund – Ende 1940–Mitte 1942 ... 126
9. Der Augenzeuge – Sommer–Herbst 1942 ... 142
10. «Polnisches London» – Vierte Mission. Oktober 1942–Januar 1943 ... 159

Maria Kuncewiczowa: *Der Unbekannte* – Ein Intermezzo ... 177

11. Bei den Briten – Vierte Mission – Fortsetzung. Januar–Mai 1943 ... 186

12. Bis ins Weiße Haus – Fünfte Mission.
Juni–September 1943 .... **204**

13. Wieder in London – September 1943–Februar 1944 ... **224**

14. Der Bestseller – Sechste Mission.
Februar 1944–Anfang 1945 .... **239**

15. Das Kriegsende – 1945–1946 .... **256**

16. Der gute Amerikaner –
Mitte der 1940er–Mitte 1960er Jahre **272**

17. Pola – 1960er–1970er Jahre **289**

18. Der neue Ruhm – 1977–1990 .... **305**

19. Rückkehr nach Polen – 1991–1996 .... **323**

20. Die letzten Jahre – 1997–2000 .... **341**

Schattenkabinett – Eine Art Epilog................ **355**

Danksagung **357**

Anhang

Zitatquellen **361**

Bildnachweis **375**

Personenregister **376**

VORBEMERKUNG

Es gibt zwei Arten von Bekanntheit: Zu diesem Schluss kommt wohl jeder, der sich vornimmt, ein Buch über einen bekannten Menschen zu schreiben. Denn bevor er anfängt, muss er einen Ansatz finden – und damit sich selbst einige Fragen stellen: Was ist schon bekannt? Muss es noch einmal erzählt werden? In welchem Umfang? Auf welche Weise? Und nicht zuletzt: Ist das Unbekannte wirklich erzählenswert? Kurz: Wovon soll dieses Buch eigentlich handeln?

Zwei Arten von Bekanntheit also. Die eine: Die bekannte Person ist ständig im öffentlichen Bewusstsein präsent. Man kennt ihr Werk und die wichtigsten Fakten aus ihrem Leben, ihre Aussagen werden immer wieder zitiert, ihr Gesicht erkennt man auf den ersten Blick. Die andere: Sie erstarrt gleichsam in ihrem Bekanntsein, wirkt wie ein Denkmal ihrer selbst, dessen Inschrift man auswendig kennt, ohne über sie lange nachzudenken. Seltsamerweise trifft es am häufigsten die, die von der Aura eines Helden oder Märtyrers umgeben sind. Maximilian Kolbe? Der Mönch, der in Auschwitz für einen anderen Häftling in den Todesbunker ging. Janusz Korczak? Der Kinderarzt, der sich freiwillig mit seinen Waisenkindern nach Treblinka deportieren ließ. Jan Palach? Der Student, der in Prag …

Und Jan Karski? Gilt diese Art Bekanntheit auch für ihn? Ja und nein. Ja, weil auch er längst seine Kurzdefinition hat: «Der Kurier der polnischen Exilregierung, der vergeblich versuchte, die Alliierten über die Judenvernichtung zu informieren.» Noch kürzer: «Der Mann, der den Holocaust stoppen wollte.» Und nein, weil seine edlen Absichten und das entsprechende Kapitel seines Lebens kaum voneinander zu trennen sind: Er wollte, er versuchte, aber es gelang ihm nicht. Die Absichten sind mit den Taten (fast) identisch. Ergo: Der wichtigste Teil seiner Biographie ist ebenfalls bekannt.

Vielleicht sollte man es also dabei belassen? Mit Karskis Geschichte so wie der polnische Starreporter Ryszard Kapuściński umgehen? Als

1987 im Wochenblatt *Tygodnik Powszechny* das erste Nachkriegsinterview mit dem legendären Kurier erschien, notierte Kapuściński in seinem *Lapidarium*: «Interview mit Jan Karski über den Holocaust. In den Jahren 1942–43 berichtete er, als Kurier von Polen nach England und Amerika geschickt, dort über die massenhafte Vernichtung der Juden in Polen – was geschah, wie das vor sich ging. Doch keiner wollte ihm Glauben schenken! Es gibt eine Grenze, die die menschliche Vorstellungskraft nicht überschreiten will und kann.»[1] Weiter nichts. Dem sonst so wortgewandten Meister der nuancierten Beobachtung und kritischen Reflexion fiel zu Jan Karski nicht mehr ein. Aus Desinteresse? Oder weil damit wirklich schon alles gesagt ist, was man über diesen Mann wissen sollte?

Diesen Eindruck könnte man leicht gewinnen, wenn man die drei Bücher liest, die bislang auf Deutsch erschienen sind. Alle drei setzen sich nämlich entweder nur oder in erster Linie mit Karskis Kriegserlebnissen auseinander. Sein eigenes berühmtes Buch, *Story of a Secret State*, das erst 2011 einen deutschen Verleger fand, beschreibt nichts anderes: Es entstand während des Krieges und sollte propagandistischen Zwecken dienen. Der umstrittene Roman von Yannick Haenel, *Das Schweigen des Jan Karski* (dt. 2011), beschränkt sich ebenfalls auf das Kriegskapitel und hat zudem in seinem einzig wichtigen, weil wirklich eigenen Teil einen fiktionalen Charakter – die beiden anderen sind eine Nacherzählung von *Story of a Secret State* beziehungsweise von Claude Lanzmanns Interview mit Karski in dem Dokumentarfilm *Shoah*. Und das Buch von E. Thomas Wood und Stanisław M. Jankowski, *Einer gegen den Holocaust. Als Kurier in geheimer Mission* (dt. 1997), das gern als Biographie bezeichnet wird, erzählt in Wirklichkeit auch vor allem Karskis Kriegsabenteuer. Sein sonstiges Leben wird darin entweder nur sehr knapp oder gar nicht behandelt.

Muss man aber sein sonstiges Leben kennen? Oder, um Elie Wiesel zu zitieren: «War sein Leben eine faszinierende Geschichte?» Diese Frage stellte er vor zwanzig Jahren, als er das Vorwort zu der amerikanischen Ausgabe des Buches von Wood und Jankowski schrieb. Und er gab sich auch selbst eine Antwort: «Es war mehr als das: Sein Leben war ein Meisterstück an Mut, Integrität und Humanismus.»[2] Hat er damit Karskis ganzes Leben gemeint? So wird es wohl sein. Nur würde sich heute, in Anpassung an unsere unpathetische Zeit, eine stilistische

Abschwächung und eine Umkehrung anbieten. Etwas in der Art: Jan Karski hat immer sehr viel Mut und Integrität bewiesen und dabei ein faszinierendes, reiches Leben geführt.

Eben davon handelt dieses Buch.

M. K.

Marek Bieńczyk

DER GROSSE ERZÄHLER

Anstelle eines Vorworts

Wenn man ihn sieht und hört, spürt man in den Adern nur weiße Blutkörperchen der Stille fließen. Man kann nur zur Salzsäule werden, zu einem lauschenden Baum. Man ist ein Kind, dem zuliebe das Erzählen entstanden ist.

Jetzt ist er neunzig, und wenn er wieder mal erzählt, machen seine ungewöhnlich langen Arme und Beine chaotischere, weniger präzise Bewegungen, und der gebeugte Rumpf schiebt die Bilder und Wörter näher an die Erde heran. Sonst hat sich aber nichts geändert. Gar nichts: Seit einer Ewigkeit, seitdem ihm seine Mission anvertraut worden ist, scheint sein Leben die immer gleiche, nicht enden wollende Rezitation zu sein. Denn diese Mission heißt Erzählung, und sie hört – wie die Pilgerschaft des Ewigen Wanderers, wie die Fahrt eines Geisterschiffes – niemals auf. Wenn man ihn sieht und hört, versteht man, dass sie dazu entstanden ist, um fortzudauern. Auf dem außergewöhnlichen Foto von Krzysztof Gierałtowski ist er gleichzeitig im Diesseits und Jenseits, ewig jung (wie damals) und ein ewiger Greis (wie jetzt). Ewig lebendig und ewig tot, von diesen beiden Orten aus, des Lebens und des Todes, gleichzeitig sprechend. Doch es gehört sich nicht, dieses Gesicht zu interpretieren – das sollen diejenigen tun, die nicht mehr da sind.

«Der ehrlichste, einfühlsamste Augenzeuge, der edelste Gesandte der Kriegszeit», sagt Shoshana Felman über ihn, wenn sie seine ungewöhnliche Reise ins Innere des Ghettos analysiert. Wie er selbst erzählt, versuchte er, keine Notizen zu machen, sondern das, was man ihm zeigte und sagte, im Gedächtnis zu behalten. Er behielt nicht nur Wörter und Bilder, sondern auch Gesten, Stimmen und Sprecharten, so dass er, wenn er sie wiedergab – damals in London und Amerika oder sonst in irgendeinem Moment an irgendeinem Ort –, für die Länge eines Satzes, für die Dauer einer Geste, für den Klang einer Stimme zu denjenigen wurde, deren Worte er gerade wiederholte.

Die er wiederholt. Jedes Mal, wenn ich ihn hörte oder auf dem Bildschirm sah, erzählte er es noch einmal. Und auch beim letzten Mal, vor einem Jahr, als er für einen kurzen Moment in Warschau war, erzählte er es wieder – mit derselben unermüdlichen Energie, mit derselben Mimik und Geometrie der Gesten setzte er seine Mission fort. Der Schnee von einst ist tausendmal geschmolzen, von der Asche der Toten ist nicht einmal Staub geblieben, die Geschichte hat jene Vergangenheit längst geschluckt. Menschen, die ihm zuhörten und zu ihm sprachen, die hofften, verzweifelten, weinten, schrien, Forderungen stellten, Meinungen äußerten, um Erlösung flehten, sind vor einer Ewigkeit verschwunden. Doch er hat immer noch ihre Stimmen in seiner Kehle, ihre Blicke in seinen Augen, ihre Gesten in seinen Händen, und er hört nicht auf, über die Straßen jenes Warschaus zu laufen, hört nicht auf, hinter der Ghettomauer hervorzukommen (man muss ständig an den Augenblick denken, in dem er den Weg in die Stadt zurücklegte – dieser Augenblick ist alles), hört nicht auf, die vor einem halben Jahrhundert gehörten Worte hervorzubringen, denselben Strahl der Erzählung hinauszustoßen. Er läuft in einem Studio oder in einem Zimmer herum mit demselben Fieber, mit derselben heiligen Empörung und Bestürzung wie vor fünf, zwanzig, fünfzig Jahren; er schreit, flüstert, schnauft, er wiederholt seine Litanei, seine Klage, seine Erzählung.

Wenn er erzählt, gibt er keinen Kommentar ab, äußert keine eigene Meinung. Für den Bruchteil eines Augenblicks versetzt er sich in jeden seiner Gesprächspartner hinein, in jede Person, der er damals begegnet ist und die zu ihm gesprochen hat. In die Person oder besser: die Figur. Denn wenn ich ihm heute zuhöre, denke ich sofort an den Kern der Literatur, daran, wie ein Schriftsteller, entsetzt und Entsetzen säend, jedem seiner Helden etwas von sich gibt, ihn immer wieder in sein experimentelles «Ich» verwandelt.

Wie viel Zeit muss das Ereignis von dem Lied, die Furcht von der Schönheit, die Ohnmacht von der Erlösung, das Zeugnis von der Literatur trennen? Ich glaube, seine Erzählung über den zweifachen Besuch im Ghetto, von der Zeit getragen, von einer Sprache in die andere übergehend, erfährt im Laufe der Jahre eine Reinigung, gewinnt die Härte eines Kristalls, wird auf eine seltsame Weise zu einer immer höheren Poesie. Ihre Erhabenheit ist kein plötzlicher Höhenflug, wie im metaphysischen Lift eines Gedichts; sie entsteht in der langen Dauer dieser Erzählung wie eine klare Spur, die langsam, emsig aus dem dunklen Gewirr der Ereignisse sickert. Er war ein Zeuge und Berichterstatter dieser Ereignisse, ein Kurier jener Menschen und der einen bestimmten Mission. Jetzt ist er ein Kurier des Schicksals und der ewigen Mission, ein Wahrsager, der letzte Wahrsager dieses Krieges, der ihm unbemerkt, vermutlich ohne sein Wissen, einen anderen Befehl erteilt hat. Kein Leutnant mehr, sondern ein Rezitator, keine Meldung mehr, sondern der Geist der Erzählung, der, wenn er als Erlöser kommt, dann immer zu spät.

Wenn die Sterblichen unter sich einen Unsterblichen wählen könnten, dann sollte er es sein. Der Große Erzähler, der sein Lied beharrlich weiter singen, die gehörten Worte, diese kleinen Klumpen des Entsetzens, in jede Zukunft übertragen wird. Der große, große Jan Karski.

Marek Bieńczyk (geb. 1956), Prosaschriftsteller, Essayist und Übersetzer aus dem Französischen. *Der Große Erzähler* (Übers. Marta Kijowska) stammt aus dem Essayband *Das Gesichtsbuch*, für den er 2012 mit dem renommierten Nike-Preis ausgezeichnet wurde.

1

DER «LODZERMENSCH»

1914–1931

Sie nannten ihn den «Baumwollkönig», und wie es sich für einen König gehört, besaß er mehrere Residenzen, eine prachtvoller als die andere. In der prachtvollsten von ihnen, einem Palais, das er – der Lodzer Textilunternehmer Israel Poznański – für sich und seine Familie im Jahre 1888 bauen ließ, befindet sich heute das Stadtmuseum Lodz. Aus seiner Fabrik sind ein Luxushotel und ein riesiges Einkaufzentrum geworden. Dass die «Manufaktur», wie der Baukomplex nun heißt, direkt neben dem Palais steht, ist nichts Ungewöhnliches – in den Jahren 1870 bis 1890 entstanden in Lodz viele solcher Areale: Den Anfang machte die Fabrik, dann ließ der Besitzer Häuser für seine Arbeiter und zum Schluss eine Residenz für sich bauen.

Auch im Falle Poznańskis war es nicht anders: Zunächst übernahm er 1852 die kleine Textilhandelsfirma seines Vaters Kalman und schuf aus ihr nach und nach ein riesiges Imperium. Und dann begann er mit dem Bau des Palais, der in einigen Phasen verlief und erst 1903 abgeschlossen wurde. Herausgekommen ist eine imposante Stadtresidenz, in der Jugendstil, Neobarock und Neoempire aufeinanderprallen. Schon das Treppenhaus, das als Kulisse in Andrzej Wajdas Film *Das gelobte Land* diente, weckt Ehrfurcht, geschweige denn die anderen Räume: der riesige Ballsaal, der Speiseraum mit den kostbaren Vertäfelungen, Bildern und Skulpturen, die unzähligen kleinen Salons oder der Wintergarten mit der hohen Glaskuppel.

Gemessen an der pompösen Pracht des ganzen Hauses, wirkt das Zimmer, das sich gleich in der Nähe des Eingangs befindet, ziemlich klein und bescheiden. Man könnte es glatt übersehen, wäre da nicht das Schild an der Tür, das eine kleine eigene Welt verspricht: das «Jan-Karski-

Kabinett». Deplatziert wirkt es in dieser Umgebung allerdings nicht. Es gibt hier mehrere solcher Welten, die im Laufe der Jahre – das Museum existiert seit 1975 – entstanden sind: die der Schriftsteller Władysław Reymont, Julian Tuwim und Jerzy Kosiński, der Musiker Arthur Rubinstein und Aleksander Tansman, des Übersetzers Karl Dedecius oder des Arztes und Ghettoaufstandanführers Marek Edelman. Der Letztere wurde zwar nicht in Lodz geboren, doch eine Berühmtheit dieser Stadt, in der er die gesamte Nachkriegszeit verbrachte und mit großem Erfolg Scharen von Herzpatienten behandelte, ist er allemal.

Mit Ausnahme von Rubinstein und Reymont hat jeder der Genannten nur einen, maximal zwei Räume für sich. Das gibt ihren «Kabinetten», in denen alles Platz finden musste, was an persönlichen Erinnerungsstücken aufzutreiben war, einen umso intimeren Charakter. So wirkt auch das Karski-Kabinett: Die Möbelstücke, die seine Einrichtung bilden, stammen aus seiner Washingtoner Wohnung und sind auf den ganzen Raum verteilt: am Fenster und an den Wänden Schreibtisch, Stühle, Sessel, Kommode und Vitrinen, in der Mitte ein riesiges, lachsfarbenes Sofa, daneben zwei kleine Beistelltische. Darauf zwei Alben mit Fotos von seiner Asienreise in den Jahren 1966/67, eine zusammengefaltete US-Fahne, eine Ausgabe der *Daily News* vom August 1945, eine halb gerauchte Zigarre, ein paar leere Cognac-Fläschchen. In den Vitrinen zahllose Dokumente, Diplome, Orden, Medaillen, Briefe und Fotos, die ihn mit bekannten amerikanischen und polnischen Persönlichkeiten zeigen. Auf der Kommode ein großes Foto seiner Frau, der Tänzerin Pola Nireńska.

Dieser Raum sei eine Mischung aus seinem Arbeitszimmer und dem Zimmer seiner Frau, erklärte Professor Karski, als er ihn kurz vor seinem Tod besuchte. Natürlich nur in fragmentarischer Form: «Wir hatten immer große Wohnungen», erzählte er, «weil meine Frau eine riesige eigene Büchersammlung hatte. So war auch unsere letzte Wohnung in Washington. Ich musste zwei nebeneinander liegende Appartements kaufen und die Wand dazwischen einreißen, denn eines war im Grunde nur für Polas Bibliothek gedacht.»[1]

Die wenigen Bücher, die sich im Lodzer «Kabinett» in einer kleinen Wandvitrine befinden, darunter Originalausgaben von Shakespeare, Goethe und Schiller, stammen zwar aus seiner Sammlung, dafür sind die meisten Bilder von seiner Frau gekauft worden. So hängen sie auch vor allem in Polas Ecke, an der Wand hinter dem Sofa. «Manche verstehe ich gar nicht», gab der Professor damals zu. «Diese Farben, diese impressionistischen Formen … Das hier zum Beispiel» – er zeigte auf ein anonymes, mit *Orchester* übertiteltes Bild – «hat sie bei einem Washingtoner Galleristen gekauft. Sie hatte überhaupt kein Geld und musste es in Raten bezahlen. Es dauerte Monate, bis es wirklich ihr gehörte.»[2] Dann blieb er vor einem Aquarell mit dem Titel *Warschau* stehen und verkündete stolz, es sei ein Geschenk des Präsidenten Kwaśniewski gewesen: «Ich kam nach Warschau von dem Gedanken besessen, wie wichtig es sei, stabile Beziehungen mit Russland zu haben. Wir sollten nichts verkomplizieren, alles tun, um ein gutes Verhältnis zu dem mächtigen Nachbarn aufzubauen. Ein stabiles, wohlhabendes und demokratisches Russland sei in unserem Interesse, weil wir ja auch eine Demokratie haben wollen. Das sagte ich zu Kwaśniewski, der damals noch kein Präsident, sondern Chef der parlamentarischen Linken war. Und er sah mich verdutzt an und antwortete: ‹Herr Professor, verstehen Sie denn nicht, dass ich der Letzte bin, der das öffentlich sagen kann?› Dann lachten wir beide, und er schenkte mir dieses Bild.»[3] Am meisten mochte Jan Karski aber die Bilder, die seine Frau darstellten. Das Porträt mit Hund von Eliasz Kanarek oder die Zeichnung von Feliks Topolski. Er nahm sie immer mit, wenn er für längere Zeit verreiste.

Sein eigenes Porträt, das von Janusz Olszewski stammt, hängt an der gegenüberliegenden Wand, über dem Schreibtisch. Da sind auch die meisten seiner persönlichen Gegenstände versammelt: eine Lampe mit integrierter Uhr, ein Telefon mit goldener Wählscheibe, ein Rosenkranz, ein Hochzeitsfoto von ihm und Pola. Und ein zweites Foto aus dem Jahre 1951, das einen eleganten Herrn mittleren Alters darstellt. Es ist Jan Ciechanowski, der polnische Botschafter im Washington der Kriegsjahre, und die Widmung lautet: «Dem lieben Freund Jan Karski, zur Erinnerung an unsere Zusammenarbeit». Doch er war viel mehr als ein Vorgesetzter und Mentor: «Er war wie ein Vater zu mir»[4] – so Karskis Kommentar, der auch erklärt, warum das Profil des Trauzeugen auf seinem Hochzeitsbild einem bekannt vorkommt.

Und da liegt schließlich dieser besondere Brief, den er im September 1999, eine Woche vor der Eröffnung seines Lodzer Kabinetts, schrieb. Ein Brief an sich selbst:

Jan Karski, Ph. D.
Professor (Em.)
Georgetown University
School of Foreign Service

An
Herrn Jan Kozielewski
ul. Ogrodowa 15
91–065 Lodz

23. September 1999

Mein Lieber,

endlich kann ich dir nach Jahren wieder an eine Lodzer Adresse schreiben. Ich hätte niemals gedacht, dass es dazu kommen könnte …

Du kehrst dorthin zurück, wo du hergekommen bist – in die Stadt deiner glücklichen und stolzen Jugend.

Mensch, was war los mit dir seit jenem Tag im August 1931, als du an der Station «Lodz Fabryczna» in den Zug gestiegen warst? Wo hatte er dich hingebracht?

Der Regen zieht mich immer wieder
Hinaus … Doch nicht zur Avenida.
Zu meiner Lodzer Magistrale,
Stets auf und ab, wohl hundert Male.[5] *

Warschau, Wilna, Lemberg, Krakau … Paris, London, New York, Washington, Caracas, Washington …

Der Dichter Tuwim hatte recht. Hatte er?

Ich fahre hin, um dich zu treffen. Die Adresse, an die ich dir schreibe, soll ab dem 1. Oktober 1999** gelten. Vielleicht kommt mein Brief rechtzeitig an?

Vielleicht erkennen wir einander nach Jahren wieder?

Dein (?) Jan [6]

---

* Das Zitat stammt aus Julian Tuwims Exilpoem *Polnische Blumen* (Übers. Karl Dedecius). Die Avenida Atlantica ist die Strandstraße von Copacabana, einem Stadtteil Rio de Janeiros, wo Tuwim (1894–1953) mit der Arbeit an dem Poem begann.

** Das Jan-Karski-Kabinett wurde am 2. Oktober 1999 eröffnet.

Die Familie Kozielewski: In der Mitte Vater Stefan Kozielewski, rechts Mutter Walentyna Kozielewska, stehend links Bruder Marian

Lodz also. Die «Stadt seiner glücklichen und stolzen Jugend». Oder besser: Die Stadt, in der er den Großteil jener Zeit verbrachte, in der er «stolz, glücklich und entsetzlich dumm» war. Beide Formulierungen wiederholte Jan Karski im hohen Alter sehr oft. Dafür äußerte er sich leider kaum zu seinem Geburtsdatum, zu der Frage also, warum der auch von ihm angegebene 24. April immer wieder bestritten und stattdessen der 24. Juni des Jahres 1914 genannt wird. Weil er es für unwichtig hielt? Oder um den Gerüchten, schuld an diesem Durcheinander seien formelle Versäumnisse, die sich aus der Trinkfestigkeit seines Vaters ergeben hätten, keine neue Nahrung zu geben? Wie dem auch sei: Laut Geburtsschein wurde Jan Romuald Kozielewski, wie sein richtiger Name lautete, am 24. April 1914 in Lodz als achtes und jüngstes Kind von Stefan Kozielewski und seiner Frau Walentyna, de domo Burawska, geboren.

Jan Karski: *An meinen Vater kann ich mich kaum erinnern, weil er zu Beginn meiner Gymnasialzeit starb. Er hatte einen kleinen Betrieb, der verschiedene Sachen aus Leder produzierte und auch verkaufte: Sättel, Handtaschen und so weiter. Ich stand aber in erster Linie unter dem Einfluss der Mutter. Sie war zutiefst religiös. Ich liebte sie sehr.*[7]

Erstaunlicherweise (als Historiker hätte er einige Nachforschungen anstellen können) wusste Karski bis zum Schluss nur wenig über seine sonstigen Vorfahren zu berichten. Weder woher sie kamen, noch welche Lebensläufe sie hatten. Aus seinen spärlichen Auskünften kann man nur schließen, dass es eine Familie mit bürgerlich-adligen Wurzeln und patriotisch-militärischer Tradition war. Die Großeltern der Mutter waren treue Soldaten Napoleons. Der Großvater väterlicherseits, Andrzej Kozielewski, nahm am «Januaraufstand» von 1863/64 teil und musste nach dessen Zerschlagung nach Frankreich fliehen.

Woran Stefan Kozielewski starb, bevor sein jüngster Sohn ihn richtig kennenlernen konnte, ist auch nicht bekannt. Alles, was man über ihn weiß, sind sein Beruf und seine Geburtsdaten – er wurde 1871 in Zadzim, einem ca. fünfzig Kilometer westlich von Lodz gelegenen Dorf, geboren. Walentyna Kozielewska war drei Jahre jünger als ihr Mann und stammte ebenfalls aus der Lodzer Gegend – aus der nördlich gelegenen Kleinstadt Stryków. Der Sattlerbetrieb der Familie wurde von den meisten, Karski eingeschlossen, als klein und unbedeutend bezeichnet. Nur seine Cousine väterlicherseits, Jadwiga Lenoch-Bukowska, widersprach dem energisch. Die muntere alte Dame, die 2012 ihren 100. Geburtstag feierte und sich dabei bester Gesundheit erfreute, musste es schließlich wissen: Ihr Vater und Stefan Kozielewski waren Brüder, und sie und Jan verbrachten als Kinder viel Zeit zusammen.

Jadwiga Lenoch-Bukowska: *Wir waren ungefähr im gleichen Alter. Und wir wohnten nicht weit voneinander – seine Familie in der Kiliński-, meine in der Sienkiewicz-Straße. Mein Vater war Maler. Er hat unter anderem die Hl.-Kreuz-Kirche ausgemalt, in der wir beide getauft wurden. Und Jans Vater hatte ein Geschäft mit Lederwaren. Ein großes Geschäft. Der Familie ging es gut, auch nach seinem Tod, weil er für sie entsprechend vorgesorgt hatte.*[8]

Seine sechs Brüder und einzige Schwester, von der seine Mutter oft gesagt haben soll, sie bereite ihr mehr Kummer als alle sieben Söhne zusammengenommen, kannte Jan übrigens auch kaum: Zwei Brüder waren vor seiner Geburt gestorben, und die anderen Geschwister hatten das Elternhaus früh verlassen, manchmal unter sehr abenteuerlichen Umständen. Ein Bruder etwa wollte Matrose werden, lief von zu Hause

Die Geschwister Marian, Laura und Cyprian Kozielewski in den 1920er Jahren

weg, ging zur See und emigrierte später nach Südamerika. Ein anderer – Marian, der älteste von allen – setzte seinen Traum, der 1. Brigade der Polnischen Legionen unter Józef Piłsudski beizutreten – einer Formation, die im Ersten Weltkrieg in Galizien an der Seite der Österreicher gegen die Russen kämpfte –, auf eine Weise um, die Familiengeschichte machte.

Jan Karski: *Genau zu dem Zeitpunkt, als mein Bruder ins Gymnasium kam, begann Piłsudski, seine Legion zu gründen. Mutter wusste, dass er von zu Hause ausreißen und sich ihr anschließen wollte, deshalb versteckte sie seine Schuhe. Also floh er nachts in seinen Hausschuhen. Das erzählten mir ehemalige Legionäre Jahre später in Paris. Sie sagten, da sei plötzlich so ein Bursche aufgetaucht, der an den Füßen nur irgendwelche Latschen hatte, mit einer Schnur zusammengebunden. Sie lachten über ihn und führten ihn zu dem Kommandanten. Und Piłsudski zog ihn am Ohr und sagte, man solle immer auf seine Mutter hören. Sein Adjutant wurde aber angewiesen, die Daten des neuen Freiwilligen aufzunehmen.*[9]

Der achtzehn Jahre ältere Marian war für Jan eine Art Vaterersatz und seine große Autorität. Am wichtigsten aber war die Mutter. Auch sie gehörte zu den Anhängern Piłsudskis – wie die ganze Familie Kozielewski und wie unzählige andere Familien in Lodz. Polens Rückkehr auf die Landkarte Europas (1918) «war in der öffentlichen Meinung bald identisch mit der persönlichen Leistung Piłsudskis und er selbst eine nationale Legende. Als Freiheitskämpfer, politischer Kopf und Wille, als erfolgreicher Neugründer des Staates»[10], erinnert sich Karl Dedecius. Von Frau Kozielewska aber wurde Piłsudski geradezu vergöttert. Sie nannte ihn nie anders als «unser Landesvater», wörtlich: «Vater des Vaterlandes» (*ojciec ojczyzny*), und ließ auf diese pathetische Umschreibung oft Ermahnungen folgen, Jan solle sich seiner würdig erweisen. Und da er auch ihre tiefe Religiosität teilte, gute Manieren hatte und sich niemals mit anderen Kindern schlug, wurde er in der Schule oft als Muttersöhnchen gehänselt. Diese Sticheleien störten ihn aber wenig – das Lob der Mutter war ihm wichtiger.

Und die Stadt? Das im 19. Jahrhundert erworbene Etikett «Manchester des Ostens» konnte sie immer noch mit Erfolg verteidigen. Schön war sie aber wohl nicht. Oder doch? Auf diese Frage hatte Professor Karski meistens eine Antwort parat: Die Stadt sei genau so gewesen, wie Andrzej Wajda sie in *Das gelobte Land* dargestellt habe.

Jan Karski: *Das ist ein ausgezeichneter Film. Er gibt genau das Lodz wieder, das ich aus meiner Schulzeit kenne. Dieses Theater, diese Geschäftsleute, diesen Luxus, oft im schlechten Stil. Und dann die wirklich imponierenden Errungenschaften von Lodz. Die Stadt ist ja innerhalb von fünfzehn oder zwanzig Jahren entstanden. Es kam eine Gruppe von Juden und Deutschen, und sie schufen diese Industriestadt Lodz aus dem Nichts.*[11]

Genau genommen waren im Zuge der Industrialisierung mehrere ethnische Gruppen hierher gekommen, allen voran Deutsche, Polen, Russen und Juden. Um 1820 zählte der Ort gerade mal 800 Einwohner, doch durch den Beschluss der russischen Regierung, ihn in ein Textilzentrum umzuwandeln – die geographische Lage und die waldreiche Gegend sprachen dafür –, änderte sich diese Zahl sehr schnell. Die günstigen Ansiedlungsbedingungen, das reichlich fließende Kapital, die ein Jahr später erhaltene Bezeichnung Fabrikstadt – all das sorgte für eine rasante Entwicklung. «Manche begannen mit einem Webstuhl und waren fünfzig Jahre später Herren eines Industrieimperiums mit tausend Arbeitern», schreibt Karl Dedecius voller Bewunderung. «Sie bewohnten Paläste wie die Fürsten, bauten Arbeitersiedlungen, unterhielten Schulen, Kirchen, Theater, Krankenhäuser, gründeten Kunst- und Musikvereine und erwirtschafteten ein Milliardenvermögen, das der Stadt zugutekam.»[12] Damit meint er wohl vor allem Industriebarone wie Ludwig Geyer, der 1828 die erste bedeutende Fabrik eröffnete. Oder wie Karl Scheibler, der 1854 mit einem belgischen Pass und einer einzigen Dampfmaschine in die Stadt kam, um nur sechzehn Jahre später dem bereits erwähnten Israel Poznański den Titel des Baumwollkönigs streitig zu machen: Er kaufte ein riesiges Gebiet (heute «Pfarrers Mühle» genannt) und baute darauf ein Textilimperium auf, das in Europa seinesgleichen suchte. Ihrem Beispiel folgten weitere Unternehmer und machten aus der einstigen Kleinstadt eine Metropole, deren Einwohnerzahl um 1914 eine halbe Million erreichte.

Professor Karski erinnerte sich aber auch an ein anderes Lodz – das aus der Zeit seiner frühesten Kindheit, unmittelbar nach dem Ersten Weltkrieg. In den Kriegsjahren war die Stadt unter deutscher Besatzung geblieben, was zwar keine Zerstörungen, aber einen für die Textilindustrie fatalen Zustand zur Folge gehabt hatte: Die Fabriken hatten still gestanden, ein Großteil ihrer Einrichtung und die zuletzt produzierten Waren waren konfisziert und nach Deutschland gebracht worden. Und als der Krieg beendet und ein Großteil der Deutschen weggezogen war, dauerte es ziemlich lange, bis Lodz unter der neuen, polnischen Verwaltung wieder zu sich kam und die Produktion der Fabriken auf vollen Touren lief. In der Stadt herrschte also große Armut, viele Familien litten Hunger, die protestierenden Sozialisten machten der Bezeichnung «das rote Lodz» alle Ehre, und Jans religiöse Mutter hielt den amerikanischen Präsidenten Hoover – den Herrn Hofer, wie sie ihn nannte – für einen Heiligen, weil er die polnischen Kinder mit Schmalz versorgte. Die Straßen waren dreckig, die Häuser heruntergekommen, und die fehlende Kanalisation bewirkte, dass in der Luft oft ein entsetzlicher Gestank hing. Die Familie Kozielewski musste ihn jeden Morgen einatmen: Sie wohnte im Erdgeschoss eines Mietshauses in der Kiliński-Straße, in der um fünf Uhr in der Früh ein Jauchewagen vorbeifuhr.

Im Grunde war es immer noch so, wie während der Kindheit des um gut zwanzig Jahre älteren Arthur Rubinstein, der Lodz als «eine denkbar ungesunde und unhygienische Stadt» in Erinnerung behielt: «Weder gab es Anlagen und Grünflächen, noch gab es Alleen oder Spielplätze. Es gab überhaupt nichts von alledem, was für das Wohlbefinden von Kindern nötig ist. Die Luft war gesättigt mit Abgasen der chemischen Industrie, Heizungsqualm schwärzte den Himmel, und ein Spaziergang durch die überfüllten Straßen der Stadt brachte keine Erholung.» Dennoch hätten er und seine Freunde die Stadt geliebt und in ihr eine Art Riesenspielplatz gesehen: «Die Fabriken waren für uns Burgen mit ragenden Türmen; russische Polizisten waren Menschenfresser, und die Straßenpassanten verkleidete Prinzen und Prinzessinnen.»[13]

Nicht anders wird es Jan und den Kindern aus seiner Nachbarschaft ergangen sein. Das Haus, das aus dem Vorderhaus, zwei Flügeln und einem Innenhof bestand, muss sich bestens zum Versteckspielen geeignet haben. Und es gab noch etwas, was für die anderen eine Attraktion und für ihn eine gute Lebensschule war:

Jan Karski: *Wir wohnten in einem Haus mit vorwiegend jüdischen Mietern. Zum Laubhüttenfest Sukkot bauten sie im Hof Hütten aus Zweigen, in denen sie fast den ganzen Tag verbrachten. Und kleine Jungs machten sich einen Spaß daraus, zu versuchen, mit toten Ratten in diese jüdischen Zelte hineinzutreffen. Sobald eine Ratte in einem Zelt gelandet war, löste dies empörte Schreie bei den Juden und einen Ausbruch der Freude bei den Jungs aus. Meine Mutter befahl mir, sie davonzujagen. Also jagte ich sie davon. Ihrer Überzeugung nach hatten sie eine Sünde begangen.*[14]

Die Religiosität der Mutter beinhaltete nämlich auch die Toleranz anderen Religionen gegenüber. Sie habe immer gesagt, so Karski, es gebe nur einen Gott, doch jede Religionsgruppe, die Christen, die Juden, die Muslims, stelle ihn sich unterschiedlich vor. Wo diese Unterschiede lagen, konnte man nirgendwo besser studieren als in der Vielvölkerstadt Lodz. Und bei den Juden, der am schnellsten wachsenden Gemeinde, hatte man auch besonders oft Gelegenheit dazu.

Sie wurden zunächst durch ein Dekret des Zaren, das ihnen die Ansiedlung in allen polnischen Städten unter seiner Herrschaft erlaubte (1848), dann durch die Aufhebung des russischen Grenzzolls (1850) und schließlich durch die Pogrome in Russland und im habsburgischen Galizien hierher getrieben. Laut Israel J. Singer, der in seinem Roman *Die*

Brüder Aschkenasi (1933) das Lodzer Judentum meisterhaft porträtiert, gelang ihnen der Aufstieg oft um einen hohen Preis: «Die ersten Juden, denen erlaubt worden war, Webereiwerkstätten zu eröffnen, hatten das nur erreicht, weil sie die Gojim nachahmten und vor den Behörden katzbuckelten.»[15] Aber er gelang, obwohl auch die deutschen Handwerker von Anfang an alles taten, um ihre Handlungsfreiheit zu begrenzen. Vor dem Ausbruch des Ersten Weltkriegs befanden sich schon über 170 Fabriken in jüdischer Hand, und in der Zwischenkriegszeit bildeten sie ein Drittel der Bevölkerung. «Sie hatten ihre Bibliotheken, Theater, vier Zeitungen und drei Gymnasien», protokolliert in seinem *Memorbuch* der auch aus Lodz stammende polnisch-amerikanische Schriftsteller Henryk Grynberg. «Eines davon wurde von Jizchak Katzenelson geleitet, der es schaffte, den *Großen Gesang vom ausgerotteten jüdischen Volk* zu schreiben, bevor er selbst in Auschwitz ermordet wurde.»[16]

Als würde sie die nahende Katastrophe ahnen, verlangte Walentyna Kozielewska stets von ihrem Sohn, den Juden gegenüber besonders freundlich und hilfsbereit zu sein. Und das konnte er nicht nur in der Nachbarschaft, sondern auch in der Schule praktizieren – als Erstes in der Grundschule Nr. 4 in der Targowa-Straße 14, die er seit 1920 besuchte. Er war zwar erst sechs Jahre alt, als er eingeschult wurde, das hinderte ihn aber nicht daran, in kurzer Zeit zu einem der besten Schüler zu werden. Bald konnte er nicht nur lesen und schreiben, sondern auch auffallend lange Passagen aus den Werken polnischer Klassiker aus dem Gedächtnis aufsagen – eine Gabe, die ihm im späteren Leben unschätzbare Dienste erweisen sollte.

Die Schule wurde von den Jesuiten geführt, was Jans Religiosität nicht nur verstärkte, sondern auch gewissermaßen kanalisierte: Er trat der *Solidacja Mariańska* (*Congregatio Mariana*) bei, einem Bund, der seine Wurzeln in Rom hatte und in Polen sehr viele Anhänger fand. Der Marienkult, der ohnehin bis heute als Grundidee des polnischen Katholizismus gilt, wurde damals oft mit einem Eifer praktiziert, der an Fanatismus grenzte. Denn ähnlich wie im 17. Jahrhundert, als sie die Mutter Gottes aus Dankbarkeit für den Sieg über die protestantischen Schweden zur «Königin Polens» ausriefen, hatten die Polen auch diesmal allen Grund, dankbar zu sein: Die über ein Jahrhundert währende Teilung des Landes war beendet, die von Generationen erträumte Unabhängigkeit seit 1918 endlich wieder politische Tatsache.

Der achtjährige Jan mit seinem älteren Bruder Edmund

Nach einem weiteren Beispiel der exzessiven Marienverehrung – und einer Parallele zu Jans damaliger Situation – braucht man nicht lange zu suchen: Auch für den jungen Maximilian Kolbe, den späteren Märtyrer von Auschwitz, wurde sie einige Jahre zuvor zur treibenden Kraft seines Lebens. Auch er verehrte seine Mutter umso mehr, als er den Vater, der übrigens Fabrikarbeiter in Lodz gewesen war, frühzeitig verloren hatte. Und auch seine Haltung hatte bis zu einem gewissen Grad in Rom ihren Ursprung, wo er im Kolleg San Teodore studierte und laut seinem Biographen Walter Heinrich ein Schlüsselerlebnis hatte: Er wurde Zeuge einer antikirchlichen Demonstration, bei der eine Gruppe Jugendlicher gegen die Mutter Gottes hetzte, und griff sofort ein. «Wer die Madonna verhöhnt, verhöhnt das Beste, das er hat – in sich selber hat und in allen, mit denen er lebt.»[17] So oder ähnlich soll seine Belehrung gelautet haben. Drei Monate später rief er die *Militia Immaculatae* ins Leben, eine Organisation, deren Mitglieder sich als «Soldaten der Unbefleckten» verstanden und ihr mit ihrer ganzen Kraft dienen wollten.

Eine ähnlich militante Bezeichnung benutzte Karski noch Jahre später, wenn er von seiner Mitgliedschaft in der *Solidacja* sprach: Er und seine Freunde hätten sich als «Mariensoldaten» begriffen und ihre martialische Rolle sehr genossen. Als er allerdings einmal von den rigorosen Empfehlungen ihres Mentors, Pater Albertyn, erzählte, konnte er seine Belustigung kaum verbergen:

Jan Karski: *Kein Alkohol, kein Nikotin, kein Umgang mit Mädchen. Man solle sie höflich behandeln – sie seien schließlich auch Menschen –, aber sich von ihnen möglichst fernhalten. «Adam war so ein reiner, hübscher Junge. Und wer war an der Sünde schuld, die uns bis ans Ende der Welt verfolgen wird? Eva! Sie war daran schuld», ereiferte er sich. Wir hatten keine Ahnung, was diese Eva eigentlich getan hat. Nur ein Junge, der zwei oder drei Jahre älter war, meinte: «Und ich weiß es, aber ich sage es euch nicht, denn ihr seid alle noch Rotznasen!»*[18]

Diese Wissenslücken dürfte Jan spätestens dann geschlossen haben, als er im September 1926 Schüler eines städtischen Männergymnasiums wurde. Die Schule war seit fünf Jahren nach seinem Idol Józef Piłsudski benannt – in Würdigung einer Episode aus dem Ersten Weltkrieg, an die eine Tafel am Eingang bis heute erinnert:

In diesem Gebäude waren im Oktober 1914 Offiziere
des 1. Infanterieregiments der Polnischen Legionen
von Józef Piłsudski stationiert. Als «Kommandantur
der polnischen Armee» hatten sie die Aufgabe, ein Bataillon
der Freiwilligen aus dem Lodzer Bezirk zu organisieren.

Gute Kenntnisse der eigenen Geschichte waren nicht das Einzige, was von den polnischen Gymnasiasten selbstverständlich erwartet wurde. Im Fieber der Staatsneugründung waren die meisten Schulen bemüht, nicht nur für umfassende Bildung, sondern auch für die richtige Erziehung ihrer Schüler zu sorgen, ihnen humanistische Werte und moralische Grundsätze zu vermitteln: Freiheit des Denkens und des Glaubens, gesellschaftliche Toleranz, Patriotismus, soziales Engagement etc. Nicht anders war es im Lodzer Piłsudski-Gymnasium. Hier galten vor allem zwei erzieherische Regeln, und eine davon lag dem Direktor der Schule, Leon Starkiewicz, besonders am Herzen.

Jan Karski: *Jedes Mal, wenn er eine Rede hielt, sprach er von der sozialen Gerechtigkeit, davon, dass wir später, wenn wir älter werden, uns um Arme und Schwache kümmern sollen.*[19]

Die Häufigkeit dieser Ermahnungen mag seine Schüler manchmal irritiert haben, doch Direktor Starkiewicz sprach nicht nur davon, er lebte es ihnen auch vor: In den dreiundzwanzig Jahren unter seiner Leitung (1916–1939) erwarb sich das Gymnasium den Ruf einer Schule, an der Kinder aus ärmeren Familien besonders gut behandelt wurden.

Das andere Lieblingsthema des Direktors war der berühmte Dichter Julian Tuwim – als Absolvent des Gymnasiums, den man sich zum Vorbild nehmen solle, und als Autor von Lyrik, die in besonderem Maße die Schönheit der polnischen Sprache beweise. Tuwim war der Sohn eines jüdischen Buchhalters, und seine Familie wohnte in Jans Nachbarschaft, in der Kiliński-Straße. Eine Bekanntschaft konnten sie aber damals nicht schließen: Zu diesem Zeitpunkt war der um zwanzig Jahre ältere Tuwim längst in Warschau und genoss seinen Ruhm als Koryphäe der «Skamandriten», einer Dichtergruppe, die in der damaligen literarischen Szene den Ton angab. Der Kern der Gruppe bestand aus fünf Lyrikern, doch er galt als der brillanteste von ihnen. So schätzten ihn jedenfalls mehrere Lodzer Gymnasiallehrer ein, denn auch Karl Dedecius erinnert sich, von seinem Polnischlehrer den Rat bekommen zu haben: «Lies Tuwim. Sein Polnisch ist eine Fundgrube. Er ist zwar Jude, aber keiner dichtet bei uns heute natürlicher, kraftvoller als er.»[20]

Woher diese Kraft kam, konnte Jan mit seinen neuen Schulfreunden ausgiebig diskutieren, denn, ähnlich wie in der Grundschule, gab es auch diesmal unter ihnen viele Juden – die Brüder Fuchs, Kuba Przytycki, Lejb Ejbuszyc, Sasza Goldberg und viele andere.

Jan Karski: *Mit Juden verband mich eine besonders herzliche Freundschaft. Warum mit Juden? Weil ich furchtbar schlecht in Mathematik, Physik und Chemie war. Dafür war ich gut in Geschichte und Polnisch. Und für sie war Geschichte mit all den Schlachten, dynastischen Ehen, legalen und illegalen Ehefrauen völlig uninteressant. Also half ich ihnen in Geschichte, polnischer Literatur und Grammatik und verbesserte auch oft ihren Akzent. Und sie halfen mir bei den Naturwissenschaften. Daher diese Freundschaften. Die ganzen vier Jahre des Gymnasiums verbrachte ich hauptsächlich mit Juden.*[21]

Die Schule lag in der Sienkiewicz-Straße 46, neben einem gleichnamigen Park und ganz nah an der Piotrkowska, der Hauptstraße von Lodz, die viele Verlockungen in sich barg. Das beliebte Café «Esplanada» etwa, wo es ausgezeichnete Torten und Kuchen gab. Oder die parallel verlaufende «Promenade», wo Jan und seine Cousine Jadwiga oft abends hingingen, um die Spaziergänger zu beobachten oder selbst mit Freunden zu flanieren. Beide hatten einen großen Freundeskreis, in puncto Beliebtheit konnte sie sich aber mit ihm nicht messen.

Jadwiga Lenoch-Bukowska: *Jan hatte sehr viele Freunde, denn er war kollegial, humorvoll und witzig, ein richtiger Lausbub. Und er versuchte, mit jedem gut auszukommen. Er mochte es überhaupt nicht, wenn über einen Kommilitonen in Abwesenheit schlecht gesprochen wurde. Er unterbrach dann immer so ein Gespräch und sagte etwas in der Art: «Jetzt lasst uns aber über etwas anderes reden. Wenn er da ist, kann er sich selbst dazu äußern. Doch bis dahin lassen wir dieses Thema.» Und damit stopfte er allen den Mund. Manche wunderten sich sogar über ihn, weil sie wussten, dass er von anderen nicht immer genauso fair behandelt wurde. Aber so war er nun mal.*[22]

Auch die Piotrkowska selbst war einen Spaziergang wert. Endlos lang, überwiegend mit zwei- und dreistöckigen Häusern und Palästen bebaut, muss sie Jans Phantasie ungemein angeregt haben. Er brauchte ja nur manches architektonische Detail zu registrieren, und schon waren die Bilder wieder da, deren filmische Rekonstruktion durch Wajda ihm Jahre später so gut gefiel.

Die strenge Geometrie des Stadtzentrums war allerdings nicht jedermanns Sache. Bronisław Horowitz etwa, ein 1910 in Lodz geborener Komponist, fand die kilometerlange Piotrkowska und das riesige Geflecht von Nebenstraßen, die «von ihr abgingen, welche wiederum von Straßen gekreuzt wurden, die parallel zur zentralen Arterie verliefen», geradezu beängstigend. «In Gedanken verbinde ich diese Anlage mit der eines Gefängnisses», schreibt er in seinen Erinnerungen. «Wenn man sich der Stadt mit der Eisenbahn näherte, fühlte man sich seltsam bedrückt beim Anblick eines wahren Waldes von Fabrikschloten, die ihren grauen und schwarzen Rauch gen Himmel ausstießen.»[23]

Bei Professor Karski hingegen konnte der Rauch der Lodzer Fabriken recht heitere Erinnerungen wecken. Etwa an eine seiner zahlreichen Blamagen im Physikunterricht.

Jan Karski: *Wir schrieben eine Klassenarbeit, und ich bekam die Aufgabe, die Erscheinung der Wolken zu erklären. Nach kurzer Überlegung hatte ich meine Antwort fertig: «In Lodz gibt es viele Fabriken mit langen Schornsteinen, aus denen eine Menge Rauch kommt – so entstehen die Wolken.» Bald bekam ich mein Heft zurück, mit der Note «ungenügend» und einer Randnotiz des Lehrers: «Du Idiot! Wenn es so ist, wieso fällt dir beim Regen Wasser auf die Nase – und nicht Ruß?!»*[24]

Noch nach fünfundsechzig Jahren konnte er darüber lachen. Im Grunde seien diese Jahre am Gymnasium die schönste Zeit seines Lebens gewesen, erklärte er einmal. Er und seine Freunde seien jung, naiv und bescheiden gewesen, hätten sich um ältere Menschen gekümmert, ihr Land geliebt und sich Kolonien gewünscht, damit Polen genauso eine Großmacht werde wie Frankreich und England.

In seinem Fall resultierte auch aus dieser Vaterlandsliebe eine wichtige Entscheidung: Er beschloss, Diplomat zu werden, weswegen er sich schon als Gymnasiast für Politik und die Geschichte der Diplomatie interessierte. Zu seinem Vorbild erkor er den französischen Diplomaten Charles Maurice de Talleyrand. Er war von ihm so fasziniert, dass er versuchte, jeden einzelnen Tag seines Lebens zu rekonstruieren. Besonders eindrucksvoll fand er seinen Auftritt auf dem Wiener Kongress.

Jan Karski: *Talleyrand sprach damals über die Rückkehr des Legitimismus in Frankreich. Woraufhin der auch anwesende Fürst Metternich sagte: «Exzellenz, Sie sind der größte Diplomat, den wir haben, doch sprechen Sie bitte nicht von der Moral. Sie haben zuerst die Kirche verraten, dann die Revolution, und dann Napoleon.» Und Talleyrand erwiderte: «Eure Hoheit, in meinen Augen sind Sie der größte Diplomat. Doch ich wundere mich, dass Sie nicht wissen, dass Moral und Treue nur eine Frage des Datums sind. Ich verließ die Kirche, als sie zerfallen war. Ich verließ die Revolution, als sie sich leergelaufen hatte und eine starke Hand benötigte. Und ich verließ Kaiser Napoleon, weil er den Krieg verloren hatte. Aber niemals verließ ich Frank-*

Die Industriestadt Lodz vor dem Krieg

reich!» Das gefiel mir so gut, dass ich ihn seitdem den «göttlichen Fürsten von Benevent» nannte.[25]

Am 27. Juni 1931 ging «die schönste Zeit seines Lebens» zu Ende. Das Abitur war bestanden, die Zeugnisse hervorragend, dem Siebzehnjährigen standen alle Möglichkeiten offen. Um seinem Traumberuf näherzukommen, entschied er sich für ein Jurastudium. Doch vor allem hatte er einen Wunsch: sich von seinem engsten Freund, Salomon (Saluś) Fuchs, nicht zu trennen. So beschlossen sie, gemeinsam zum Studium nach Wilna zu gehen, und das taten sie auch. Das Schicksal wollte es aber anders: Es war nur Saluś respektive der künftige texanische Mathematikprofessor Severin Fox, der in Wilna bleiben sollte – für Jan hieß das neue Kapitel Lemberg.

Hatten diese siebzehn Jahre in Lodz ihn stark geprägt? Vermutlich stärker, als es ihm bewusst war. Denkt man jedenfalls an Władysław Reymonts Definition des «Lodzermenschen»: Er besitze einen offenen Geist von energischer Unabhängigkeit und sei auch in Dingen der Organisation sehr geschickt. Und nimmt man dazu die Ausführungen von Karl Dedecius, der von der Tatsache, dass Lodz ein Sammelsurium verschiedener Kulturen, Sprachen, Berufe, Lebensgewohnheiten und materieller Verhältnisse war, die Schlussfolgerung ableitet: «Das forderte besonderen Ehrgeiz und Fleiß heraus, generierte die Fähigkeit zum Zusammenleben, zur Toleranz, aber auch zum Konkurrenzkampf.»[26] Dann staunt man geradezu, wie exakt das «psychologische Profil» des Jan Karski diesen Beschreibungen entspricht: Intelligenz, Souveränität und Sprachtalent besaß er in hohem Maße. Gesellig, zuvorkommend, bescheiden und tolerant war er auch. Und Konkurrenzdenken und Lust am Rivalisieren gehörten ebenfalls zu seinen Charaktereigenschaften. Führt man sich auch noch seine elegante Erscheinung vor Augen – die Anzüge aus erstklassigen Stoffen, die sorgfältig abgestimmten Hemden und Krawatten – und liest dazu bei Dedecius: «Das gehörte sozusagen zum Image der Textilmetropole. Hier kam jeder als Kenner zur Welt, als Experte für die Qualitäten, Farben, Muster der in der Stadt in Unmengen produzierten Fabrikate.»[27] Und erinnert man sich schließlich, wie leidenschaftlich gern er Schach spielte – Lodz war vor dem Krieg ein Mekka der Schachspieler –, dann hat man das Gefühl, er hätte in dieser Stadt nicht siebzehn Jahre, sondern sein ganzes Leben verbracht.

2

NACH LEMBERG

1931–1936

Lemberg ist immer eine Reise wert: Dieser Meinung ist man in Polen heute, und umso mehr war man es damals, als die Stadt noch polnisch und nicht «mit der Asche sowjetischer Hässlichkeit bestreut» (Adam Zagajewski) war. Dieser Meinung war auch Jan, als er im September 1931, zusammen mit seiner Mutter, nach Lemberg zog, wo sein ältester Bruder Karriere machte. Marians politische Standhaftigkeit hatte sich gelohnt: Nachdem Józef Piłsudski infolge des Staatsstreichs von 1926 erneut Staatsoberhaupt geworden war – drei Jahre zuvor hatte er sich aus dem politischen Leben zurückgezogen –, legte er besonderen Wert darauf, Menschen um sich zu haben, denen er vertrauen konnte. Dies galt für alle Stufen der staatlichen Hierarchie, zumal es ihm bewusst war, dass seine Politik der *Sanacja* – einer grundlegenden Reformierung des Landes, die auch eine moralische «Sanierung» der Gesellschaft beinhalten sollte – nicht immer auf Zustimmung, geschweige denn auf Begeisterung stieß.

Mit gutem Grund: Die Proklamierung der Zweiten Polnischen Republik (1918) lag zwar schon einige Jahre zurück, doch von vollkommener Stabilität war das Land noch weit entfernt. Und Piłsudskis Visionen, die er mit sehr autoritärem Führungsstil durchzusetzen versuchte, entsprachen nicht immer der innenpolitischen Realität. Die Parteienlandschaft war zersplittert, die wirtschaftliche Situation schwierig und die ethnische Zusammensetzung der Bevölkerung, die aus Polen, Litauern, Russen, Ukrainern, Weißrussen, Deutschen und Juden bestand, ließ alte Konflikte aufleben und neue Spannungen entstehen. Ein Unruheherd besonderer Art waren die östlichen Grenzgebiete, wo Marian Kozielewski nun mit polizeilichen Maßnahmen an der «Sanierung» des Landes

Marian Kozielewski um 1930

mitwirken durfte – zunächst als Chef mehrerer Kommissariate in der Provinz und dann als Kommandant der Polizei des gesamten Lemberger Bezirks.

Als Jan also im Oktober 1931 sein Studium an der Lemberger Jan-Kazimierz-Universität antrat, waren es nicht nur seine Leistungen und sein gesellschaftliches Talent, die ihn bald aus der Menge der Studenten hervorhoben, sondern auch das Etikett «Bruder des Polizeichefs». An seinem eigenen Karrierewunsch hatte sich nichts geändert, und auch das machte die Lemberger Universität für ihn zu einem optimalen Studienort: Sie war soeben zu einer neuen Brutstelle der polnischen Diplomaten geworden. Zu Beginn des akademischen Jahres 1930/31 wurden dort nämlich an der juristischen Fakultät drei neue Studiengänge eröffnet, u. a. ein Studium der Diplomatie. Zugelassen waren alle Absolventen des allgemeinen Jurastudiums, aber auch diejenigen, die es, ab dem zweiten Studienjahr, als Parallelstudium zu Jura oder einem anderen Fach betreiben wollten. Jan wählte den zweiten Weg: 1931 wurde er Jurastudent, ein Jahr später schrieb er sich an der Diplomatenschule ein. Eine bessere Entscheidung hätte er kaum treffen können: Leiter der Schule war Professor Ludwik Ehrlich, ein international hochgeschätzter Spezialist für Völkerrecht. Unter den Lehrern waren viele Diplomaten und Politiker, die für eine natürliche Verbindung zu den Warschauer Regierungskreisen sorgten. Und die Tatsache, dass es die einzige Schule dieser Art in Polen und eine der wenigen in Europa war, gab ihr zusätzlich einen elitären Charakter.

Auch die Universität selbst genoss einen ausgezeichneten Ruf. Durch den ständigen Ausbau der einzelnen Fakultäten war sie damals nicht nur die drittgrößte (nach Warschau und Krakau), sondern auch eine der modernsten Universitäten des Landes. Zu ihrem Lehrkörper gehörten solche Berühmtheiten wie der Philosoph Roman Ingarden, der Kunsttheoretiker Leon Chwistek oder der Literaturwissenschaftler Juliusz Kleiner. Und die reizvolle Anlage des Universitätsgeländes – in Form eines Vierecks mit dem Botanischen Garten in der Mitte –, das imposante Hauptgebäude an der Marszałkowska-Straße (früher Sitz des galizischen Landesparlaments), das Labyrinth alter, verwinkelter Straßen, über die man es erreichte und dabei am Ossolinski Verlag mit der klassizistischen Fassade und der charakteristischen Kuppel vorbeilief: All das weckte bei den Absolventen noch Jahre später nostalgische Gefühle.

Lemberg war kleiner und gewiss ganz anders als die Industriestadt Lodz. Wenn es Jan in irgendeiner Weise an seinen Geburtsort erinnern konnte, dann wohl vor allem durch seinen vergleichbaren Vielvölkercharakter. Die Stadt zählte damals ca. 360 000 Einwohner, die sich zur Hälfte aus Polen, zu einem Drittel aus Juden und sonst aus Deutschen, Armeniern und Ukrainern zusammensetzten. Lemberg war aber auch anders als Warschau, wo sich nun das politische Leben konzentrierte, oder als Krakau, das sich nach wie vor als Hüter des nationalen Kulturerbes verstand. Lemberg galt vor allem als Synonym eines bestimmten, sehr reizvollen Lebensstils – einer Mischung aus Geschäftssinn, Kultiviertheit und Lebenslust. Nicht ohne historischen Grund: In der Zeit vor dem Ersten Weltkrieg, als es die Hauptstadt von Galizien war (und die Habsburger mit ihren galizischen Untertanen sehr freizügig umgingen), hatten viele Lemberger den Ehrgeiz, ein Abbild der Wiener zu werden. Kopiert wurde alles, von den architektonischen Details über die Mode bis zu den Verhaltensmustern und Alltagsgewohnheiten. Und unter den besser gestellten Stadtbewohnern kam es oft vor, dass sie in Wien einen Zweitwohnsitz besaßen, dort studiert hatten oder ihre Kinder zur Schule gehen ließen.

Als Hauptstadt Galiziens erlebte Lemberg auch eine enorme demographische Entwicklung, und diese ging mit einer Blütezeit der Kultur und Wissenschaft einher. Dafür sorgten zahlreiche Hochschulen, Theater, Museen, Bibliotheken, Verlage und Buchhandlungen sowie diverse Gesellschaften und Freundeskreise. Nach der Wiedererlangung der polnischen staatlichen Souveränität nahm die Bedeutung der Stadt zwar merklich ab, und viele namhafte Lemberger zogen nach Warschau oder gingen in die ehemals preußischen und russischen Teilungsgebiete, um bei deren Wiederaufbau zu helfen. Ein lebendiges Kulturzentrum, das sich eine gewisse Unbeschwertheit und Nonchalance habsburgischer Provenienz bewahrt hatte, war sie aber nach wie vor. Nach dem Empfinden vieler Polen war Lemberg überhaupt das Beste, was die gesamte Zweite Republik zu bieten hatte.

Die Reize des Lemberger Kulturlebens wird auch Jan gelegentlich genossen haben. Doch in welcher Form? Besuchte er manchmal die Vorstellungen des Lemberger Theaters? Seine drei Bühnen gaben damals eine Premiere nach der anderen. War er ein Liebhaber der Oper? Vielleicht hatte er das Glück, den «König der Tenöre» Jan Kiepura zu erleben, der hier 1931 einen Gastauftritt hatte. Oder ging er lieber ins Kino und lachte in Filmen wie Charlie Chaplins *Moderne Zeiten* mit? Es könnte aber auch sein, dass er am liebsten in einem der vielen Kaffeehäuser saß. Im «Schottischen Café» etwa, wo sich die Lemberger Mathematiker-Elite um Stefan Banach und Hugo Steinhaus versammelte? Natürlich nicht um ihnen bei der Lösung ihrer mathematischen Probleme zu helfen, die sie in ihrem berühmten *Schottischen Buch* notierten, sondern um beim Schachspielen zuzuschauen. Oder, mit einem seiner jüdischen Freunde, im Café «Wiedeńska», wo sich die wohlhabende, liberale jüdische Intelligenz Lembergs traf?

Doch was immer er in seiner Freizeit tat – er betrieb seine Studien mit größter Hingabe und durfte auch schon bald die ersten Berufserfahrungen sammeln: Während der Semesterferien 1933 absolvierte er sein erstes Auslandspraktikum – er wurde vom Außenministerium an das polnische Konsulat im rumänischen Czernowitz geschickt. Auch das

Walentyna Kozielewska Mitte der 1930er Jahre

verdankte er seinem Bruder, der nicht nur seine Pläne unterstützte und sein Studium finanzierte, sondern für ihn auch seine Kontakte zu den Regierungskreisen spielen ließ.

Jadwiga Lenoch-Bukowska: *Ich glaube, ohne Marian wäre Jan gar nicht der geworden, der er war. Denn er war weder ein Abenteurertyp noch ein Draufgänger. Er war sehr begabt und überdurchschnittlich intelligent, ohne Zweifel. Deshalb gelang ihm auch alles. Aber Marian hatte ihm den Weg gezeigt und die ersten Kontakte ermöglicht. Wenn Jan nichts weiter als ein guter Student gewesen wäre, bezweifle ich, ob er so eine Karriere gemacht hätte.*[1]

Als besonders nützlich sollte sich der Kontakt zu Tomir Drymmer, dem Direktor des Personalbüros im Außenministerium, erweisen. Er sorgte dafür, dass Jan für sein Praktikum in Czernowitz ein Stipendium bekam, er schickte ihn auch ein Jahr später zu einem weiteren, dreimonatigen Sommerpraktikum – diesmal nach Deutschland, an das polnische Konsulat in Oppeln. Weitere Beweise seiner Gunst sollten bald folgen.

Auch für Jan selbst hatten seine Berufspläne absolute Priorität, so dass er nichts tat, was sie gefährden konnte. Und wenn, dann nur mit Widerwillen. Das galt zum Beispiel für die Mitgliedschaft in der sogenannten Jugendlegion, der er Marian zuliebe gleich nach Studienbeginn beitrat. Es war eine Organisation, die aus jungen Piłsudski-Anhängern bestand, dabei aber für eine noch radikalere Umgestaltung der Gesellschaft eintrat. Mit besonderer Wärme erinnerte sich Professor Karski später an einen Kameraden aus der Legion namens Erazm Kostołowski, der oft von der Notwendigkeit geredet habe, die Massen zu radikalisieren und die Bauern von den drei «Blutsaugern Gutshaus, Wirtshaus, Pfarrhaus» zu befreien. Er wusste schon damals, wovon der Mann sprach: Die katastrophalen Zustände in den polnischen Dörfern kannte er gut von den Ausflügen, die er manchmal von Lemberg aus unternahm. Als künftiger Diplomat sollte er ja nicht nur die Städte, sondern auch die Provinz kennen – dieser Meinung war er bereits in Lodz, nach der Beendigung des Gymnasiums, gewesen.

Jan Karski: *Als ich das Abitur gemacht hatte, bekam ich von meiner Großmutter ein Fahrrad geschenkt. Ich beschloss, damit quer durchs Land zu fahren, von Ost nach West. Ich wollte meine Heimat sehen, mich mit eigenen Augen überzeugen, wie die Polen in anderen Landesteilen lebten. Und ich sah entsetzliche Armut, vor allem im Osten. Primitive, niedrige Häuser ohne Fenster. In einem Raum: der Bauer mit Frau und Kindern, Hühner, Pferde, eine Kuh. Eine Schlafstelle für alle. Solche Lebensbedingungen sorgten für Proteste, provozierten eine Rebellion. Die Menschen dort sympathisierten mit dem Kommunismus, weil er versprach, etwas dagegen zu unternehmen.»*[2]

Das traf aber nicht nur auf die Menschen im Osten zu – Arme und Unzufriedene, die sich vom Kommunismus Hilfe versprachen, gab es überall. Einige polnische Intellektuelle dehnen sogar diese Faszination rückblickend auf eine ganze Generation aus. Etwa Agnieszka Holland, Filmregisseurin und Trägerin des *Jan Karski Freedom Award*, deren Vater vor dem Krieg begeisterter Kommunist war und seine spätere «Abtrünnigkeit» mit dem Leben bezahlte. «Diese Menschen haben sich von der Idee der sozialen Gerechtigkeit verführen lassen», erzählte sie einmal. «Sie waren enttäuscht, dass das Polen der Zwischenkriegszeit doch kein Land der ‹gläsernen Häuser› geworden war. Die Demokratie hinkte, die diktatorischen Töne und die Unfähigkeit der Regierenden nahmen zu, die Ausgrenzung der Andersdenkenden und die Verfolgung der Minderheiten wurden immer schlimmer. Kein Wunder, dass die Unzufriedenen sich oft der Partei zuwandten, die sich für die Gleichheit aller Rassen einsetzte und den Ausgeschlossenen das Gefühl der Zugehörigkeit gab.»[3]

Die Bezeichnung «gläserne Häuser» fungiert in Polen bis heute als Synonym einer freien, gerechten Gesellschaft. So hieß der erste Teil des Romans *Vorfrühling* (1924) von Stefan Żeromski, einem der wichtigsten Vertreter der polnischen Moderne. Das Image des «Gewissens der Nation», das ihm schon zu Lebzeiten anhaftete, verdankte er vor allem seinem frühen Roman *Die Heimatlosen* (1900): Sein Protagonist verzichtet auf privates Glück, um sich der Verbesserung der Lebensverhältnisse der Armen zu widmen. Żeromski selbst hatte zwar keine derartigen Ambitionen, gehörte aber trotzdem zu denjenigen, die sich in den Dienst des neugegründeten Staates stellten. So sorgte er für allgemeine Überraschung, als er nach einigen Jahren den besagten Roman *Vorfrühling* publizierte: Statt darin den Wiederaufbau des Landes zu preisen, trat er als Anwalt der Enttäuschten und Unterdrückten auf.

In einer Stadt wie Lemberg, in der ein Drittel der Bevölkerung aus Juden bestand, gab es natürlich auch viele jüdische Kommunisten. Und das hatte einen weiteren Grund: das Gefühl der Fremdheit. Etwa zeitgleich mit dem jungen Kozielewski studierte an der Lemberger Universität ein gewisser Pesach Stark, später als Julian Stryjkowski bekannt geworden – ein Schriftsteller, der den Vornamen Julian annahm, um den auch von ihm sehr bewunderten Julian Tuwim zu ehren, und den Nachnamen Stryjkowski von seinem Geburtsort, dem ostgalizischen Schtetl Stryj, ableitete. Die Größe der Lemberger Universität und die Dynamik der Stadt erschreckten ihn. Um sich dort wenigstens halbwegs heimisch zu fühlen, bemühte er sich um einen Platz in dem Jüdischen Studentenheim, der ihm aber erst nach zwei Jahren zugeteilt wurde. Bis dahin musste er in gemieteten Zimmern leben. Jahre später sollte er in seinem Roman *Echo* (1988) dieses Gefühl der Fremdheit rekonstruieren: «Andere Häuser, andere Menschen. … Die Gesichter glatt, hell, von keinem Bart verdüstert, auf ihnen lastet weder Kummer noch die Furcht, sie könnten nichts haben, wenn sie für den Sabbat rüsten müssen. Auf ihnen liegt keine finstere Trauer, ihre Söhne nimmt die Polizei nicht fest. Bei ihnen arbeitet die Frau nicht für den Mann mit. Der Mann verdient, so wie Gott es geboten hat, und die Frau kocht jeden Tag das Essen. Eine andere Welt, eine andere Stimmung.»[4]

Eine andere Welt, die einem Juden auch dann den Zutritt verweigerte, wenn er bereits einen akademischen Titel besaß: Als Doktor der Philosophie und Polonist hätte er an einer Schule unterrichten sollen, erzählte Stryjkowski nach Jahren. An den Schulen habe es aber keine freien Stellen für Juden gegeben. Ein Teil der Polen sei auch arbeitslos gewesen, warum hätten sie dann den Juden Arbeit geben sollen? «Sie gaben sie lieber den Polen, und das ist auch normal und verständlich», so sein Kommentar. «Doch es ist etwas anderes, eine Sache zu verstehen, und etwas anderes, sie als schmerzvoll zu empfinden.»[5] Zu dem Gefühl der Ausgrenzung sei aber noch etwas anderes hinzugekommen: der Neid auf die sowjetische Gesellschaftsordnung. «Es hieß», so Stryjkowski ferner, «der zweite Mann im Staat nach Stalin, Lasar Moissejewitsch Kaganowitsch, sei ein Jude. Das bedeutete, er brauchte sich seines Judentums nicht zu schämen. Außerdem gab es in Russland viele jüdische Generäle und viele große Wissenschaftler, die Juden waren. Jeder Jude konnte dort Universitätsprofessor werden. Und in Polen musste man sich dafür taufen lassen».[6] Er und seine Freunde hätten zwar gewusst, dass vieles nur eine Erfindung der russischen Propaganda gewesen sei. Doch selbst diese Lügen hätten ihre Sympathie für das kommunistische Russland geweckt. Und mit ihr auch den Wunsch, ähnliche Verhältnisse in Polen zu haben – eine Denkweise, die sogar im nichtjüdischen studentischen Milieu Lembergs stark verbreitet war.

Jan Karski: *Die meisten von uns ließen sich von dem Licht aus dem Osten blenden. Wir dachten, der Kommunismus sei die einzige Möglichkeit, die Armut schnell zu beenden. Wir wussten natürlich von Stalins Massenmorden. Wir sagten uns aber, Stalin würde irgendwann sterben, doch die Ideologie der sozialen Gerechtigkeit bleiben. Wir nannten es «historische Notwendigkeit». Wir glaubten also, es sei richtig, die neue Ordnung mit Gewalt einzuführen. Das Christentum wurde ja auch auf diese Weise eingeführt. Es gab in den dreißiger Jahren Tausende Menschen, die so dachten. Pro-kommunistische Organisationen gab es schließlich in allen europäischen Ländern, ähnlich wie pro-nazistische. Hitler mit seinem Rassenhass war für uns aber inakzeptabel.*

Die Menschheit spielte damals verrückt, und wir suchten wirklich nach einer Lösung. Wir hätten, statt mit dem Kommunismus, mit der angelsächsischen Demokratie sympathisieren können, doch wir waren der Meinung, dass die polnische Gesellschaft ihr nicht gewachsen war. Wie soll man einem Bauern, der weder lesen noch schreiben kann, die Regeln der Demokratie und der freien Wahlen erklären? Das Volk war ja entsetzlich ungebildet, unterentwickelt. Die Rückständigkeit, die in den ersten Jahren der Unabhängigkeit herrschte, kann man heute weder beschreiben noch begreifen.[7]

Den Wunsch, die Situation des Volkes zu verbessern und die Massen zu radikalisieren, verspürte Jan genauso stark wie seine Freunde, allerdings hatte er seltener den Mut, es offen zu manifestieren. Zum einen wollte er seinen Bruder, den Polizeichef, nicht in Verlegenheit bringen. Und zum anderen versuchte er, als angehender Diplomat, politisch neutral zu bleiben. So nahm er nur einmal an einer Maidemonstration der Sozialisten teil, statt aber zusammen mit ihnen auf der Straße zu marschieren, lief er parallel zu ihnen auf dem Gehsteig. Und als er zu seiner Überraschung zum Kommandanten der Jugendlegion gewählt wurde und dazu noch feststellte, dass er kein geborener Anführer war, gab er diese Funktion ab und trat aus der Organisation aus.

Genauso selten reagierte er auf antisemitische Exzesse, obwohl er auch in Lemberg viele jüdische Freunde hatte. Die Atmosphäre, die sie umgab, hatte aber einen ganz anderen Beigeschmack als damals in Lodz: Hier ging es nicht um grobe Kinderstreiche, hier nahm die Diskriminierung der Juden offene und auch immer aggressivere Formen an. Das politische und gesellschaftliche Klima der dreißiger Jahre war noch um einiges rauer als das der vergangenen Dekade. Machtkämpfe innerhalb des Parlaments, häufiger Regierungswechsel, soziale Spannungen und wirtschaftliche Krise – all das ergab eine explosive Mischung. Es waren vor allem die Nationaldemokraten (ND – *Narodowa Demokracja*), die stärkste Gruppierung des rechten Flügels, die das gesellschaftliche Klima vergifteten. Fast täglich erschienen in der rechten Presse neue Attacken auf politische Gegner und nationale Minderheiten, allen voran die Juden.

Jan Karski: *Ich bekomme einen Wutanfall, wenn ich meine Landsleute sagen höre, man solle doch mit diesem polnischen Antisemitismus nicht übertreiben. Ich habe ja während des Studiums selbst gesehen, wie sich die jüdi-*

schen Studenten in den letzten Reihen drängen mussten, obwohl die vorderen Bänke leer waren. Nur Professor Ludwik Ehrlich, der selbst jüdischer Abstammung war, begann jede Vorlesung mit den Worten: «Na was ist, meine Herrschaften? Wieso stehen Sie an den Wänden? Hier gibt es doch genug Platz. Bitte setzen Sie sich, sonst kann ich mich nicht konzentrieren.» Und die ND-Leute hielten still, weil sie vor Ehrlich Angst hatten. Er war sehr streng.[8]

Professor Ludwik Ehrlich, Absolvent der Universitäten Halle, Berlin und Oxford, Richter am Internationalen Gerichtshof in Den Haag und Leiter der Diplomatenschule, war streng zu anderen, aber auch zu sich selbst. Einmal gefasste Entscheidungen änderte er selten, den einmal gewählten Weg ging er bis zum Schluss. Ein Leben außerhalb Polens kam für ihn nicht in Frage, selbst dann nicht, als er eine Professur in Berkeley angeboten bekam. Seine amerikanische Frau Frances, die er in New York geheiratet hatte, musste ihm nach Lemberg und dann nach Warschau und Krakau folgen. Er war jüdischer Abstammung, seit er aber zum Katholizismus konvertiert war, fiel er immer wieder durch seine Frömmigkeit auf und erzog auch seine beiden Kinder zu glühenden Katholiken. Seine Tochter Krystyna würde Jahre später dem Orden der Ursulinen beitreten und im Vatikan zu einer hervorragenden Bibel-Interpretin und engen Mitarbeiterin von Papst Johannes Paul II. werden. Ehrlichs Mut und Selbstdisziplin konnte Karski noch einmal während des Krieges bewundern, als der Professor als sein älterer «Untergrundkollege» (Deckname «Farley») der Gestapo in die Hände fiel und trotz besonders grausamer Folterungen keine Geheimnisse verriet.

Im Laufe der dreißiger Jahre nahm die Brutalisierung des Lemberger Universitätslebens noch weiter zu. Rechtsradikale und antisemitische Parolen wurden nicht nur an den Hochschulen, sondern auch bei Versammlungen und auf offener Straße verbreitet. Verbale Attacken, Handgreiflichkeiten und Schlägereien gehörten zum Alltag. Die Konflikte zwischen polnischen und ukrainischen Nationalisten konnten sogar mit einer Schießerei enden. Im Falle der Juden entfachten die Nationaldemokraten, dem Beispiel der deutschen Nationalsozialisten folgend, eine offene Hetzkampagne. Ihre lautstarken Forderungen nach «judenfreien Tagen» und einer Begrenzung der Zahl jüdischer Studenten, begleitet von direkter Gewalt gegen die Juden, führten schließlich 1937 zum

Rücktritt des Rektors und zu der Einführung eines «Bankghettos». Wie gefährlich es war, sich den rechtsradikalen Tendenzen zu widersetzen, davon konnte sich Jans enger Freund Jerzy Lerski überzeugen: Die Räume der «Jungen Sozialdemokraten», denen er angehörte, wurden demoliert, einige Personen zusammengeschlagen, er selbst war nach dem Überfall blutüberströmt und hatte keine Vorderzähne mehr. Nach Jahren gab Karski zu, dass er sich vor allem deswegen aus den Schlägereien heraushielt, weil er Angst um sein Aussehen hatte. Statt seine Fäuste einzusetzen, überzeugte er lieber als Redner.

Eine besondere Gelegenheit dazu hatte er kurz vor dem Studienabschluss: Im Dezember 1934 nahm er an dem unter den Studenten der Diplomatie sehr beliebten Rhetorikwettbewerb teil. In einer flammenden Rede verteidigte er die Entscheidung der französischen Revolutionäre, den König Ludwig XVI. zu guillotinieren, ja er forderte dessen erneute Verurteilung. Mit Erfolg: Selbst wenn er womöglich hinter dem Handeln des glücklosen Monarchen gute Absichten erkannte (eine Sichtweise, zu der manche Historiker bis heute neigen), redete er sich bei seiner Anklage dermaßen in Rage, dass er seine Zuhörer offenbar voll überzeugte. Als er sie jedenfalls dazu aufforderte, per Handzeichen über das Urteil abzustimmen – eine unübliche Vorgehensweise, die aber von der Jury akzeptiert wurde –, wirkte die Menge im Saal so, als wollte sie die Bastille neu stürmen: Rufe «Tod dem König» vermischten sich mit der auf Französisch gebrüllten Parole *Liberté, égalité, fraternité!*, und die Zahl der erhobenen Hände ließ keinen Zweifel an Ludwigs Schicksal aufkommen, wären er und ein Henker da gewesen. So wurde Jan zum Sieger des Wettbewerbs und durfte ein Diplom nach Hause tragen, das ihn zum *eloquentissimus adeptus diplomatiae* seines Jahrgangs kürte.

Den gratulierenden älteren Bruder fand er dort allerdings nicht vor, denn dieser hatte einige Monate zuvor Lemberg verlassen.

Jan Karski: *Im Jahre 1934 bekommt mein Bruder einen Anruf aus Warschau, er solle ins Auto steigen und sich am nächsten Morgen im Belvedere melden. Erschrocken, fährt er sofort hin und stürzt ins Belvedere, doch dort lässt man ihn Platz nehmen und warten. Also wartet er. Es vergeht eine Stunde, dann noch eine, und noch eine. Die Menschen kommen und gehen, keiner beachtet ihn. Dann wird er endlich ins Arbeitszimmer des Kommandanten gebeten. Er geht hinein, rapportiert. Der alte Piłsudski sitzt am*

Schreibtisch und sieht irgendwelche Papiere durch. Nichts passiert. Schließlich schaut er auf, nimmt die Brille ab und sagt: «Wie geht's dir, mein Junge?» Mein Bruder steht stramm. Und Piłsudski setzt fort: «Ich bin alt, müde und brauche meine Ruhe. Und hier, direkt vor dem Belvedere, treiben sich ständig irgendwelche Menschen herum. Die einen schreien: ‹Es lebe Piłsudski!›. Dann kommen andere und schreien: ‹Weg mit Piłsudski!› So kann man sich doch nicht verhalten. Das ist eine Blamage vor der Welt. Wir sind hier in der Hauptstadt, es gibt Botschaften, Journalisten. Deine Aufgabe, mein Junge, wird es also sein, dafür zu sorgen, dass die Bevölkerung von Warschau sich würdevoll verhält.» So wurde mein Bruder zum Kommandanten der Warschauer Polizei.[9]

Die neue Funktion sollte Marian Kozielewski noch etliche Jahre ausüben, seinen großen Gönner aber schon sehr bald verlieren: Am 12. Mai 1935 erlag Piłsudski seinem Magenkrebsleiden und starb – im Alter von nur 66 Jahren. Die Nation verfiel in tiefe Trauer, zumal die Situation der jungen Republik schwierig und ein würdiger Nachfolger nicht in Sicht war. Den überlieferten Bildern zufolge tat sie es aber auch aus echtem Bedauern und Verlustgefühl heraus. Da wäre zum Beispiel die vielbeschworene Namenstagsfeier von Zofia Nałkowska: Der Salon der Grande Dame der polnischen Literatur, die gern einflussreiche Menschen um sich hatte, war ohnehin einer der Mittelpunkte des gesellschaftlichen Lebens im damaligen Warschau. Doch an ihrem Namenstag (15. Mai) strömte in ihre Wohnung buchstäblich die gesamte politische und künstlerische Elite: Minister, Generäle, Abgeordnete, Schriftsteller, Künstler. So war es auch in jenem Jahr 1935, in dem sie ihre Feier um drei Tage vorverlegt hatte – auf Sonntag, den 12. Mai. Der Abend erreichte gerade seinen Höhepunkt, als plötzlich eine Unruhe durch die Räume ging. Ein Teil der Gäste war immer noch in Gespräche vertieft, doch gleichzeitig begaben sich immer mehr Personen zum Ausgang und zogen eilig ihre Mäntel an. Mancher der Damen liefen Tränen übers Gesicht. Nach und nach erreichte die Nachricht auch den Rest der Abendgesellschaft: Soeben war Józef Piłsudski gestorben. Einige der Gäste liefen direkt zum Belvedere, wo sich vor dem Tor eine schweigende Menschenmenge versammelt hatte. Die folgenden Trauerfeierlichkeiten dauerten drei Tage und fanden in Warschau und in Krakau statt, wo der Marschall in der Gruft des königlichen Wawel-Schlosses bestattet wurde. Tausende von

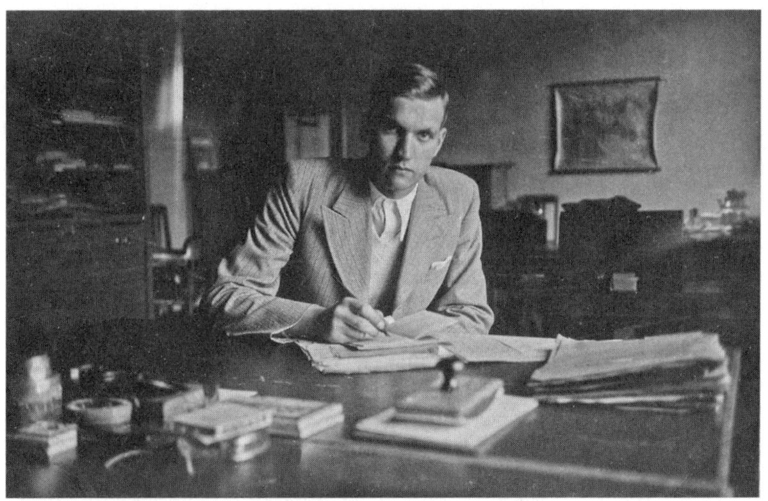

Jan Kozielewski im Jahre 1935

Menschen aus allen Landesteilen waren in beide Städte gekommen, um ihm die letzte Ehre zu erweisen.

Ob sich unter ihnen auch der junge Jan Kozielewski befand, ist nicht bekannt. Möglicherweise war er in der Zeit viel zu sehr mit den Vorbereitungen auf seine Magisterprüfungen beschäftigt, die er auch im nächsten Monat in beiden Studiengängen und mit exzellenten Ergebnissen bestand. Nach den letzten Ferien, die er, diesmal auf eigene Kosten, in Frankreich verbrachte, bekam er seine beiden Diplome: Im September 1935 wurde er zum «Magister juris» gekürt, knapp zwei Wochen später erhielt er auch das ersehnte Abschlusszeugnis der Diplomatenschule. Am liebsten wäre er wohl gleich seinem Bruder nach Warschau gefolgt, um selbst in den Dienst der Regierung zu treten. Doch das musste warten: Zunächst hatte er noch den Militärdienst zu leisten.

Unmittelbar davor durfte er aber eine ebenso interessante wie verstörende Erfahrung machen: Er nahm als Mitglied einer Jugenddelegation an dem «Reichsparteitag der Freiheit» der NSDAP in Nürnberg teil, sprich: Er wurde Zeuge der Verabschiedung der «Nürnberger Rassengesetze». Sie wurden am 16. September 1935 verkündet, nachdem der eigens dafür nach Nürnberg einberufene Reichstag sie am Vorabend einstimmig angenommen hatte. Als frischgebackener Jurist muss Jan sofort begriffen haben, dass die Gesetze der antisemitischen Ideologie der Nazis eine offizielle rechtliche Grundlage gaben und die Juden zu Menschen ohne politische Rechte degradierten. Doch das war nicht das Einzige, das er an diesem Parteitag befremdend fand: Der pompöse Rahmen des Eröffnungsspektakels, die sorgfältig dosierte Spannung beim Auftritt des Reichsmarschalls Göring, das ohrenbetäubende Gebrüll der Menge – all das weckte in ihm starkes Unbehagen, gemischt mit einer Prise Bewunderung und Respekt.

Es war ein Jahr später, 1936, dass die polnische Öffentlichkeit sich ein genaues Bild von den alljährlichen Nürnberger Parteitagen machen konnte: Die Warschauer Zeitschrift *Wiadomości Literackie* (Literarische Nachrichten), das wichtigste Kulturblatt der Zwischenkriegszeit, hatte ihren Korrespondenten Antoni Sobański als Beobachter zum 8. Reichsparteitag der NSDAP geschickt. Das 1924 gegründete Blatt war linksgerichtet und verfolgte die Entwicklung in Deutschland von Anfang an mit großer Unruhe. So hatte die Redaktion auch schon 1933, nach Hitlers Machtergreifung, ein verlässliches Bild von den Zuständen in Deutschland haben wollen – und dieses ebenfalls von Sobański bekommen. «Graf Tonio», wie ihn seine Freunde nannten, war zwar ein Exzentriker und Bonvivant, der gern in den Warschauer Salons brillierte, aber auch ein exzellenter Journalist. Hochintelligent, gebildet, vielgereist, mehrsprachig, mit besten Verbindungen in der Berliner Gesellschaft, sehr anglophil, was seine Objektivität garantierte – einen besseren Berichterstatter hätte die Zeitschrift kaum finden können. Und sie wurde nicht enttäuscht: Sobański erfüllte seine Aufgabe geradezu mit Bravour. Denn welches Thema er in den acht Reportagen, die er 1933 nach Warschau schickte, auch ansprach – die deutsche Mentalität, die Struktur der SA, die wirtschaftliche Situation, die Judenfrage oder die berüchtigte Bücherverbrennung –, immer tat er es in einem ungemein farbigen, pointierten und gleichzeitig völlig unaufgeregten, objektiven Stil. Die Reportagen wurden zu einem riesigen Publikumserfolg, zumal sie ein Jahr später auch in Buchform erschienen (dt. *Nachrichten aus Berlin*, 2007).

Diesmal, im Herbst 1936, sollte er seinen Lesern aber ein ganz anderes Bild liefern. Schon während der Reise nach Nürnberg merkte er, wie stark sich Deutschland gewandelt hatte: «In anderen Ländern widerspiegelt der Einzelne mehr oder weniger vollständig den jeweiligen nationalen Charakter», notierte er. «Hier macht er vor allem den Eindruck eines kleinen Rädchens in einer Maschine, dessen einziger Zweck die eigenen Umdrehungen sind.»[10] Noch empfand er es nicht als bedrohlich, vielmehr hatte er den Eindruck, dass das Land langweilig geworden sei, «so langweilig wie ein Räderwerk ohne Zweckbestimmung und vielleicht sogar so langweilig, wie nur ein Ersatzteillager es sein kann.»[11] Erst als er in Nürnberg ankam, änderte sich seine Meinung. Er musste nicht einmal bis zum feierlichen Eröffnungsspektakel warten – ihm genügte die Pressekonferenz, zu der Julius Streicher, Gründer und Herausgeber des Hetzblattes *Der Stürmer*, geladen hatte. Sobański ging gern hin – er fand es hochinteressant, den Mann zu erleben, «der mehr als irgendjemand sonst im Dritten Reich für den antisemitischen Kurs verantwortlich» war und «selbst unter den Kollegen der Hitler-Elite als ehrlicher Psychopath»[12] galt.

Die Pressekonferenz überstieg seine Erwartungen bei weitem: Streicher, «ein dicker untersetzter Mann mit einer Hakennase und schmaler Stirn»[13], der mit zum Hitlergruß erhobenem «Händchen» in den Saal stürzte, entpuppte sich als ein Fanatiker, der nach einer Schimpftirade an die Adresse der politischen Gegner sich sofort die Versammelten vorknöpfte. Ohne sich im geringsten darum zu scheren, dass er die Vertreter der internationalen Presse vor sich hatte, sprach er zu ihnen «wie zu den zwölf Aposteln, die sich in alle Welt zerstreuen werden, gestärkt von dem, was sie in Nürnberg gesehen haben, und besser gerüstet für den Kampf gegen die Juden, den sie in den eigenen Ländern führen werden».[14] Dann versicherte er ihnen, sobald andere Völker «beschließen, zur Tat zu schreiten, werden die Deutschen ihnen gern ihre kampferprobten Spezialisten schicken».[15] Und verkündete schließlich: «Die Menschen denken, man könne die jüdische Frage vielleicht ohne Blutvergießen lösen. Das sei aber falsch. Die Judenfrage könne nur auf blutigem Wege gelöst werden.»[16]

Als Graf Sobański den Raum verließ, hatte er das Gefühl, aus einem bösen Traum zu erwachen. Streichers Auftritt hatte ihn dermaßen schockiert, dass er die Erinnerung daran als den stärksten Eindruck vom gesamten Parteitag mitnahm. Als er die Rückreise nach Warschau antrat, kam ihm der anfangs belächelte Automatismus der Deutschen gewiss nicht mehr langweilig vor.

Kurz nach dem Besuch des Parteitags in Nürnberg trat Jan seinen Militärdienst an. Anfang Oktober 1935 fand er sich in der Kadettenschule der berittenen Artillerie in Włodzimierz Wołyński ein, um einen einjährigen Kurs zu absolvieren. Ob er in den folgenden Monaten an die kriegerische Stimmung in Deutschland dachte? Wohl kaum. Die deutsch-polnischen Beziehungen gaben zu diesem Zeitpunkt noch keinen Anlass zur Sorge. Wenn er also auch diesmal sein Bestes gab, dann aus drei Gründen: Weil er sich im Hinblick auf seine Karriere überall um bestmögliche Zeugnisse bemühte. Weil von einem «Piłsudskisten» erwartet wurde, dass er sich auch als Soldat bewährte. Und nicht zuletzt um dem strengen Bruder einen weiteren Grund zur Zufriedenheit zu liefern.

Jan Karski: *Den Bruder nicht zu enttäuschen – das war das Wichtigste! Ich vergötterte ihn. Aber er hielt mich an der kurzen Leine, und ich hatte auch eine Heidenangst vor ihm.*[17]

Ist das womöglich die wichtigste Erklärung dafür, dass er, obwohl immer um ein Jahr jünger als die anderen, überall der Beste war? Der beste Schüler, der beste Gymnasiast, der beste Student, der beste Rhetoriker. Und nun der beste Kadett. Fast verwundert es, dass dieses ewige Wunderkind nicht spätestens hier, in dieser reinen Männerwelt einer Offizierskaserne, als Streber abgestempelt und angefeindet wurde: Der Beste in allen Fächern und dazu der Chefredakteur des Jahrbuchs, in dem die Ausbildung dokumentiert wurde – das hätte für Neid oder Irritation sorgen können. Dem war aber offenbar nicht so. Weil andere ähnlichen Ehrgeiz an den Tag legten? Oder weil er auch hier beliebt war? Wegen seiner Bescheidenheit? Seiner Kollegialität? Seines Sinns für Humor, mit dem er die spöttischen Kommentare ertrug, die der Ausbilder für seine begrenzten Reitkünste übrig hatte?

Jan Karski: *Immer, wenn ich einen Fehler machte, brüllte er über das Feld: «Kadett Kozielewski, was genau tun Sie da eigentlich?! Ich schwöre Ihnen, wenn Sie so lang wie dumm wären, könnten Sie dem Mond auf Knien den Hintern küssen!»*[18]

Eine kleine Unzulänglichkeit, die seinem Primus-Status keinen Abbruch tat. So beendete er am 28. Juni 1936 die Kadettenschule als Bester seines

Jahrgangs. Der Ehrensäbel mit dem silbernen Knauf, den er bei der Abschlusszeremonie bekam, sollte ihn noch lange an diesen neuen Triumph erinnern. Die imposante Erscheinung des Präsidenten Ignacy Mościcki, der ihm das edle Stück überreichte, versprach den baldigen Zutritt zu den politischen Salons Warschaus. Er war zweiundzwanzig Jahre alt. Das war vermutlich einer dieser Momente, in denen sein späterer Spruch von der «stolzen und glücklichen Jugend» besondere Berechtigung hatte. Die Erklärung dafür, warum er damals auch «entsetzlich dumm» gewesen sei, sollte noch eine Weile auf sich warten lassen.

3

JUNGER DIPLOMAT

1936–1939

Eine Diplomatenschule, die ihre Absolventen ohne Englisch- und Französischkenntnisse entlässt, ist eine seltsame Schule. Und ein angehender Diplomat, der weder Englisch noch Französisch spricht und dessen größter Wunsch es ist, sein Land nach außen zu repräsentieren, hat wohl ziemlich schlechte Karten. Es sei denn, er heißt Jan Kozielewski.

Wie machte er das bloß? War es Glück? Instinkt? Zufall? Waren es die Verbindungen seines Bruders? Hatte er von ihm den Rat oder besser: die Anweisung bekommen, sich nach der Militärschule sofort wieder bei Tomir Drymmer, seinem Gönner aus dem Außenministerium, zu melden? Einen besseren Schritt hätte er jedenfalls kaum machen können: Wiktor Tomir Drymmer, wie sein voller Name lautete, war damals Chef der Personalabteilung und zugleich Leiter des Konsulardepartements. Aufgrund der beiden Funktionen galt er als «graue Eminenz» der polnischen Diplomatie und – nach dem Vizeminister, dem Grafen Jan Szembek – engster Mitarbeiter des Außenministers Józef Beck. Und dieser wiederum war, neben dem Staatspräsidenten Ignacy Mościcki, einer der wenigen Spitzenpolitiker, die auch nach dem Tod Piłsudskis im Amt bleiben durften. Er hatte das Außenministerium 1932 im Alter von nur achtunddreißig Jahren übernommen und galt nun in den Augen vieler als Garant der politischen Kontinuität. Das schien auch seinen Mitarbeitern beziehungsweise denen, die es bald werden sollten, eine langjährige Perspektive zu eröffnen.

Als Erstes machte sich Tomir Drymmer daran, die Bildungslücken seines Protegées zu schließen. Schon im Juli 1936 schickte er ihn, mit einem großzügigen Stipendium ausgestattet, nach Genf. Offiziell sollte Jan dort Mitarbeiter der polnischen Vertretung beim Völkerbund werden.

Der polnische Botschafter in London, Edward Graf Raczyński, 1939

In Wirklichkeit aber bestand seine einzige Pflicht darin, Französisch zu lernen. Er blieb in der Schweizer Metropole volle acht Monate, die er vermutlich nur deswegen nicht als völlig unbeschwert in Erinnerung behielt, weil in der Zeit seine Mutter gestorben war – ein umso schwererer Schlag, als er nicht zu ihrer Beerdigung kommen konnte.

Viel Zeit fürs Familienleben hatte er auch dann nicht, als er im März 1937 aus Genf zurückkam. Schon knapp zwei Wochen später wurde er von Tomir Drymmer nach London geschickt. Diesmal sollte er Englisch lernen, aber auch ein Praktikum in der polnischen Botschaft und dem ihr angegliederten Konsulat absolvieren. Seine neuen Vorgesetzten waren demnach Konsul Karol Poznański und vor allem der polnische Botschafter in London, Edward Graf Raczyński, mit dem er in den nächsten Jahren noch mehrmals zusammentreffen sollte.

Jan Karski: *Sie nahmen mich sofort unter ihre Fittiche. Ich hatte keine festen Aufgaben, und Botschafter Raczyński sagte immer wieder zu mir: «Lernen Sie England kennen, lernen Sie die Demokratie, lernen Sie, wie* *man die Eliten bildet. Gehen Sie in die Gerichte, gehen Sie in die Sitzungen des Unterhauses, gehen Sie in den Hyde Park und hören Sie zu, was diese Verrückten dort faseln.*[1]

Das brauchte er dem ehrgeizigen jungen Mann nicht zweimal zu sagen: Jan fing sofort an, die Hauptstadt der Briten zu erkunden. Er hatte sie bis dahin noch nie gesehen und vermutlich auch nicht allzu viel über sie gehört. Die Zeit, in der London für die Polen zu einem heißbegehrten Pflaster wurde, sollte zwar bald kommen, in den dreißiger Jahren aber war ihr beliebtestes Reiseziel beziehungsweise häufigster Niederlassungsort immer noch Paris – wie so oft in den vergangenen Jahrzehnten.

Jans Londoner Praktikum dauerte schon neun Monate, als er im Februar 1938 von Konsul Poznański mit einer Neuigkeit überrascht wurde: Es sei ein Telegramm gekommen, in dem Tomir Drymmer seine sofortige Rückkehr nach Warschau verlange. Das Ministerium habe ihn zu einem weiterführenden Schulungsprogramm zugelassen.

Jan Karski: *Man konnte mit so einem Auslandspraktikum Jahre zubringen – das nannte sich Vertragsangestellter –, bevor man das sogenannte Große Praktikum in der Zentrale absolvieren durfte. Und mich hat Drymmer nach neun Monaten geholt.*[2]

Die Schulung im Außenministerium begann bereits im März, die Abschlussprüfungen waren für Dezember vorgesehen. In diesen zehn Monaten sollte Jan den letzten Schliff für die Arbeit im Auswärtigen Dienst bekommen. Und den bekam er auch, sowohl im Rahmen des Großen Praktikums als auch als eifriger Beobachter der großen Politik, die sich direkt vor seinen Augen abspielte: Das Jahr 1938 war für die polnische Diplomatie eine schwierige Zeit, und dem Außenminister aus unmittelbarer Nähe bei der Arbeit zuzusehen, muss für ihn eine sehr spannende Erfahrung gewesen sein.

Józef Beck konnte zwar die Linie der Außenpolitik weitgehend selbst bestimmen, hatte aber damit – ähnlich wie seine Kollegen mit anderen Ressorts – keine leichte Aufgabe. Marschall Piłsudski hatte ein schwieriges Erbe hinterlassen, was nicht zuletzt an seinem Hang zur Improvisation lag. Selbst bei langfristigen Zielen hatte er sich nur selten zu einer Planung überreden, dafür umso öfter von Impulsen leiten lassen. Das

Marschall Józef Piłsudski im Kreis seiner Mitarbeiter, 1934. Zweiter von links: Außenminister Józef Beck

sorgte nach seinem Tod für viel Kritik und einige bildhafte Vergleiche. Einen der phantasievollsten lieferte der Dichter Tadeusz Peiper: Als er einen Nachruf auf Piłsudski las, in dem es hieß, der Garten des Verstorbenen habe immer in seinem ursprünglichen Zustand belassen werden müssen, übertrug er es sofort auf dessen Regierungsstil: «Auch hier: Jeder Eingriff in den natürlichen Verlauf der Dinge war verboten. Auch hier: Jede Planung war unbekannt. Auch hier: Die natürliche Entwicklung wurde sich selbst überlassen. Der Garten war ein Abbild der Psyche seines Besitzers.»[3]

Eines wurde Piłsudski aber zugute gehalten: Er hatte einerseits dafür gesorgt, dass Polen im Ausland ein gewisses Ansehen genoss, und andererseits vieles getan, um die Sicherheit des Landes zu gewährleisten. Dazu gehörten vor allem die beiden Nichtangriffspakte, die er in den frühen dreißiger Jahren mit der Sowjetunion (1932) und mit Deutschland (1934) unterzeichnet hatte. Auch sein Zögling Beck bemühte sich anfangs um gute Beziehungen zu den beiden übermächtigen Nachbarn. Allerdings fiel es seinen ausländischen Gesprächspartnern immer wieder auf, dass er sehr sprunghaft war und zudem eine möglichst starke Anbindung an das Dritte Reich suchte. Für diesen Eindruck sorgte nicht zuletzt der polnische Botschafter in Berlin, Józef Lipski, der sich seit seinem Amtsantritt im Jahre 1933 großer Sympathie der Deutschen erfreute.

Jan Karski: *Lipski hatte einen viel leichteren Zugang zu Hitler als andere Diplomaten, und seine Beziehungen zu Göring gingen weit über den strengen Rahmen des diplomatischen Protokolls hinaus. Er war ein Botschafter, der in den höchsten deutschen Regierungskreisen stets freudig begrüßt wurde, und die Nazis sorgten auch dafür, dass das ganze diplomatische Corps davon erfuhr. Die häufigen gegenseitigen Besuche in Warschau und Berlin, die in der Presse ausführlich beschriebenen Jagden – eine Leidenschaft des Reichsjägermeisters Göring –, die vielen öffentlichen Erklärungen: All das deutete darauf hin, dass zwischen Polen und Deutschland Harmonie und Vertrauen herrschten, wenn nicht sogar mehr als das.*[4]

Doch im Jahre 1938 wurde der Umgangston zwischen den beiden Ländern allmählich kühler. Zwar gab es noch Anfang des Jahres gemeinsame Überlegungen, ob es angesichts der herrschenden Einigkeit nicht sinnvoll wäre, die Aufsicht des Völkerbunds über die Freie Stadt Danzig aufzuheben. Die beiden Regierungen sprachen sich auch ab, als es darum ging, den von Hitler inszenierten Konflikt mit der Tschechoslowakei gemeinsam zu nutzen: Am 1. Oktober wurde das Sudetenland von Deutschland besetzt, einen Tag später marschierten die polnischen Truppen im Olsagebiet ein. Gleichzeitig aber ließen sich seit dem Anschluss Österreichs an das Deutsche Reich im März 1938 verstärkt Stimmen der deutschen Minderheit in Polen vernehmen, der Führer solle sich nun den östlichen Nachbarn vorknöpfen, was auf der polnischen Seite einen sofortigen Stimmungsumschwung und zunehmende Kritik an der Politik des eigenen Außenministers auslöste.

Die Lage spitzte sich weiter zu, als der neue Reichsaußenminister Joachim von Ribbentrop am 24. Oktober den Botschafter Lipski zu sich bat, um ihm die deutschen Forderungen bezüglich Danzigs und des durch Pommern führenden Korridors zu übermitteln. Der Führer wünsche in dieser Angelegenheit eine «endgültige Bereinigung», nämlich die Rückgabe Danzigs und den Bau einer exterritorialen Autobahn, die durch das polnische Pommern nach Ostpreußen führen würde. Außerdem schlage er Polen den Beitritt zum Antikominternpakt vor (einem Abkommen zwischen Deutschland, Japan und Italien, das gegen die Kommunistische Internationale gerichtet war und dem in den folgenden Jahren weitere Länder beitreten sollten). Im Gegenzug biete er die Verlängerung des deutsch-polnischen Nichtangriffspakts um weitere fünfzehn Jahre an.

Mit diesen Forderungen wurde der polnische Außenminister seitdem immer wieder konfrontiert. Anfang Januar 1939 hörte er sie sogar von Hitler persönlich, der ihn einzig dazu auf den Obersalzberg eingeladen hatte. Für Polens Verzicht auf Danzig, erklärte der Führer, wäre er bereit, die deutsch-polnische Grenze als endgültig zu betrachten und keine weiteren territorialen Ansprüche zu stellen. Doch Beck gab weder Hitler eine verbindliche Antwort noch Minister Ribbentrop, als dieser ihn Ende Januar erneut auf die Danzig-Frage ansprach. Gleichzeitig versuchte er sowohl seinen Mitarbeitern gegenüber als auch vor der polnischen Öffentlichkeit den Anschein zu wahren, er habe die Situation weiterhin voll im Griff.

Jan Karski: *Beck war so überzeugt, dass man die Schwierigkeiten friedlich lösen könne, dass er die deutschen Forderungen monatelang streng geheim hielt. Als Botschafter Lipski am 22. März 1939 in einer sehr pessimistischen Stimmung nach Warschau kam, fiel ihm auf, dass seine Kollegen sich der Gefahr des Krieges überhaupt nicht bewusst waren.*[5]

Seit Anfang 1939 durfte sich auch Jan zu Becks Mitarbeitern zählen: Nach den Abschlussprüfungen des Großen Praktikums, die er selbstredend mit ausgezeichneten Noten bestanden hatte, trat er am 1. Januar seine erste Stelle im Außenministerium an. Er wurde dem Konsulardepartement zugewiesen – als Referendar und Sekretär der Abteilung für Migrationspolitik. Sein neuer Chef hieß Apoloniusz Zarychta und hatte die Aufgabe, dem Gemeinschaftsleben der Auslandspolen, vor allem in Amerika, Frankreich und Deutschland, gewisse Strukturen zu geben. Viel Erfolg hatte er dabei jedoch nicht. Er galt als jemand, der mit viel Enthusiasmus, aber ohne eine Spur Organisationstalent ans Werk ging, und auch Karski beschrieb ihn später als einen Romantiker und Idealisten, mit dem man zwar sofort Freundschaft schließen, aber kaum effektiv zusammenarbeiten konnte.

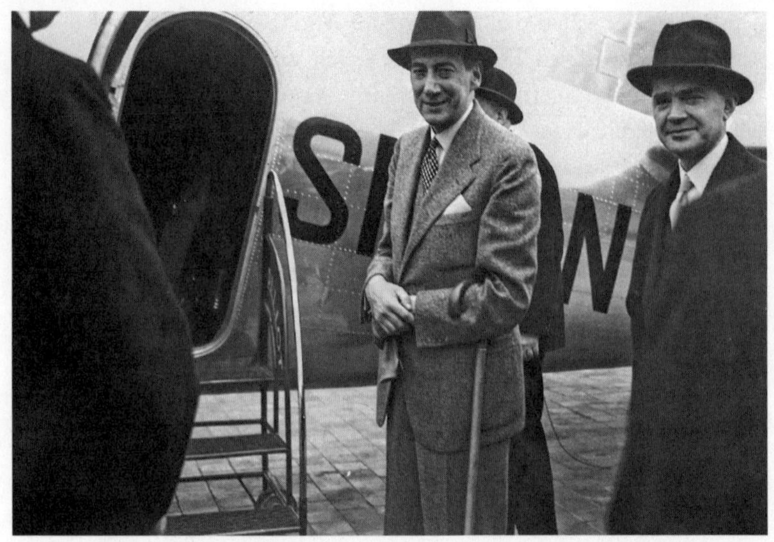

Außenminister Józef Beck und sein Personalchef Wiktor Tomir Drymmer, 1938

Für ihn selbst hatte dies aber schon bald keine Bedeutung mehr, denn am 1. Juni 1939 wurde er zum persönlichen Sekretär von Tomir Drymmer ernannt. Er sollte es als eine weitere Auszeichnung betrachten: Der Posten erforderte Erfahrung und Fingerspitzengefühl – er bekam ihn als blutjunger Anfänger. Allerdings erklärte ihm Drymmer mit Nachdruck, er brauche keinen Freund, sondern einen Sekretär. Mit anderen Worten: Der wahre Ernst des Diplomatenlebens begann für Jan erst jetzt.

Da war er nun also mit seinen fünfundzwanzig Jahren: an der Spitze der diplomatischen Hierarchie, mit frisch erworbenen Auslandserfahrungen und Sprachkenntnissen, mit dem einflussreichen Bruder an seiner Seite. Dazu gutaussehend, charmant und von tadellosen Manieren, was ihm die ohnehin offene Tür zu der Welt der Warschauer Oberschicht noch weiter öffnete. Einer Welt, von der er im Hinterhof des Lodzer Mietshauses wahrscheinlich nicht einmal zu träumen wagte.

In welchen Kreisen er am liebsten verkehrte, wo er seine Abende verbrachte, was er an dem Hauptstadtleben am meisten genoss – darüber ist nichts bekannt. Es besteht aber kein Zweifel, dass das damalige Warschau ihm viel zu bieten hatte. Es war ja das «Paris des Ostens», die Stadt der eleganten Straßen und gepflegten Parkanlagen, der noblen Hotels und exklusiven Geschäfte. Der Bälle, Dinners, Modeschauen, Tennisturniere und Autorennen. Der weißen Flanellhosen, Hüte und Sonnenschirme. Der Smokings, Galauniformen und langen Kleider. Der Kabaretts, Tanzlokale und Nachtclubs. Der literarischen Salons und der Kaffeehäuser, in denen Künstler und Schriftsteller unter sich blieben und über die in ganz Warschau unzählige Gerüchte kursierten. Über das stets überfüllte Café «Ziemiańska» zum Beispiel, ein absolutes Muss für alle, die der Literaturszene dauerhaft angehören wollten. Dort waren schließlich täglich solche Größen wie Mieczysław Grydzewski, Chefredakteur der einflussreichen *Literarischen Nachrichten*, oder die berühmten «Skamandriten», die Dichtergruppe um den von Jan so verehrten Julian Tuwim, anzutreffen. Dort wurde auch jener provokant-ausgelassene Stil zur Perfektion gebracht, der damals so beliebt war. Sein oberstes Gebot lautete, außer Frauen und Alkohol nichts ernst zu nehmen, auf alles mit Spott, Witz und Kalauer zu reagieren. Auch auf die nahende Katastrophe.

Wieso sollte man sich auch ernsthaft Sorgen machen? Für die Lösung der außenpolitischen Probleme waren Politiker, Diplomaten und Militärs zuständig, und die gaben sich ja stets optimistisch. Tauchte nicht regelmäßig in dem «Ziemiańska» General Bolesław Wieniawa-Długoszowski («der schöne Bolek»), auf, um gute Laune zu verbreiten? Der ehemalige Lieblingslegionär Piłsudskis, dessen Tapferkeit ebenso legendär wie seine Trinkfestigkeit war, musste es schließlich wissen. Im Jahre 1938 hatte ihn Józef Beck zwar als neuen polnischen Botschafter nach Rom geschickt, seinem Ruhm des phantasievollsten Kavalleristen der Republik tat das aber keinen Abbruch. Und der Außenminister selbst? Hatte er nicht im Frühjahr 1939 seinen engsten Mitarbeitern versichert, falls es Krieg gäbe, würden die Deutschen nur neun Divisionen einsetzen können, und das sei eine Stärke, mit der Polen nicht besiegt werden könne? Auch er hatte einen Grund, sich für einen Militärexperten zu halten. Im polnisch-sowjetischen Krieg von 1920 hatte er Piłsudski als Chef des Militärstabes zur Seite gestanden und danach einige Jahre das Ministerium für militärische Angelegenheiten geleitet.

Worauf sich Becks Zuversicht auch immer stützte – am 26. März lehnte er die Forderungen der Deutschen endgültig ab. Fünf Tage später gab Englands Premierminister Chamberlain eine Erklärung ab, in der er

Polen im Falle einer Bedrohung Hilfe versprach. Eine ähnliche Garantieerklärung kam auch von Seiten Frankreichs. Beides hatte die polnische Regierung umso dringender nötig, als sie nicht nur zu den deutschen Forderungen, sondern auch zu der Beteiligung an einer von Moskau vorgeschlagenen Abwehrfront gegen Hitler nein gesagt hatte. Was immer auch geschehen sollte – eine Kooperation mit der Sowjetunion lehnte sie kategorisch ab.

Und der Konflikt mit Deutschland spitzte sich weiter zu: Am 28. April 1939 kündigte Hitler vor dem Reichstag den deutsch-polnischen Nichtangriffspakt auf und ließ den deutschen Botschafter aus Warschau abberufen. Außenminister Beck blieb dennoch standhaft. Hätte er spätestens in diesem Moment nachgeben oder zumindest einen versöhnlichen Ton anschlagen sollen? Sein Ziehvater, Marschall Piłsudski, hätte es vermutlich getan.

Jan Karski: *Piłsudski war von Natur ein Pragmatiker, wenn er also länger gelebt hätte, hätte er immer wieder versucht, die polnische Außenpolitik den wechselnden Umständen anzupassen. Beck hingegen sah in dem deutsch-polnischen Nichtangriffspakt von 1934 ein festes und unveränderbares Element. Bis zum Schluss hielt er das Abkommen für einen Sieg seines Meisters, und es kam ihm nicht in den Sinn, dass es gar kein richtiger Sieg war. Hitler wollte zwar dieses Abkommen genauso wie Piłsudski, aber aus ganz anderen Gründen. Außerdem hatte es in dieser Form, wie Beck es verstand, niemals existiert. Hitler hatte auf seine Ansprüche gegenüber Polen niemals verzichtet – er hatte nur beschlossen, sie vorerst auf ein absolutes Minimum zu reduzieren und die endgültige Entscheidung hinauszuzögern.*[6]

Eine Woche nach Hitlers Reichstagsrede entschloss sich Beck zu einem ähnlichen Schritt: Am 5. Mai 1939 hielt er vor dem polnischen Parlament, dem Sejm, eine Ansprache, in der er zu allen strittigen Punkten Stellung nahm. Als er auf Hitlers Forderungen bezüglich der Freien Stadt Danzig kam, sagte er ohne Umschweife, er müsse sich die Frage stellen, worum es hier eigentlich gehe. «Geht es um die Freiheit der deutschen Bevölkerung Danzigs, die in keiner Weise bedroht ist?», setzte er fort. «Geht es ums Prestige? Oder um die Verdrängung Polens von der Ostsee, von der sich Polen nicht verdrängen lässt?!»[7] Nach einigen weiteren Passagen in ähnlich entschlossenem Ton beendete er seine Rede mit den vielzitierten Worten: «Der Friede ist eine wertvolle und erstrebenswerte Sache. Unsere in den Kriegen ausgeblutete Generation hat ihn bestimmt verdient. Aber der Friede hat, wie fast alles auf dieser Welt, einen hohen, wenngleich messbaren Preis. Wir Polen kennen nicht den Begriff des Friedens um jeden Preis. Es gibt nur eines im Leben von Menschen, Nationen und Staaten, das von unschätzbarem Wert ist: die Ehre.»[8]

Die Ansprache des Außenministers wurde sowohl von den Abgeordneten im Saal als auch von der gesamten Bevölkerung enthusiastisch aufgenommen. «Ich höre Becks Rede im Sejm», notierte Maria Dąbrowska, die zweite weibliche literarische Koryphäe jener Zeit, in ihrem Tagebuch. «Ganz Polen hört sie, überall wurde die Arbeit unterbrochen, alle sitzen vor den Radioapparaten. Eine vorzügliche Rede, sowohl der Form als auch dem Inhalt nach. Monumental und kurz, was sich großartig abhebt gegen Hitlers oder Mussolinis Theater und Gebrüll. Wie schade, dass dieser begabte Mensch so spät zur Besinnung gekommen ist!»[9]

Auf den Kurswechsel der offiziellen Politik folgte ein sofortiger Stimmungswechsel in der Gesellschaft. Es herrschte allgemeine Zuversicht, ja fast Übermut. Die Zeit des deutsch-polnischen Flirts war vergessen, Rufe nach der Vertiefung der Allianz mit Frankreich und England wurden lauter, antideutsche Anekdoten und Scherze machten die Runde. Etwa der von einer neuen Diät, die Hitler von seinem Arzt verordnet worden sei: Wiener Schnitzel sei gerade noch gestattet, böhmische Knödel könnten unverdaulich sein, und Danziger Goldwasser würde möglicherweise sogar zum Tode führen. Selbst in der nächsten Umgebung von Minister Beck gab man sich siegessicher.

Jan Karski: *Heute würden meine einstigen Kollegen es vermutlich abstreiten, aber damals herrschte im Ministerium wirklich eine Atmosphäre des Optimismus. Es hieß: Hitler blufft ja nur. Es stimmt, dass er ständig irgendwelche Paraden organisiert und diese Idioten Franzosen und Engländer einlädt, um ihnen seine Panzer zu zeigen. Aber die sind doch aus Pappe! Wir wissen es, weil wir in Deutschland unsere Spione haben. Das ist alles nur Hitlers Bluff.*[10]

Was nach Becks Rede hinter den politischen Kulissen wirklich geschah, kann man nicht zuletzt aus seinen eigenen Erinnerungen erfahren: «In den polnisch-deutschen Beziehungen gab es seit Mai keinen wesentlichen Meinungsaustausch», hielt er darin fest. «Um alle Mittel auszuschöpfen, die einen Waffenkonflikt verhindern konnten, wies ich den polnischen Botschafter in Berlin an, sich inoffiziell und in dem Rahmen, den die Würde seines Amtes zuließ, über die Situation zu informieren. Insbesondere empfahl ich ihm, das Gespräch mit Marschall Göring zu suchen, der seit 1934 deutlich die Politik der Nichtaggression gegenüber Polen vertrat. Eine Gelegenheit ergab sich, als Botschafter Lipski von Göring eingeladen wurde, an einer Jagd teilzunehmen. Während er sich für die Einladung bedankte, äußerte er den Wunsch einer persönlichen Unterredung. Dem Gespräch, das in Berlin stattfand, war zu entnehmen, dass Göring nicht mehr die Rolle in der Außenpolitik des deutschen Reiches spielte, die er früher gespielt hatte, und dass die Situation einen gefährlichen Gang zu nehmen drohte. Ein Satz aus diesem Gespräch fiel mir besonders auf: ‹Herr Botschafter, uns geht es doch gar nicht um Danzig, wir fühlen uns durch eure Allianz mit England gekränkt.›»[11]

Dass es in der Tat nicht nur um Danzig ging, bestätigte Hitler selbst intern, als er am 23. Mai zu seinen Generälen sprach. Das eigentliche Ziel laute «die Erweiterung des Lebensraumes im Osten», erklärte er den höchsten Befehlshabern der Wehrmacht. Da dies mit politischen Mitteln offenbar nicht zu erreichen sei, solle Polen bei der ersten Gelegenheit angegriffen werden.

Drei Monate später hatten die Deutschen ihre eigene neue Allianz: Am 23. August 1939 unterschrieben Ribbentrop und der Außenminister der Sowjetunion, Molotow, den deutsch-sowjetischen Nichtangriffspakt. Mit diesem Schachzug hatten die Polen nicht gerechnet – dazu waren sie viel zu sehr von der Inkompatibilität der bolschewistischen und der nationalsozialistischen Ideologie überzeugt. Was sie dabei allerdings übersahen, war die Übereinstimmung von Hitlers und Stalins Interessen. Und was sie folglich auch nicht ahnten: Der Nichtangriffspakt enthielt ein geheimes Zusatzprotokoll, in dem die beiden Seiten die Aufteilung Polens vereinbarten. Polens Verbündeten, England und Frankreich, war dessen Existenz freilich ebenso wenig bekannt, doch auch so befanden sie die Situation für ernst genug, um zwei Tage später ihre Garantieerklärungen in offizielle Beistandspakte umzuwandeln.

Und dann der Schlussakt: Am 29. August konfrontierte Hitler die Polen mit einem letzten, aus sechzehn Punkten bestehenden «Forderungskatalog», der bis zum Mittag des nächsten Tages zu unterzeichnen

Außenminister Józef Beck (zweiter von links) bei seinem Besuch in Berlin, 1935. Rechts der polnische Botschafter, Józef Lipski

sei. Doch die polnische Antwort ließ auch nach dem Ablauf dieses Termins auf sich warten, und alles deutete darauf hin, dass sie ganz ausbleiben würde. Der Ausgang von Józef Becks gefährlichem Spiel war ungewiss. Und damit die Zukunft des Landes.

Es gibt ein Foto des jungen Jan Karski, das kurz vor dem Krieg aufgenommen wurde. Er sieht darauf genauso aus, wie man sich einen jungen Vorkriegsdiplomaten vorstellt. Gut gekleidet: weißes Hemd, dunkles Sakko, darunter eine hellere Weste, dezente, musterlose Krawatte, weicher Hut. Das Foto ist schwarz-weiß, doch man spürt, dass die Kleidungsstücke sorgfältig gewählt und farblich aufeinander abgestimmt sind. Er wirkt darauf wie jemand, der weiß, dass er eine glänzende Karriere vor sich hat, der aber auch verdammt viel Freude am Leben hat. Er lacht direkt in die Kamera, zeigt dabei eine Reihe weißer, gesunder Zähne. Ein anderes Bild aus dieser Zeit zeigt ihn auf einem Neujahrsball im königlichen Schloss, in Begleitung einer jungen Dame. Sie in langem

Kleid, er im Smoking, mit tadellosem Haarschnitt. Beide lachen, sie hält einen Luftballon in der Hand.

Wenn man diese beiden Fotos betrachtet, fällt es einem nicht schwer, sich den Abend des 23. August 1939 vorzustellen: Ein heißer Sommerabend, die Residenz des portugiesischen Botschafters. Licht, Musik, Blumen, Wein, schön gekleidete Menschen. Es wird getanzt und gelacht. Jan flirtet mit der Tochter des Gastgebers, lässt seinen Charme spielen, bietet ihr seine Gesellschaft an, falls sie Warschau kennenlernen möchte. Als er nach Hause kommt, ist er noch ganz von dem Fest und dem eigenen gesellschaftlichen Erfolg beschwingt.

Und dann der Schock: Der geheime Mobilmachungsbefehl, der in den Morgenstunden eintrifft. Ernüchterung, fieberhaftes Packen. Er nimmt alles mit, was seines Erachtens ein Unterleutnant der 5. Division der berittenen Artillerie braucht: die Uniform, den silbernen Säbel, eine neue Leica-Kamera. Falls es wirklich Krieg gibt, wird Polen ihn natürlich gewinnen und er vielleicht einige Fotos von der Siegesparade schießen können.

Er hat nur wenige Stunden, um sich von dem Partylöwen in einen Soldaten zu verwandeln. Dann muss er ins Ministerium, um sich bei seinem Vorgesetzten abzumelden und die Dienstschlüssel abzugeben. Er läuft dorthin auf dem Weg zum Bahnhof. Das Abschiedsgespräch mit Tomir Drymmer bestärkt ihn in dem Glauben, dass die Mobilmachung nur eine Vorsichtsmaßnahme ist. Der Personalchef lacht über seine Montur und seine Aufregung, rät ihm, die Zeit in der Kaserne zu nutzen, um ein wenig zu reiten und Sonne zu tanken. Spätestens in zwei Wochen werde er wieder am Schreibtisch sitzen müssen.

Dann die Zugfahrt. Sie dauert mehrere Stunden. Seine Einheit ist in der Nähe von Oświęcim, dicht an der deutschen Grenze, stationiert. Der Sommer ist ungewöhnlich heiß, im Zug wird es immer stickiger. Überall, wo er hält, werden neue Waggons angehängt, steigen weitere Reservisten zu. Es sind hauptsächlich Bauern, und erst dadurch erkennt er langsam den Ernst der Lage. Sie machen ihm bewusst, dass es sich um eine richtige, alle Gesellschaftsschichten umfassende Mobilmachung handelt. Auch ihre Gespräche lassen nichts Gutes ahnen.

Jan Karski: *Sie machten einen nüchternen Eindruck und fassten die Möglichkeit, dass es tatsächlich in den Krieg ging, offenbar realistischer ins Auge.*

Vor allem die ganz jungen Männer aus den Dörfern zeigten eine ruhige und ernsthafte Haltung, die uns wie eine Parodie auf die Entschlossenheit der Erwachsenen erschien.[12]

Und er selbst? Wirkt er nicht wie die Parodie eines Soldaten? Mit seinem blankgeputzten Säbel? Seiner Leica, mit der er die Berliner Siegesparade fotografieren will?

Hatte das Verhalten der ganzen Nation nicht etwas leicht Groteskes an sich? Die feierlichen Posen und Gesten, gepaart mit Nonchalance und der Unkenntnis der echten politischen Lage: Spiegelte sich darin nicht die gesamte Aura dieser noch so unausgereiften Zweiten Polnischen Republik? Der Journalist Heinrich Jaenecke hatte einst recht, als er über dieses Polen der Zwischenkriegszeit schrieb: «Das war ein stolzer Staat, ein Hauch von Großmacht. Einweihung der polnischen Fluglinie LOT, Einweihung des polnischen Ostseehafens Gdingen, Einweihung von Stahlwerken und Rüstungsfabriken, Staatsjagden, Dorffeste, und immer wieder Uniformen, flatternde Wimpel an Ulanenlanzen, Offiziere mit der *Rogatywka*, der viereckigen polnischen Mütze, taillierte Litewkas, blitzende Säbel – die ganze Theatralik dieser Nation in der Armee symbolisiert. Doch zugleich haftete der jungen Republik etwas Unwirkliches an. Dieses Polen, das 1918 nach 120-jähriger Teilung wieder auferstanden war, glich in vieler Beziehung einem Nachtwandler, der in Selbsthypnose über dem Abgrund balanciert.»[13]

Die Kaserne stammt aus der k.u.k.-Zeit und ist völlig heruntergekommen. Auch der Ort hat nichts Besonderes an sich. Ein kleines, verschlafenes Städtchen, wie es viele in der Gegend gibt. Nur einmal war es bis jetzt berühmt geworden: In der Zeit um die Jahrhundertwende, als ganz Galizien plötzlich von einer riesigen Fluchtwelle erfasst wurde. Hunderttausende setzten sich in Bewegung, um in Amerika neues Glück zu suchen. Und da Oświęcim an der Grenze zwischen Österreich und Deutschland lag, wo die Auswanderer auf die Schiffe verladen wurden, verwandelte sich der Ort schnell in einen riesigen Umschlagplatz. Doch das gehört längst der Vergangenheit an, und die Zeit, da Oświęcim – unter dem deutschen Namen Auschwitz – zur dauerhaften Weltbekanntheit gelangen sollte, steht erst bevor.

Die Reservisten vertreiben sich die Zeit mit täglichen Übungen, mit Ausritten aufs Land und abendlichen Eskapaden in das nahegelegene Krakau. Die Stimmung ist gut, man bestärkt sich gegenseitig in dem Glauben, die Mobilmachung sei nur ein Teil des Nervenkriegs, den Deutschland und Polen sich seit Wochen liefern. Die Regierung wolle lediglich ihre Entschlossenheit demonstrieren. Und sollte Hitler wider Erwarten doch angreifen, würde man schon diesem kleinen Fanatiker, dieser Witzfigur, eine Lektion erteilen. Mit Unterstützung der Engländer und Franzosen wäre das geradezu ein Kinderspiel.

In diesem Glauben verbringen Jan und seine Offizierskollegen auch den Abend des 31. August. Sie wissen nicht, dass in der sechzig Kilometer entfernten deutschen Stadt Gleiwitz an diesem Abend eine Gruppe von Männern in polnischen Uniformen den lokalen Sender überfällt …

War der Kriegsausbruch doch noch zu verhindern? In Berlin taten die diplomatischen Vertreter Polens, Englands und Frankreichs bis zuletzt alles, um das zu erreichen. Dies galt vor allem für den britischen Botschafter Neville Henderson, einen engagierten Verfechter der *Appeasement*-Politik seiner Regierung gegenüber dem Dritten Reich. Als er am 29. August erfuhr, Hitler sei immer noch bereit, mit den Polen über die Zukunft Danzigs zu verhandeln, vorausgesetzt, die polnische Regierung entsende bis zum Abend des folgenden Tages einen Unterhändler nach Berlin, tat er alles, um seinen polnischen Kollegen Lipski zu entsprechendem Handeln zu bewegen. «Am 30. August abends», schreibt Józef Beck in seinen Erinnerungen, «richtete mir Botschafter Lipski die Bitte Hendersons aus, ich solle doch, unabhängig von unserer positiven Reaktion auf das britische Vermittlungsangebot, irgendeine direkte Geste an die Deutschen machen, um die Situation zu entspannen. Obwohl ich an die Möglichkeit, den deutschen Angriff abzuwenden, nicht mehr glaubte, wies ich unseren Botschafter an, ein sofortiges Treffen mit Ribbentrop zu verlangen und ihm mitzuteilen, die polnische Regierung habe den englischen Vorschlag angenommen, wovon die deutsche Regierung zweifellos in den nächsten Stunden von den Briten unterrichtet werde. Am 31. August um 13 Uhr bat Botschafter Lipski um den besagten Termin beim deutschen Außenminister. Als er von Staatssekretär Weizsäcker gefragt wurde, ob er als Sonderbevollmächtigter oder als Botschafter fungiere, antwortete er, als Botschafter Polens vertrete er maßgeblich die

Meinung seiner Regierung und bitte nur in dieser Eigenschaft um das Treffen. Zwischen 18 und 19 Uhr wurde er von Ribbentrop empfangen. Der deutsche Außenminister hatte dieses Treffen ähnlich arrangiert wie im Falle der Tschechen wenige Monate zuvor: mit einer Menschenmenge, die sich in der Wilhelmstraße drängte, mit SS-Einheiten, die das Gebäude umstellt hatten etc. Botschafter Lipski führte meinen Auftrag aus, woraufhin Ribbentrop nach Sondervollmachten fragte, die ihm, wie er sagte, ermöglichen würden, eine schnelle Lösung herbeizuführen.»[14]

Botschafter Lipski besaß aber keine Sondervollmachten – er hatte auch aus Warschau eine ausdrückliche Anweisung, kein weiteres deutsches Memorandum entgegenzunehmen –, woraufhin Hitler es kategorisch ablehnte, ihn zu empfangen. Und die Lösung kam in der Tat schnell und war, wie Józef Beck in seinem nüchternen Stil vermerkt, nicht mehr verhandelbar: «Am 1. September in der Früh begann Deutschland ohne weitere diplomatische Schritte seine Kriegsaktivitäten.»[15]

4

DER KRIEGSAUSBRUCH

September–Oktober 1939

Wie lange braucht man, um festzustellen, dass ein Krieg kein Bluff ist, sondern ein richtiger Krieg? Und dass er für den Schwächeren unter Umständen genauso schnell enden kann, wie er angefangen hat? Auf so oder ähnlich klingende Fragen antwortete Professor Karski meistens, in seinem Fall sei der Krieg am 1. September 1939, fünf Minuten nach fünf in der Früh ausgebrochen und habe ungefähr zwei Stunden gedauert. Aus seiner Präzision war beides herauszuhören: Schock und Schmerz des jungen Soldaten und Ironie und Bitterkeit des Politikwissenschaftlers. Der eine musste erst lernen, dass auch ein so «starkes und stolzes» Land wie das seine innerhalb von wenigen Tagen zusammenbrechen konnte beziehungsweise dass Polen zwar stolz, aber keineswegs stark gewesen war. Und dass folglich nicht das Verhalten Hitlers, sondern die Behauptung der polnischen Staatsführung, in der Lage zu sein, ihm gegebenenfalls «eine schnelle Lektion zu erteilen», ein großer Bluff gewesen war. Der andere wusste das alles längst und kannte zudem die wahren Zusammenhänge und Hintergründe.

Jan Karski: *Wenn ich heute die Tagebücher all dieser Generäle lese: Wir haben den Deutschen schwere Schäden zugefügt, wir haben gekämpft und so weiter. Ich habe nichts Derartiges gesehen. Es gab gar keinen Plan, keine Strategie. Nur ein einziges stinkendes Chaos.*[1]

Die erste Lektion des Unterleutnants Jan Kozielewski begann also am 1. September um fünf Uhr morgens. Sein Tag fing wie immer an: mit dem hastigen Aufstehen und dem Lauf in die Gemeinschaftswaschräume. Diesmal ging seine morgendliche Toilette aber nicht über die

Rasur hinaus. Er beugte sich gerade über das Waschbecken, als das Gebäude von zwei kurz aufeinander folgenden Detonationen erschüttert wurde. Er rannte sofort ins Freie und wurde Zeuge und bald hilfloser Beteiligter eines unbeschreiblichen Durcheinanders. Die völlig überraschten Reservisten liefen hin und her, die Offiziere erteilten widersprüchliche Befehle, verzweifelt bemüht, dem Chaos mit militärischer Disziplin beizukommen. Was aber am schlimmsten war: Die explodierenden Bomben hatten die Pferde aufgescheucht, die, statt sich vor die Geschütze spannen zu lassen, wild durch das Gelände stürmten. Die Panik dauerte etwa zwei Stunden, zumal die Deutschen bald den nächsten Angriff flogen. Nach dem zweiten Bombenhagel kam der Rückzugsbefehl. Die Einheit sollte zu ihrer neuen Position in Richtung Krakau abziehen und dabei nur Handwaffen und Munition mitnehmen – die Geschütze und die Pferde, der ganze Stolz des verstorbenen Marschalls Piłsudski, wurden ihrem Schicksal überlassen.

Jan Karski: *Piłsudski hatte der polnischen Armee enormen Schaden zugefügt, denn er setzte, ähnlich wie die russischen Generäle Tuchatschewski und Budjonny, nur auf Pferde. In der Zeit, in der Deutschland und Frankreich sich Panzer und mechanisierte Divisionen zulegten, zwang Piłsudski Polen ein ganz anderes Militärsystem auf. Er wiederholte ständig: «Die polnischen Wege sind sehr schlecht. Beim Regen bleibt also ein Panzer im Schlamm stecken, und ein Pferd zieht den Karren aus dem Dreck, macht einen Umweg und kommt ans Ziel.» Polen hatte Millionen für die Haltung von Pferden ausgegeben.*[2]

Wie schnell lernt man das richtige Kriegsverhalten? Vor allem wenn man keine Aussicht auf einen fairen Kampf hat? Die Mobilmachung hatte beinahe eine Million Männer umfasst – der deutschen Armee waren sie aber trotzdem weit unterlegen, zahlenmäßig und vor allem bezüglich der Ausrüstung. Das vielbeschworene Bild der polnischen Ulanen, die gegen die deutschen Panzer losstürmen, ist zwar eine Legende, die auf eine einzelne Situation zurückgeht. Und Piłsudskis Nachfolger, Edward Rydz-Śmigły, hatte vor dem Krieg noch einige schnelle Modernisierungsversuche unternommen. Dennoch war der moderne Kampfstil der Deutschen, vor allem die Flächenbombardements und Tieffliegerangriffe ihrer Luftwaffe, etwas, worauf die polnischen Militärs nicht gefasst waren.

Die Soldaten der 5. Division mussten in diesen ersten Kriegsstunden noch manch andere Überraschung hinnehmen. Einen Beschuss etwa, unter den sie auf ihrem Marsch durch Oświęcim kamen: Es waren die «Volksdeutschen» (polnische Bürger deutscher Abstammung), die durch Schüsse aus den Fenstern ihre Begeisterung über den Einmarsch der Wehrmacht demonstrierten. Später sollten sie zwar ihren Eifer büßen, denn es kam zu Vergeltungsaktionen, bei denen Tausende von ihnen ums Leben kamen. In dem Moment stellten sie aber für die Reservisten eine neue Bedrohung dar. Stunden später schließlich wurde der Zug, der sie nach Krakau bringen sollte, mitten in der Nacht bombardiert. An eine Weiterfahrt war genauso wenig zu denken wie an ein Verteidigungsmanöver. Seitdem setzten sie ihren Rückzug zu Fuß fort, allerdings nicht mehr als eine militärische Einheit, sondern als eine lose Gruppe, die sich von der riesigen Flüchtlingswelle mittragen ließ. Von endlosen Kolonnen verstörter Menschen, die in Richtung Osten zogen und für die deutschen Tiefflieger ein leichtes Ziel abgaben.

Jan Karski: *Nach zwei, drei Tagen war ich kein Soldat mehr. Ich trug eine stinkende, verschwitzte Uniform, weil ich bei den Bauern in den Ställen schlief oder, wenn ich wegen Geldmangel keine Unterkunft bekam, einfach im Freien. Und ich sah überall diese hasserfüllten Menschenmassen. Manchmal wurde ich von irgendwelchen Leuten angepöbelt: «Was fliehst du denn so? In die andere Richtung mit dir! Los, verteidige uns!» Denn sie sahen, dass ich eine Uniform trug. Was für eine Schande, was für eine Blamage! Alles kam so plötzlich. Ich war darauf überhaupt nicht vorbereitet.*[3]

Niemand war darauf vorbereitet, er wohl aber noch weniger als mancher andere. Wie sollte er auch? Er war ja das Sonnenkind, der ewige Wunderknabe, dessen Leben bis dahin eine einzige Erfolgssträhne gewesen war. Und nun? Nur drei Tage nach dem Ausbruch eines Krieges, in den er mit so viel Abenteuerlust gezogen war? Nicht wiederzuerkennen: schmutzig, verwahrlost, hungrig – und sich der Idiotie seines Verhaltens beim Weggang aus Warschau voll bewusst. Umso weniger kostete es ihn jetzt, sich von seinen Statussymbolen zu trennen. Seine nagelneue Leica wechselte den Besitzer, sobald sich eine Gelegenheit ergab, sie gegen Lebensmittel einzutauschen. Und den Ehrensäbel, den er sich an die linke Seite geheftet hatte, wollte er in der nächsten vergleichbaren Situation loswerden. Dies war aber schwieriger, als er dachte: Als er in einen Dorfladen ging, um dem Eigentümer einen Tauschhandel vorzuschlagen, erntete er nur Misstrauen und Hohn. Der Bauer war von dem silbernen Knauf und der kunstvollen Gravur nicht im Mindesten beeindruckt und erklärte ihm darüber hinaus, er solle das Prachtstück sofort verschwinden lassen, wenn er kein Unglück auf sich ziehen wolle.

Jan Karski: *Ich verließ den Laden, schnallte den Säbel ab und warf ihn in einen Straßengraben. Zusammen mit dem Säbel warf ich meine stolze Jugend und meine Ehre weg.*[4]

Was für ein Epilog, was für eine symbolträchtige Geste. Der zurückgelassene silberne Säbel und dahinter: das Ende der stolzen Jugend, des alten Polen, der Illusionen. Wie das verlorene goldene Horn aus Stanisław Wyspiańskis Nationaldrama *Die Hochzeit*, das im polnischen Bewusstsein bis heute als Symbol der kollektiven Niederlage fungiert. Das Stück selbst, 1901 uraufgeführt, entstand unter dem Eindruck einer realen Hochzeit: der Vermählung eines Krakauer Dichters mit einem Bauernmädchen. Unter den Gästen befand sich auch der Autor. Vor seinen Augen wirbelten die bunten Trachten der Dörfler, an sein Ohr drangen die Gespräche der Intellektuellen, von dem Bild, das über dem Schreibtisch des Gastgebers hing, verfolgte ihn der düstere Blick eines legendären Wahrsagers, vor dem Fenster sah er den Schatten des «Strohmanns», eines winterlich umhüllten Rosenstrauchs. Und während er diese halb reale Szenerie betrachtete, ließ er in seiner Phantasie mehrere Tief- und Höhepunkte der polnischen Geschichte Revue passieren.

Diese Szene ist auch der Kern des Stücks, allerdings erweitert um eine allegorische Ebene: Immer wieder betreten die Bühne seltsame Gestalten, Geistererscheinungen, die sich den einzelnen Hochzeitsgästen zugesellen, um ihnen das Vergangene in Erinnerung zu rufen und einen Fluch, eine Warnung oder eine Prophezeiung ins Ohr zu flüstern. Der wichtigste «Besuch» gilt aber dem Gastgeber: Es ist der vom Bild gestiegene Wahrsager, der ihm ein goldenes Horn überreicht: Er soll damit alle Gesellschaftsschichten zum gemeinsamen Kampf gegen die Fremdherrschaft aufrufen. Doch die Idee entpuppt sich als Illusion. Das goldene Horn geht in den Morgenstunden verloren, das patriotische Fieber hat sich verflüchtigt, und die Hochzeitsgesellschaft setzt zu einem schlafwandlerischen Tanz an, begleitet vom Hohn des «Strohmanns»: «Hattest, Tor, das goldene Horn, / Federn an der Mütze vorn: / Die Mütze treibt im Winde, / das Horn ist nicht zu finden, / dir blieb nur der Strick zurück.»[5]

So pessimistische Visionen wären Anfang September 1939 noch fehl am Platz gewesen. Allerdings schien sich die polnische Gesellschaft auch damals in einer Art Trancezustand zu befinden. «Um fünf Uhr früh begann der Krieg. Im wundervollsten Morgenlicht fielen die ersten Bomben auf Warschau»[6], hielt Maria Dąbrowska in ihrem Tagebuch fest, als hätte sie gerade eine seltene Naturerscheinung beobachtet. War es immer noch die Wirkung der staatlichen Propaganda, die so lange die Gefahr des Krieges heruntergespielt hatte, dass er selbst dann unwirklich erschien, als er bereits Tatsache geworden war? War es der Zauber des Sommers, der in jenem Jahr 1939 besonders schön gewesen sein soll? War es die positive Einstellung zu den Deutschen, die damals unter der gebildeten Schicht vorherrschte? Viele hatten an den deutschen Universitäten studiert, in Marburg, Heidelberg, Göttingen, Tübingen oder Berlin. Alle kannten die Klassiker der deutschen Literatur, liebten die deutsche Musik, schätzten die Tiefe und Logik des deutschen Denkens. Goethe, Schiller, Lessing, Beethoven, Bach: Das waren für sie die echten Deutschen – in Hitler sahen sie nur eine Art Missverständnis, eine kurze Entgleisung.

Es gab natürlich auch Intellektuelle, die nicht nur die Situation ganz anders einschätzten, sondern gar um ihr Leben fürchteten. Wer in der Vergangenheit Kritik an Nazideutschland geäußert hatte, musste annehmen, auf der schwarzen Liste der Gestapo zu stehen. Und wer jüdischer Herkunft war, fühlte sich in Warschau auch nicht mehr sicher. Einige wie die Dichter Antoni Słonimski und Julian Tuwim flohen zunächst nur aufs Land, in der trügerischen Hoffnung, dort das Kriegsende abwarten zu können. Andere entschieden sich sofort für den Gang ins Ausland. Graf Tonio Sobański etwa, der gleich nach Kriegsausbruch in sein geliebtes London flüchtete. Zu Recht: Wenige Monate später standen seine *Nachrichten aus Berlin* auf einer vom Generalgouvernement publizierten «Liste des deutschfeindlichen, schädlichen und unerwünschten polnischen Schrifttums».

Nach den ersten deutschen Luftangriffen war zwar die Stimmung derjenigen, die in Warschau geblieben waren, gedrückt. Die Stadt wurde zur Festung erklärt, die Bevölkerung aufgefordert, beim Bau von Schützengräben und Panzersperren mitzuhelfen. Die Menschen mussten schnell lernen, mit Waffen umzugehen und in Kellern und Luftschutzbunkern zu leben. Doch es herrschte gleichzeitig die Meinung, dass man den Kampf unbedingt fortsetzen müsse (die Kapitulation sollte erst am 28. September erfolgen). Man ging davon aus, dass die Deutschen sich im Siegesfall erneut, wie im Ersten Weltkrieg, von ihrer ritterlichen Seite zeigen und den polnischen Widerstand in zivilisiertem Rahmen bekämpfen würden. Vor allem aber hoffte man auf den schnellen Sieg der beiden Verbündeten, Frankreich und Großbritannien, die sich seit Anfang September ebenfalls im Krieg gegen Deutschland befanden.

«Am 3. September gab es bei uns in Warschau eine Art Siegesrausch aufgrund der Kriegserklärungen Englands und Frankreichs», erinnert sich in einem seiner autobiographischen Texte der Historiker Władysław Bartoszewski. «Ich war in der Kirche. Es war etwa 12.30 Uhr, der Priester predigte. Plötzlich kam ein Bote mit einem Zettel, und der Priester sagte: ‹Ich unterbreche jetzt meine Predigt, denn ich muss eine gute Nachricht verlesen. Wir sind nicht allein. Großbritannien ist in den Krieg eingetreten für unser Land.› Er stimmte das *Te Deum laudamus* an. Alle Menschen in der Kirche weinten. Dann haben wir die Kirche verlassen. Mehrere Zehntausend, eine riesige Menschenmenge, zogen durch die Straße zur britischen Botschaft und zeigten so ihre Freude. Der britische Botschafter stand mit dem polnischen Außenminister auf dem Balkon. Und dann kam die gleiche Nachricht aus Frankreich, und das Ganze wiederholte sich am Nachmittag vor der französischen Botschaft. Wir schöpften Hoffnung und dachten, wir würden in ein paar Tagen in Berlin sein.»[7]

Allerdings folgte auf diese kurze Euphorie ein doppelter Schlag: Zum einen blieb die erwartete Offensive der beiden Verbündeten aus. Sie hatten zwar ihre Beistandsverpflichtung erfüllt und Deutschland den Krieg erklärt, ansonsten aber waren sie weder bereit, «für Danzig zu sterben» (wie die Parole der französischen Kommunisten lautete), noch militärisch imstande, Polen zu Hilfe zu kommen. Zum anderen ging am 5. September die Nachricht um, die Regierung habe Warschau verlassen. Nun flüchteten also auch Präsident Mościcki, Premierminister Składkowski, Minister, Generäle und diverse weitere Staatsbeamte nach Osten, um dann in die südliche Richtung zu wechseln. Dort, in der

Nähe der rumänischen Grenze, wo auch die Reste der zerschlagenen Armee hingeleitet wurden, sollte die letzte Bastion des kämpfenden Polen entstehen. Würde es gelingen, die Kämpfe auf diesen südöstlichsten, bergigen Winkel des Landes zu konzentrieren, so die Überlegung, hätten die Polen bessere Chancen als in der offenen Ebene. Außerdem könnte über Rumänien, das mit Polen durch einen Militärpakt verbunden war, Verstärkung aus dem Westen kommen.

Unter den prominenten Flüchtlingen befanden sich auch Józef Beck und dessen Mitarbeiter sowie ein Großteil des Diplomatischen Corps, darunter der amerikanische Botschafter Anthony J. Drexel Biddle, der Jahre später eine wichtige Rolle in Karskis Leben spielen sollte. Wäre er selbst unter anderen Umständen auch Teil dieser Gesellschaft geworden? Vermutlich ja. Er hätte dann gewiss mit der üblichen Disziplin die Anweisungen von Tomir Drymmer (der ebenfalls dabei war) ausgeführt. Stattdessen ließ er sich weiter im Alleingang beziehungsweise zusammen mit einer Gruppe Offiziere von dem riesigen Flüchtlingsstrom treiben. Nach siebzehn Tagen kam die Kolonne in die Nähe der Stadt Tarnopol, nach deren Durchquerung es südwärts, in Richtung Rumänien gehen sollte.

Doch dann, gegen Abend des 17. September, eine überraschende Nachricht: Vom Osten her war die Rote Armee in Polen einmarschiert. Als weiterer Aggressor? Als selbsternannter Retter? Angesichts der Tatsache, dass der polnisch-sowjetische Nichtangriffspakt von 1932 seine Gültigkeit nicht verloren hatte, war dies keineswegs so klar, wie es heute erscheint. Jedenfalls nicht für Menschen, die seit Tagen auf der Flucht waren und deren einzige Informationsquelle widersprüchliche Gerüchte und zufällig aufgeschnappte Radiomeldungen waren. So war es auch in diesem Fall: Bald ging in der Menge die Nachricht um, die Russen würden per Rundfunk in mehreren Sprachen verbreiten, man solle sie als Freunde und Befreier betrachten. Sie seien gekommen, um die Bevölkerung im Osten Polens zu beschützen.

Jan Karski: *Das Wort «Schutz» hatte keinen guten Klang. Wir alle dachten sofort daran, dass Spanien, Österreich und die Tschechoslowakei bereits unter Schutz standen. Vor wem sollten wir auch geschützt werden? Würden die Russen gegen die Deutschen kämpfen, wenn es nötig werden sollte? War der Molotow-Ribbentrop-Pakt aufgekündigt worden?*[8]

Ganz im Gegenteil, wie man heute weiß. Der Pakt, genauer: dessen Zusatzprotokoll war die Grundlage der sowjetischen Invasion, die aus der Sicht der Deutschen sogar zwei Wochen zu spät erfolgte: Schon am 3. September hatten sie die Sowjets aufgefordert, ihren Teil der geheimen Vereinbarung zu erfüllen und in Polen einzumarschieren. Wenn es damals nicht geschah, dann nur weil Stalin es vorzog, den Impetus des Erstangriffs Hitler zu überlassen – das geschlagene, traumatisierte Polen war eine so leichte Beute, dass er seinen Anteil ohne eigene Verluste bekommen konnte.

Das sollten auch Jan und seine Kameraden in Kürze begreifen, sie mussten nur noch ein paar weitere Hundert Meter zurücklegen – bis zu einer Kurve, hinter der ein noch nicht identifizierbarer Lärm zu hören war. Und schon standen sich zwei Menschenmengen gegenüber: der polnische Flüchtlingsstrom und die sowjetische Armee. Jetzt, aus der Nähe, war sogar der rote Stern auf ihren Panzern zu erkennen: der Vorgeschmack auf eine Zukunft, deren Dauer sich unter den Tausenden auf der polnischen Seite wohl noch niemand ausmalen konnte. Allerdings brauchte mancher nur wenige Minuten, um allein die Bedeutung dessen zu erfassen, was sich vor seinen Augen abspielte.

Karskis Beschreibung der Szene in Kurzfassung: Nach halb verständlichen Zurufen der Sowjets entsenden die polnischen Offiziere einen Hauptmann, der, ein weißes Taschentuch schwenkend, auf die Panzer zugeht. Nach einer Weile kommt er zurück, greift zum Megafon und verkündet das Ergebnis der Beratung: Es gebe keine polnische Regierung und kein polnisches Oberkommando mehr. Die Reste der polnischen Armee würden ab sofort dem sowjetischen Kommando unterstehen. Die anwesenden Offiziere hätten ihre Waffen niederzulegen und die Befehle der Russen zu befolgen. Nach den Worten des Hauptmanns herrscht vollkommene Stille. Erstarrung. Fassungslosigkeit. Dann lässt sich ein einzelner Schrei vernehmen, das soeben Gehörte bedeute die vierte Teilung Polens. Und ein Schuss: Ein Unteroffizier hat Selbstmord begangen.

Als der berühmteste Freitod jener Zeit gilt heute der des exzentrischen Malers und Schriftstellers Stanisław Ignacy Witkiewicz (Witkacy). Nach Kriegsausbruch verließ er Warschau und floh, wie so viele, in Richtung Osten. Dort, in einem Ort namens Jeziory, überraschte ihn die Nachricht von dem Einmarsch der Sowjettruppen. Tags darauf, am 18. September, verübte er Selbstmord. Er hatte seinerzeit aus unmittelbarer Nähe die russische Oktoberrevolution erlebt, über seine Erfahrungen aber nur selten gesprochen. Wie tief sie in Wirklichkeit in seinem Bewusstsein eingeprägt waren, zeigte nun dieser Schlussakt seines Lebens.

Den Selbstmörder aus Jans Gruppe kannte niemand. Den Offizieren blieb auch keine Zeit, sich über seinen Namen oder den ganzen Vorfall Gedanken zu machen. Eine Stimme, die durch den Lautsprecher die ersten Kommandos bellte, forderte sie bereits auf, sich in Gruppen, je nach Rang, aufzustellen und dabei ihre Waffen abzugeben. Und sie taten es – «wie die Schafe», wie Jan Karski es später gern umschrieb. Warum sie den Befehl widerstandslos befolgt hatten, beschäftigte ihn noch über viele Jahre. In jenem Moment hatte er allerdings andere Gedanken.

Jan Karski: *Wir waren Gefangene der Roten Armee. Ich hatte nicht eine einzige Gelegenheit gehabt, gegen die Deutschen zu kämpfen.*[9]

Er war freilich nur einer von vielen, denen es so erging – über 250 000 polnische Soldaten gerieten bis Ende September in russische Gefangenschaft. Der Einmarsch der Sowjets machte auch den letzten Verteidigungsplan der polnischen Regierung zunichte. Statt den Rest der Armee um sich zu scharen und auf die Offensive der Alliierten zu warten, musste sie plötzlich erkennen, dass die rumänische Grenze buchstäblich zu ihrem einzigen Ausweg geworden war. Von dem sowjetischen Angriff erfuhr sie in einem Grenzstädtchen namens Kuty. Die Meldung kam in der Nacht vom 16. auf den 17. September, abgesetzt per Funk von dem polnischen Botschafter in Moskau, Wacław Grzybowski. Nach fieberhafter Beratung – die Sowjets waren nur noch dreißig Kilometer von Kuty entfernt – beschloss die Regierung, das Land zu verlassen und über Rumänien nach Frankreich zu fliehen. Ein weiterer Kampf, geführt vom Boden des wichtigsten Verbündeten aus, erschien ihr weit ehrenhafter als die sowjetische Gefangenschaft.

Die polnischen Spitzenpolitiker setzten sich in der Nacht zum 18. September nach Rumänien ab. Im Gepäck der aus mehreren Personenautos und Lastwagen bestehenden Kolonne befanden sich große Mengen Gold, die für die weitere Kriegsführung gedacht waren. Doch schon bald erwartete sie eine neue Überraschung: Auf Druck der Deutschen hin wandelte Rumänien das anfangs gewährte freie Geleit in eine Internierung um. Als Vorwand diente eine Ansprache, die Präsident Mościcki von Czernowitz aus an das polnische Volk gerichtet hatte und die von den Gastgebern als eine Verletzung des Haager Abkommens ausgelegt wurde.

So unterschiedlich das weitere Schicksal der Geflüchteten auch war – mit der Ausreise aus Polen gingen die politischen Karrieren der meisten zu Ende. Und in einigen Fällen auch das Leben. Etwa im Falle des Oberbefehlshabers der Armee, Marschall Rydz-Śmigły, der mit dem Stigma des Deserteurs nicht leben wollte: Er floh aus der rumänischen Internierung und kehrte 1941 über Ungarn nach Warschau zurück. Dort schloss er sich unter einem Decknamen der Widerstandsbewegung an und starb einige Monate später an Herzversagen. Wenig Glück hatte auch Außenminister Beck, dem es nie wieder gelang, Rumänien zu verlassen. Er bekam zwar ein britisches Visum, doch seine politischen Feinde verhinderten seine Einreise. So verbrachte er die nächsten Jahre in der Internierung und starb im Juni 1944 in Stanesti an Tuberkulose. Sein Leichnam wurde erst 1991 auf den Warschauer Militärfriedhof überführt. Er beziehungsweise seine Außenpolitik am Vorabend des Zweiten Weltkriegs sorgt bis heute für starke Kontroversen.

Auch Professor Karski widmet ihm in seinem Buch *The Great Powers and Poland* ein ganzes Kapitel, in dem er sich zwar kritisch über manchen politischen Schachzug Becks äußert, insgesamt aber viel Verständnis für ihn zeigt. Damals allerdings, im September 1939, ging er sowohl mit ihm als auch mit den anderen Mitgliedern der Regierung sehr scharf ins Gericht.

Jan Karski: *Ich habe in meinem ganzen Leben niemanden so sehr gehasst, wie ich damals die polnische Regierung hasste. Sie hatten gelogen, sie waren geflüchtet, es gab Gerüchte, dass sie das ganze Gold mitgenommen hätten und jetzt wahrscheinlich mit den Deutschen eine gemeinsame Sache machen würden. Und uns, das Volk, hatten sie allein gelassen.*[10]

Für ihn und die anderen Gefangenen spielte dies aber insofern keine Rolle, als sie selbst schon nach wenigen Stunden das Land verlassen sollten: Nach ihrer Entwaffnung wurden sie von den Sowjets zum Bahnhof von Tarnopol geführt. Dort, in einer kleinen, heruntergekommenen Bahnhofshalle, verbrachten sie auch die Nacht. In der Früh fuhr ein Güterzug vor, eine endlose Reihe von Viehwaggons, zu denen sie von ihren Aufsehern gedrängt wurden.

Warum versuchte er in dem Moment nicht zu fliehen? Bei der Verladung der etwa zweitausend Gefangenen herrschte doch, wie er selbst schreibt, großes Chaos, niemand überprüfte ihre Papiere, niemand fragte nach ihren Namen oder militärischen Graden. Aus Angst und Unentschlossenheit? Oder war da vielleicht auch der Ehrenkodex eines Offiziers im Spiel? Wie in den vielbeschriebenen ersten Szenen von Andrzej Wajdas Film *Das Massaker von Katyń:* Es ist der 17. September 1939. Auf einer Brücke über dem Fluss Bug stoßen zwei Flüchtlingsströme aufeinander. Die einen fliehen vor den Deutschen, die anderen vor den Russen. In der Menschenmenge ist eine junge Frau, die fieberhaft nach ihrem Mann, einem Offizier der besiegten polnischen Armee, sucht. Sie findet ihn in einem kaum bewachten Gefangenenlager, doch nur um zu erfahren, dass seine Offiziersehre ihm verbietet, mit ihr zu fliehen. Ging es dem Unterleutnant Kozielewski vielleicht genauso?

Nach fünf Tagen Fahrt, am 23. September, hatte der Gefangenentransport endlich sein Ziel erreicht: Kozel'shchina, ein Dorf, das in der Ukraine, südöstlich von Kiew liegt – und nicht, wie er anfangs aufgrund der langen Fahrt und der plötzlichen Kälte annahm, in Sibirien. Vielleicht war es aber eben diese falsche Annahme – das Wort «Sibirien» hatte für die Polen schon immer eine denkbar schlechte Konnotation –, die bewirkte, dass sich auf einmal sein Selbstschutzinstinkt wieder einschaltete.

Jan Karski: *Seit wir aus den Güterwaggons gesprungen waren und die ganze weitere Zeit in Russland über hatte ich nur noch einen Gedanken und ein Wort im Kopf: Flucht. Ich hatte Heimweh, fühlte mich verloren, vom Schicksal verlassen und war felsenfest entschlossen, nach Polen zurückzukehren.*[11]

Dafür war es jetzt allerdings zu spät, zumal auf die tagelange Zugfahrt noch ein stundenlanger Marsch durch einen dichten Wald folgte. Erst als sie an einer weiten, offenen Fläche ankamen, waren sie wirklich am Ziel. Es war kaum zu übersehen, dass sie sich in einem Lager befanden: Das Gelände war von Stacheldraht und Wachtürmen umgeben. Die Bebauung bestand teils aus einfachen Baracken, teils aus Häusern, die früher offenbar eine Siedlung oder eine Kolchose gebildet hatten: Scheunen, Ställen, einem Schulgebäude, einer kleinen Kirche mit Zwiebelturm und einem Kloster. Der obligatorische rote Stern und ein Porträt Stalins konnten natürlich auch nicht fehlen, doch auch ohne sie hätten die gefangenen Offiziere keinen Zweifel gehabt, dass sie sich in einem Arbeiter- und Bauernstaat befanden: Die einfachen Soldaten bekamen die besten Unterkünfte, während sie in Scheunen und Ställe verbannt wurden. Der Lagerkommandant scheute auch keine Mühe, ihnen das Wesen der Gesellschaftsordnung seines Landes zu verdeutlichen: Das sowjetische Recht besage, dass jeder arbeite müsse, erklärte er ihnen gleich nach ihrer Ankunft, und solche wie sie würde man hier für Ausbeuter und Blutsauger halten. Man wolle ihnen jetzt aber die Gelegenheit geben, arbeiten zu lernen. Die Polen protestierten, indem sie sich auf die Genfer Konvention beriefen, wurden jedoch mit dem Argument abgespeist, die Sowjetunion habe diese nicht unterzeichnet.

Sie erfuhren zudem, sie müssten auch selbst kochen – oder hungern, das bleibe ihnen überlassen. Da dies offenbar ernst gemeint war, meldete sich Jan spontan für den Abwaschdienst, in der Hoffnung, dadurch seine Essensrationen etwas aufstocken zu können. Das gelang ihm in der Tat, wenn auch nicht in der elegantesten Form: Um sich satt zu essen, kratzte er tagelang mit bloßen Händen die Suppenreste von den Kesselrändern ab. Es war ihm klar, dass dieses Verhalten eines Diplomaten kaum würdig war, allerdings hütete er sich davor, sich als solcher zu erkennen zu geben: Seinen Diplomatenpass, den er immer noch bei sich hatte, ließ er so schnell wie möglich in der Lagerlatrine verschwinden. Nun war nach den Insignien seines Vorkriegslebens auch das Dokument weg, das es bezeugte.

Obwohl er versuchte, sich in der Lagerrealität irgendwie einzurichten, hatte er den Gedanken an Flucht nicht aufgegeben. Er betonte zwar später immer wieder, in diesen fünf, sechs Wochen sowjetischer Gefangenschaft nie misshandelt worden zu sein – als unerträglich will er sie aber dennoch empfunden haben. Zum einen wegen der aufgezwungenen Passivität: Er ging davon aus, dass ein Teil der polnischen Armee immer noch kämpfen würde, und wollte sich diesem Kampf so schnell wie möglich anschließen. Zum anderen wegen der tiefen Abneigung gegen sein «Gastland». Wie der Großteil der polnischen Intelligenz, hegte er tiefen Respekt für die Deutschen, «die Nation der Dichter und Denker», und hielt zugleich die Russen für ein wildes, unzivilisiertes Volk. Wenn er in seiner Studentenzeit gewisse Sympathien für den Kommunismus empfunden hatte, dann weil er darin eine Chance für die polnische Unterschicht sah – nicht für sich selbst. Für die Idee der sozialen Gerechtigkeit war er allerdings in jeder Lebenslage empfänglich:

Jan Karski: *Ich weiß noch, wie ich einmal bei schlechtem Wetter die Latrine aufsuchte. Als ich an einem sowjetischen Wachmann vorbeiging, der sich vor dem strömenden Regen unter seinem Mantel versteckte, sagte ich auf Russisch «Guten Tag, Genosse». Er knurrte zurück, ich sei für ihn kein Genosse. «Wenn du lernst, wie man arbeitet, wirst du mein Genosse sein», sagte er. Offenbar hatte man auch ihm gesagt, solche wie ich seien nur Ausbeuter und Blutsauger. Er erteilte mir also eine Lehre, und ich muss sagen, mir hat das sogar gefallen.*[12]

Ende Oktober ging im Lager die Nachricht um, die Sowjets und die Deutschen hätten einen Gefangenenaustausch vereinbart. Und so war es auch: Die Vereinbarung war Teil des deutsch-sowjetischen Grenz- und Freundschaftsvertrags, der am 28. September 1939 geschlossen wurde und aus dem Molotow-Ribbentrop-Pakt hervorgegangen war. Er bestätigte die Aufteilung Polens (die ohnehin schon Tatsache war) und sah einen Austausch der Bevölkerung vor, der auch für Kriegsgefangene galt: Die Soldaten ukrainischer und weißrussischer Herkunft sollten an die Sowjetunion ausgeliefert werden. Diejenigen, die deutscher Abstammung waren beziehungsweise vor ihrer Inhaftierung in dem jetzigen deutschen Teilungsgebiet gelebt hatten, an die Deutschen.

Das war Jans große Chance, die er auch sofort erkannte: Er stammte ja aus Lodz, das nun Litzmannstadt hieß und Teil des Dritten Reichs war. Allerdings sollte der Austausch nur einfache Soldaten umfassen, und er war ein Offizier. Auch für dieses Problem fand er aber eine Lösung – in Form eines Gefreiten ukrainischer Herkunft, der bereit war, mit ihm die Kleidung zu tauschen. Die beiden Männer nutzten dazu den gemeinsamen Einsatz beim Holzhacken im Wald. Da kaum beaufsichtigt – ein Flüchtling würde nicht weit kommen –, konnten sie sich hinter einem Baum verstecken und ihr Vorhaben realisieren. Ob es sich dabei um die kompletten Uniformen handelte (wie Karski schreibt) oder nur um die Stiefel, weil Jans Uniform so zerlumpt gewesen sei, dass es genügt habe, die Rangabzeichen zu entfernen (wie seine Biographen Wood und Jankowski behaupten), ist wohl nebensächlich. Der Soldat schloss sich übrigens später seiner alten Gruppe an, indem er durchs Fenster in die entsprechende Baracke kroch. Jan hingegen sprach beim Lagerkommandanten vor und bat ihn in gebrochenem Russisch um die Erlaubnis, nach Lodz zurückzukehren. Er habe dort seine schwangere Frau zurückgelassen, um die er sich dringend kümmern müsse, lautete seine Begründung. Sie klang offenbar glaubwürdig, denn nach einem kurzen Wortwechsel gab der Kommandant sein Einverständnis.

Kurze Zeit später bestieg Jan, zusammen mit zweitausend anderen Soldaten, einen Zug, der ihn nach Polen zurückbringen sollte. Sie kamen bis zu der Grenzstadt Przemyśl, wo auf einer Brücke über den Fluss San der Gefangenentausch stattfand. Er verlief ohne nennenswerte Zwischenfälle, wenn man einmal von den spöttisch-mitleidigen Zurufen der Zuschauer absieht: Der freiwillige Gang auf die andere Grenzseite erschien ihnen jeweils als ein schlechter Tausch. Jan ließ sich aber davon nicht beirren: Was immer ihm bevorstand – er war wieder in Polen.

Hätte er schon damals gewusst, welches Schicksal ihn erwartet hätte, wenn er in Russland geblieben wäre, hätte er sich über seine Rückkehr noch mehr gefreut: Kurz nach seiner Abreise aus Kozel'shchina wurden die dort verbliebenen polnischen Offiziere in andere Lager verlegt, um schließlich im Frühjahr 1940 in einem Wald bei Katyń erschossen zu werden. Doch auch davon, wie von so vielen glücklichen Fügungen in seinem Leben, erfuhr er erst viel später.

5

EINSTIEG IN DIE KONSPIRATION

Oktober–Dezember 1939

Here is my story: Mit diesen Worten begann Jan Karski jedes Mal einen Vortrag, den er im Jahre 1997 in mehreren deutschen Städten hielt. Es war seine erste Reise durch Deutschland seit 1942, und er machte keinen Hehl aus der tiefen Abneigung, die er damals, in den Kriegsjahren, diesem Land gegenüber empfunden hatte. Er habe alles Deutsche dermaßen gehasst, erzählte er, dass er sich noch viele Jahre später geweigert habe, auf einem deutschen Flughafen umzusteigen, geschweige denn den deutschen Boden tatsächlich zu betreten. Er sagte das in einem ruhigen, sachlichen Ton, und genauso berichtete er auch von seinen Kriegserlebnissen: in einem nüchternen, präzisen Stil, der ganz ohne Pathos und rhetorische Formeln auskam.

Seine *story* begann eben damals, im Oktober 1939, als er in den deutsch besetzten Teil Polens zurückkehrte und von dem Gefühl des Hasses noch ein ganzes Stück entfernt war. Im Grunde hatte er auch keinen Anlass dafür: Weder hatte er als Zivilist unter der deutschen Okkupation gelebt noch als Soldat gegen die Deutschen gekämpft.

Jan Karski: *Nicht nur nicht gekämpft. Ich hatte noch nie einen Deutschen in Uniform gesehen!*[1]

Und da er sich immer noch als mobilisierter Soldat der polnischen Armee verstand, ließ er bei seinen damaligen Überlegungen die Kriegsregeln gelten: Ein Soldat hatte den Feind nicht zu hassen, sondern zu bekämpfen. Was er auch vorhatte. Er und die anderen ausgetauschten Gefangenen mussten wohl als Erstes mit einem Arbeitseinsatz rechnen, doch dann würden die Deutschen sie bestimmt freilassen. Und sollte dies nicht passieren, würde er erneut fliehen und sich der polnischen Armee beziehungsweise dem, was davon übrig war, anschließen – irgendwo musste es ja Partisanenverbände geben, die den Kampf fortsetzten. So in etwa lautete sein Plan.

War es also ein guter Tausch? Im ersten Moment schien es so: Die Gefangenen aus Russland wurden von einem deutschen Offizier empfangen, der ihnen Arbeit und gute Behandlung versprach. Zur Bestätigung bekam jeder eine Ration Schwarzbrot und Kunsthonig. Danach wurden sie wieder in einen Güterzug verladen und nach Kielce gebracht. Von dort ging es weiter zu Fuß in ein Verteilungslager, das sich auf dem Gelände einer ehemaligen polnischen Militärbasis zwischen Kielce und Radom befand. Erst hier, in diesem riesigen, düsteren, von Stacheldraht umzäunten und streng bewachten Lager, begann Jan zu lernen, was die deutsche Okkupation wirklich bedeutete. Innerhalb von zehn Tagen sollte er sich jedenfalls ein für alle Male einprägen, was unter einer Lagerrealität zu verstehen war: permanente Gewalt und unmenschliche Lebensbedingungen.

Beides war gleichermaßen schwer zu ertragen, doch das Verhalten der Wärter, der Automatismus ihrer Brutalität – das permanente Gebrüll, die ständigen Beschimpfungen, Schläge, Misshandlungen und Drohungen – hatten zugleich etwas Verblüffendes an sich. Etwas, was Jan, der in Zukunft noch mehrmals seine Fähigkeit beweisen sollte, schnell und rein instinktiv Dinge zu erfassen, die für andere oft erst nach längerer Zeit sichtbar waren, als eine völlig neue Qualität erkannte. Als einen bestimmten Verhaltenskodex, der um seiner selbst willen befolgt wurde. Hitlers Regime schien eine neue Art Menschen hervorgebracht zu haben, die mit den ihm bislang bekannten Deutschen nicht viel gemein hatten.

Jan Karski: *In meiner Familie gab es einige deutsch-polnische Ehen, deshalb dachte ich, ich würde sie kennen. Und die antideutsche Propaganda wollte ich einfach nicht glauben. Erst als ich in dieses deutsche Gefangenenlager kam, konnte ich sehen, dass es eine völlig andere Welt war. Wir wurden grob behandelt, mit Füßen getreten, als «polnische Schweine» beschimpft. Es gab überhaupt keine «guten» Deutschen während des Krieges. Sie alle hassten die Polen genauso wie die Juden. Sie fühlten sich wie die Herren der Welt.*[2]

Dass er diese zehn Tage im deutschen Lager überstand, ohne zu erkranken oder zusammenzubrechen – er hatte ja die Strapazen der ersten Kriegstage und die sowjetische Gefangenschaft hinter sich –, verdankte er in erster Linie seinen Mithäftlingen. Er hatte sich schon im Zug mit drei anderen Männern zusammengetan, nun blieben sie auch im Lager die meiste Zeit zusammen, halfen einander, dachten gemeinsam über die Fluchtchancen nach. Außerdem warf jemand ab und zu Päckchen mit Lebensmitteln über den Stacheldraht. Eines davon enthielt auch eine wichtige Nachricht: Den Gefangenen stehe in Kürze der Abtransport zur Zwangsarbeit bevor. Die Deutschen hatten offenbar von Anfang an nicht die Absicht, sie freizulassen. Das Verteilungslager war nur eine Zwischenstation auf dem Weg irgendwohin, wo vermutlich ein Arbeitslager auf sie wartete.

Für Jan war es eine besonders schlechte Nachricht. Er wollte auf keinen Fall «irgendwohin» gelangen, sondern endlich wieder nach Warschau. Die Fluchtpläne mussten also sehr bald Gestalt annehmen. Doch die einzige Gelegenheit ergab sich erst während der Fahrt, und die Erfolgschancen waren gering: Der Zug, der aus einfachen Viehwaggons bestand, wurde gut bewacht, auf den Dächern waren Suchscheinwerfer installiert, und die kleinen Öffnungen («Fenster» wäre übertrieben) lagen so hoch, dass ein Sprung daraus unvorstellbar erschien. Nach kurzer Beratung mit seinen drei Kameraden improvisierte Jan eine Rede. Er stellte sich den Mitgefangenen als ein Offizier vor, der vorhabe, aus dem Transport zu fliehen, um den Kampf gegen den Feind fortzusetzen, und bat sie um Hilfe. Er setzte seine ganze rhetorische Kunst ein, appellierte an ihren Patriotismus und Solidaritätssinn – und hatte Erfolg: Ein paar Männer waren bereit, ihm und den anderen bei dem Sprung zu helfen, einige weitere wollten es ihnen nachmachen. Den Rest taten die Umstände: die Nacht, das schlechte Wetter, der dichte Wald, durch den die Zugstrecke führte. Von den Helfern hochgehoben, zwängten sich die Flüchtlinge einer nach dem anderen durch den schmalen Lüftungsschlitz und sprangen in die Dunkelheit. Die Aktion wurde zwar von den Deutschen bemerkt – es fielen ein paar Schüsse, und ein Lichtstrahl glitt an dem Waggon entlang –, doch der Zug setzte seine Fahrt fort. Das Dritte Reich war offenbar imstande, auf einige Arbeitskräfte zu verzichten.

Als Jan, der als Letzter dran war, nach seinem Sprung zu sich kam, entdeckte er nur noch einen der anderen Entflohenen: einen jungen, unsicheren Rekruten, der sich bereitwillig unter seine Obhut begab. Sie legten den Weg bis Kielce gemeinsam zurück. Dort übergab Jan den inzwischen völlig aufgelösten Jungen einer Krankenschwester des Roten Kreuzes und setzte den Marsch in Richtung Warschau allein fort. Je länger er unterwegs war, desto unruhiger und schneller wurde er. Überall sah er die Spuren des Krieges: Einschläge der Bomben und Granaten, Verwüstungen, Flüchtlingsströme. Da er kein Geld besaß, setzte er seine Fähigkeiten als «berittener Artillerist» ein: Im Tausch gegen Essen, Unterkunft oder Fahrt auf einem Pferdewagen reparierte er Geschirre und behandelte die Wunden der sichtlich überforderten Tiere. Erst nach mehreren Tagen und etwa vierzig Kilometer vor Warschau bestieg er einen Zug. Oder besser: Er erkämpfte sich darin einen Platz, denn nachdem die Deutschen die modernsten Waggons und Lokomotiven requiriert hatten, waren die Züge nicht nur langsam, sondern auch restlos überfüllt. Er fuhr allerdings nicht bis zum Hauptbahnhof, wo er die deutsche Dokumentenkontrolle vermutete, sondern stieg in einem Vorort aus und machte sich zu Fuß auf den Weg nach Praga – einem Viertel am Ostufer der Weichsel, wo seine Schwester Laura (Lili) und ihr Mann Aleksander wohnten. Auf dem Weg dahin musste er die Innenstadt durchqueren.

Jan Karski: *Warschau war ein einziges Trümmerfeld, das Ausmaß der Zerstörung noch größer, als ich erwartet hatte. Nichts erinnerte mehr an die fröhliche Metropole. Die schönen Gebäude, die Theater, die Cafés, die Blumen, die ganze lebendige, heitere, vertraute Stadt war verschwunden, als hätte sie nie existiert. Ich ging durch Straßen voller Schutt und Trümmer, das Pflaster war schwarz und schmutzig. Die Einwohner wirkten erschöpft, müde und untröstlich.*[3]

All das muss auf ihn einen deprimierenden Eindruck gemacht haben, zumal er bei den Warschauern einen ganz neuen Zug entdeckte: den Hang zu kollektiven Trauerritualen. So sah er an der Ecke zweier Hauptstraßen ein Massengrab für unbekannte Soldaten, an dem sich ständig Menschen versammelten, um eine symbolische Totenwache zu halten. Wie er später erfuhr, ließen sie sich davon auch dann nicht abhalten, als das Grab aus der Innenstadt entfernt wurde. Am meisten aber überraschte ihn seine eigene Schwester. Da ihm auf dem Weg nach Warschau zu Ohren gekommen war, dass sein Bruder trotz der Kapitulation der Stadt immer noch Chef der Warschauer Polizei sei, hatte er beschlossen, zuerst sie aufzusuchen. Wenn das stimmte, würde sie ihm dafür eine Erklärung liefern. Hoffentlich würde sie ihm gleich in ihrer üblichen, lebhaft-fröhlichen Art erzählen, dass Marian nicht nur kein Kollaborateur, sondern ein Held geworden war. Schon der Gedanke, dass sie bei seinem Anblick vermutlich zuerst erschrecken und dann in Lachen ausbrechen würde – es gehörte einiges dazu, in dem abgemagerten, verwahrlosten Fremden den eleganten Jungdiplomaten wiederzuerkennen –, versetzte ihn in gute Laune.

Doch dann war er derjenige, der bei ihrem Anblick staunte: Anstelle der fröhlich plappernden Lili fand er eine ernsthafte, schweigsame, seltsam ruhige, fast lethargische Frau vor. Ohne eine Spur von Freude oder Überraschung ließ sie ihn herein, erzählte in knappen Worten, ihr Mann habe sich nach Kriegsausbruch einer Widerstandsgruppe angeschlossen und sei vor wenigen Wochen verhaftet und erschossen worden, und bat ihn, möglichst bald wieder zu gehen. Ihr Haus könne beobachtet werden. Sie gab ihm etwas Geld und einen von Aleksanders Anzügen. Dann rief sie in Marians Büro an, um ein Treffen der Brüder zu arrangieren. Damit war Jans Besuch bei seiner Schwester beendet. Ob er sie je wiedergesehen hat, ist nicht überliefert.

Marian Kozielewski hatte tatsächlich das Amt des Polizeichefs behalten. Er lebte auch in seiner alten Wohnung, die in einem kleinen «Schlösschen» (so Karskis Umschreibung) hinter dem Hauptquartier der Polizei lag. Und dieses befand sich an der Krakowskie Przedmieście, einer der Prachtstraßen Warschaus, direkt neben der Heilig-Kreuz-Kirche. Diese Nachbarschaft hatte einen Vorteil, der sich jetzt, in Zeiten des Krieges, als unschätzbar erwies: Man konnte die Kirche entweder von der Straße oder durch den Hintereingang betreten – man brauchte nur den Innenhof zu überqueren, in dem das «Schlösschen» stand. So sollten sich die Brüder Kozielewski in Zukunft viele Male treffen: Der eine kam von vorn, der andere von hinten, und sie unterhielten sich in einem Seitenschiff oder in der Sakristei. Und so kamen sie auch an jenem Novembertag 1939 zusammen. Nur diesmal, nach knapp drei Monaten – so lange hatte Jans Odyssee gedauert – hatten sie sich besonders viel zu erzählen.

Alles hatte sich geändert. Die Situation in Warschau, wo nach der Kapitulation der Stadt die ersten Untergrundstrukturen entstanden, aber auch die gesamte Situation Polens. Präsident Mościcki und die letzte Vorkriegsregierung unter Premierminister Felicjan Sławoj Składkowski hatten nach ihrer Flucht aus Warschau sowohl den Machtanspruch als auch die Autorität verloren. Und nach ihrer Internierung in Rumänien auch die Möglichkeit, Frankreich zu erreichen und dort ihre Arbeit fortzusetzen. So mussten sie ihre Ämter an Politiker abtreten, die sich bereits in Paris befanden, sei es als Mitglieder der Vorkriegsopposition, sei es als Kriegsflüchtlinge. Den Anfang machte Ignacy Mościcki, indem er zu seinem Nachfolger Władysław Raczkiewicz ernannte: einen Politiker, der allgemeines Ansehen genoss und das Amt des Staatspräsidenten schon 1930–1935 ausgeübt hatte. Er wurde am 30. September vereidigt und berief zum neuen Premierminister General Władysław Sikorski, einen Mann der demokratischen Mitte, der drei Jahre zuvor die oppositionelle «Front von Morges» mitbegründet hatte: eine im Schweizer Ort Morges entstandene Verbindung mehrerer polnischer Politiker und Militärs, deren Ziel es war, die autoritäre Herrschaft des *Sanacja*-Lagers zu beenden. Am 1. Oktober konstituierte sich die neue Regierung, die sich überwiegend aus früheren Oppositionellen zusammensetzte. Sie wurde für einige Wochen in der polnischen Botschaft untergebracht, bevor sie am 22. November ihren neuen Sitz in Angers, im Westen Frankreichs, bezog. Gleichzeitig formierte sich in Frankreich eine polnische Exilarmee, zu deren Oberbefehlshaber ebenfalls General Sikorski ernannt wurde.

Diese neue Konstellation musste Marian Kozielewski seinem jüngeren Bruder genau erläutern. Und er schuldete ihm auch eine Erklärung dafür, warum er nach der Kapitulation auf seinem Posten des Warschauer Polizeichefs geblieben war. Dass er nämlich damit eine Vereinbarung befolgte, die der Warschauer Bürgermeister Stefan Starzyński mit den Deutschen getroffen hatte. Sie besagte, dass die Mitarbeiter der Stadtverwaltung sowie Feuerwehrleute, Bahnarbeiter und Polizisten ihre Stellen erst einmal behalten würden, um weiterhin für Ordnung und Sicherheit zu sorgen.

Jan Karski: *Die Deutschen kamen zu meinem Bruder, um die Details dieser Ordnungshaltung zu besprechen. Er empfing sie in seinem Büro, das Gespräch verlief sehr höflich. Schließlich fragte er sie, ob er eine Rede halten* *dürfe. «Was für eine Rede?», wollten sie wissen. «Zu Ehren der polnischen Helden, die für ihr Vaterland gefallen sind.» Kurzes Schweigen. Dann erlaubten sie es. Mein Bruder durfte den gefallenen Polen die Ehre erweisen. Und noch zwei Jahre zuvor hatte große Liebe zwischen Polen und Hitlerdeutschland geherrscht. Die polnische Regierung lud damals Himmler und Goebbels ein, damit sie in Warschau Vorträge hielten. Sie wurden von dem Kommandanten der Berliner Polizei und dessen beiden Adjutanten begleitet. Dieselben zwei jungen Männer kamen 1939 ins Büro meines Bruders, nur diesmal als Besatzer. Von ihnen eben bekam er die Erlaubnis, seine Rede zu halten. In den ersten Okkupationstagen ging es also noch recht elegant zu.*[4]

Der Verbleib im Amt war eine riskante Entscheidung. Zum einen musste Marian Kozielewski damit rechnen, angefeindet zu werden, denn auf diese Weise wurde er zum Kommandanten der sogenannten blauen Polizei, die schon nach kurzer Zeit einen sehr zweifelhaften Ruf genoss. Und zum anderen war er damit der Willkür der Deutschen ausgeliefert und konnte schon bald das Schicksal von Stefan Starzyński teilen: Der Warschauer Bürgermeister behielt sein Amt aus Pflichtbewusstsein und in der begründeten Hoffnung, dass sich bald ein starker Widerstand formieren würde. Aber wohl auch, weil es ihm schwer fiel, sich von «seiner» Stadt zu trennen. In den fünf Jahren unter seiner Verwaltung hatte Warschau eine Blütezeit erlebt und er selbst große Sympathie der Stadtbevölkerung genossen. Für seine Entscheidung musste er mit dem Leben bezahlen. Am 27. Oktober 1939 wurde er verhaftet, kam über die Gefängnisse Pawiak und Moabit nach Dachau und wurde schließlich 1944 in einem Kohlenwerk in Sachsen zu Tode gequält.

Was aus der blühenden Stadt geworden war, konnte Jan selbst sehen. Dank der falschen Papiere, die Marian ihm besorgt hatte, war er imstande, sich in Warschau relativ frei zu bewegen. Viel Zeit dafür hatte er allerdings nicht. Als er nach wenigen Tagen erneut seinen Bruder traf, erlebte er eine neue Überraschung. In seiner üblichen, knapp-autoritären Art forderte ihn Marian auf, die rechte Hand zu heben und einen Eid abzulegen. Er musste «vor Gott, dem Sohn und dem Heiligen Geist» schwören, keine der Informationen, die er gleich hören werde, weiterzugeben, sich «jeder gegen Polen gerichteten Aggression» zu widersetzen und der polnischen Nation auch unter äußersten Umständen, «selbst bis zum Tod», treu zu bleiben. Erst nachdem er diese Worte seinem Bruder nachgesprochen hatte, durfte er erfahren, dass es in Warschau eine konspirative Vertretung der Sikorski-Regierung gebe, mit der Marian in Verbindung stehe, dass für ihn auch schon eine Aufgabe vorgesehen sei und dass einer der Führer dieser Regierungsvertretung sich mit ihm bald in Verbindung setzen wolle.

Jan Karski: *Das war mein Einstieg in den polnischen Untergrund. Es war kein besonderer Schritt und schon gar kein romantischer. Er verlangte keine Entscheidung von mir, kein plötzliches Aufwallen von Mut oder Abenteuerlust.*[5]

Die versprochene Kontaktaufnahme ließ nicht lange auf sich warten. Einige Tage später bekam Jan die Anweisung, auf eine Annonce zu reagieren, die in einer Warschauer Tageszeitung unter «Zimmer zu vermieten» stand. So gelangte er zu einer Adresse, unter der ihn ein eleganter Herr mittleren Alters erwartete. Er wirkte offen, energisch und sehr neugierig auf den jungen Mann, über den er schon so viel Gutes gehört habe. Er nannte ihm seinen echten Namen, Marian Borzęcki, doch auch ohne diese Selbstauskunft hätte Jan gewusst, wen er vor sich hatte: Borzęcki war in den zwanziger Jahren Chef der polnischen Staatspolizei gewesen. Nach Piłsudskis Staatsstreich von 1926 hatte er diesen Posten verloren, war aber in den folgenden sechs Jahren stellvertretender Bürgermeister von Warschau und machte zudem eine brillante Karriere als Anwalt. Anfangs in der nationaldemokratischen Partei aktiv, näherte er sich mit der Zeit dem gemäßigten Kreis um General Sikorski.

Letzteres konnte Jan aber nicht mehr wissen, ebenso wie er nicht wusste, in wessen Namen genau sein Gastgeber agierte. Borzęcki hatte es auch nicht eilig, ihn in Einzelheiten einzuweihen. Nachdem er ihn ebenfalls vereidigt hatte, teilte er ihm nur mit, die Untergrundorganisation, die er vertrete, wolle ihm den Auftrag erteilen, nach Frankreich zu reisen und der Regierung Sikorski bestimmte Nachrichten zu übermitteln. Falls er damit einverstanden sei – was Jan sofort bestätigte –, würde man ihn in Kürze zu einem zweiten Treffen bitten. Borzęcki schien mit dem frisch angeworbenen Kurier sehr zufrieden zu sein. Nur dessen Bemerkung, er wolle sich nach der Erfüllung seiner Mission der polnischen Armee in Frankreich anschließen, kam bei ihm nicht gut an: Er werde nichts Derartiges tun, korrigierte er ihn. Man erwarte von ihm, dass er so schnell wie möglich mit der Antwort der Regierung nach Warschau zurückkomme.

Trotz dieser Klausel war Jan weiterhin entschlossen, den Auftrag anzunehmen. Und auch sein Bruder riet ihm dazu, was in seinem Fall allerdings nicht verwundert: Die Idee stammte von ihm. Wenn dies aus Karskis Buch *Mein Bericht an die Welt* nicht klar hervorgeht, dann aus einem einfachen Grund: Marian Kozielewski kommt darin gar nicht vor. Das Buch ist während des Krieges entstanden, alle Personen also, die weiterhin im Untergrund aktiv waren, mussten aus Sicherheitsgründen verfremdet oder verschwiegen werden. Dass Karski jemanden wie Marian Borzęcki bei seinem echten Namen nennen und ausführlich beschreiben konnte, lag nur daran, dass dieser bereits im Frühjahr 1940 verhaftet und wenige Monate später in Mauthausen hingerichtet worden war.

Damit wäre auch schon größtenteils die Frage beantwortet, warum ausgerechnet er für die Reise nach Frankreich ausgesucht wurde: Marian Kozielewski kannte die Qualitäten seines jüngeren Bruders. Seine Intelligenz und analytische Schärfe, die ihm helfen würden, sich in der immer komplizierteren politischen Untergrundszene zurechtzufinden. Sein phänomenales Gedächtnis. Seine Disziplin, Loyalität und Verbindlichkeit. Er wusste, dass seine Religiosität ihm niemals erlauben würde, einen «vor Gott» abgelegten Eid zu brechen. Und er wusste auch, dass er diplomatischen Schliff und Auslandserfahrung hatte, mehrere Sprachen beherrschte und sehr ehrgeizig war.

Und nicht zuletzt: Jan war sein Bruder, was wiederum zwei Dinge bedeutete. Als naher Verwandter des Kommandanten der Warschauer Polizei würde er vielleicht einen gewissen Schutz genießen. Und er hatte einen ähnlich hohen ethischen Anspruch an sich selbst wie er, Marian – sein Vorbild und Mentor. Später, nach seiner Ankunft in Angers, wird Jan einen Bericht für die Regierung schreiben und dessen ersten Teil, «Persönliche Angaben des Berichterstatters», mit den Worten abschließen, er wolle Polen «auf die schwierigste Art dienen». Und auch in seinem Buch wird das Wort «dienen» oft vorkommen – was für die heutige Generation ein wenig antiquiert klingt, seinen Zeitgenossen aber, etwa dem Historiker und Widerstandskämpfer Władysław Bartoszewski, völlig natürlich erscheint.

Władysław Bartoszewski: *Das hat mit Erziehung zu tun. Auch mit dem Geist der Legionen Piłsudskis aus dem Ersten Weltkrieg. Karskis Bruder war ja damals Legionär gewesen. Diese Leute hatten ein überparteiliches Ethos des Dienstes am Staat ... Das kommt in Karskis Buch sehr gut heraus.*[6]

Es gab aber noch einen weiteren Grund für Marians Empfehlung: Er versprach sich von Jans Reise nicht weniger als Borzęcki. Wie sein Auftrag lautete, würde Jan bald erfahren. Zunächst sollte er aber noch einiges über die Aktivitäten seines Bruders hören: über die fiktive «POL-Versicherungsgesellschaft», die in Wirklichkeit eine von Marian begründete polizeiliche Untergrundorganisation war. Und über seinen Plan, deren Arbeit auf ganz Polen auszuweiten. Aus diesem resultierte nämlich die Aufgabe, mit der er seinen kleinen Bruder sofort betrauen wollte: Er sollte für ihn in mehrere Städte reisen, um die dortigen Polizeibeamten zum Verbleib auf ihren Posten zu überreden und gleichzeitig für die Organisation anzuwerben. So wären sie halbwegs vor den Deutschen geschützt und würden zudem ihrem Land in zweifacher Form dienen: als Polizisten und als Widerstandskämpfer.

Die Reisen, die Jan zwischen Mitte November und Anfang Dezember unternahm, sollten aber noch einen anderen Zweck erfüllen: Er wurde von seinem Bruder angewiesen, möglichst viele Informationen über die Situation der Bevölkerung und die Stimmung im Lande mitzubringen. Es war insofern eine einmalige Gelegenheit, sich davon einen Eindruck zu verschaffen, als er dank Marians Beziehungen in alle Teile Polens reisen durfte: Er fuhr in die westliche Zone, wie die von Deutschland annektierten Gebiete genannt wurden. Dort konnte er – in seiner Geburtsstadt Lodz (Litzmannstadt) und in Poznań (Posen) – mit eigenen Augen sehen beziehungsweise von Freunden und Verwandten erfahren, was die Besatzer unter einer wirksamen Germanisierung der Einwohner verstanden. Er besuchte zwei Städte im Generalgouvernement: Krakau, die frisch ernannte Hauptstadt des Distrikts, wo er beobachten konnte, wie die Insignien der polnischen Könige gegen die des neuen Herrschers Hans Frank eingetauscht wurden, und Lublin, wo er Zeuge der beginnenden Judenverfolgung wurde. Schließlich gelang es ihm sogar, nach Wilna zu reisen und zu sehen, wie die Sowjetisierung einer Stadt vor sich ging. Nach all diesen Besuchen hatte er tatsächlich eine recht genaue Vorstellung von den Zuständen im besetzten Polen.

Nun konnte er sich auf seine Reise nach Frankreich vorbereiten, zumal er auch schon das angekündigte zweite Treffen mit Marian Borzęcki hinter sich hatte. Es hatte in der ihm bereits bekannten Wohnung stattgefunden, aber einen viel formelleren Charakter gehabt. Außer Borzęcki waren noch fünf andere Männer anwesend. Vier von ihnen stellte er dem Kurier als Anführer der wichtigsten politischen Gruppierungen vor, die seit Oktober 1939 im Zentralkomitee der Unabhängigkeitsorganisationen (CKON – *Centralny Komitet Organizacji Niepodległościowych*) vereint waren. Den fünften ließ er außer Acht. Jan hingegen präsentierte er den anderen als jemanden, der sich durch Intelligenz, Sprachtalent und Erfindungsreichtum auszeichne und somit bestens für die geplante Mission nach Angers eigne. Um aber sicherzugehen, dass der junge Mann im Auftrag aller Beteiligten reise, fügte er hinzu, wolle er ihm seine Aufgaben in ihrem Beisein erklären.

Als Erstes durfte Jan erfahren, wie die Anwesenden die allgemeine Situation in Polen sahen. Sie könnte nicht schlimmer sein, behauptete Borzęcki. Schon Piłsudskis Führungsstil habe sich hart an der Grenze zur Diktatur bewegt, nach seinem Tod aber hätten die antidemokratischen Kräfte endgültig die politische Szene beherrscht. Dabei handle es sich um Menschen, die infolge gefälschter Wahlen an die Macht gekommen seien und diese permanent missbraucht hätten. Nun bestehe die Gefahr, dass die immer zahlreicher entstehenden Untergrundorganisationen, die wenig Geld und noch weniger Erfahrung hätten, unter den Einfluss derselben Menschen gerieten. Wenn es nicht gelinge, sie bald zu vereinen und unter das Kommando von General Sikorski zu stellen, könnten die «Piłsudskisten» sie völlig beherrschen und nach dem Krieg erneut die Macht übernehmen. Ergo: Die Regierung Sikorski solle so schnell wie möglich jemanden ernennen, der sie im Land vertreten werde. Der beste Mann, den es für diesen Posten des Regierungsbeauftragten gebe, sei nach Ansicht der Versammelten «Herr Ryszard». Jans wichtigster Auftrag also laute, seine offizielle Ernennung mitzubringen. Dass es sich bei dem Kandidaten um Ryszard Świętochowski, einen Freund und Vertrauten Sikorskis, handelte, sollte Karski erst später erfahren. Und auch, dass er bei dem Treffen anwesend war: Es war der fünfte Mann in der Runde, der bei der Vorstellung übergangen wurde.

Er muss Borzęckis Wohnung mit gemischten Gefühlen verlassen haben: stolz wegen der verantwortungsvollen Aufgabe, verunsichert wegen der politischen Linie, die seine Auftraggeber vertraten. Hatte er nicht soeben eine scharfe Kritik an Marschall Piłsudski gehört, den er und sein Bruder so grenzenlos verehrten? Marian wollte zwar keine Einzelheiten seines Gesprächs mit den CKON-Mitgliedern hören, doch das machte die Sache nicht unbedingt einfacher. Denn nun nannte er ihm seinen eigenen Auftrag: Jan sollte in seinem Namen General Sikorski erklären, dass er sich ihm voll unterordne, und ihn fragen, ob er auf seinem Posten bleiben oder untertauchen solle. Er sollte aber auch General Kazimierz Sosnkowski kontaktieren, der sein Leben lang ein treuer Gefolgsmann Piłsudskis war. In Frankreich war er stellvertretender Kommandeur der polnischen Exilarmee und gleichzeitig Oberbefehlshaber der Untergrundstreitkräfte in Polen, des sogenannten Verbandes für den Bewaffneten Kampf (ZWZ – *Związek Walki Zbrojnej*). Außerdem hatte ihn Sikorski zum Präsidenten des Ministerkomitees für die inneren Angelegenheiten ernannt. Nun sollte Jan ihm von seinem Bruder ausrichten, dieser betrachte ihn als rechtmäßigen Nachfolger des «Kommandanten» Piłsudski. Weiter nichts. Sosnkowski werde schon die Bedeutung dieser Worte verstehen.

Doch was bedeuteten sie wirklich? Hoffte Marian Kozielewski auf eine Neuordnung der politischen Kräfte in Frankreich? Wollte er sich für die Nachkriegszeit absichern? Es war jedenfalls eine recht widersprüchliche Botschaft. Und es scheint, als wäre er nicht nur der Hauptinitiator von Jans Reise gewesen, sondern auch derjenige, der sich von ihr das meiste versprach. Diesen Eindruck hat offenbar auch Professor Andrzej Żbikowski, Historiker und Autor eines Buches über Jan Karski.

Andrzej Żbikowski: *Wer hatte wirklich Karskis Mission nach Paris und Angers angeordnet? Kozielewski oder Borzęcki? Allem Anschein nach der Erste … Karskis Bericht vom Februar 1944, in dem er seine erste Mission beschreibt, bestätigt, dass er damals eng mit seinem Bruder zusammenarbeitete und das Land eigentlich als sein persönlicher Kurier verließ. Oder als Kurier der konspirativen Organisation, die von ihm im Rahmen der blauen Polizei geschaffen wurde. Karski schreibt: «Meine ganze Mission beschränkte sich auf die Weitergabe des Materials, das mir von dem damaligen Kommandanten der Polizei der Stadt Warschau anvertraut worden war. Dieses Material sollte ich der polnischen Regierung in Angers beziehungsweise dem amtierenden Innenminister übermitteln.»*[7]

An einem Dezembertag 1939 konnte Jans Reise beginnen. Sie sollte über Lemberg führen, wohin einer von Marians Untergebenen sich absetzen wollte. Er würde zuerst Jan dorthin begleiten und dann jemanden finden, der bereit wäre, ihn über die sowjetisch-rumänische Grenze zu bringen, erklärte ihm sein Bruder. Den Rest würde er schon allein schaffen – in Rumänien brauche er sich nur bei der polnischen Vertretung zu melden, wo er einen Pass und Hilfe bei der Weiterreise nach Frankreich bekommen müsse. Das klang recht einfach, dennoch war es gut, dass seine Schwägerin einige goldene Münzen ins Futter seines Mantels eingenäht hatte. Vielleicht würde er doch einen weiteren Führer bezahlen oder jemanden bestechen müssen?

Die Reise bis Lemberg dauerte mehrere Tage, verlief aber weitgehend nach Plan. Zunächst fuhren sie mit dem Zug bis zum letzten Ort vor der Grenze, dann mit einem Pferdewagen in einen Vorort von Bełżec. Dort sollten sie einen Mann treffen, der seinen Lebensunterhalt damit verdiente, jüdische Flüchtlinge über die Demarkationslinie zu bringen. Nach der Wartezeit geurteilt – es waren volle drei Tage – lief sein Geschäft gut. Vor allem aber schien seine Tätigkeit noch wichtiger zu sein, als man es in Warschau wahrhaben wollte: In der Nähe von Bełżec sah Jan erstmals ein Lager, in dem Juden untergebracht waren: «Eine riesige Menschenmenge, die dort unter freiem Himmel lebt. Die meisten besitzen weder Winterkleidung noch Decken. Während eine Gruppe schläft, hält sich die andere durch Herumlaufen warm, so dass man sich gegenseitig Mäntel ausleihen kann. Alle sind halb erfroren, verzweifelt, unfähig zu denken, hungrig – eine aufgescheuchte Viehherde, keine Menschen. Ein Albtraum – unwirklich.»[8] So beschrieb er es später, im Februar 1940, in seinem Bericht für die Exilregierung.

Bald sollte er hautnah erleben, was aus jüdischer Sicht die Alternative zu dem «Albtraum» war: Als der Schlepper endlich auftauchte, fanden sich er und der (jüdische) Polizist inmitten einer großen Gruppe von Juden wieder, die in vollkommener Stille und ohne ein Wort der Klage alle Strapazen des zwanzig Kilometer langen nächtlichen Marsches durch einen Wald ertrugen. Sogar die Kinder schienen zu begreifen, dass es bei diesem Versteckspiel um Leben und Tod ging, und gaben keinen Laut von sich. So erreichten sie das ukrainische Dorf Dava Russkaya, wo die beiden Männer einen Zug nach Lemberg bestiegen. Dort kamen sie zu einer konspirativen Wohnung, wo Jan auf den Polizisten warten sollte:

Er werde versuchen, für ihn einen neuen Führer zu finden, erklärte er ihm und verschwand. Nach zwei Tagen hielt Jan aber das passive Warten nicht länger aus. Er war ja in der Stadt seiner Studienjahre und konnte sich nicht vorstellen, weiterzureisen, ohne wenigstens kurz die alten Freunde und vertrauten Orte wiederzusehen.

Doch Lemberg war kaum wiederzuerkennen. Die Sowjets hatten es bereits geschafft, der einst so schönen Hauptstadt Galiziens ihren Stempel aufzudrücken. Sie wirkte verwahrlost und überfüllt. Viele Geschäfte waren geschlossen, vor den offenen bildeten sich riesige Schlangen. Überall sah man Uniformen der Rotarmisten, Fahnen und Plakate, die den Sieg der Arbeiterklasse priesen. Die Villen und besten Wohnungen waren von NKWD-Funktionären besetzt. Die Menschen wirkten verängstigt und misstrauisch. Selbst in den Häusern einstiger Freunde wurde Jan nur mit Widerwillen empfangen.

So erging es ihm etwa, als er an der Tür seines ehemaligen Professors, Eugeniusz Kucharski, klingelte: Einer seiner Söhne war verhaftet worden, der andere, Witold, mit dem Jan befreundet gewesen war, hatte sich nach Frankreich abgesetzt. Und der Professor selbst lebte offenbar in ständiger Angst, denn er bat Jan, sofort wieder zu gehen. In Frankreich befand sich auch sein anderer Freund, Jerzy Lerski, dessen Wohnung er aufsuchte, um ihm eben eine gemeinsame Reise dorthin vorzuschlagen. Er hatte ihn um Haaresbreite verpasst: Lerski war ebenfalls in sowjetische Kriegsgefangenschaft geraten, konnte jedoch fliehen und sich zurück nach Lemberg durchschlagen. Als der NKWD-Terror zunahm, flüchtete er nach Frankreich und trat der polnischen Armee bei. Das erfuhr Jan aber erst Wochen später von ihm selbst. Von der fremden Dame, die ihn in Lerskis Lemberger Wohnung empfing, bekam er nur vage Auskünfte.

Misstrauen und Angst will er in diesen paar Tagen überall erlebt haben. Soweit man seinem Gedächtnis trauen kann:

Andrzej Żbikowski: *Karskis Berichte darüber, wie er diese kurze Zeit in Lemberg verbrachte, sind ein wenig widersprüchlich. Mir hat der Professor erzählt, dass er die Stadt damals eigentlich gar nicht gesehen habe, dass er in diesen drei Tagen in einer konspirativen Wohnung eingeschlossen gewesen sei.*[9]

Es kam öfter vor, dass Karski seinen Biographen unterschiedliche Selbstauskünfte gab. In diesem Fall deutet aber alles darauf hin, dass er zumindest bei seinen beiden Studienfreunden gewesen war: Spuren des einen Besuches finden sich in den Erinnerungen von Jerzy Lerski, und von dem anderen zeugt der Deckname «Witold Kucharski», den Jan seitdem trug – mal in voller Länge, mal auf den Vornamen abgekürzt: Er hätte ihn niemals angenommen, hätte er nicht gewusst, dass dessen wahrer «Eigentümer» sich außer Landes befand.

Auf ihn selbst traf dies allerdings immer noch nicht zu. Nach einigen Tagen kehrte nämlich sein Begleiter mit der Nachricht zurück, dass an eine Weiterreise nicht zu denken sei. Die Sowjets hätten die Überwachung der rumänischen Grenze dermaßen verstärkt, dass sich keiner der Lemberger Kontaktmänner traue, als sein Führer zu fungieren. So blieb ihm nichts anderes übrig, als umzukehren, was seine Mission zwar um einige Wochen verzögerte, ihn selbst aber vermutlich vor erneuter Gefangenschaft bewahrte.

In der zweiten Dezemberhälfte war er wieder in Warschau, wo man sich sofort dran machte, für seine Reise nach Frankreich eine neue Strecke zu erarbeiten. Von den paar Tagen, die er in Lemberg verbracht hatte – und auch von seinen Reisen in die anderen polnischen Städte –, sollte die Exilregierung dennoch profitieren: Bevor er das Land zum zweiten Mal verließ, hatten er und «Herr Konrad» alias Marian Kozielewski einen ausführlichen Bericht über die Situation im besetzten Polen verfasst. Er wurde über einen anderen Gesandten nach Angers geschickt und kam dort bereits Anfang Januar 1940 an.

6

ANGERS UND ZURÜCK

Erste und zweite Mission. Januar–Mai 1940

«Möge dieses Haus so lange fortbestehen, bis die Ameisen das Meer ausgetrunken haben und die Schildkröte um die Welt gezogen ist»: Die lateinische Maxime, die Jan Karski am Eingangsportal des Krakauer Hotels *Pod Różą* (Zur Rose) begrüßte, muss seinem neuerwachten Gefühl für Langsamkeit sehr entsprochen haben. Für die Reise von Warschau nach Krakau, die heute drei Stunden dauert, hatte er volle zwei Tage gebraucht.

Er war erst am 20. Januar 1940 aufgebrochen – so lange hatten er und sein Bruder gebraucht, um alle Vorbereitungen zu treffen. Dass sein erster Versuch, die Grenze zu passieren, misslungen war, fanden sie beide enttäuschend und ärgerlich, beim zweiten durfte es keine Pannen geben. Diesmal sollte jede Eventualität berücksichtigt, jede Vorsichtsmaßnahme getroffen werden, auch wenn sie mit einem weiteren Zeitverlust verbunden war. So hatte er Kielce, seine erste Zwischenstation, auf dem Umweg über Tschenstochau erreicht und dort viele Stunden verbracht. Und nun war er endlich in Krakau. Da er hier erneut eine längere Pause einlegen musste, um einige Mitglieder von Marians Widerstandsorganisation zu kontaktieren, konnte er sich diesmal die alte Königsstadt etwas genauer anschauen. Das Hotel *Pod Różą*, das auf halber Strecke zwischen dem Bahnhof und dem Hauptmarkt liegt, bot dafür einen guten Ausgangspunkt.

Im Gegensatz zu Warschau hatte Krakau den Kriegsanfang verhältnismäßig gut überstanden. Die deutschen Luftangriffe hatten zwar auch hier am 1. September 1939 begonnen. Drei Tage später verbreitete sich aber die Nachricht, dass die ersten Verbände der Wehrmacht die Weichsel erreicht hätten und dass die polnische Armeeführung beschlossen habe, Krakau nicht länger zu verteidigen: Zu groß war die Sorge um die historische Altstadt. Noch am selben Tag wurde ein Bürgerkomitee gegründet, das für Ruhe und Ordnung sorgen sollte – soweit dies angesichts des herrschenden Chaos möglich war. In der Stadt hatte die Massenflucht eingesetzt, zerschlagene Militärverbände strömten aus allen Richtungen hierher, die Züge und der Bahnhof wurden bombardiert.

Dennoch schien sich die Hoffnung der Krakauer, bald zu ihrem Alltag zurückzukehren, in den ersten Okkupationswochen zu erfüllen. Der neue Stadtkommandant, Generalleutnant Eugen von Höberth, war sichtlich um Korrektheit bemüht. Nach dem Amtsantritt suchte er Piłsudskis Grab auf, stattete dem Rektor der Universität, Professor Lehr-Spławiński, einen Höflichkeitsbesuch ab und erlaubte die weitere Tätigkeit des Bürgerkomitees. Eine Zeitung und ein Theater durften ihre Arbeit wiederaufnehmen. All das wurde als Zeichen guten Willens aufgefasst, so dass die Stadt langsam begann, sich vom ersten Schock zu erholen. Allerdings nicht für lange. Schon Ende Oktober wurde das «Generalgouvernement» proklamiert, Krakau zu seiner Hauptstadt erklärt. Anfang November zog im Wawel-Schloss, das nun die «Burg zu Krakau» hieß, das neue Herrscherpaar ein: Hans Frank und seine Frau Brigitte. Ihre neue Residenz, der einstige Sitz der polnischen Monarchen, entsprach genau ihrem «Hang zu Prunk, Luxus und prachtvollen Zeremonien», wie der Sohn des Paares, Niklas Frank, in seinem Buch *Meine deutsche Mutter* berichtet: «Als hätten zwei Kinder eine Puppenstube geschenkt bekommen, tanzten die beiden mit leuchtenden Augen, in denen sich Kostbarkeiten der alten polnischen Königsstadt spiegelten, durch die Säle der Burg.»[1]

Eine Kostprobe von Franks Herrschaftsstil bekamen die Krakauer bereits einen Tag vor seiner Ankunft: Am 6. November wurden die meisten wissenschaftlichen Mitarbeiter der Krakauer Universität verhaftet. Sie waren der Einladung zu einem Vortrag des Gestapo-Chefs, SS-Sturmbannführer Bruno Müller, gefolgt und hatten sich in der großen Aula versammelt. Als sie fast vollzählig eingetroffen waren, wurden sie blitzschnell aus dem Gebäude getrieben, auf die in Seitenstraßen wartenden Lastwagen verladen und in das Montelupi-Gefängnis gebracht. Ein paar Tage später folgte ihr Weitertransport nach Breslau und schließlich in das KZ Sachsenhausen. Nach drei Monaten wurden alle älteren

Häftlinge freigelassen, soweit sie die Haftzeit überlebt hatten, die jüngeren nach Dachau deportiert. Von den Überlebenden wurden einige später erneut verhaftet und in Auschwitz, Mauthausen oder Groß-Rosen ermordet. Die Liste der Opfer zählte nach dem Krieg 76 Namen.

Mit der «Sonderaktion Krakau», wie die Verhaftung der Wissenschaftler genannt wurde, war die Verfolgung der Krakauer Intelligenz noch lange nicht zu Ende – im Gegenteil, die Repressalien nahmen ständig zu. Franks antisemitische und antipolnische Reden klangen immer aggressiver; seine Unterschrift war immer öfter unter willkürlich erlassenen Todesurteilen zu finden. Viele Akademiker waren auf der Flucht oder wurden erschossen. Wer keine regelmäßige Beschäftigung hatte, musste befürchten, zur Zwangsarbeit nach Deutschland gebracht zu werden. Mehrere Tausend wurden in das nahegelegene KZ Auschwitz deportiert – was dazu beitrug, dass der Name des Lagers im polnischen Bewusstsein lange Zeit nicht für den Massenmord an den europäischen Juden, sondern für die Verfolgung der polnischen Intelligenz stand.

All das spiegelte sich auch im Stadtbild wieder. Der Hauptmarkt hieß jetzt Adolf-Hitler-Platz, von dem bis zur deutschen Besatzung darauf stehenden Denkmal des Nationaldichters Adam Mickiewicz, dem Wahrzeichen der Stadt, gab es keine Spur. Überall hingen Fahnen mit Hakenkreuzen, die meisten traditionsreichen Krakauer Einrichtungen trugen deutsche Namen oder waren, wie die Philharmonie und das Słowacki-Theater, jetzt «Staatstheater des Generalgouvernements», nur für Deutsche zugänglich. Die Okkupation einer Stadt, die sich seit Generationen als geistiger und kultureller Mittelpunkt Polens verstand, muss für Hans Frank und seine Helfer ein besonderer Genuss gewesen sein.

Nach zwei Tagen in Krakau kam Jan nach Zakopane, dem Kurort in der Tatra, wo ihn ein weiterer Untergebener seines Bruders mit einem Bergführer zusammenbrachte. Dieser kaufte für ihn eine Skiausrüstung, neue Schuhe eingeschlossen, und ließ ihn in den nächsten Tagen das Skilaufen üben. Dann, am 29. Januar, marschierten sie zu viert los: «Witold» (wie Jan sich nun nannte), der Führer und zwei weitere junge Offiziere, die auf dem Weg zur polnischen Armee in Frankreich waren. Drei Tage lang kämpften sie sich durch die Berge, zuerst auf der polnischen, dann auf der slowakischen Seite. Der Führer wählte Strecken, auf die sich deutsche Patrouillen nicht trauten. Sie übernachteten in Berghütten. Es war strahlendes Wetter. Vor ihnen lag das ganze Panorama der hohen Tatra. Die weißen Berggipfel glitzerten in der Sonne, die Luft roch nach Kiefern, unter den Skiern knirschte der Schnee. Jan hätte das alles sehr genossen, hätte er sich keine Wunden und Schwellungen an den Füßen zugezogen: Die neuen Schuhe, die lange Strecke und der Frost ergaben eine katastrophale Mischung – irgendwann war er kaum noch imstande, sich auf den Skiern zu halten.

Auf der slowakischen Seite ergaben sich neue Schwierigkeiten: Er wurde dort zwar, wie geplant, von einem einheimischen Führer übernommen. Doch dieser wollte in Landeswährung bezahlt werden, über die er nicht verfügte. So kam er nach Košice, der Stadt an der slowakisch-ungarischen Grenze, über die der Weg der meisten polnischen Kuriere und Flüchtlinge führte (seine beiden Begleiter hatten eine andere Strecke genommen) mit einem Taxi, das er in harter Währung bezahlen musste. Dafür entpuppte sich die anschließende Zugfahrt nach Budapest als ein Kinderspiel: Nachdem er den Ungarn seinen gefälschten Diplomatenpass gezeigt hatte, bekam er eine Fahrkarte umsonst.

Budapest war schön und lebendig wie eh und je. Der Krieg hatte in der Stadt noch keine Spuren der Zerstörung hinterlassen, ihr gleichzeitig aber doch einen eigenen Stempel aufgedrückt: Die zahlreichen Militärs und Flüchtlinge gaben dem Straßenbild einen neuen, hektischen Reiz, die Vielfalt der Sprachen und Uniformen sorgte für Internationalität und Noblesse. Auch Jan ließ sich einige Vergnügungen nicht entgehen: ein paar Stunden in dem Thermalbad auf der Margareteninsel, einen Besuch in der Oper oder in einem der stilvollen Budapester Kaffeehäuser.

Jan Karski: *Ich war aus einem so vollkommen anderen Leben gekommen, dass es eine Weile dauerte, bis ich mich an dem Luxus und der Eleganz erfreuen konnte. Ich fühlte mich ungeschickt, schlecht angezogen, fehl am Platz.*[2]

Dieses Gefühl wurde offenbar auch dadurch kaum gemildert, dass er in Budapest, wie alle Flüchtlinge aus dem doppelt besetzten Polen, auf viel Sympathie und Mitgefühl stieß. Wirklich wohl fühlte er sich vermutlich erst dann, als er sich von dem Geld, das er im polnischen Konsulat bekam, neue Kleidung und einen eleganten Koffer kaufte und wieder zu dem feschen Jungdiplomaten wurde. Das war allerdings erst kurz vor seiner Weiterreise. Der Empfang, den ihm seine Landsleute bereiteten, war weniger freundlich. Oberst Alfred Krajewski etwa, Chef einer Militärzelle mit dem Decknamen «Romek», die für die Kontakte zwischen der Untergrundarmee in Polen und der Zentrale in Frankreich zuständig war, begrüßte ihn äußerst misstrauisch und verlangte genaue Auskünfte darüber, in wessen Auftrag er reise und welche Nachrichten er zu überbringen habe. Erst nachdem Jan erklärt hatte, sie seien ausschließlich für General Sikorski bestimmt, wurde der Offizier etwas freundlicher und stimmte zu, das Pariser Büro des Premierministers zu informieren. Er ließ den Kurier dennoch tagelang warten und in dieser Zeit jeden seiner Schritte genau beobachten. Diese waren aber insofern unspektakulär, als Jan als Erstes seine kranken Füße und eine starke Grippe, die er sich während der Reise zugezogen hatte, behandeln lassen musste. Er kam für drei Tage in ein Krankenhaus, und da er kein Geld mehr besaß, musste er angeblich – wie er später in seinem Bericht für die Regierung behauptete – mehrere Schmuckstücke verkaufen, die ihm Warschauer Freunde für ihre Angehörigen in Ungarn mitgegeben hätten. Ob es in Wirklichkeit seine eigenen Goldmünzen waren?

Erst nach einer Woche bekam er neue Papiere, die auf den Namen «Jan Kanicki» ausgestellt waren und ihn als Französisch-Dolmetscher eines Budapester Reisebüros auswiesen. Er bekam auch eine Bescheinigung, dass er als Freiwilliger zur polnischen Armee in Frankreich unterwegs sei. Nun konnte er seine Reise fortsetzen: Er fuhr mit dem Simplon-Orient-Express, im Wagen erster Klasse, über Jugoslawien nach Mailand. Von dort kam er, nach einer weiteren kurzen Zugfahrt, nach Frankreich. Er stieg in Modane aus, dem ersten Ort nach der italienisch-französischen Grenze, sprach einen zufällig getroffenen Polizisten an und fragte nach einer Kontaktstelle für polnische Militärs, die sich dort befinden sollte – und die er mit Hilfe des Polizisten schnell erreichte.

Ähnlich wie in Budapest, wurde er auch hier nicht gerade herzlich empfangen: Trotz seiner lautstarken Proteste wurde er von einem Hauptmann kurzerhand in eine Kaserne abkommandiert, in der alle Rekruten der polnischen Exilarmee untergebracht waren. Erst ein Anruf aus dem Büro von General Sikorski, wo man sich bereits über seinen Verbleib gewundert hatte, tat Wirkung: Er wurde umgehend in das beste Hotel von Menton verlegt, vor dem am nächsten Tag eine Limousine vorfuhr.

Einer der beiden Männer, die ihr entstiegen, stellte sich ihm als Paweł Siudak vor, rechte Hand des Innenministers Stanisław Kot. Er hatte den Auftrag, ihn nach Angers zu bringen, und als sie dort nach wenigen Stunden ankamen, waren sie bereits beste Freunde.

Die erste Reise des Kuriers «Witold» war zu Ende. Sie war unerwartet ruhig verlaufen, dauerte aber über einen Monat. Es war schon Ende Februar, als er in Angers ankam, einer freundlichen, gepflegten Kleinstadt von ca. fünfundachtzig Tausend Einwohnern, die an der Loire, südwestlich von Paris lag. Sie war von dort aus in etwa vier Zugstunden zu erreichen – schneller als Vichy, das ursprünglich als Sitz der polnischen Exilregierung vorgesehen war. Nun genoss sie in Angers das exterritoriale Recht, ihre Büroräume waren an der Hauptstraße, dem Boulevard du Maréchal Foch, untergebracht, und als private Residenzen von General Sikorski und Präsident Raczkiewicz dienten zwei Villen, die in reizvollen benachbarten Orten lagen.

Die erste Person, die Jan in Angers traf, war Stanisław Kot, ein Freund und Vertrauter Sikorskis und der Innenminister seiner Regierung. Im früheren Leben Geschichtsprofessor und Aktivist der Bauernpartei in Krakau.

Jan Karski: *Kot war ein kleiner, grauhaariger Mann, ruhig und präzise in seinen Gesten und etwas pedantisch beim Reden. Wir stellten uns gegenseitig vor, und nachdem wir uns hingesetzt hatten, bemerkte er, ich sähe eher aus wie ein Pariser Bankier, der gerade von einem Empfang komme, als wie ein Kurier aus Polen, wo Hungersnot herrsche.*[3]

Das war offenbar der Gesprächsstil «der meist gehassten Persönlichkeit der Emigration», wie ihn Stanisław Cat-Mackiewicz, ein anderer bekannter Historiker und Exilpolitiker jener Zeit, bezeichnete. «Kot hatte keine bestimmten politischen Ansichten», schrieb er. «Zunächst war er Mitglied des konservativen Lagers in Krakau, dann aber stellte sich heraus, dass er sich eigentlich eher als gesellschaftlicher Radikaler verstand. Auch im Umgang mit Menschen war er recht flexibel. In seinem Edelmut teilte er sie in ‹anständige› und ‹unanständige› ein, wobei er für anständig diejenigen hielt, die käuflich waren und sich von ihm bestechen ließen, und für unanständig solche, die eigene Prinzipien hatten … Seit seiner Ankunft in Paris wurde jede ernsthafte politische Arbeit unmöglich.»[4]

Harte Worte, denen Kots zahlreiche Gegner wohl aber zugestimmt hätten. Allerdings gab es kaum jemanden in der polnischen Exilszene, über den sich Cat-Mackiewicz nicht kritisch geäußert hätte. Über Stanisław Mikołajczyk, den stellvertretenden Vorsitzenden des Nationalrates und künftigen Nachfolger Sikorskis, befand er: «Es war ein düsterer, misstrauischer Kerl mit kleinen Schweineaugen. Er wirkte, als würde er nur darauf achten, dass ihn ja niemand beleidigt.»[5] Über Tadeusz Bielecki, den Anführer der Nationaldemokraten: «Seine Beherrschung der Außenpolitik war recht gering, sie beschränkte sich auf die Tatsache, dass es auf dieser Welt Paris, London und die Freimaurer gab.»[6] Und über die Mitglieder des Nationalrates, dem die Vertreter aller wichtigen Gruppierungen, aber auch mehrere unabhängige Personen angehörten, und die ihre Sitzungen in Angers im Hotel «Zum weißen Pferd» abhielten: «Vor dem Fenster spielte sich der Krieg ab und waren große diplomatische Schachzüge im Gange, doch sie schauten nicht aus dem Fenster, und in der Nacht, die dahinter herrschte, konnten sie sowieso nichts erkennen.»[7]

Es sollte eine Weile dauern, bis Jan sich in den Feinheiten des politischen Lebens in Angers auskannte. Von Professor Kot indes hatte er von Anfang an einen positiven Eindruck. Allerdings musste er sich seinerseits sehr bemühen, um dessen Sympathie zu gewinnen, und er hatte auch nicht das Gefühl, dass er von ihm erwartet worden war. Kot reagierte jedenfalls auf sein Erscheinen sehr zurückhaltend und forderte ihn gleich zu Beginn ihres Gesprächs auf, von sich und seinem Leben zu erzählen.

Jan Karski: *Ich hatte schnell gemerkt, dass er entweder doch über mich Bescheid wusste oder sofort herausfinden würde, wer ich war. Also erzählte ich ihm alles ganz offen: dass ich Kommandant der Jugendlegion in Lemberg gewesen bin, dass ich zu Piłsudskis Anhängern gehöre, dass ich in meinem Herzen die Erinnerung an ihn trage. Ich weiß noch, wie er mich an dieser Stelle unterbrach: «Sie tragen in Ihrem Herzen nicht die Erinnerung an Piłsudski. Sie tragen dort den Piłsudski-Mythos.» Wir waren uns fast vom ersten Moment an sympathisch. Kot war außergewöhnlich intelligent und kultiviert. Zunächst traute er mir nicht ganz, aber auch das sollte sich bald ändern.*[8]

Doch bevor es so weit war, wurde er von Professor Kot nach Paris geschickt – ins Hotel «Regina», in dem die Regierung und das Oberkom-

Professor Stanisław Kot in Oxford, 1941 (rechts)

mando der polnischen Streitkräfte ihre weiteren Büros hatten und wo General Sikorski sich die meiste Zeit aufhielt. Vor dieser Begegnung hatte Jan freilich ein viel größeres Lampenfieber. Immerhin sollte er gleich den mächtigsten polnischen Politiker treffen, von dem er auch wusste, dass er ein Mann von umfassender Kultur und respekteinflößender Art war. Seine Erwartungen sollten sich voll bestätigen: Er wurde von einem hochgewachsenen, etwa sechzigjährigen Mann empfangen, dessen aufrechte Haltung den Berufssoldaten und elegante Gesten den Wahlfranzosen verrieten. Sonst aber wirkte der General ziemlich kühl – offenbar wusste er, dass er einen Anhänger des Marschalls Piłsudski vor sich hatte. Er hörte sich wortlos die Botschaften von Borzęcki und dem älteren Kozielewski an, bedankte sich höflich, aber ohne eine Spur von echtem Interesse oder Anerkennung für Jans gelungene Mission. Und als dieser schließlich sagte, er habe versprochen, so schnell wie möglich nach Warschau zurückzukommen, wies er ihn sofort zurecht: Er wolle ihn

General Władysław Sikorski

daran erinnern, dass er nach wie vor ein mobilisierter Offizier sei und seinem Kommando unterstehe. Und er weise ihn für unbestimmte Zeit dem Innenminister Kot zu. Damit war die Audienz beendet.

Nach Jans Rückkehr nach Angers entwickelte sich zwischen ihm und Kot ein Lehrer-Schüler-Verhältnis besonderer Art. Der Professor scheute zwar keine Zeit und Mühe, ihm Vorträge über die wahren Zustände im Vorkriegspolen oder über die politischen Fehltritte «seines» Piłsudski und «seines» Außenministers Beck zu halten. Gleichzeitig aber war er sichtlich beeindruckt von Jans besonderen Fähigkeiten und fing auch bald an, sie für sich zu nutzen: Er ließ ihn immer öfter an den Treffen mit französischen Journalisten teilnehmen und für ein gutes Image der Regierung sorgen. Will heißen: Jan sollte ihnen den Eindruck vermitteln, die Polen würden ihre ganze Hoffnung in General Sikorski setzen, und auf unbequeme Fragen geschickte Antworten liefern.

Jan Karski: *Bei den ersten dieser Treffen war Professor Kot noch anwesend, aber er sagte wenig oder gar nichts. Ich war derjenige, der Auskünfte gab* *und Fragen beantwortete – natürlich in genauer Übereinstimmung damit, was ich mit Kot vereinbart hatte. Doch nach drei oder vier Terminen kam er nicht mehr mit. Offenbar hatte er Vertrauen zu mir gefasst.*[9]

Auf Professor Kots Wunsch verfasste er auch den bereits erwähnten Bericht, bei dem er sich wiederum auf jenen stützte, den er und sein Bruder im Dezember 1939 in Warschau geschrieben hatten. Der Text war mit «Jan Kanicki» unterzeichnet und in vier Teile gegliedert: 1. Persönliche Angaben des Berichterstatters. 2. Allgemeine Situation in Polen. 3. Ausgewählte politisch-ideologische Fragen. 4. Die Situation der Juden in Polen. Möglicherweise war der letzte Teil auf ausdrückliche Anweisung von Minister Kot entstanden, der mit einer Jüdin verheiratet war und sich für dieses Thema besonders interessierte.

Er habe die Situation der jüdischen Bevölkerung nicht gezielt studiert, stellte Jan gleich zu Beginn seiner Ausführungen fest. Was er zu berichten habe, basiere also auf allgemein bekannten Fakten, ein paar eigenen Beobachtungen und einigen Gesprächen, die er mit Juden beziehungsweise über sie geführt habe. Dennoch hatte dieses Kapitel seines Berichts eine derartige Brisanz, dass Professor Kot sich – seinem ursprünglichen Geheimhaltungsplan entgegen – entschloss, ihn als Teil des aktuellen Propagandamaterials zu publizieren. Allerdings waren die Passagen, die sich auf die polnisch-jüdischen Beziehungen bezogen, so scharf formuliert, dass sie von Kots Mitarbeitern umgeschrieben wurden. So haben zwei Versionen dieses Teils überdauert: das Original, in dem Karski das Verhältnis der Polen zu den Juden sehr negativ darstellt, und die überarbeitete Fassung, in der die entsprechenden Stellen viel diplomatischer formuliert sind. Diesen Eindruck hatte jedenfalls Andrzej Żbikowski, Karski-Experte und zugleich Professor des Historischen Jüdischen Instituts in Warschau.

Andrzej Żbikowski: *Es gibt mehrere Stellen, an denen Karskis radikale und tiefgründige Beobachtungen zu der antijüdischen Stimmung in Polen durch weniger kritische ersetzt wurden. Damals, im Februar 1940, schrieb er nämlich, der Antisemitismus sei die einzige Plattform, auf der eine Zusammenarbeit zwischen Deutschen und Polen denkbar sei. Er warnte, dass der Okkupant große Erfolge auf diesem Gebiet erzielen könnte, und fügte hinzu, dass es eine Pflicht des Untergrunds und der Exilregierung sei, derartigen Aktivitäten der Deutschen zuvorzukommen und eine solche Situation zu verhindern.*[10]

Allein dieser erste Bericht zeigt, wie stark untertrieben Karskis spätere, vielzitierte Behauptung war, er sei in seiner Tätigkeit als Kurier nur eine «Grammophonplatte» gewesen, die man bespielt, weitergegeben und angehört habe. Die Beschreibung trifft nur auf seine Arbeitstechnik zu: Sein einziges «Übertragungswerkzeug» war ja sein phänomenales Gedächtnis – was für die heutige IPad-Handy-E-Mail-Generation nur schwer nachvollziehbar sein dürfte. Er selbst aber war alles andere als eine Art Musterschüler, der ein auswendig gelerntes Gedicht aufsagt, ohne über dessen Inhalt nachzudenken. Im Gegenteil: Er gab sich von Anfang an als ein scharfsinniger Beobachter, Analytiker und Kommentator der politischen und gesellschaftlichen Situation zu erkennen – und genau aus diesem Grund hatte Innenminister Kot beschlossen, ihn zum wichtigsten Kurier der polnischen Regierung zu machen.

Wenn es etwas gab, was den Kurier Jan Karski – beziehungsweise Jan Kanicki, wie er sich damals nannte – mit dem alten Musterschüler Jan Kozielewski verband, dann waren es sein Ehrgeiz und sein Rivalitätsgeist. Auch das stellte er von Anfang an unter Beweis: In jenem Frühjahr 1940 begegnete er in Angers zufällig Jerzy Lerski, dem Freund aus Lemberg, den er im Dezember vergeblich gesucht hatte. Sie fielen sich in die Arme, tauschten Neuigkeiten aus, und nachdem sich herausgestellt hatte, dass Lerski bereits Offizier der polnischen Armee in Frankreich war, erzählte ihm Jan von seiner Tätigkeit und fragte, ob er sich nicht ebenfalls als Kurier versuchen möchte.

Jerzy Lerski: *Er schlug mir auch gleich einen Wettkampf vor: Es ging darum, wer von uns schneller und besser Kurieraufgaben erfüllen würde. Ich nahm die Herausforderung an, aber eigentlich nur, weil ich den Freund nicht kränken wollte.*[11]

Allerdings blieb ihm der Wettkampf noch eine Weile erspart. Jan war zwar von seiner Idee so begeistert, dass er ihn sofort Professor Kot empfahl, der auch Interesse zeigte. Doch Lerskis eigene Vorgesetzte hatten mit ihm etwas anderes vor, und es sollten noch viele Monate vergehen, bis er tatsächlich zu einem weiteren Regierungskurier wurde.

Bei seinem zweiten Besuch in Paris, für den er von Kot einen größeren Geldbetrag aus dessen privater Kasse und die väterliche Anweisung bekam, sich zu entspannen und Paris zu genießen, traf Jan mit General

Sosnkowski zusammen. Sie verabredeten sich in einem Bistro und nicht im Hotel «Regina», wo es, wie der General meinte, von Spionen nur so wimmele. Auch er war anfangs reserviert, erst als Jan sich als Bruder von Marian Kozielewski zu erkennen gab (er hatte sich als Jan Kanicki vorgestellt), änderte sich Sosnkowskis Verhalten. Sichtlich gerührt, hörte er sich Marians Botschaft an und ließ ihm ausrichten, er bedanke sich und stimme ihm zu, dass die Soldaten des Kommandanten überall sein sollten. Bedingungslose Treue zweier alter «Piłsudskisten», die sie schließlich auseinanderbringen sollte: Viele Jahre später lebte Marian Kozielewski eine Zeitlang in Kanada – auf einer Farm, die Jan für ihn und seine Frau gekauft hatte. Nicht weit von ihm wohnte Sosnkowski, der noch vor Kriegsende dorthin emigriert war. Als Karski seinen Bruder später einmal fragte, ob sie sich manchmal gegenseitig besucht hätten, soll dieser geantwortet haben: «Nein. Wozu? Worüber hätten wir uns unterhalten sollen? Wir haben den Kommandanten verraten. Er hat uns unser Vaterland zurückgegeben, und wir haben es wieder verloren.»[12]

Nach dem «offiziellen» Teil ihres Gesprächs riet auch General Sosnkowski dem jungen Kurier dazu, die Annehmlichkeiten von Paris zu genießen. Und damit er sich dabei nicht einsam fühlte, wies er seine Sekretärin an, ihm die Stadt zu zeigen und ihn gelegentlich auch bei seinen abendlichen Eskapaden in die Pariser Kinos, Theater oder Restaurants zu begleiten. Als sie an einem dieser angeordneten gemeinsamen Abende in einem Lokal saßen, tauchte dort plötzlich eine gewisse Maria Garczyńska auf, Jans Bekannte aus der Jugendlegion in Lemberg. Sie setzte sich unaufgefordert zu ihm und seiner Begleiterin, überschüttete ihn mit Fragen und Neuigkeiten und fing schließlich an, über die einzelnen Exilpolitiker zu lästern.

Jan Karski: *«Am schlimmsten ist dieser Intrigant Kot», zischte sie. «Er hat einen krankhaften Hass auf jeden, der in irgendeiner Weise mit dem Piłsudski-Lager verbunden war. Die ganze Armee ist mit seinen Spionen durchsetzt. Dass General Sikorski Ministerpräsident wurde, ist nur Juliusz Łukasiewicz zu verdanken – er hat es als letzter polnischer Botschafter in Paris arrangiert. Und sie behandeln ihn heute, als wäre er ein Aussätziger. Er wird von ihnen regelrecht verfolgt», erzählte sie, indem sie mal flüsterte, mal ganz laut wurde. Ich hörte ihr zu, doch manchmal war ich nahe dran, die Geduld zu verlieren.*[13]

Es hatte wenig Sinn, der gesprächigen Dame zu erklären, Jan sei an der Politik nicht sonderlich interessiert und halte sich in Paris nur deshalb auf, weil er sich bald der polnischen Armee anschließen werde. Garczyńska glaubte ihm offenbar nicht, worauf nicht nur ihr Kommentar, sondern auch ein Besuch hindeutete, den er an einem der nächsten Tage bekam.

Noch vor dem Frühstück tauchte in seinem Hotelzimmer ein kleiner, unscheinbarer Mann auf, der sich als der besagte Ex-Botschafter Juliusz Łukasiewicz vorstellte. Er habe gehört, erklärte er in seiner leisen, höflichen Art, Jan fahre bald nach Polen zurück. Er möchte ihn deshalb bitten, einige Personen in Warschau zu kontaktieren und ihnen zu erzählen, wie ungerecht die Exilregierung die Angehörigen des alten Machtapparates behandle – so, als wären es lauter Versager und Verräter. Man würde sie nicht nur bespitzeln und schikanieren, sondern ihnen auch das Recht absprechen, für ihr Land zu kämpfen. An dieser Stelle nannte er einige Beispiele, unter anderem erzählte er Jan vom Schicksal seiner ehemaligen Vorgesetzten aus dem Außenministerium, Tomir Drymmer und Apoloniusz Zarychta. Dem einen habe man die Aufnahme in die Armee verweigert, den anderen in ein Internierungslager geschickt. Allein diese Nachricht wird auf Karski einen starken Eindruck gemacht haben, von seiner ungebrochenen Sympathie für die Piłsudski-Anhänger abgesehen. Dennoch musste er, durch seinen Eid gebunden, weiterhin behaupten, er beabsichtige nicht, nach Polen zurückzukehren, und dem Botschafter seine Bitte abschlagen. Nach einem Moment peinlichen Schweigens und der bitteren Bemerkung, es tue ihm leid, Jan belästigt zu haben, verließ Łukasiewicz den Raum. Der Kurier blieb allein zurück – vermutlich mit einem faden Nachgeschmack und bestimmt ohne zu ahnen, dass er soeben ein Paradoxon der polnischen Geschichte erlebt hatte, dem er in ein paar Jahren selbst zum Opfer fallen sollte: Nach dem Krieg würde das kommunistische Regime ihn und Tausende anderer, die im Dienst der Exilregierung gestanden und für die Befreiung Polens gekämpft hatten, als Verräter abstempeln und in vielen Fällen auf eine noch viel brutalere Weise verfolgen.

Ende April wurde Jan zum dritten Mal nach Paris geschickt, doch diesmal sollte seine Reise einen rein dienstlichen Charakter haben. Er wurde erneut von General Sikorski empfangen, der im Vergleich zum ersten Treffen viel entspannter und freundlicher wirkte. Er war sichtlich beeindruckt, dass es dem jungen Kurier gelungen war, Kots Sympathie und Vertrauen zu gewinnen. Von Sikorski erfuhr Jan auch, dass er doch nach Polen zurückkehren solle. Die genauen Anweisungen, über die er bereits informiert sei, werde er in Angers bekommen, sagte der General. Er ging aber auf die Frage des Regierungsbeauftragten ein – er stimme jedem Kandidaten zu, der von den politischen Köpfen in Warschau einstimmig gewählt werde – und äußerte sich auch zu Marian Kozielewskis Dilemma: Ob er auf seinem Posten des Polizeichefs bleiben solle, überlasse er seinem Ermessen, er würde ihm aber empfehlen, es so lange wie möglich zu tun. Nur falls die Deutschen einen Treueeid von ihm verlangten, solle er ihn verweigern und zurücktreten.

Zurück in Angers, erfuhr Jan endlich, warum er so lange in Frankreich bleiben musste. Die Situation in Warschau hatte sich radikal verändert: Am 26. Februar 1940, etwa zeitgleich mit seiner Ankunft in Frankreich, hatte sich ein neues politisches Bündnis formiert (PKP – *Polityczny Komitet Porozumiewawczy*), in das die Anführer der drei wichtigsten Widerstandsfraktionen sowie der Oberkommandierende der Untergrundarmee eingegangen waren. Sie waren nun diejenigen, zu denen er von der Exilregierung mit einer neuen Mission geschickt wurde. Er sollte ihnen von Kot und Sikorski einen ganzen Katalog von Anweisungen und Empfehlungen ausrichten: Pflichten und Befugnisse der einzelnen Gremien, Richtlinien für ihre Zusammenarbeit, für die Wahl des Regierungsbeauftragten, für die Schlichtung von Konflikten, für die Kommunikation mit der Regierung und vieles mehr – im Grunde ging es um die gesamte Struktur des Untergrundstaates. Und als wäre es nicht genug, nannte ihm Kot noch wenige Stunden vor seiner Abreise alle wichtigen Untergrundpolitiker – achtzehn Namen – und lieferte dazu eine genaue Beschreibung jedes Einzelnen.

Andrzej Żbikowski: *Mit diesem Wissen ausgestattet, wurde Karski zu einer tickenden Bombe, die, sollte sie detonieren, einen irreparablen Schaden anrichten konnte. Solche Informationen wurden keinem gewöhnlichen Kurier, sondern einem politischen Emissär anvertraut.*[14]

Nachdem er Kot versprochen hatte, so schnell wie möglich nach Angers zurückzukommen, trat Jan die Rückreise nach Polen an. Sie führte über dieselbe Strecke und verlief auch diesmal ohne besondere Zwischenfälle. Nur in Budapest, wo er zwei Tage blieb, ließ er sich leichtsinnigerweise dazu überreden, einen fünfzehn Kilo schweren Rucksack voller Geld mitzunehmen. Später, in den Bergen, die er diesmal zu Fuß überqueren musste – es war Frühling, und der Schnee war weitgehend geschmolzen –, kam hinzu, dass sich die Wunden an seinen Füßen erneuerten, so dass er in Zakopane völlig erschöpft ankam. Er deponierte den Rucksack bei einem dortigen Kontaktmann und bestieg den Zug nach Krakau. Dort setzte er sich sofort mit seinem alten Schulfreund aus Lodz, Tadeusz Pilc, in Verbindung, der im Krakauer Untergrund tätig war und ihm auch schnell half, jene Politiker zu finden, denen er die Nachrichten aus Angers übermitteln sollte. Vor allem ging es ihm um Stanisław Mierzwa, der die Bauernpartei repräsentierte, und um den Sozialisten Józef Cyrankiewicz.

Stanisław Mierzwa: *Ich kann bis heute nicht vergessen, wie tief mich Karskis Ruhe und Entschlossenheit beeindruckt hatten. Und sein Eid, dass er lieber Selbstmord begehe, als jemanden in tödliche Gefahr zu bringen. Ich konnte auch nicht begreifen, dass die Regierung so kaltblütig, so berechnend sein konnte, ihm diesen Eid abzunehmen. Dass sie bereit war, ein Menschenleben zu opfern, um staatliche Interessen zu schützen.*[15]

Während Jan in Krakau seine Gespräche führte, fuhr Tadeusz Pilc nach Warschau, um Marian Kozielewski über die baldige Ankunft seines Bruders zu informieren. Er kam mit der Nachricht zurück, dieser erwarte ihn mit größter Ungeduld. Als Jan allerdings am 7. Mai in Warschau eintraf, wurde er von einer schlechten Neuigkeit überrascht: Marian befand sich seit wenigen Stunden in den Händen der Gestapo. Die von ihm mitbegründete Widerstandsorganisation war aufgeflogen, eine Gruppe von etwa siebzig Polizisten verhaftet worden. Das erzählte ihm seine Schwägerin, die ihn auch bat, die Wohnung in Zukunft zu meiden, mit ihr aber in Kontakt zu bleiben. Von Marians weiterem Schicksal hörte er später auch aus anderen Quellen: Ähnlich wie alle enttarnten Verschwörer, wurde er brutalen Verhören unterzogen und schließlich nach Auschwitz geschickt. Er sollte dort die nächsten elf Monate verbringen.

Kaum war Jan wieder in den Warschauer Untergrund eingetaucht, musste er über die Veränderungen staunen. Während seiner Abwesenheit hatte sich das konspirative Leben sichtlich gefestigt. Das Verbindungsnetz schien bestens zu funktionieren, so dass er schnell – zum Teil über die Kontaktadressen, die er in Krakau bekommen hatte – seine neuen Gesprächspartner finden konnte. Bald war auch das Treffen mit allen Köpfen des aktuellen Parteibündnisses (PKP) arrangiert. Es bestand, wie Kot angekündigt hatte, aus drei großen Parteien und einer Militärorganisation: den Sozialisten unter Kazimierz Pużak, der Bauernpartei, der Stefan Korboński vorstand, den Nationalisten mit Aleksander Dębski an der Spitze sowie dem Verband für den Bewaffneten Kampf, der von der Exilregierung den polnischen Streitkräften in Frankreich gleichgestellt und zu dessen Befehlshaber Oberst Stefan Rowecki ernannt worden war.

Eine der Anweisungen, die Jan aus Angers mitgebracht hatte, lautete allerdings, noch die Christliche Arbeitspartei unter Franciszek Kwieciński in die Koalition einzubeziehen – was von den Versammelten akzeptiert wurde. Er bestellte ihnen auch alle anderen Empfehlungen von Sikorski und Kot, nicht zuletzt ihren Vorschlag bezüglich des Bevollmächtigten der Regierung: Sie seien dafür, nicht nur einen, sondern mehrere zu ernennen, am besten vier – einen im Generalgouvernement, einen in der dem deutschen Reichsgebiet angegliederten Zone und je einen in Lublin und Wilna. Gäbe es nur einen, könnte er im Falle der Verhaftung die gesamte Untergrundstruktur verraten. Deshalb sollten auch die vier Bevollmächtigten keinen direkten Kontakt zueinander haben, sondern nur per Funk und Kuriere kommunizieren. Schließlich informierte Jan die Anwesenden in allen Details, wie diese Struktur auszusehen habe.

Stefan Korboński: *Was uns General Sikorski durch ihn ausrichten ließ und welche Absichten er hegte, wussten wir bereits. Nichtsdestoweniger vertiefte dieser ausgezeichnete und detaillierte Bericht unsere Kenntnisse. Als wir uns von dem Kurier verabschiedeten, waren wir stärker von seiner Persönlichkeit als von seinem Bericht beeindruckt.*[16]

Es war das einzige Treffen, bei dem «Witold» die gesamte PKP-Führung auf einmal sah. Danach verabredete er sich mit jedem einzeln. Und da allen bewusst war, wie wichtig ein weiterer Austausch mit Angers war, wurde bereits Ende Mai beschlossen, ihn erneut dorthin zu schicken. Er sollte nicht nur der Regierung sämtliche Standpunkte der vier großen Parteien darlegen, sondern auch die Vertreter dieser Parteien in Frankreich kontaktieren und sie über alle wichtigen internen Angelegenheiten informieren: ein Doppelauftrag, auf den er stolz war, dessen Kompliziertheit aber sogar seine Fähigkeiten fast überstieg. Denn auch diesmal, versteht sich, sollte er kein schriftliches Material mitnehmen, sondern alles in seinem Gedächtnis abspeichern – eine Aufgabe, für die er sich eine besondere Technik angeeignet hatte:

Jan Karski: *Ich hörte zu, und dann sagte ich: «Und jetzt wiederhole ich.» Ich wiederholte ihre Worte, und sie korrigierten mich. Dann lief ich in den Straßen herum und prägte mir alles noch einmal ein, indem ich mit mir selbst sprach. Niemand hat sich je beschwert, dass ich etwas durcheinandergebracht hätte.*[17]

Am wichtigsten waren freilich die Nachrichten für die Regierung, wobei es in einem Punkt keine Übereinkunft der Parteien gab: Alle hatten sich zwar gegen Kots Idee ausgesprochen, mehrere Regierungsbeauftragte zu wählen – es solle nur einen geben, und zwar in Warschau, wo sich die gesamte Untergrundführung befinde –, aber auch nicht auf einen gemeinsamen Kandidaten geeinigt. Schließlich schlug jemand den Chef der Bauernpartei, Stefan Korboński, vor. Nach einigen Beratungen hatten alle Fraktionen zugestimmt – mit Ausnahme der Nationalisten. Ihr Anführer, Aleksander Dębski, erklärte Jan unumwunden, seine Partei sei dagegen, weil ihre Repräsentanten in Frankreich weder der Regierung noch dem Nationalrat angehören würden. Sollte Korboński dennoch Regierungsbeauftragter werden, müsse General Sikorski mit dem Austritt der Nationalisten aus dem Parteienbündnis rechnen. Damit würde er aber auch das Recht verlieren, die polnische Gesellschaft zu repräsentieren. Die Mehrheit der Polen unterstütze nämlich das nationalistische Lager, weil dieses die katholische Kirche auf seiner Seite habe. Und auf Jans Frage, welchen Grund er wirklich nennen solle, antwortete er, seine Partei werde nicht erlauben, dass eine Gruppe von Juden und Freimauerern erneut über das Schicksal Polens bestimme.

Jan Karski: *Er hatte keine anderen Argumente. «Juden und Freimaurer» – das war sein Spruch. Wenn ich in Paris angekommen wäre, hätte ich Sikorski gemeldet: «Herr General, der Grund für die Ablehnung der Kandidatur Korbońskis ist, dass er sich als Jude und Freimaurer entpuppt hat.» So war die Situation. Ich fuhr schweren Herzens zurück. Meine Mission war miss-*

lungen. Es gab keine einstimmige Entscheidung bezüglich des Regierungsbeauftragten. Ich war aber insofern nicht verzweifelt, als ich wusste, dass der General in diesem Fall selbst entscheiden und einen Mann seiner Wahl ernennen würde.[18]

Hoffentlich, möchte man hinzufügen, würde derjenige nicht das Schicksal von «Herrn Ryszard» teilen, dem ursprünglichen Kandidaten, dessen Ernennung Jan im Auftrag von Marian Borzęcki und seinen Verbündeten mitbringen sollte. Wegen der ausbleibenden Antwort ungeduldig geworden, beschloss Ryszard Świętochowski, selbst nach Paris zu fahren und über seine Kandidatur direkt mit General Sikorski zu sprechen. Seine Reise endete aber schon in der Slowakei, wo er von der Gestapo verhaftet wurde.

7

IN DEN HÄNDEN DER GESTAPO

Dritte Mission. Juni–Dezember 1940

Die Stadt Lodz war nach dem Zweiten Weltkrieg nicht nur weiterhin ein Zentrum der Textilindustrie, sondern auch eine Filmmetropole. Diese allgemein bekannte Tatsache wird auch Professor Karski nicht entgangen sein, obwohl er seine Geburtsstadt viele Jahre nicht gesehen hatte. Es war vor allem die 1948 gegründete Filmhochschule, der Lodz dieses neue Image verdankte: Sie pflegte einen besonderen, praxisorientierten Unterrichtsstil und brachte Scharen berühmter Absolventen hervor: Wajda, Polański, Zanussi, Kieślowski und viele andere. 1976 bekam Lodz auch ein eigenes «Museum der Kinematographie», das heute seinen Sitz im ehemaligen Palais des Textilfabrikanten Karl Scheibler hat, nur einen Steinwurf von der Filmhochschule entfernt.

In der Sammlung des Museums befindet sich ein Bild, das mindestens zwei Generationen der polnischen Kinofans kennen: Es stammt aus dem Film *Der hölzerne Rosenkranz* (1965), der Geschichte einer Frau, die in einem von Nonnen geleiteten Waisenhaus aufwächst. Und es stellt die bekannte, 2003 verstorbene Theater- und Filmschauspielerin Zofia Rysiówna dar, die in dem Film die Rolle der Oberschwester spielt. Falls Professor Karski dieses Bild je gesehen hat – und davon ist auszugehen –, wird er es einen sehr langen Moment betrachtet haben: Der Anblick des schönen, von einer Nonnenhaube umrandeten Gesichts dürfte in ihm einige Erinnerungen wachgerufen haben …

Es war bereits Anfang Juni 1940. «Witold» sollte so bald wie möglich aufbrechen – darüber waren sich alle seine Auftraggeber einig. Der aktuelle Meinungsaustausch mit der Exilregierung war überaus wichtig: Ohne die Ernennung einen Bevollmächtigten hatte das gesamte, mühsam geschaffene Parteienbündnis keine Zukunft. Und die jüngsten Ereignisse in Frankreich machten seine Abreise umso dringender: Nach der Eroberung der Niederlande, Belgiens und Luxemburgs war die Wehrmacht Anfang Juni in Frankreich einmarschiert und bewegte sich auf Paris zu. Es war unklar, wie lange der Regierungssitz in Angers noch existieren würde.

Die Situation war neu und besorgniserregend: Der Westfeldzug der Deutschen hatte zwar bereits am 10. Mai begonnen, doch damals schienen die Franzosen es noch recht gelassen zu nehmen. Am 20. Mai notierte jedenfalls der Essayist Andrzej Bobkowski in seinen *Federskizzen* (1957), einem vielbeachteten Frankreich-Tagebuch: «Es ist still und heiß. Paris ist verödet und wird von Tag zu Tag leerer. Doch das geht irgendwie heimlich vor sich. Die Menschen fahren verstohlen fort, wobei sie ihren Bekannten bis zum letzten Moment versichern: ‹Wir gehen nicht weg.› Man sieht nur immer öfter Autos, die mit schwerem Gepäck, das auf dem Dach befestigt ist, durch die Straßen schleichen und in Richtung Süden verschwinden. Man soll sie nicht bemerken. Ungewissheit und Geheimnistuerei breiten sich über die Stadt.»[1]

Und auch am 3. Juni entnahm er den Pariser Abendzeitungen nur, dass die Deutschen «überall ein wenig bombardiert» hätten und es «in Paris die ersten Opfer gegeben» habe. Erst am 10. Juni, vier Tage vor der Besetzung der Stadt, hielt er die andernorts längst bekannten Bilder fest: «Was sich auf den Bahnhöfen abspielt, ist unbeschreiblich. Paris ist auf einmal aufgewacht, sich der Niederlage bewusst geworden – und drängt zu den Bahnhöfen … Auf den Perrons schlafen überall Menschen, die auf die morgigen Züge warten … Sie schlafen sogar auf den Gehsteigen vor dem Bahnhof. Taxis sind nirgends zu bekommen. Sie sind sicher schon alle weg.»[2]

Bobkowski selbst arbeitete zu diesem Zeitpunkt in einer Waffenfabrik in Chatillon bei Paris. Er lebte seit März 1939 in Frankreich, das er ursprünglich nur als eine Zwischenstation angesehen hatte: Von dort wollte er nach Buenos Aires weiterreisen, wo er, Absolvent eines Wirtschaftsstudiums, bei einer polnischen Stahlexportfirma Beschäftigung gefunden hatte. Seine Pläne wurden durch den Kriegsausbruch vereitelt, und da es ihm (aus gesundheitlichen Gründen) auch nicht gelang, Soldat der polnischen Armee zu werden, wurde er Fabrikarbeiter. Wenig später begann er mit dem Verfassen seiner *Federskizzen*, eines zweibändigen

Tagebuchs, das er bis 1944 führte. Sehr gebildet und belesen, verband er darin die Schilderungen der täglich beobachteten Ereignisse mit kulturphilosophischen, politischen und sozialpsychologischen Reflexionen.

An jenem 10. Juni schien es, als hätte er für einen kurzen Moment Paris für sich ganz allein. «Ich schlendere gemächlich über den Boulevard Raspail. Ein Polizist kontrolliert meine Papiere und lässt mich weiter gehen. Ich spaziere langsam am Louvre vorbei und atme tief die frische Brise ein, die von den Tuilerien herüber weht. Der Himmel ist ganz schwarz. Bei der Oper überraschen mich Schüsse von Flakgeschützen. Ihr Echo rollt in der leeren, dunklen Nacht durch die toten Straßen und verstärkt noch das Gefühl der Leere. Es ist wie ein Grollen in einem bodenlos tiefen Brunnen – langgezogen, traurig, bedrohlich und hoffnungslos. Über dem Lärm dieses ganzen Tages, über dem Plätschern der Menge, über der ganzen Stadt schwebt nicht so sehr ein Gefühl der Bedrohung als das totaler, absoluter Traurigkeit. Das ist das Ende.»[3]

In Wirklichkeit müssen es auch seine letzten Stunden in Paris gewesen sein, denn noch bevor die Deutschen – vier Tage später – in der Stadt einmarschierten, wurde er, zusammen mit anderen Arbeitern seiner Fabrik, nach Südfrankreich evakuiert. Dort erlebte er die Kapitulation Frankreichs (22. Juni) und die Etablierung des Vichy-Regimes. Einige Monate später unternahm er eine Radtour von dort nach Paris: eine Reise, die er in den *Federskizzen* in Form von unzähligen Alltagsbeobachtungen, Milieustudien und Landschaftsbeschreibungen festhielt. Alles in allem ging er mit dem einst sehr geliebten und bewunderten Frankreich scharf ins Gericht – nicht ohne eine Prise Bitterkeit in Bezug auf die Situation des eigenen Landes: «Wir haben unsere Verteidigung als Skandal angesehen», notierte er am 18. Juni, einen Tag, nachdem Marschall Pétain Deutschland um einen Waffenstillstand gebeten hatte, «doch im Vergleich dazu ist die französische Verteidigung geradezu kriminell. Wir wollten uns zur Wehr setzen, hatten aber nichts, womit wir es gekonnt hätten. Sie hatten die Mittel, wollten sich aber nicht wehren. Ich möchte gern wissen, ob sich Frankreich noch einmal von diesem Schlag erholen kann. Diese Gedanken beschäftigen mich seit gestern unablässig.»[4]

Im Gegensatz zu Bobkowski hatte «Witold» keine Zeit, sich über die Zukunft Frankreichs Gedanken zu machen. Am 11. oder 12. Juni – so genau konnte er sich später nicht mehr erinnern – hatte er Warschau verlassen. Er kam nach Krakau, wo ihm noch einige weitere Treffen bevorstanden: mit Tadeusz Komorowski («Korczak»), dem Befehlshaber des Verbandes für den Bewaffneten Kampf (ZWZ) für die südliche Region, der sich über die Zusammenarbeit mit allen politischen Gruppierungen zufrieden zeigte, und mit einigen Politikern, unter denen es, ähnlich wie in Warschau, Spannungen und Rivalitäten gab: den Sozialisten Józef Cyrankiewicz und Zygmunt Żuławski oder Stanisław Mierzwa von der Bauernpartei. Er sollte auch ihre Zustimmung für die Kandidatur Stefan Korbońskis einholen, was ihm allerdings nur bedingt gelang. Die Nationalisten waren erwartungsgemäß dagegen, die Sozialisten dafür, und Mierzwa, obwohl Korbońskis Parteigenosse, hielt sich mit seiner Meinung zurück. Was immer in Europa nach dem Krieg geschehe, argumentierte er, werde das künftige politische Profil des Landes von der Tatsache bestimmt sein, dass die polnische Gesellschaft zu siebzig Prozent aus Bauern bestehe. Es sei also davon auszugehen, dass das politische Ruder von seiner Partei übernommen werde. Das Einzige aber, was im Moment zähle, sei der Kampf gegen die Deutschen. Mit diesen Gesprächsergebnissen musste sich Jan begnügen. Die nächste Etappe seiner Reise konnte beginnen.

Jan Karski: *In Krakau kam es jedoch zu einem Zwischenfall, zu dem es nicht hätte kommen dürfen. Anführer der dortigen Nationalisten war der Anwalt Tadeusz Surzyński. Ein anständiger, freundlicher Mann. Im letzten Moment gab er mir einen unentwickelten Leica-Film und sagte: «Das sind Informationen, die für die Regierung sehr wichtig sind, bitte nehmen Sie es mit.» Ich weigerte mich, aber er bestand darauf, insistierte, flehte mich an. Und ich stimmte schließlich zu. Es war dumm von ihm, mir das zu geben, und es war dumm von mir, es mitzunehmen.*[5]

Als er seine nächste Zwischenstation erreichte, war die Episode bereits vergessen. Hier, in Nowy Sącz, einer malerischen Kleinstadt südöstlich von Krakau, musste er ein Haus ausfindig machen, in dem schon Vorbereitungen für den schwierigsten Teil seiner Reise getroffen wurden: das Haus von Zofia Rysiówna und ihrem Bruder Zbigniew. Sie wohnten in der Matejko-Straße, die an sich leicht zu finden war, Jan durfte nur nicht vergessen, nach Józef Waga zu fragen. So lautete der Deckname von

Stefan Ryś, einem Cousin von Zofia und Zbigniew, der hier als Offizier der polnischen Abwehr untergetaucht war und mittlerweile an vielen Aktionen der beiden beteiligt war.

Zofia Rysiówna: *Unser Haus war ein wichtiger Knotenpunkt auf der Strecke nach Ungarn. Über uns gingen Informationen in den Westen, wir nahmen Menschen auf, die auf dem Weg dorthin waren, wir versteckten auch Juden. Als erster Kurier der Exilregierung meldete sich bei uns ein junger Diplomat, der vor dem Krieg Mitarbeiter der polnischen Botschaft in London gewesen war: Jan Karski beziehungsweise Jan Kozielewski, wie sein echter Name lautete.*[6]

Jan meldete sich bei ihnen, um Einzelheiten seiner Route zu erfahren und seinen Bergführer kennenzulernen. Er bekam den besten, den es in der Gegend gab: Franciszek Musiał, Deckname «Myszka» (Mäuschen). Der nicht sehr gesprächige, aber kräftig und energisch wirkende Mann war ein gelernter Bäcker. Im nahegelegenen Piwniczna führten er und seine Frau eine eigene Bäckerei. Viel Zeit dafür wird er aber nicht gehabt haben, denn die geheimen Gänge über die Grenze waren längst seine Hauptbeschäftigung geworden. Über dreißig hatte er schon hinter sich, er kannte die Berge wie die eigene Westentasche. Wenn nötig, begleitete er seine «Kunden» bis nach Budapest.

In Jans Fall sollte die gemeinsame Reise aus zwei Etappen bestehen: Als Erstes erwartete sie ein Fußmarsch, der zunächst bis zum Ort Kosarzyska und dann – nach einigen Stunden Rast vor dem schwierigsten, weil am besten bewachten Abschnitt der Strecke – nach Stara Lubovna auf der slowakischen Seite führen sollte. Und von dort sollten sie von einem bestellten Taxifahrer auf kürzestem Weg nach Košice gebracht werden. Die Weiterreise nach Budapest würde Jan schon allein schaffen.

Anfangs verlief alles nach Plan: Die kurze Zugfahrt von Nowy Sącz nach Rytro. Die Überschreitung der Grenze. Der nächtliche Marsch über die Berge. Der strömende Regen machte ihn zwar sehr beschwerlich, verringerte aber gleichzeitig die Gefahr, einer slowakischen oder deutschen Patrouille zu begegnen. Dann aber die Überraschung, die sie in Stara Lubovna erwartete: Der bestellte Mann war nicht erschienen – die Deutschen hatten das Taxifahren vorübergehend verboten. Und da ein anderer Wagen nicht aufzutreiben und ans Umkehren nicht zu denken war, blieb den beiden nichts anderes übrig, als die Slowakei zu Fuß zu durchqueren. Nach weiteren zwei Tagen und Nächten Marsch im Regen waren Jans Füße wieder so geschwollen und voller Wunden, dass er die durchnässten Stiefel nicht mehr ausziehen konnte. Schließlich versagten sie ihm völlig den Dienst.

Etwa dreißig Kilometer vor Košice – man konnte bereits die Lichter der Stadt sehen – verlangte er kategorisch nach einer Pause. Doch «Myszka» bestand darauf, weiterzugehen. Er kannte zwar ein Haus, in dem sie hätten übernachten können – es lag in dem Dorf Demjata und gehörte einem Slowaken, der vom polnischen Untergrund bezahlt wurde. Doch um es zu erreichen, hätten sie ein ganzes Stück von der Strecke abweichen müssen. Und sein Instinkt riet ihm, weiterzugehen, so schnell wie möglich die ungarische Grenze zu erreichen. Er wusste zwar nicht, dass der Slowake seit Kurzem Agent der Hlinkova Garda war (einer mit den Deutschen kollaborierenden slowakischen Miliz). Doch zwei Tage zuvor war ein anderer Kurier dieselbe Strecke gegangen, und sein Bergführer hatte sich immer noch nicht zurückgemeldet. Das beunruhigte ihn. Jan blieb aber genauso unnachgiebig: Er sei völlig erschöpft und müsse sich unbedingt ausruhen. Es war der zweite Fehler, den er auf dieser Reise machte: Er hätte auf seinen Führer hören sollen …

Die Hütte des Slowaken, die am Ende von Demjata stand, erreichten sie am späten Abend. Nach einem kurzen Wortwechsel mit dem Gastgeber legten sie sich schlafen. Schon nach wenigen Stunden wurden sie aber von einem lauten Geschrei geweckt: Einige Zivilisten waren in den Raum hereingestürzt und forderten sie zum Mitkommen auf. Jans erster Gedanke galt offenbar der Filmrolle mit dem belastenden Material (die er auch im Schlaf in der Hand gehalten hatte), denn er warf sie sofort in einen Schmutzwasserkübel, der in einer Zimmerecke stand. Leider war einer der Männer aber genauso schnell: Ohne ein Wort zu sagen, fischte er sie wieder heraus. Die beiden Polen wurden aus dem Haus geschleppt und mit zwei verschiedenen Autos zum Polizeirevier in Kapušany und von dort in das Militärgefängnis von Prešov gebracht.

Das weitere Schicksal von Franciszek Musiał sollte Professor Karski erst viele Jahre später erfahren: Nach einem brutalen Verhör in Prešov wurde er auf die polnische Seite zurückgebracht und zum Tode verurteilt. Nur dank einer Protestaktion seiner Frau, die sich, zusammen mit ihren vier Kindern, vor dem Gestapo-Quartier postierte, wurde seine Todesstrafe in die Deportation nach Auschwitz umgewandelt. Er kehrte von dort erst nach der Befreiung des Lagers zurück. Viereinhalb Jahre KZ-Martyrium für einen Moment Nachgiebigkeit.

Jan selbst sollte im Gefängnis von Prešov genau das erleben, was seit Beginn der deutschen Okkupation der Albtraum jedes polnischen Widerstandskämpfers war: mehrtägige Folterungen der Gestapo, nach allen Regeln ihrer berüchtigten Kunst. Man kennt genug entsprechende Szenen aus Literatur und Film, um sich die Situation auszumalen.

Zunächst wird er von zwei niederen Offizieren verhört. Der eine, mal streng, mal ironisch, beharrt darauf, Jan habe nach Frankreich fliehen wollen, um sich der polnischen Armee anzuschließen. Der andere behauptet sachlich, Heldentum mache auf ihn überhaupt keinen Eindruck, Jan solle jede Frage sofort beantworten, das leiseste Zögern werde bestraft. Er behauptet, alles über ihn zu wissen, spricht ihn mit «Herr Kurier» an. Beide lassen sich oft und gern von gut trainierten «Assistenten» unterbrechen, die Jan halb bewusstlos schlagen.

Es hilft nichts, dass er sich bei jedem Verhör konsequent an eine Version seiner Geschichte hält: Er heiße Witold Kucharski und sei Student und Sohn eines Universitätsprofessors aus Lemberg. Die Politik interessiere ihn nicht, er habe sich nach Genf absetzen wollen, um dort sein Studium fortzusetzen und bei einer Freundin, in der Rue de Lausanne 6, das Kriegende abzuwarten. Die Geschichte hat Hand und Fuß, denn der Name (des Lemberger Studienfreundes, der sich längst im Westen befindet) und die Adresse (einer Bekannten aus der Zeit seines Praktikums in Genf) sind echt, und er kann beide Angaben mit vielen Details ausschmücken. Doch die Deutschen zeigen sich unbeeindruckt und bleiben bei ihrer Version: Er arbeite für den polnischen Untergrund und sei nach Frankreich unterwegs gewesen. Es habe überhaupt keinen Sinn, es zu leugnen – die Filmrolle würde ihn ja verraten.

Die Filmrolle, der fatale Krakauer Fehler: Das meiste Material, das sich darauf befand, ist durch den Wurf in den Kübel vernichtet worden. Doch die letzten drei Bilder haben ihn überstanden, und darauf sind Fragmente eines geheimen Berichts zu erkennen. Jans Erklärung, ein Bekannter habe ihm den Film für Freunde in der Schweiz mitgegeben und gesagt, es seien Fotos von dem zerstörten Warschau, lösen nur spöttisches Gelächter und weitere Schläge aus.

Schließlich tritt der Vorgesetzte der beiden auf den Plan: ein junger, blonder, gutaussehender Mann in grauer SS-Uniform. Er hat einen ganz anderen Stil – behandelt Jan höflich, lädt ihn in sein elegantes Büro ein, bietet ihm Cognac und Zigaretten an. Erzählt von sich und seinem Elternhaus. Zeigt Respekt für Jans freiheitliche Gesinnung. Schafft eine fast intime Atmosphäre. Und dann der dramaturgische Kontrapunkt: Er breitet vor dem Kurier die drei geretteten Aufnahmen aus und verlangt in ruhigem Ton sein Geständnis. Als dieses ausbleibt, zieht er blitzschnell eine Peitsche aus der Schublade und schlägt ihm damit ins Gesicht. Kurze Zeit später liegt Jan auf dem Boden seiner Zelle. Mißhandelt, blutüberströmt, mit gebrochenen Rippen, ausgeschlagenen Zähnen und dem immer noch nachklingenden Schmerz von den Knüppelschlägen hinter den Ohren.

So in etwa wird sich das abgespielt haben. In den Pausen zwischen den Verhören, erzählte Professor Karski nach Jahren, habe er nur an eines gedacht: an all die geheimen Namen und Adressen, die er kannte, und daran, dass er die Folterungen nicht mehr lange aushalten würde. Sein fabelhaftes Gedächtnis, auf das er bis dahin so stolz gewesen war, wurde ihm plötzlich zur Gefahr.

Jan Karski: *Ich begann, Angst vor mir selbst zu haben. So kam ich zu dem Schluss, dass ich nur einen Ausweg habe: den Selbstmord. Das war aber gar nicht so einfach. Ich hatte zwar eine Rasierklinge, doch es stellte sich heraus, dass die menschlichen Adern sehr hart sind – man kann sie damit nicht durchschneiden. Besser ist eine Schere. Ich hatte aber keine Schere, und von der Rasierklinge hatte ich nur Wunden an den Handgelenken, die Adern schnitt ich nicht durch. Ich wusste jetzt, warum im alten Rom, wenn der Kaiser jemandem den Selbstmord befahl, seine Pulsadern von einem Arzt durchgeschnitten wurden.*[7]

Hier musste er eher mit dem Gegenteil rechnen – dass ein Arzt alles tun würde, um seine Pulsadern wieder zu schließen. Sein Leben war ja für die Gestapo von unschätzbarem Wert. Und dass er die Rasierklinge bei sich hatte, war auch ein purer Zufall. Er hatte sie in Rytro gefunden und für alle Fälle in einem Schuh versteckt. Nun schnitt er damit so lange an seinen Handgelenken, bis er von dem Geruch des Blutes, das aus seinen Adern tropfte, bewusstlos wurde. Als er zu sich kam, lag er auf einem einfachen Holztisch und bekam gerade eine Bluttransfusion. Danach verlor er erneut das Bewusstsein, und als er wieder aufwachte, lag er in einem Krankenhausbett.

Nach einer Woche kam der von ihm so gefürchtete Moment: die Rückkehr ins Gefängnis. Es war nicht schwer, sich vorzustellen, was ihn dort erwartete. Doch schon nach wenigen Stunden war er wieder im Krankenhaus: Der ihn behandelnde slowakische Arzt hatte die Gestapo überzeugen können, dass er immer noch nicht vernehmungsfähig sei.

Schließlich, Anfang Juli, eine neue Überraschung: Eine Autofahrt über die polnische Grenze und die Verlegung in das Krankenhaus von Nowy Sącz. Bald lag er auf einem OP-Tisch, über den sich ein junger Arzt beugte. Während er seine Wunden behandelte, fing er an, leise auf ihn einzureden. Er brauche keine Angst zu haben, flüsterte er, hier sei er unter Freunden. Man werde ihm helfen, wenn er nur sage, wie. Jan reagierte aber nicht. Er traute niemandem mehr. Nicht dem Arzt, der ihm auch den Rat gab, so krank wie möglich zu wirken, und die Schwestern anwies, höhere Temperaturen in sein Krankenblatt einzutragen. Und auch nicht den anderen Patienten in dem Fünf-Betten-Saal, die versuchten, ihn in ein Gespräch hineinzuziehen.

Dr. Jan Słowikowski, so der Name des jungen Arztes, gab aber nicht so schnell auf. Auch er gehörte dem Untergrund an, und die Grenze zwischen seinen beiden Tätigkeiten war sehr fließend. Es kam oft vor, dass er einen Widerstandskämpfer im Krankenhaus versteckte, indem er ihn als Patienten registrieren ließ, oder dass er mit einem Rettungswagen Geld, Waffen oder Munition bis nach Krakau transportierte. Für die Rettung von «Witold» hatte er allerdings einen ganz besonderen Grund.

Jan Słowikowski: *Im November 1939 brachte die Gestapo in das Krankenhaus von Nowy Sącz einen etwa 22-jährigen Mann, der eine Schusswunde am Hals hatte. Der Verwundete blutete stark und stand unter Schock. Er sagte, er sei Student, und die Deutschen hätten ihn angeschossen, als er mit Freunden versucht habe, die slowakische Grenze zu passieren. Er flehte uns an, ihm Morphium zu geben, denn, wie er sagte, die Deutschen würden gleich kommen, um ihn zu erschießen. Ich spritzte ihm eine hohe Dosis Morphium und fing an, seine Wunde zu behandeln. Während der Operation stürzten tatsächlich einige Gestapoleute herein, schleiften den Verwundeten vom OP-Tisch, banden ihn an eine Tragbahre und trugen ihn in den Gar-*

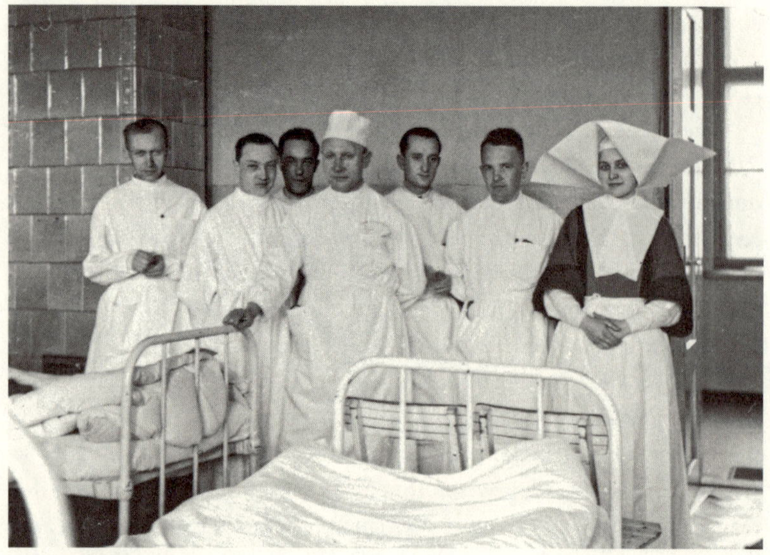

Das Kriegspersonal des Krankenhauses in Nowy Sącz, dritter von rechts: Dr. Jan Słowikowski

ten. Ich, die drei assistierenden Schwestern und eine Pflegerin bekamen den Befehl, ihnen in den Garten zu folgen. Dort lehnten sie die Tragbahre mit dem fast bewusstlosen, zu Boden sinkenden Mann in senkrechter Position an einen Baum, formierten ein Exekutionskommando und erschossen ihn aus einer Entfernung von etwa fünf Metern. Das hatte mich zutiefst erschüttert, ich konnte mich lange Zeit nicht beruhigen. Und als einige Monate später die Gestapo den misshandelten Jan Karski mit den aufgeschnittenen Pulsadern in unser Krankenhaus brachte, hatte ich sofort die Erschießung des schwerverwundeten Studenten vor Augen und beschloss, den Gefangenen zu retten.[8]

Es ist allerdings schwierig, jemanden zu retten, der nicht gerettet werden will – oder sich zumindest so verhält. Und Jan ließ weiterhin niemanden an sich heran. Schließlich kam er selbst auf die Idee, wie er trotzdem Hilfe bekommen könnte: Er tat so, als würde er das nahende Ende spüren, und verlangte nach einer Beichtmöglichkeit. Sein Plan gelang: Er wurde in einen Rollstuhl gesetzt und in die Krankenhauskapelle gefahren. Dort legte er tatsächlich eine Beichte ab, doch statt sich danach zu entfernen, blieb er so lange knien, bis der Priester sich zu ihm beugte. Dann flüsterte er ihm die Adresse zu: Matejko-Straße 2. Er solle dorthin gehen und die Nachricht überbringen, «Witold» befinde sich im Krankenhaus und bitte um Hilfe.

Kurze Zeit später – der Priester hatte Dr. Słowikowski verständigt, und dieser alles Weitere getan – tauchte an Jans Bett eine neue Schwester auf: Unter der Nonnenhaube erkannte er das Gesicht von Zofia Rysiówna («Zosia»). Er bat sie, so schnell wie möglich nach Krakau zu fahren und seinen Freund Tadeusz Pilc zu informieren. Er würde schon wissen, wie er Tadeusz Komorowski und Józef Cyrankiewicz verständigen solle.

Jan Karski: *Ich wollte, dass sie entweder versuchen, mich zu befreien, oder mir Gift schicken. Komorowski schickte eine sehr gut gemachte Zyankali-Kapsel. Cyrankiewicz gab Geld für die Rettungsaktion – damit wurden die Polizisten bestochen, die mich bewachten. Später sagte er zu mir: «Dein militärischer Vorgesetzter (er hasste die Militärs) hat dir Gift geschickt, und die Arbeiterklasse hat dir bei der Flucht geholfen. Vergiss das niemals.» Ich habe es bis zum heutigen Tag nicht vergessen. Cyrankiewicz und den Sozialisten verdanke ich mein Leben.*[9]

Das Geld und die Zyankali-Kapsel steckten in der Handtasche von «Zosia», die zwei Tage später wieder in Nowy Sącz war. Zusammen mit ihr war der Krakauer Untergrundkämpfer Stanisław Rosieński gekommen – er brachte den Befehl von Tadeusz Komorowski mit, Jan das Gift zukommen zu lassen und gleichzeitig seine Befreiung zu versuchen. Das Kommando über die Aktion übernahm Major Franciszek Żak von der lokalen ZWZ-Zelle. Sie sollte von Stanisław Rosieński, Zbigniew Ryś und seinen drei Kameraden, Józef Jenet, Karol Głód und Tadeusz Szafran, ausgeführt werden – insgesamt fünf jungen, sportlichen, kräftigen Männern. Im Krankenhaus selbst würde Dr. Słowikowski agieren.

Es dürfe kein einziger Schuss fallen, lautete der Befehl des Majors, der Gefangene solle einfach spurlos verschwinden. Die Aktion musste also bis ins kleinste Detail geplant werden, was alles andere als einfach war: Jans Zimmer befand sich im zweiten Stock. Er wurde rund um die Uhr von jeweils zwei Polizisten bewacht. Im Krankenhaus herrschte ein Kommen und Gehen. Unter Patienten und Personal gab es viele

Deutsche. Und keiner der polnischen Mitarbeiter durfte etwas erfahren, auch nicht die Schwestern, die Jan betreuten (und besonders mochten).

Am Tag der Aktion klebte Dr. Słowikowski die Zyankali-Kapsel an die Innenseite von Jans Schenkel und weihte ihn flüsternd in den Plan ein: Gegen Mitternacht wird er an der Tür seines Zimmers stehenbleiben und sich eine Zigarette anzünden. Vorher wird er dafür sorgen, dass die anderen Patienten und einer der Polizisten fest schlafen. Die brennende Zigarette ist ein Signal für Jan, seine Kleidung abzulegen und nackt so schnell wie möglich ins Treppenhaus zu laufen. Der andere Polizist, Józef Laskowik, wird ihm den Weg zeigen. Ein halbes Stockwerk tiefer wird er ein halboffenes Fenster finden: Sobald er von außen ein Zeichen bekommt, soll er springen – die im Dunklen wartenden Männer werden ihn schon fangen.

Die ganze Aktion verlief nach Plan, wenn man einmal von einigen kleinen Pannen absieht. Eine plötzliche Entbindung, die Dr. Słowikowski übernehmen musste, eine zu aufmerksame Schwester, die das geöffnete Fenster wieder schloss, Jans Aufregung, in der er, statt ein halbes Stockwerk tiefer, gleich ins Erdgeschoss lief – alles Situationen, die sich schwer vorhersehen ließen. Auch die weitere Flucht war durch seinen Zustand erschwert. Die Art, in der er sich aus dem Fenster hinunterließ, war kein Sprung, sondern eine mühsame Kletterei. Und den Rest mussten seine Befreier besorgen, die ihn, mal stützend, mal Huckepack tragend, in Sicherheit brachten. Zunächst ging es über Gärten und Innenhöfe zum Fluss Dunajec, wo Rosieński mit einem Boot auf sie wartete, und dann auf die andere Flussseite. Das Übersetzen dauerte eine gute Stunde, denn die starke Strömung trieb das Boot immer wieder in die Mitte des Flusses. Während die Männer mit den Fluten kämpften, hielt sich Jan krampfhaft an der Bootskante fest. Als er für einen Moment seinen Griff lockerte, ging er sofort über Bord, woraufhin Zbigniew Ryś ein Ruder weglegte, ihn am Kragen packte und aus dem Wasser zog – «als wäre ich ein Fisch», wie Karski rückblickend kommentierte.

Sie brachten ihn in eine abgelegene Grashütte und überließen ihn der Obhut des Forstgehilfen Feliks Wideł. Um seine Verpflegung sollte sich Jan Morawski, der Sohn einer benachbarten Gutsbesitzerfamilie, kümmern. Damit war der Einsatz der fünf jungen Männer beendet. Als Jan sie mit Dankesworten überschüttete, erklärte Stanisław Rosieński gelassen, er habe aus Krakau zwei Befehle mitgebracht: ihn zu befreien oder, falls es schief gehe, ihn zu erschießen. Mit diesen «aufbauenden» Worten nahmen sie von ihm Abschied.

Einige Tage später musste er eine weitere beschwerliche Kurzreise über sich ergehen lassen. Diesmal in einem Fass, das auf dem Boden eines alten, klapprigen Pferdewagens lag, vergraben unter einem Berg von Heu, Stroh und Gemüse. Den Kinn fest an die Knie gepresst, von dem Gerüttel des Karrens gepeinigt, zählte er jede Minute der qualvoll langsamen Fahrt. So kam er nach Kąty, einem kleinen Landgut südwestlich von Krakau, das der Familie Sławik gehörte. Hier sollte er so lange bleiben, bis der Impetus der ersten Fahndung der Gestapo abgeklungen war. Er musste sich als ein Cousin von Danuta Sławik, der Tochter des Hauses, ausgeben, der nach einer schweren Krankheit (daher die langen Hemdsärmel mitten im Sommer) gekommen sei, um frische Landluft zu genießen und sich seinem Hobby, der Gartenarbeit, hinzugeben.

Er spielte seine Rolle gut, doch die erzwungene Passivität und das eintönige Landleben, zu dessen Höhepunkten gelegentliche Besuche in der Nachbarschaft und die Abende bei ständig denselben Musikplatten gehörten, setzten ihm zunehmend zu. Für Abwechslung sorgte schließlich Lucjan Sławik, Danutas Bruder, der an der sogenannten Aktion N beteiligt war, in dem Haus seiner Eltern aber immer wieder auftauchte und Jan zum Mitmachen überredete. Es handelte sich um eine Untergrundzelle, die propagandistische Briefe und Flugblätter mit antideutschen Inhalt verfasste. Sie wurden auf Deutsch geschrieben beziehungsweise ins Deutsche übersetzt und unter den Deutschen verbreitet: ihnen per Post zugestellt, in Cafés und Restaurants in ihre Manteltaschen geschoben oder an öffentlichen Orten in ihrer Nähe platziert.

Jan Karski: *Es waren Texte, die zu Reibereien zwischen der NSDAP und den Militärs oder den Wehrmacht-Offizieren und den Chefs der Gestapo führen sollten. Ich schrieb zum Beispiel, Göring sei ein anständiger Mensch, Himmler der letzte Schurke und Ribbentrop mache Geschäfte mit den Feinden Deutschlands. Ich weiß nicht, wer diese Texte ins Deutsche übersetzte, da sie aber sehr echt aussahen, musste es ein erstklassiger Fachmann sein. Ich verfasste sie jedenfalls auf Polnisch. Offen gesagt, bezweifle ich aber, ob sie jemanden überzeugt hatten. Ich wusste zu wenig über die Konflikte unter den Nazi-Köpfen und über die Situation im Dritten Reich.*[10]

Im Dezember 1940 durfte er endlich sein Versteck in Kąty verlassen. Er bedankte sich bei seinen Gastgebern und kehrte nach Krakau zurück. Für ihn war es das Ende seines Martyriums, für die Sławiks der Beginn des ihren. Einige Monate später wurde die ganze Familie verhaftet, Danuta im Jahre 1942 erschossen.

Und all die anderen Menschen, denen er sein Leben verdankte? Die, die in Nowy Sącz an seiner Befreiung teilgenommen hatten? Die meisten mussten dafür auch einen sehr hohen Preis bezahlen. Welchen, erfuhr Karski erst Jahrzehnte später: Im Frühjahr 1941 wurden der Gestapo allmählich die Hintergründe und Teilnehmer der «Aktion Krankenhaus» bekannt. Es folgte eine Welle von Verhaftungen, die ein grausames Ende nahm: Am 21. August 1941 wurden im nahegelegenen Biegonice 32 Personen erschossen. Den Befehl dazu gab der SS-Obersturmführer Heinrich Hamann.

Von den fünf jungen Widerstandskämpfern, die an Karskis Befreiung unmittelbar beteiligt waren, überlebte den Krieg nur Zbigniew Ryś. Seine Schwester Zofia floh nach Warschau, wurde aber dort von der Gestapo aufgespürt, nach Nowy Sącz zurückgebracht, tagelang gefoltert und schließlich ins KZ Ravensbrück geschickt – weil sie so schön singe, wie Hamann befand.

Unter den Opfern des Massakers von Biegonice befanden sich auch die beiden Priester, die das Krankenhaus in Nowy Sącz betreuten. Da keiner sich als Jans Beichtvater zu erkennen geben wollte, wurden sie beide erschossen.

Mit dem Leben bezahlte sogar der unbeteiligte Dr. Teodor Słowikowski, ein Zahnarzt und Jan Słowikowskis Bruder, den die Gestapo an seiner Stelle abgeführt hatte. Er selbst wurde zwar im April 1941 verhaftet, hatte aber ein gutes Alibi (am Abend vor Karskis Befreiung spielte er Karten mit Kollegen) und wurde freigelassen. Erst ein knappes Jahr später verließ er Nowy Sącz und tauchte auf einem Landgut unter. Er änderte seinen Namen, arbeitete als Gymnasiallehrer und war weiterhin im Untergrund tätig. Nach dem Krieg ließ er sich in Breslau nieder, wo er ein renommierter Chirurg wurde. In den frühen Sechzigern gründete er die erste niederschlesische Klinik für Kinderchirurgie, die er über zwanzig Jahre leitete; er galt als einer der polnischen Pioniere auf diesem Gebiet.

Er und Karski nahmen den Kontakt im Jahre 1958, über Zofia Rysiówna, auf. Sie sahen sich aber erst in den achtziger Jahren wieder – es

Jan Karski und Dr. Jan Słowikowski während eines Treffens in den 1980er Jahren

war in Washington, wo Dr. Słowikowski, mittlerweile Professor der Breslauer Medizinakademie, seinen Sohn besuchte. Danach kamen sie noch mehrmals zusammen und wurden enge Freunde. Sie hatten wohl keine Mühe, sich an die gemeinsamen Kriegserlebnisse zu erinnern, zumal auch Dr. Słowikowski ein ausgezeichnetes Gedächtnis gehabt haben soll. Er überlebte Jan Karski um zehn Jahre und starb im Dezember 2010 im Alter von 95 Jahren.

Am 20. März 2000, wenige Monate vor seinem Tod, schrieb Professor Karski in Washington einen genauen Bericht über «die Heldentaten des Reservemajors Jan Słowikowski in Verbindung mit der Rettung meines Lebens im Juli 1940». Seine detaillierte Beschreibung der Befreiungsaktion schloss er mit den Sätzen: «Ohne Dr. Jan Słowikowski hätte es den späteren Emissär Jan Karski nicht gegeben, weil er seine Mission von 1942 gar nicht mehr erlebt hätte. Er wäre in Nowy Sącz von einer deutschen Kugel, durch die Folter der Gestapo oder an einem freiwillig geschluckten Gift gestorben.»[11]

8

ARBEIT IM UNTERGRUND

Ende 1940–Mitte 1942

Für die einen ein politisches Genie, ein Visionär, ein Pionier der europäischen Einheit. Für die anderen eine zwielichtige Gestalt. Ein Abenteurer. Vermutlich ein Spion. Und mit ziemlicher Gewissheit ein «Cousin des Teufels», wie ihn jemand getauft hatte. Auf jeden Fall aber ein Absolvent der besten Schulen in Paris, London und München. Ein Freund unzähliger Aristokraten, Politiker, Literaten und Künstler. Ein Meister diskreter politischer Schachzüge. Ein Virtuose verbaler Gefechte. Ein Mann der Überraschungen. Intelligent, gebildet, schlagfertig, witzig. Immer voller origineller Ideen, Energie und Esprit. Mit anderen Worten: Józef Hieronim Retinger – die interessanteste, farbigste und geheimnisvollste Persönlichkeit der polnischen Emigration in London. Soweit die Bezeichnung «Emigrant» überhaupt auf ihn zutraf und London als sein Wohnort bezeichnet werden konnte. Denn Retinger war vor allem eines: Weltbürger.

Mit achtzehn Jahren von seinem väterlichen Freund, dem Grafen Władysław Zamoyski, nach Paris geschickt (sein Vater, ein bekannter Krakauer Anwalt, starb, als er neun war), lebte er seitdem die meiste Zeit im Westen. Dabei unternahm er ständig neue Reisen, stürzte sich in immer größere Abenteuer und sammelte interessante Bekanntschaften wie andere Bilder oder Porzellan. In Paris wurde er der jüngste Doktor der Sorbonne und ein Dauergast des Salons von Marquis Boni de Castellane, in London ein enger Freund des Schriftstellers Joseph Conrad, in Mexiko ein Berater des Staatspräsidenten Plutarco Elías Calles. Die Franzosen hatten ihn ausgewiesen, die Amerikaner ins Gefängnis gesteckt. Bald rankten sich um ihn zahlreiche Gerüchte und Anekdoten, bis er schließlich gegen Ende seines Lebens, so ein Warschauer Journalist, «von einem Freund zu hören bekam: ‹Man erzählt sich, du seist ein Freimaurer, ein Agent des *Secret Intelligence Service*, der CIA, des Vatikans und dazu ein Sympathisant der Kommunisten. Manchmal fügt man noch hinzu: Jude und Homosexueller.› Worauf der amüsierte und durch die Skala der Verdächtigungen sichtlich geschmeichelte Retinger geantwortet haben soll: ‹Das ist noch lange nicht alles.›»[1]

Wer war er wirklich? Und vor allem: Was wäre General Sikorski, der Chef der polnischen Exilregierung, ohne ihn gewesen? Retinger war sein Berater, sein guter Geist, seine «graue Eminenz». Jemand, der, anders als Professor Kot, am liebsten im Hintergrund blieb, der aber auch aus jeder Krise einen Ausweg wusste, allen Intrigen standhielt und nie den Kern der Sache oder das eigentliche Ziel aus den Augen verlor. Er und Sikorski kannten sich seit Jahren, und ihre Zusammenarbeit begann gleich nach der Wahl des Letzteren zum Premierminister. Retinger nahm die Einladung des Generals an, Mitglied der Regierung zu werden (als Berater des Ministerrates, wie die offizielle Umschreibung seiner Funktion lautete), behielt sich aber vor, statt nach Paris zu ziehen, weiterhin in London zu bleiben – um dadurch auch für die Kontakte zu der britischen Regierung zuständig zu sein.

Was immer seine Aufgaben im Einzelnen waren, in einem Punkt stimmten er und Sikorski von Anfang an überein: «Gleich bei unserem ersten Gespräch», schreibt er in seinem Tagebuch, «haben wir beschlossen, dass die polnische Politik auf absoluter Ehrlichkeit basieren sollte, und zwar sowohl in innenpolitischen Fragen als auch im Rahmen der internationalen Beziehungen. Nicht nur deswegen, weil Ehrlichkeit an sich die beste Politik ist, sondern auch, weil Polen genau für die moralischen Werte und Ideale stand, für die junge Briten und Amerikaner mit solchem Eifer in den Krieg zogen. Außerdem hatten wir keinen Grund, irgendetwas zu verbergen. Der tapfere Kampf der polnischen Soldaten und der hartnäckige Widerstand der Menschen in Polen sollten mit der ehrlichen Politik der Regierung einhergehen.»[2]

Im Mai 1940 war Retingers Rat gefragter denn je: Winston Churchill, mit dem er, versteht sich, auch befreundet war, wurde britischer Premierminister. «Die polnische Regierung hatte damals ihren Sitz noch in Paris», erinnert er sich, «und ich wurde telegraphisch aufgefordert, dorthin zu kommen, um mit zu überlegen, wie man sich ihm gegenüber verhalten sollte. Ich traf mich mit General Sikorski und seinen engsten

Józef H. Retinger (ganz links), die «graue Eminenz» von General Sikorski (zweiter von rechts)

Mitarbeitern und empfahl, Churchill, der privat ein rechtschaffener und loyaler Mensch, hingebungsvoller Ehemann und guter Vater war, auf persönlicher Ebene zu begegnen. Sikorski und die anderen Regierungsmitglieder sollten versuchen, seine Freundschaft zu gewinnen.»[3] Ob der General, an den diese Empfehlung in erster Linie gerichtet war, in Churchill einen verlässlichen politischen Partner finden würde, habe er ein wenig bezweifelt, schreibt er ferner, dafür aber den Eindruck gehabt, dass er mit seiner persönlichen Sympathie rechnen könne. Er hatte in beiden Punkten recht. Nur sollten die politischen Enttäuschungen noch eine Weile auf sich warten lassen, während eine gute persönliche Verbindung zwischen den beiden Regierungschefs sehr schnell zustande kam. Und diese sowie die Freundschaft mit Retinger sollten Sikorski schon sehr bald unschätzbare Dienste erweisen.

Genaugenommen, am 17. Juni 1940. Der Vormarsch der Deutschen in Frankreich hatte die polnische Exilregierung gezwungen, ihren Sitz in Angers aufzugeben. Präsident Raczkiewicz und ein Teil der Regierungsbeamten hatten sich per Schiff nach England abgesetzt. Wo sich aber General Sikorski befand, wusste niemand. Jedenfalls nicht Józef Retinger, der die Ereignisse von London aus beobachtete. Nach mehreren widersprüchlichen Nachrichten begann er zu handeln: Es gelang ihm, Churchill von der Gefahr zu überzeugen, Sikorski, dessen Ehre nach der Flucht der Regierung und des militärischen Oberkommandos aus Warschau im September 1939 in besonderem Maße auf dem Spiel stand, könnte sich von den Deutschen gefangen nehmen lassen. Daraufhin bekam er ein Militärflugzeug, mit dem er an jenem 17. Juni nach Bordeaux flog, wo er den General vermutete. Er hoffte in der britischen Vertretung Einzelheiten zu erfahren, aber auch dort herrschte völliges Chaos. Erst von einem zufällig getroffenen Bekannten erfuhr er, dass Sikorski sich wahrscheinlich in Libourne befinde, einem Städtchen bei Bordeaux, in dem man die polnische Regierung provisorisch untergebracht habe. Er fuhr sofort nach Libourne, wo er tatsächlich den General fand.

«Ich betrat sein Zimmer, ohne anzuklopfen», erzählt er in seinem Tagebuch. «Der General war allein, und als er mich sah, wollte er seinen Augen nicht trauen. Er fragte, was ich dort machen würde, und da gerade Mittagszeit war, sagte ich: ‹Ich bin aus London gekommen, um mit Ihnen zu Mittag zu essen.› In diesem Moment kam Professor Kot, unser gemeinsamer Freund, herein. Als er mich sah, begriff er die Situation sofort. ‹Sie sind unsere letzte Hoffnung!›, rief er aus. Auf Sikorskis Frage, wozu ich gekommen sei, antwortete ich, ich hätte ein Flugzeug zur Verfügung und wolle ihn am Abend nach London mitnehmen, um dort mit ihm gemeinsam die Evakuierung unserer Streitkräfte nach England vorzubereiten. Ohne zu zögern, sagte er zu, allerdings unter der Bedingung, dass er binnen zwei Tagen zurückkehren und in London mit Churchill zusammentreffen könne.»[4]

Um vier Uhr nachmittags brachen sie auf. Das Chaos in Bordeaux hatte inzwischen seinen Höhepunkt erreicht. Massen von Flüchtlingen blockierten die Straßen, so dass sie erst nach zwei Stunden den Flughafen erreichten. Während des Fluges über Frankreich konnten sie einige weitere Kriegsszenen beobachten: Kolonnen deutscher Soldaten, die durch Rennes marschierten, einen Artilleriebeschuss, ein paar Gefechte. Es war schon dunkel, als sie in England gelandet waren, und es vergingen noch einige weitere Stunden, bis sie London erreicht und sich im «Dorchester Hotel» einquartiert hatten. Retinger setzte sich sofort mit dem

Büro des britischen Premierministers in Verbindung und arrangierte für den nächsten Tag ein Treffen zwischen Churchill und Sikorski.

Das Gespräch der beiden Politiker fand am 19. Juni 1940 statt und dauerte fünf Stunden. «Ich nahm an dieser Unterredung nicht teil», so Retinger, «denn General Sikorski wurde von Edward Raczyński, dem polnischen Botschafter in London, begleitet. Er wiederholte sie mir aber später fast wortwörtlich. Ich vermute jedenfalls, dass er sie sehr genau zitierte. Churchill, der wohl an die geringe Zahl der gut ausgebildeten britischen Soldaten dachte, zeigte sich erfreut, dass man fast fünfunddreißig Tausend polnischer Soldaten und Kampfpiloten aus Frankreich holen würde. Er wollte aber wissen, warum die Polen nach England kommen wollten. Sikorskis Antwort: Die wichtigste Aufgabe der polnischen Soldaten sei es, gegen die Deutschen zu kämpfen, sie könnten dies aber nicht länger von Frankreich aus tun, weil die Franzosen ihre Hoffnungen enttäuscht hätten. Und dann sagte er plötzlich: ‹Als Chef der polnischen Regierung muss ich Sie als britischen Premierminister fragen: Werden Sie uns auch enttäuschen?› Worauf Churchill mit Tränen in den Augen (später sah ich ihn noch dreimal weinen) antwortete: ‹Ich habe volles Vertrauen zu Ihnen, und auch Sie können sich immer auf mich verlassen. England wird Polen immer die Treue halten.›»[5]

Dem war bekanntlich nicht so. Tatsache ist aber auch, dass Sikorski bis zu seinem tragischen Tod im britischen Premierminister immer einen Freund hatte, der ihn auf jede mögliche Art unterstützte und der, wie Retinger bezeugt, den persönlichen Kontakt zu ihm immer wieder suchte: «Er sah Sikorski oft und behandelte ihn mit viel Herzlichkeit. Ich nahm an vielen Empfängen teil, bei denen Churchill Gastgeber oder Gast des polnischen Anführers war.»[6]

Die Beziehung zwischen Sikorski und Retinger wurde seit der «Aktion Bordeaux» noch enger. Sie hatte schon immer einen freundschaftlichen Charakter, jetzt aber nahm sie geradezu familiäre Formen an. «Recio», wie der General ihn gern nannte, wurde endgültig sein engster Vertrauter, wichtigster Berater, ständiger Begleiter. Nur zum Träger des Kreuzes Virtuti Militari wollte er sich von ihm nicht machen lassen, obwohl der General es zweimal versuchte. Retingers Einsatz war schließlich nicht nur die Rettung seiner Person, sondern auch die Verlegung des Sitzes der polnischen Exilregierung nach London und die Evakuierung der polnischen Streitkräfte aus Frankreich zu verdanken. Doch der «Cousin des Teufels» lehnte die Auszeichnung kategorisch ab: Er sei prinzipiell gegen solche Formen von Belohnung und habe auch in diesem Fall nicht die Absicht, davon abzuweichen. Er blieb selbst dann unnachgiebig, als er von Sikorski vor die vollendete Tatsache gestellt wurde: Während der gemeinsamen Fahrt zu einer Feier, bei der mehrere Offiziere das Kreuz erhalten sollten, erfuhr er, dass auch er sich unter den Ausgezeichneten befinden solle. Daraufhin ließ er den Wagen anhalten, sprang heraus und kehrte zu Fuß nach Hause zurück.

Den anekdotischen Teil der Odyssee der Exilregierung in Frankreich und von dort nach England sollte Jan Karski erst in Zukunft in London erfahren, teilweise von Retinger selbst. Von ihrem neuen Standort und von den sonstigen wichtigen politischen Ereignissen hatte er aber natürlich schon in Kąty gehört. Nun aber, da er wieder in Krakau war, konnte er sich über alles noch genauer informieren.

Als Erstes meldete er sich bei Tadeusz Komorowski und Józef Cyrankiewicz, den beiden Drahtziehern seiner Befreiung – um sich für diese zu bedanken und die Arbeit im Untergrund wieder aufzunehmen. Von dem einen wurde er, zu seiner Enttäuschung, nicht nur erneut der «Aktion N» zugeteilt, sondern gar zu einem von deren Leitern ernannt. Die Zusammenarbeit mit dem anderen bereitete ihm aber von Anfang an ein großes Vergnügen. Nach dem Krieg sollte Cyrankiewicz zu dem dienstältesten Ministerpräsidenten der Volksrepublik Polen werden, damals aber deutete noch nichts auf seine spätere kommunistische Gesinnung hin. Im Gegenteil, er stammte aus einem wohlhabenden, liberalen und kultivierten Elternhaus, und das betonte er auch oft. «Ich hasse das gewöhnliche Volk, und halte es fern», lautete schon im Gymnasium sein Lieblingszitat von Horaz. Ein ausgezeichneter Redner, blühte er bei politischen Wortgefechten auf. Gelegentlich provozierte er gern. An der Krakauer Universität gelangte er zu plötzlichem Ruhm, als er dem italienischen Außenminister Dino Grandi einen Rosenstrauß mit den Worten überreichte, er möge ihn am Grab der vom faschistischen Regime ermordeten italienischen Sozialisten niederlegen. Unter Freunden galt er als jemand, der eigene Wege ging und der es gleichzeitig liebte, im Mittelpunkt zu stehen. Das gelang ihm auch, zumal er eine sympathische, humorvolle Art hatte. Auch Jan wollte möglichst oft in seiner Nähe sein.

Józef Cyrankiewicz, kurz nach dem Krieg

Jan Karski: *Ich wurde eine Art Laufbursche von Cyrankiewicz. Ich vergötterte ihn. Alle vergötterten ihn. Er war so klug, so charmant, so weitsichtig, so ruhig. Das dauerte aber nur vier oder fünf Monate. Ich kam nach Krakau im Dezember 1940. Im April wurde er verhaftet.*[7]

Bevor es aber dazu kam, hatten sie einiges gemeinsam zustande gebracht. Zunächst ließ sich Jan von Cyrankiewicz überreden, Artikel für die Untergrundblätter *Naprzód (V*orwärts) und *Wolność* (Freiheit) zu schreiben, und dann, aufgrund seiner guten Englischkenntnisse, BBC-Sendungen abzuhören. Seine kurzen Zusammenfassungen der wichtigsten Nachrichten waren für den Abdruck in *Wolność* bestimmt. Er lieferte sie in der Karmelicka-Straße ab, in der Wohnung von Bronisława Langrod, der Gattin eines hohen Staatsbeamten, der sich in Genf aufhielt und den Jan aus der Zeit seines Praktikums dort kannte. Sie hatte einige Mieter, zu denen auch ein Wehrmachtsoffizier gehörte, doch das störte sie bei ihren

Untergrundaktivitäten nicht im Geringsten – im Gegenteil, sie sah in ihm einen «Schutzengel», zumal er sich weder für sie noch für die in der Wohnung herumliegenden Papiere interessierte.

Die Verhaftung von Józef Cyrankiewicz versetzte dem Krakauer Untergrund einen erheblichen Schlag. Sie fand am 19. April 1941 in einer anderen konspirativen Wohnung, in der Slawkowska-Straße, statt. «Józek» kehrte dort auf dem Weg zum Bahnhof ein, anschließend wollte er nach Warschau reisen. Stattdessen kam er in das Krakauer Montelupi-Gefängnis und von dort nach Auschwitz. Er war nicht der Einzige, der an diesem Tag in die Fänge der Gestapo geraten war. Tadeusz Komorowski wäre am nächsten Tag verhaftet worden, hätte er seine Wohnung nicht sofort verlassen. Und auch Bronisława Langrod reiste schnell nach Warschau ab, sobald sie von Cyrankiewicz' Verhaftung hörte.

Seitdem fühlte sich Jan in Krakau nicht mehr sicher. Nicht einmal in der Wohnung, die ihm Tadeusz Pilc besorgt hatte und die in Dębniki, einem ruhigen Viertel am linken Weichselufer, lag. Soweit das Wort «ruhig» überhaupt noch auf irgendeinen Winkel dieser Stadt zutraf. Hatte nicht erst vor Kurzem, im März 1941, ein riesiger, panikartiger Austausch zweier Menschenströme zwischen den beiden Flussufern stattgefunden? Genauer: zwischen Kazimierz, dem alten Judenviertel, und dem Stadtteil Podgórze, in dem das Ghetto errichtet wurde? Man braucht sich nur einige Szenen aus Steven Spielbergs Film *Schindlers Liste* in Erinnerung zu rufen, um in etwa zu wissen, was in den folgenden drei Jahren passierte: die zunehmenden Repressalien, die Deportationen nach Bełżec und schließlich die Liquidierung des Ghettos und die Umsiedlung der Überlebenden ins Arbeitslager Płaszów, wo sie der Willkür des sadistischen Kommandanten Amon Göth ausgesetzt waren.

Wenige Monate nach Cyrankiewicz' Verhaftung – und nachdem Tadeusz Pilc den Verdacht geäußert hatte, ihr Haus in Dębniki werde beobachtet – beschloss Jan, Krakau zu verlassen und nach Warschau zurückzukehren. Der Anwalt Stanisław Mierzwa hatte ihm den Kontakt zu Oberst Jan Rzepecki («Präses») vermittelt, der das Informations- und Propagandabüro (BIP – *Biuro Informacji i Propagandy*) des Oberkommandos der Untergrundarmee leitete. Schon einige Tage nach seiner Ankunft in Warschau saß Jan ihm gegenüber. Rzepecki war über seine Vorgeschichte informiert, und als er auch noch die Narben an seinen Handgelenken sah, schlug er ihm ein neues Versteck vor: Es wäre für ihn und viele andere das Beste, wenn er den Rest der Kriegszeit irgendwo auf dem Lande verbringen würde. Doch Jan lehnte es kategorisch ab: Er sei gekommen, um wieder im Warschauer Untergrund zu arbeiten, nicht um sich zu verstecken.

So wurde er Mitarbeiter einer BIP-Abteilung, die für politische Informationen zuständig war und von Jerzy Makowiecki geleitet wurde. Allerdings schien dieser nicht recht zu wissen, welche Aufgabe er Jan geben sollte. Zunächst schlug er ihm vor, seine alten Kontakte zu den Anführern großer Parteien aufzufrischen und Berichte über die unter ihnen herrschende Stimmung zu verfassen, genauer: über ihr Verhältnis zum Verband für den Bewaffneten Kampf – der im Februar 1942 in die Heimatarmee (AK – *Armia Krajowa*) umgewandelt werden sollte – und zu dessen Oberbefehlshaber, General Rowecki («Grot»). Jan weigerte sich aber: Die Vorstellung, seine einstigen politischen Auftraggeber «auszuspionieren», behagte ihm nicht. Es waren schließlich dieselben Menschen, die ihm bei seinen früheren Missionen höchstes Vertrauen bewiesen hatten. Um seinen neuen Chef aber nicht gleich vor den Kopf zu stoßen, wies er ihn selbst auf seine Narben hin: Im Falle seiner erneuten Verhaftung wäre die gesamte politische Führung in Gefahr. Makowiecki akzeptierte sein Argument und beauftragte ihn stattdessen mit der Analyse der «wilden» Untergrundpresse – all der unzähligen Zeitungen, die neben den Presseorganen der wichtigsten Parteien erschienen und im Umlauf waren. Sie wurden in konspirativen Wohnungen gesammelt, wo sie, meist in einem Versteck unter dem Fußboden, auf den «Analysten» warteten. Diesmal sagte Jan sofort zu, doch schon nach kurzer Zeit bedauerte er seine Entscheidung.

Jan Karski: *Was für entsetzliche Dummheiten sie dort schrieben, was für einen bodenlosen Quatsch! Und das musste von den Meldegängerinnen kolportiert werden! Dafür riskierten sie ihr Leben! Nach drei oder vier Wochen hielt ich es nicht mehr aus. Ich sagte Makowiecki, dass ich das nicht länger machen kann.*[8]

Der dritte Vorschlag seines Vorgesetzten erwies sich schließlich als der glücklichste: Da Jan über Englischkenntnisse verfüge und auch schon entsprechende Erfahrungen aus der Krakauer Zeit besitze, solle er wieder die BBC-Sendungen abhören und das Wichtigste davon schriftlich zusammenfassen. Die Amerikaner würden zu viel Propaganda betreiben, die polnische Gesellschaft vertraue ihnen nicht, doch die Engländer seien glaubwürdig – man könne ihnen keine Lügen nachweisen.

Das BIP verfügte über ein ganzes Netz von Abhörstellen, die auf Warschau und Umgebung verteilt waren. Die, der Jan zugewiesen wurde, befand sich in einer Villa in Podkowa Leśna, einem etwa 25 km südwestlich von Warschau gelegenen Ort. Er quartierte sich dort jedes Mal für mehrere Tage ein; seine Abhörprotokolle wurden von Verbindungsagentinnen abgeholt. Wenn es kalt war, arbeitete er in Mütze und Mantel, bei einem heißen Getränk, das nur entfernt an Tee erinnerte. Doch er nahm alle Unbequemlichkeiten gern in Kauf – endlich hatte er eine Aufgabe, die er als sinnvoll und nützlich empfand.

Jan Karski: *Und das tat ich bis zum Sommer 1942. Nach dem Krieg konnte ich feststellen, dass die Engländer in der Propaganda wirklich die Besten sind. Sie lügen nicht, sondern sie sagen ausschließlich das, was ihren Interessen dient.*[9]

Der Arbeit in der abgelegenen Villa verdankte Jan auch einen Ansatz von Familienleben: Hin und wieder tauchte dort seine Schwägerin, Jadwiga Kozielewska, auf, um ihm etwas zu essen zu bringen. Zu Marian selbst hatte er keine Verbindung mehr. Nicht nur, weil dieser kurz nach seiner Rückkehr aus Auschwitz untergetaucht war. Der Ausgang von Jans erster Mission hatte auch zu einem Konflikt zwischen den Brüdern geführt: Die Nachricht, dass er zum Kurier von General Sikorski, dem Erzfeind ihres gemeinsamen Idols Piłsudski, geworden war, hatte Marian sehr überrascht und verärgert. Nach einem heftigen Wortwechsel hatten die Brüder den Kontakt zueinander abgebrochen.

Dank Jadwigas Besuchen war Jan aber über Marians Aktivitäten informiert: Die Regierungsvertretung hatte ihn mit dem Aufbau des Staatlichen Sicherheitscorps (PKB – *Państwowy Korpus Bezpieczeństwa*) beauftragt, das jetzt, in Zeiten des Krieges, in Ausnahmesituationen eingreifen und in Zukunft die üblichen Aufgaben der Polizei übernehmen sollte. Er arbeite sehr viel, erzählte die Schwägerin, trotz gesundheitlicher Probleme (die elf Monate in Auschwitz machten sich bemerkbar) und trotz wachsender Verbitterung. Der eine Grund für diese war die ungute Atmosphäre, die um ihn herrschte: Es gab offenbar doch viele, die ihm seinen Verbleib auf dem Posten des Polizeichefs bei Kriegsausbruch übelnahmen und nun hinter seinem Rücken intrigierten. Und der andere die Regierung Sikorski, der er als Chef des Sicherheitscorps weiterhin Loyalität schuldete, deren politische Linie er aber nicht im Geringsten befürwortete.

Damit war er nicht allein. Der neue Kurs, den General Sikorski gegenüber den Sowjets eingeschlagen hatte, war vielen unverständlich. Auslöser des Umschwungs war ein Treffen, das Sikorski und sein Berater Józef Retinger im Frühjahr 1941 mit Stafford Cripps, dem britischen Botschafter in Moskau, hatten. Nachdem er ihnen von der bevorstehenden deutschen Offensive gegen die Sowjetunion berichtet hatte, kamen sie zu dem Schluss, dass dies der richtige Zeitpunkt sei, den – möglicherweise bald geschwächten und zu größeren Kompromissen bereiten – Russen Verständigungsbereitschaft zu signalisieren. Das tat Sikorski in einer Rundfunkansprache, die er am 23. Juni, einen Tag nach dem Beginn des deutschen Angriffs, hielt. Die Folge waren polnisch-sowjetische Gespräche, die über einen Monat dauerten und an denen General Sikorski, Józef Retinger, der sowjetische Botschafter in London, Iwan Majski, und der britische Außenminister Anthony Eden beteiligt waren. Sie endeten am 30. Juli 1941 mit der Unterzeichnung des polnisch-sowjetischen Vertrages (Sikorski-Majski-Abkommen), auf den zwei Wochen später ein Militärabkommen folgte. Beide Verträge waren die Grundlage für die Amnestierung aller Polen, die seit 1939 in der Sowjetunion gefangen gehalten wurden, und die Aufstellung einer polnischen Einheit, die unter dem Kommando von General Władysław Anders in den Iran evakuiert werden sollte.

Am 30. November schließlich reiste General Sikorski nach Kujbyschew, wo sich die neu eröffnete polnische Botschaft befand, und von dort nach Moskau. Begleitet wurde er von Retinger, dem Hauptarchitekten der Verständigung, Professor Kot, der die Funktion des polnischen Botschafters in der Sowjetunion übernommen hatte, und General Anders, dem Oberbefehlshaber der neuen Armee. Die Moskauer Gespräche endeten am 4. Dezember mit der Unterzeichnung eines Abkommens zwischen Sikorski und Stalin. Da dieses allerdings keinen Passus über die 1920/21 festgelegte polnische Ostgrenze enthielt, wurde Sikorski vielfach kritisiert und Retinger erneut als Agent abgestempelt (nur diesmal der Sowjets). So schrieb später der für seine scharfe Zunge bekannte

Exilpublizist Stanisław Cat-Mackiewicz, am 30. Juli 1941 habe die Regierung Sikorski angefangen, die polnische Nation «auf eine ordinäre Weise» zu belügen und ihr wichtige Fakten und Dokumente vorzuenthalten. «Am 30. November 1941», berichtete er, «erscheint General Sikorski in Russland, um den polnisch-sowjetischen Vertrag zu unterschreiben, und diese Reise wird als ein außergewöhnlicher Erfolg und als Sieg der politischen Einigkeit der Alliierten gefeiert. Was dabei jedoch sorgfältig verschwiegen wird: Genau während seines Aufenthalts dort, am 1. Dezember 1941, vermerkt die sowjetische Regierung in einer Note an unsere Botschaft in Kujbyschew, dass die polnischen Ostgebiete ein sowjetisches Territorium darstellen würden.»[10]

Auch die folgenden Monate gaben keinen besonderen Anlass zum Optimismus. Die getroffenen Vereinbarungen wurden von Stalin nur zögerlich eingehalten, seine Ansprüche auf den Ostteil Polens immer aggressiver formuliert. Und die Briten, um ein eigenes gutes Verhältnis zu den Sowjets bemüht, schienen diese Ansprüche immer öfter für legitim zu halten.

Jans BBC-Abhörprotokolle werden demnach wenig Erfreuliches enthalten haben. Im Frühjahr 1942 war er jedoch gezwungen, seine Arbeit zu unterbrechen. Eine seiner Verbindungsfrauen wurde verhaftet, was bedeutete, dass er für einige Wochen untertauchen musste. Er fuhr nach Żyrzyn bei Puławy, wo er auf dem Gutshof einer gewissen Zofia Siemiątkowska Zuflucht fand. Während ihr Mann in einem deutschen Offizierslager einsaß, verbrachte sie ihre Zeit mit einer vielfältigen Untergrundtätigkeit. Die vielen Deutschen, die in ihrem Haus ein und aus gingen, hielten sie nicht davon ab, eine Druckerei zu betreiben, Widerstandskämpfer und Juden zu verstecken, Waisenkinder aus Kriegsgebieten aufzunehmen, geheime Treffen zu organisieren etc.

Auch Jan durfte hier also einige Wochen verbringen, sich ein wenig erholen und dazu eine angenehme und wichtige Bekanntschaft machen: mit einer jungen Untergrundkämpferin namens Renée, die im Haus von Frau Siemiątkowska, ähnlich wie er, untergetaucht war. Sie trafen sich auch nach ihrer Rückkehr nach Warschau, wurden enge Freunde und müssen sogar (wie sich später zeigte) über die Eheschließung gesprochen haben. Viel mehr lässt sich über Karskis Beziehung zu Renia, wie er sie zärtlich nannte, leider nicht sagen. Zu seinem Privatleben gab er stets nur sehr spärliche Auskünfte.

Das Landgut in Żyrzyn suchte er übrigens später noch einmal auf: Er bekam den Auftrag, ein Versteck für das jüdische Ehepaar Aleksander und Janina Wertheim zu finden, und bat Madame Siemiątkowska um Hilfe. Dr. Wertheim war Arzt und ehemaliger Oberst der Piłsudski-Legionen, die beiden Söhne des Paares arbeiteten im Untergrund: Stanisław war im BIP tätig, sein Bruder Bronisław in der Sozialistischen Partei aktiv. Jan lag viel daran, der Familie zu helfen, was allerdings nicht einfach war. Das Problem waren das «falsche» Aussehen und die sehr emotionale Art von Frau Wertheim. Jan nahm trotzdem die Gefahr der gemeinsamen Zugfahrt auf sich – mit dem absurden Ergebnis, sich als ein Judenfänger ausgeben zu müssen. Auf dem Bahnsteig wurden die Wertheims nämlich von einem echten *szmalcownik* angesprochen, und Jan blieb nichts anderes übrig, als so zu tun, als wäre er ein «Fachkollege», der diesmal schneller gewesen sei, und dem Mann Geld als «Abfindung» anzubieten. Der Trick gelang, das Paar überstand die Fahrt und wurde in Żyrzyn untergebracht. Doch nicht für lange: Janina Wertheim konnte sich der neuen Umgebung nicht anpassen, und sie und ihr Mann kehrten nach Warschau zurück. Nach einiger Zeit wurden sie enttarnt und ermordet, ebenso ihre beiden Söhne.

Damals konnte Jan noch nicht ahnen, dass diese Episode ein Vorgeschmack auf Ereignisse war, die sein ganzes späteres Leben prägen würden. Etwa Mitte 1942 wurde er von Jerzy Makowiecki gefragt, ob ihm der Name Roman Knoll etwas sage. Dieser war ihm in der Tat bekannt. Es handelte sich um einen ehemaligen polnischen Botschafter in Berlin, der nach Piłsudskis Putsch von 1926 aus dem diplomatischen Dienst ausgeschieden war. Nun wünschte er, Jan zu sprechen. Er lebte immer noch unter seiner alten Adresse, in einer kleinen, eleganten Wohnung, und war, wie sich zeigte, keineswegs untätig. Er leitete die außenpolitische Abteilung der Regierungsvertretung, und es wurde gemunkelt, dass er nach dem Krieg den Posten des Außenministers übernehmen könnte.

Jan Karski: *Ich fing an, ihn zu besuchen und hatte wohl seine Sympathie gewonnen, denn er unterhielt sich mit mir über sehr viele Dinge. Aus seinen Äußerungen sprach der Hass auf Minister Beck und seine Außenpolitik, die er schlicht als Pro-Hitler-Politik bezeichnete. Und über mich machte er sich lustig. Er nannte mich «Becks Kind» und fügte gern hinzu, dass die «Beckisten» nach dem Krieg im diplomatischen Dienst nichts zu suchen hätten.*[11]

Ein junger ehrgeiziger Diplomat und der künftige Außenminister, der ihn offensichtlich ins Herz geschlossen hatte – welch eine vielversprechende Konstellation. Für Jan, könnte man meinen. Doch im Moment schien eher Roman Knoll der Profiteur zu sein: Beim ersten Treffen ging es ihm nur um die BBC-Abhörprotokolle, die er in Zukunft auch bekommen wollte – was Jan ihm sofort versprach. Bei einem weiteren fragte er ihn aber, ob er sich vorstellen könne, wieder zu der Exilregierung zu reisen. Er könnte dann in seinem Namen General Sikorski bitten, seine Abteilung in ein Departement umzuwandeln. Damit würde seine Position faktisch jetzt schon der eines Außenministers entsprechen. Worauf Jan – ganz der Diplomat – antwortete, wenn er einen entsprechenden Befehl bekomme, werde er hinfahren.

Vermutlich wollte er sich den Vorschlag noch einmal durch den Kopf gehen lassen. Doch als er einige Tage später erneut in Knolls Wohnung kam, wurde er dort bereits von dem amtierenden Regierungsbeauftragten Cyryl Ratajski erwartet (der von General Sikorski im Dezember 1940 und anstelle von Stefan Korboński ernannt worden war). Der vielbeschäftigte und sichtlich kranke Mann kam auch gleich zur Sache: Er und die Anführer der vier wichtigsten Parteien seien mit Jans Reise nach London einverstanden, und er wolle nun wissen, ob «der junge Mann» dazu bereit sei. Diesmal sagte «Witold» sofort zu, worauf bald sein zweites Treffen mit Ratajski folgte. Dieser wollte ihm nun seinen Teil der zu übermittelnden Nachrichten anvertrauen. Oder besser: seine Klagen an Sikorski. Es sei zu ihm vorgedrungen, lautete die wichtigste, dass der Ministerpräsident gedenke, ihn von seinem Posten abzuberufen, was er als Kränkung und Ungerechtigkeit empfinde. Hier nannte er eine ganze Reihe von Schwierigkeiten, auf die er bei der Ausübung seines Amtes stoße: Die ständig wachsende politische Untergrundszene sei kaum noch überschaubar. Er werde von allen Seiten mit Vorwürfen, Sonderwünschen und Geldforderungen überschüttet. Seine Bemühungen, eine Staatsverwaltung zu schaffen, die nach dem Krieg ihre Arbeit aufnehmen könnte, würden an den Aktivitäten von General Rowecki scheitern: Er versuche, dieselben Posten mit eigenen Leuten zu besetzen. Und einiges mehr. (Am 5. August 1942, legte Ratajski aus gesundheitlichen Gründen sein Amt nieder; er starb im Dezember desselben Jahres).

Noch komplizierter waren die Gespräche mit den einzelnen Parteiführern. Sie vertrauten Jan unzählige, oft widersprüchliche und für verschiedene Adressaten bestimmte Nachrichten an: die einen für die Repräsentanten ihrer Parteien, die anderen für die Exilregierung, noch weitere für General Sikorski persönlich.

Jan Karski: *Ich spüre es jetzt noch, so viele Jahre nach dem Krieg: Die Polen lieben es, ihre Beziehungen zu verkomplizieren. Sie neigen zu Intrigen, zum Erfinden von Schwierigkeiten, zur Hysterie. Das liegt irgendwie in ihrer Natur. Ist es die Folge der Teilungen? Unserer glücklosen Geschichte? Ich weiß es nicht. Damals jedenfalls hatte ich den Eindruck, dass meine Landsleute die edelsten und mutigsten Menschen waren, wenn sie verhaftet wurden – selbst unter den grausamsten Folterungen verrieten sie niemanden. Doch in der Freiheit intrigierten sie gegeneinander und beschuldigten sich der schrecklichsten Dinge. Und ich sollte das alles ihren Organisationen und der Regierung berichten.*[12]

Nur in einem Punkt waren sich die politischen Köpfe einig: Die militärischen und propagandistischen Aktivitäten des kommunistischen Untergrunds, die offensichtlich darauf abzielten, Stalins Einfluss in Polen zu verstärken, und immer öfter zu Konflikten mit der Heimatarmee führten, gaben allen Grund zur Sorge. «Witold» sollte darüber die Exilregierung, aber auch die Briten informieren. Die Letzteren sollten nicht den Eindruck gewinnen, die Polen würden den Alliierten wichtige Informationen vorenthalten und sich damit als illoyale Partner erweisen. Und außerdem sollten sie die Schwierigkeit der Situation erkennen. Die Bekämpfung der Kommunisten bedeutete schließlich die Gefahr eines Konflikts mit Stalin, in dem die Westalliierten – in die Polen die größten Hoffnungen setzte – ihren wichtigsten Verbündeten im Kampf gegen die Deutschen sahen. Das war der polnischen Untergrundführung durchaus bewusst, und das sollte «Witold» seinen britischen Gesprächspartnern klarmachen, ohne den Eindruck zu erwecken, die polnische Exilregierung in London und die Politiker in Warschau würden nicht mehr eine Sprache sprechen.

Er war also wieder da. Als Widerstandskämpfer. Als politischer Kurier. Und auch als der junge Mann, der immer eine verlockende Zukunftsperspektive hatte. Denn diese schien sich gerade neu abzuzeichnen: Fortsetzung der Diplomatenkarriere an der Seite von Roman Knoll, Familienglück mit Renia.

Doch war er sich dessen überhaupt bewusst? Dachte er darüber nach? Machte er so weit reichende Pläne? Vermutlich nicht. Er hatte ja eine neue Mission zu erfüllen – und die war besonders schwierig und heikel.

9

DER AUGENZEUGE

Sommer–Herbst 1942

Politische Gruppierungen, politische Gespräche, Menschen mit politischen Zielen und Ambitionen: Nach dieser geballten Ladung Politik muss es für Jan eine erfrischende Erfahrung gewesen sein, in den Umkreis einer Literatin zu gelangen. Dazu einer, die, ähnlich wie er selbst, zutiefst religiös war und ihre Religiosität zur Grundlage ihrer Arbeit machte. Im Frühsommer 1942 lernte er nämlich Zofia Kossak-Szczucka kennen, eine Schriftstellerin, die sich vor dem Krieg als Autorin historischer Romane einen Namen gemacht hatte. Ihr Großvater, Juliusz Kossak, und ihr Onkel, Wojciech Kossak, waren berühmte Historienmaler, ihr Cousin Jerzy malte ebenfalls, und auch sie selbst folgte ursprünglich der Familientradition und studierte Malerei in Warschau und Genf. Schon bald wandte sie sich aber der Literatur zu, ähnlich wie ihre beiden Cousinen Maria und Magdalena, die auch bekannte Schriftstellerinnen wurden, wenn auch von einer sehr unterschiedlichen Art: Die eine nachdenklich und verträumt, die andere frech und witzig. In die Literaturgeschichte eingegangen als Maria Pawlikowska-Jasnorzewska, eine der größten Lyrikerinnen Polens, und Magdalena Samozwaniec, die weibliche Stütze der polnischen Satire. Beide schön, elegant, emanzipiert, vielgereist und sehr auf das Ausleben ihrer erotischen Bedürfnisse bedacht. Zwei Musen der literarischen Kaffeehäuser Warschaus und Krakaus, wo sie aufgewachsen waren.

Zofia hingegen, eine bodenständige, immer schlicht gekleidete Frau von einer sehr konservativen Weltanschauung, verbrachte ihre Jugend in der Provinz: Zunächst in Wolhynien, wo ihr Vater, Tadeusz Kossak, Zwillingsbruder von Wojciech, die Güter des Grafen Józef Potocki verwaltete. Und dann auf einem Landgut in Górki Wielkie, einem Ort in

Die Schriftstellerin Zofia Kossak-Szczucka

den Beskiden, nahe der polnischen Südgrenze. Dort entstand auch der Großteil ihrer Bücher, in denen sie historische, religiöse und autobiographische Motive vermischte und ihren nationalistischen und streng katholischen Ansichten Ausdruck gab. Letzteres tat sie auch in ihren Artikeln, die sie unter anderem für das rechtsradikale Blatt *Prosto z Mostu* (Geradeheraus) schrieb und in denen sie keinen Hehl aus ihrer antisemitischen Einstellung machte.

Nach dem Kriegsausbruch änderte sich allerdings ihre Haltung. Sie engagierte sich im Widerstand, verfasste einen *Dekalog des Polen* (1940), in dem sie die Verhaltensregeln für den Umgang mit dem Okkupanten festlegte, und vor allem wurde sie Anfang 1941 Mitbegründerin der Front für die Wiedergeburt Polens (FOP – *Front Odrodzenia Polski*): einer Untergrundorganisation, die in erster Linie einen sozialpädagogischen und karitativen Charakter hatte. Ein rein politisches Profil lehnte sie ab, was nach Ansicht des Historikers Władysław Bartoszewski, der damals auch der FOP angehörte, mit ihrem Grundprinzip zusammenhing: «Sie war bereit, mit jedem Menschen guten Willens zusammenzuarbeiten, unabhängig davon, wo er politisch stand und mit welcher Partei er verbunden war. Sie ging auch an keinem Menschen in Not vorbei.»[1]

Ob Karski sich deshalb zu der Organisation hingezogen fühlte? Oder war ihr katholischer Hintergrund dafür verantwortlich, dass er seine Untergrundkontakte spielen ließ, um die Schriftstellerin zu kontaktieren? Letzteres gelang ihm jedenfalls recht schnell. Nach einem kurzen Gespräch wurde er von der damals 53-Jährigen buchstäblich an die Brust gedrückt und als neues Mitglied begrüßt. Es war der Beginn einer engen Freundschaft, die über die Kriegszeit hinaus anhielt.

Jan Karski: *Ich liebte sie. Ich war nicht in sie verliebt, aber ich liebte und bewunderte sie.*[2]

Offenbar störte er sich weder an ihrer überspannten Religiosität, wegen der er sie gelegentlich scherzhaft «Päpstin» nannte, noch an ihrer antisemitischen Grundeinstellung. Vielleicht spürte er sie auch nicht, zumal sie in ihren Texten immer öfter die deutsche Judenpolitik und die antijüdischen Exzesse der Polen geißelte. «Wir müssen untätig Zeugen einer erschreckenden Tragödie sein: des planmäßigen Massenmordes der Deutschen an den Juden auf dem Gebiet der Republik Polen», schrieb sie im Mai 1942 in der *Prawda*, dem FOP-Organ, in dem bald auch Karski publizierte. «Tagtäglich gehen grauenerregende Nachrichten ein. Tagtäglich sterben Tausende von Menschen, Männer, Frauen, Mädchen, Kinder, Säuglinge und Alte, deren einzige Schuld es ist, als Jude geboren zu sein. Die einen werden bei lebendigem Leibe begraben, andere mit Gewehrkolben erschlagen oder erschossen, und kürzlich hat man sogar von einem Giftgas gehört. Kleinen Kindern zerschmettern die Henker die Köpfe an Mauern oder an Straßenbäumen.»[3]

Weitere Nachrichten dieser Art sollte auch Karski bald liefern können: Im Rahmen der Vorbereitungen auf seine London-Reise bekam er von seinen Vorgesetzten die Anweisung, sich mit zwei Vertretern des jüdischen Untergrunds zu treffen, um später der polnischen Exilregierung und den Alliierten Informationen aus erster Hand über die Situation der polnischen Juden zu überbringen. Die Betonung lag auf «aus erster Hand», denn ein Informationsnetz, in das auch London eingebunden war, bestand schon seit Langem: Im Rahmen der BIP-Strukturen gab es von Anfang an ein Referat, das sich mit der Lage der nationalen Minderheiten im besetzten Polen befasste. Und nachdem die Verfolgung der jüdischen Bevölkerung zugenommen hatte, bekam es im Winter 1941/42 – gleichsam als Antwort auf die Wannseekonferenz (20. 1. 1942) – ein eigenes Jüdisches Referat. An dessen Spitze stand Henryk Woliński, ein Jurist und Oberst der Heimatarmee, der mit einer Jüdin verheiratet war und viele jüdische Freunde hatte. Unter seiner Leitung sammelte das Referat Informationen über die Lage der Juden und verfasste Berichte, die auf verschiedenen Wegen nach London gelangten.

Nun aber war die Situation noch dramatischer geworden: Im Juli 1942 begann die sogenannte Aktion Reinhardt: die systematische Ausrottung aller in Polen lebenden Juden. Damals konnte zwar noch niemand das ganze Ausmaß der Vernichtung ahnen, weder also dass die Aktion bis Oktober 1943 dauern noch dass sie über zwei Millionen Menschen den Tod bringen würde. Doch allein die Nachrichten über die Transporte, die aus dem ganzen Generalgouvernement nach Treblinka, Bełżec und Sobibór gingen, waren alarmierend genug.

Die «Große Aktion» im Warschauer Ghetto, die ca. 300 000 Menschenleben kosten sollte, begann am 22. Juli 1942. Tags darauf beging Adam Czerniaków, Vorsitzender des dortigen Judenrates, Selbstmord: Drei Jahre lang war er gezwungen gewesen, dieses Amt auszuüben, nun sollte er die Deportationen seiner Glaubensbrüder nach Treblinka überwachen: Ein Szenario, dem er den Freitod vorzog, wodurch sich die Stimmung im Ghetto noch weiter verschlechterte. «Von Czerniaków s Selbstmord erfuhr das Ghetto am nächsten Tag – schon am frühen Morgen», erzählt in seiner Autobiographie Marcel Reich-Ranicki, damals Dolmetscher im Judenrat. «Alle waren erschüttert, auch seine Kritiker, seine Gegner und Feinde, auch jene, die ihn noch gestern verspottet und verachtet hatten. Man verstand seine Tat, wie sie von ihm gemeint war: als Zeichen, als Signal, dass die Lage der Juden Warschaus hoffnungslos sei. Man verstand sie als verzweifelte Aufforderung zum Handeln.»[4]

Und man handelte in der Tat: Im Ghetto selbst versuchten Hunderte, sich durch Flucht auf die «arische» Seite zu retten. In politischen und kirchlichen Kreisen wurde fieberhaft über Hilfsmaßnahmen beraten. Vor allem aber sollte die Weltöffentlichkeit alarmiert werden. Die kurzen

Meldungen, die nach London geschickt wurden, genügten nicht mehr – jemand musste der Exilregierung und den westlichen Alliierten einen genauen Bericht erstatten.

Sobald die Anführer des jüdischen Untergrunds von Jans bevorstehender Reise nach London erfuhren, lag es für sie auf der Hand, dass dieser jemand er sein sollte. Sie wandten sich an Cyryl Ratajski, den Regierungsbeauftragten, mit der Bitte, die Dienste des Kuriers in Anspruch nehmen zu können: Als polnische Bürger hatten sie schließlich genauso das Recht, der Staatsführung in London dringliche Nachrichten zukommen zu lassen. Ratajski sprach Jan darauf bei ihrem zweiten Treffen in Roman Knolls Wohnung an, worauf dieser sofort mit einem Ja antwortete.

So kam es zu seiner viel beschriebenen Begegnung mit den beiden jüdischen Untergrundanführern: Menachem Kirszenbaum, dem Chef der Zionistischen Union, und Leon Feiner, dem Vorsitzenden des sozialistischen «Bundes». Vor dem Krieg war er ein gefragter Anwalt, wodurch er über viele Verbindungen verfügte. So konnte er sich auf der «arischen» Seite relativ frei bewegen, und gleichzeitig hielt er ständig Kontakt zu den Untergrundkämpfern im Ghetto. Er war auch bei dem Treffen derjenige, der «Witold» die meisten Informationen lieferte, zumal er ruhiger und gefasster war – sein Begleiter neigte zu häufigen Gefühlsausbrüchen. Zunächst versuchten die beiden Männer, dem Kurier die ganze Dramatik der Situation bewusst zu machen und den Unterschied zwischen der Lage der Polen und der ihres Volkes zu erklären: Die Nazis würden die einen wie die anderen aufs brutalste verfolgen. Aus den Polen wollten sie aber «nur» ein Sklavenvolk machen, während den Juden eine vollständige Auslöschung bevorstehe. Diesen feinen Unterschied müsse er seinen Gesprächspartnern in London unbedingt deutlich machen, beschworen sie ihn immer wieder.

Dann gingen sie zu konkreten Forderungen über, die er den Mitgliedern der polnischen Regierung, den Vertretern jüdischer Exilgremien und vor allem den westlichen Politikern zu überbringen hatte. Die Alliierten sollten alles Erdenkliche tun, um das Massaker an den Juden zu stoppen: deutsche Städte bombardieren, die in ihrer Gewalt befindlichen Deutschen hinrichten, Bahngleise zu den Vernichtungslagern zerstören, die deutsche Bevölkerung per Rundfunk und Flugblätter über Hitlers Verbrechen informieren, Geld für den Freikauf von Juden beziehungsweise Bestechung von Deutschen zur Verfügung stellen, materielle Unterstützung und Asyl denjenigen gewähren, denen die Flucht gelang und einiges mehr. General Sikorski solle die Polen auffordern, den Juden zu Hilfe zu kommen, und die Judenerpresser öffentlich verurteilen und ihre Aktivitäten unter Strafe stellen. Staatspräsident Raczkiewicz solle sich an Papst Pius XII. mit der Bitte wenden, den Massenmord anzuprangern und den Nazis die Exkommunizierung anzudrohen. Und die Juden im Westen sollten durch öffentliche Hungerstreiks ihre Solidarität mit den Glaubensbrüdern in Polen manifestieren.

Feiner und Kirszenbaum waren so in Rage geraten, dass sie «Witolds» gelegentliche Einwände kaum zur Kenntnis nahmen. Etwa gegen die Forderung, er solle Sikorski ihre Klage ausrichten, der Oberbefehlshaber der Heimatarmee, General Rowecki, würde dem jüdischen Untergrund zu wenig Waffen geben (er würde damit gegen den eigenen Vorgesetzten sprechen, außerdem durfte er nur politische, keine militärischen Forderungen überbringen). Die surreale Szenerie – das abgedunkelte, nur mit einer einzigen Kerze ausgeleuchtete Zimmer einer verlassenen Vorstadtvilla – unterstrich noch die Dramatik ihrer Worte. Schließlich schlug Feiner vor, ihn ins Ghetto einzuschleusen, damit er alles mit eigenen Augen sehe und sein Bericht dadurch an Glaubwürdigkeit gewinne.

Jan Karski: *Durfte ich ein solches Risiko eingehen? Diese Frage stelle ich mir noch einmal jetzt, nach fünfzig Jahren, als alter Mann. Heute wäre ich nicht einverstanden. Doch damals war Krieg, ich war achtundzwanzig, hatte immer Glück und dachte nicht viel nach. Und so gefährlich war der Gang ins Ghetto auch wieder nicht. Außerdem wollte ich den Juden helfen, weil ich all diese schrecklichen Dinge um mich sah. Ich dachte dabei nicht an die Gefahr. Jetzt würde ich es tun.*[5]

Zu dem genauen Datum seiner Ghetto-Besichtigung gibt es mehrere Angaben. Er selbst behauptete meistens, er sei in der Zeitspanne 20.–25. August dorthin gegangen, weil die Deutschen für diese Tage die Transporte nach Treblinka gestoppt hätten. Manchmal aber (etwa 1981 vor der internationalen Konferenz der KZ-Befreier) gab er auch an, es sei erst im Oktober gewesen, nachdem die große Deportationswelle abgeschlossen und ein Teil der verlassenen Häuser von den Polen bezogen worden sei. Und mancher Historiker oder Teilnehmer der Ereignisse gibt die Zeit zwischen dem 28. August und 2. September an. So auch der 1996 verstorbene Dawid (Dudek) Landau, der Karski und Feiner Anfang September durch einen Tunnel ins Ghetto hineingeführt haben will.

Er war damals zweiundzwanzig und gehörte dem Jüdischen Militärverband an (ŻZW – *Żydowski Związek Wojskowy*), einer kleinen, um die 250 Mitglieder zählenden Organisation, die aber recht wirksam war. Im November 1939 als erste jüdische Widerstandsgruppe entstanden, rekrutierte sie sich teilweise aus ehemaligen Soldaten der Polnischen Armee, hatte dadurch gute Kontakte zum polnischen Untergrund und war besser bewaffnet als die erst 1942 gegründete Jüdische Kampforganisation (ŻOB – *Żydowska Organizacja Bojowa*). Landau selbst hatte trotz seines jungen Alters eine bewegte Vergangenheit: Flucht aus dem Ghetto, Kampf bei den Partisanen, Verhaftung, Flucht aus einem Transport, Rückkehr ins Ghetto. Später sollte er noch im Ghettoaufstand kämpfen und sich bis zur Befreiung Warschaus, zusammen mit einer zehnköpfigen Gruppe, in den Ruinen der Stadt verstecken. Kurz bevor er 1996 in Australien starb, schrieb er seine Jugenderinnerungen (*Caged. A Story of Jewish Resistance*), denen er die Worte voranstellte: «Wenn Sie meine Geschichte nicht glauben, werde ich es Ihnen nicht verübeln. Ich kann sie selbst kaum glauben.»[6]

An jenem Tag im Ghetto sahen er und Karski sich zum ersten Mal, und diese Situation sollte auch so anonym bleiben wie nur möglich. Soweit man überhaupt von Sehen sprechen kann: Sie krochen im Dunklen durch einen engen und etwa dreißig Meter langen Tunnel, der von einer Gruppe jüdischer Jugendlicher unter der Aufsicht der ŻZW-Kämpfer gebaut worden war. Er führte unter der Ghettomauer hindurch, die an dieser Stelle mitten durch die Muranowska-Straße verlief. Man stieg in den Keller des Hauses Nr. 6 hinab, um unter der Erde auf die gegenüberliegende Straßenseite zu gelangen.

Jan Karski: *Dieses Haus war damals so etwas wie ein moderner Styx, also jener Fluss, der in der Mythologie die Welt der Lebenden vom Totenreich trennt.*[7]

Er hatte im Ghetto noch weitere Führer, etwa die heute fast genauso berühmte Irena Sendler, die in dieser Zeit, wie man inzwischen weiß, zusammen mit einigen Helferinnen über 2500 jüdischen Kindern das

Leben rettete: Sie holten sie aus dem Ghetto heraus, um sie dann bei Ersatzfamilien, in Waisenhäusern oder Klostern unterzubringen. Das Betreten des Ghettos ging in ihrem Fall weit komfortabler vonstatten. Sie gehörte einer Sanitätskolonne an, die unter anderem für die Bekämpfung ansteckender Krankheiten zuständig war. Und da die Deutschen den Ausbruch einer Typhusepidemie im Ghetto befürchteten, gelang es ihr, für sich und ihre Kolleginnen Passierscheine zu besorgen.

Eines Tages wurde sie von Leon Feiner gebeten, einen «wichtigen Mann» durch das Ghetto zu führen. Dass er wichtig war, konnte sie schon daran erkennen, dass sie eigens dafür geholt wurde und dass sie nur eine einzige, relativ einfache Aufgabe hatte: einige Meter vor «Witold» und seinen Begleitern zu laufen und sofort stehen zu bleiben, falls sie auf eine gefährliche oder ungewöhnliche Situation stoßen sollte. Ihr Einsatz dauerte ungefähr eine halbe Stunde. Danach erfuhr sie freilich weder den Namen des Mannes noch den Zweck seines Besuches, und schon gar nicht, dass er bald als Kurier in den Westen reisen sollte. Alles spielte sich unter Wahrung strengster Anonymität ab.

Irena Sendler: *Ich gehörte zu den wenigen Personen, die ihn inkognito begleiteten. Jeder von uns hatte ein weißes Taschentuch als Erkennungszeichen bei sich. Dieser Mann bewegte sich so im Ghetto, als würde er einem Reiseführer folgen. Nach einer bestimmten Zeit war ein anderer dran, ihm den Weg zu weisen. Es ging vor allem darum, dass er unerkannt blieb und nicht in eine ausweglose Lage geriet. Dass es sich dabei um Jan Karski handelte, habe ich erst nach dem Krieg erfahren.*[8]

Trotz dieser Selbstauskunft wird Irena Sendlers Teilnahme an Karskis Ghetto-Gang immer wieder angezweifelt. Den Grund dafür lieferte die Warschauer Publizistin Anna Mieszkowska, die von dieser Episode im Jahre 2003 erfuhr, als sie an ihrem Buch über Irena Sendler, *Die Mutter der Holocaust-Kinder* (dt. 2006), arbeitete. Karski habe kein einziges Mal darüber gesprochen, weil er vermutlich niemals erfahren habe, wer die Frau im Ghetto gewesen sei, so ihre Erklärung. «Und Irena Sendler behielt es für sich, weil sich früher niemand dafür interessierte. Bis 2003 existierte die Geschichte nur in ihrem Gedächtnis.»[9]

In jenem Jahr wurde die 93-jährige Irena Sendler nämlich mit dem *Jan Karski Freedom Award* ausgezeichnet. Zu der Verleihung, die am

23. Oktober 2003 in Washington stattfand, reiste an ihrer Stelle Elżbieta Ficowska an, eines der von ihr geretteten «Ghetto-Kinder». Sie las im Namen der greisen Preisträgerin die Sätze vor: «Als ich – eine junge Frau – während des Krieges als ein lebendiger Wegweiser an Jan Karskis riskanter Expedition ins Warschauer Ghetto teilnahm, konnte ich nicht ahnen, dass ich nach so viel Zeit und in diesem Alter mit seinem Preis gewürdigt werden würde. Das ist eine große Ehre für mich!»[10]

Dass sie Karskis Führerin gewesen war, erfuhr Irena Sendler vermutlich Anfang 1945, als sie den todkranken Leon Feiner in einem Krankenhaus besuchte (kurze Zeit später erlag er seinem Krebsleiden). Sie sei gekommen, so Anna Mieszkowska, um das Geld zurückzugeben, das sie von ihm für die Rettung weiterer Kinder bekommen und wegen des Ausbruchs des Warschauer Aufstands nicht ausgegeben habe. Damals habe ihr Feiner auch gesagt, dass Karskis Mission kein Erfolg gewesen sei.

Sie betraten das Ghetto. Oder besser: Seine jüdischen Begleiter betraten das Ghetto – er betrat eine andere, noch nie gesehene Welt. Umso mehr sorgte Leon Feiner dafür, dass er jetzt alles genau sah und im Gedächtnis behielt. Zunächst zeigte er es ihm selbst, zwei Tage später – als Jan auf eigenen Wunsch wiederkam – ein anderer, von ihm bestellter Führer. Sie gingen an teils leeren, heruntergekommenen Häusern vorbei. An Schatten von Menschen, die in fieberhafter Erregung herumliefen, als wüssten sie selbst nicht, wozu sie es taten. An einem Hinterhof, in dem traurige, abgemagerte Kinder spielten. Ihr Spiel hatte etwas Irreales an sich. An zwei gutgelaunten Hitlerjungen, die zum Vergnügen auf Menschen in den Fenstern schossen und sich gegenseitig gratulierten, wenn sie einen trafen – aus einem Haus ließ sich jedenfalls deutlich ein Todesschrei vernehmen. An einem Mann, der im Stehen, an eine Hauswand gelehnt, die letzten Atemzüge von sich gab. An Leichen, die nackt, nur mit Zeitungspapier bedeckt, auf den Straßen lagen.

Jan Karski: *Ist es noch nötig, das Warschauer Ghetto zu beschreiben? Es ist bereits so viel darüber geschrieben worden; es gibt so viele Berichte von zuverlässigen Zeugen. War es ein Friedhof? Nein, denn diese Leichen bewegten sich noch – oftmals sogar fieberhaft. Es waren lebendige Menschen, wenn man sie denn so bezeichnen konnte. An diesen schlotternden Gestalten war außer Haut, Augen und Stimme kaum noch etwas Menschliches verblieben.*[11]

Kinder im Warschauer Ghetto

Eine dieser Gestalten fiel ihm besonders auf: Ein kleiner Junge, der halb nackt auf dem Gehsteig lag. Er war gerade am Sterben, als die beiden Männer an ihm vorbeigingen. Jan konnte kurz in seine Augen sehen. Helfen oder auch nur stehen bleiben durfte er aber nicht. Jede heftigere Reaktion hätte bedeutet, sich und die anderen in Gefahr zu bringen. Der innere Imperativ lautete also: weitergehen, nicht auffallen, das weiße Taschentuch im Blick behalten, nur an seine Rolle denken.

Die Erinnerung an das sterbende Kind ließ ihn nach eigenen Worten sein Leben lang nicht mehr los. Offenbar hatte der Reporter Ryszard Kapuściński recht, als er Jahre später, und nachdem er Zeuge von unzähligen Umstürzen und Revolutionen gewesen war, über «das Paradoxon des Todes», schrieb: «Den stärksten Eindruck macht der einzelne Tod, der einen Menschen trifft, dessen Gesichtszüge wir beschreiben, dessen Namen wir nennen können. Je größer die Zahl der Opfer, umso schwächer ist ihre Wirkung auf unser Empfinden.»[12]

Irgendwo in dieser dunklen Menschenmenge befand sich vermutlich auch Marek Edelman, der einige Monate später zu einer Legende des

Ghettoaufstands werden sollte. «Vermutlich», denn manchmal verließ er das Ghetto, um einen Botengang auf die «arische» Seite zu tätigen. Wie an jenem Tag, an dem er sich auf den Weg machte, um einen Bericht der Jüdischen Kampforganisation in die Żurawia-Straße zu bringen.

Marek Edelman: *Die Führungsleute des Bundes sollten sich dort in einer Wohnung mit einem Kurier der Heimatarmee treffen, der in den Westen reisen wollte, um ihm den Bericht über die Vernichtung der Juden in Polen mitzugeben. Dieser Kurier war Karski. Im Dienstzimmer ebendieser Wohnung sah ich ihn zum ersten Mal, aber er – wir haben später darüber gesprochen – konnte sich danach nicht an mich erinnern. Was übrigens nicht verwundert, denn zu diesem Treffen waren alle wichtigen Führungsleute des Bundes von der arischen Seite erschienen.*[13]

Edelmans Erinnerung überrascht ein wenig, denn von Karskis Zusammenkunft «mit allen wichtigen Führungsleuten» ist nichts überliefert. Fest steht allerdings, dass er seine beiden jüdischen Informanten noch einmal traf und dass ihm Leon Feiner bei diesem zweiten Treffen einen weiteren Vorschlag machte: Wenn er wirklich alles sehen wolle, was für eine vollständige Berichterstattung nötig sei, sollte er auch eines der im Osten gelegenen Vernichtungslager besuchen. Falls er dazu bereit sei, werde der jüdische Untergrund auch diese Besichtigung für ihn organisieren.

Jan stimmte zu, und wenige Tage später saßen er und sein – sehr jüdisch aussehender und deswegen getrennt reisender – Begleiter in einem Zug, der sie in die Nähe von Bełżec bringen sollte. Diesen Namen soll Leon Feiner jedenfalls mehrmals genannt haben, weshalb Professor Karski noch Jahre später behauptete, er sei in Bełżec gewesen. Erst als er 1982 nach Israel kam, um sich als «Gerechter unter den Völkern» feiern zu lassen, will er erfahren haben, dass er sich getäuscht habe. Der damalige Direktor der Gedenkstätte Yad Vashem, Yitzhak Arad, habe ihn darauf aufmerksam gemacht.

Jan Karski: *Er sagte zu mir: «Herr Professor, hier stimmt etwas nicht. Sie können nicht in Bełżec gewesen sein. Die Juden, die nach Bełżec gebracht wurden, kamen dort nicht mehr heraus. Es war die Endstation. Dort wurden sie ermordet. Und Sie haben Juden gesehen, die aus einem Lager hinausgetrieben wurden. Das war also nicht Bełżec, sondern irgendein anderes Lager.»*[14]

Yitzhak Arad hatte recht. Doch den korrekten Namen des Lagers, Izbica Lubelska, will Karski erst in den Neunzigern dank der Recherchen seiner Biographen Thomas E. Wood und Stanisław M. Jankowski erfahren haben. Dem widerspricht allerdings Andrzej Żbikowski in seinem Buch.

Andrzej Żbikowski: *Karski war sich dessen bewusst, dass er nicht in Bełżec gewesen war. Ich habe einen Bericht gefunden, in dem er darüber schreibt. Bełżec war aber für die ganze Welt ein Symbol der Judenvernichtung, während Izbica völlig unbekannt war. Es ist also verständlich, dass er auf dem Namen Bełżec bestand.*[15]

Dafür könnte es aber noch einen anderen Grund geben: die Reise, die Karski im Dezember 1939 im Auftrag seines Bruders gemacht hatte. Dass er damals in der Nähe von Bełżec ein Lager für jüdische Gefangene gesehen habe, schrieb er ja bereits in seinem Bericht von 1940. Man kann sich also durchaus vorstellen, dass er – fast drei Jahre später und in der Aufregung der geheimen Besichtigung – das Lager auch ohne den Hinweis von Leon Feiner für Bełżec gehalten hätte. Wie sollte er auch ahnen, dass sich in der Nähe ein weiteres befand?

«Wenn du liebst, führt deine Liebe den Liebsten aus der irdischen und aus der himmlischen Welt zu dir.»[16] Solche Versprechen gab seinen Anhängern der berühmte Rabbi von Izbica, Mordechaj Józef Leiner. Diese Zeit lag zwar schon hundert Jahre zurück, als der Zweite Weltkrieg ausbrach, doch in Izbica und Umgebung gab es immer noch viele Menschen, die ihn verehrten. Nicht zufällig wurde der Ort «die jüdische Hauptstadt» genannt: Er hatte etwas über 7000 Einwohner, und neunzig Prozent davon waren Juden. Allerdings sollte es in ihrem Leben bald noch einen zweiten Mann geben, der gern Versprechen machte. Er pflegte Patrouillen loszuschicken, die wahllos um sich schossen, und sagte Sätze wie: «Du kommst als allerletzter dran, und damit du nicht leiden musst, werde ich dich selbst erschießen.»[17] Er hieß Kurt Engels und war der Gestapochef von Izbica. Hanna Krall schreibt über ihn in einer Erzählung, in der sie die Geschichte von Thomas (Tojwele) Blatt festhält. Blatt durfte Engels Motorrad putzen, und weil er es gut tat, war er der Glückliche, der von ihm persönlich erschossen werden sollte. Es kam jedoch anders: Er wurde nach Sobibór deportiert, wo er den dortigen Aufstand mit organisierte. Sechzig Jahre später sagte er in einem Prozess gegen Engels aus.

Im Frühjahr 1943 gab es in Izbica keine Juden mehr. Wer nicht ermordet worden oder geflüchtet war, kam in einen der Transporte, die von hier weggingen. Sie kamen aus verschiedenen Ghettos hierher und machten nur kurz Station, damit die Menschen vorselektiert und ihrer Wertsachen beraubt werden konnten. Soweit sie nicht bereits auf dem Weg nach Izbica starben oder dort, in diesem Transitlager, wo es nichts außer Terror und Hunger gab, ums Leben kamen, erwartete sie der Weitertransport nach Bełżec – und der sichere Tod. Wie man heute weiß, wurden dort zwischen Mai 1942 und April 1943 mehr als 550 000 Menschen umgebracht.

Die Reise von Jan und seinem Begleiter war zu Ende. In dem Ort, in dem sie ankamen, betraten sie ein Eisenwarengeschäft, wo sie von einem weiteren Verbindungsmann erwartet wurden. Bis zum Lager waren es noch etwa zweieinhalb Kilometer, doch zunächst musste sich Jan in einen ukrainischen Wachmann verwandeln. Sein neuer Führer hatte für ihn die entsprechenden Kleidungsstücke parat. Erst als seine Metamorphose perfekt war, konnten sie sich auf den Weg machen.

Die nächsten Stunden sollte er für den Rest seines Lebens nicht vergessen. Wie auch? Wie soll man etwas vergessen, was die menschliche Vorstellungskraft übersteigt und was sich einem plötzlich mit doppelter Intensität ins Gedächtnis bohrt? Weil man es gar nicht wahrhaben will, sich aber dennoch genau einprägen muss – schließlich ist man aus diesem einzigen Grund gekommen: um Zeuge des Unvorstellbaren zu sein und es später zu beschreiben. In einer Zeit, in der es dafür noch gar kein Vokabular gibt.

Noch bevor sie ankamen, hörte er Schreie und Wehklagen. Roch einen seltsamen, fremden Geruch. Und dann sah er es endlich: das Lager. Den Zaun, die Wachposten, die Baracken, den riesigen Platz. Die dunkle, dichtgedrängte, pulsierende Menschenmenge. Tausende Männer, Frauen und Kinder, verzweifelt, halb wahnsinnig vor Hunger, Durst, Angst und Erschöpfung. Die schreienden, um sich schlagenden und schießenden Wärter. Und schließlich den Zug, die 46 Güterwaggons, in die diese Menschenmasse hineingetrieben wurde. Immer schneller, immer brutaler. Unaufhaltsam. Die einen über die Köpfe und Schultern der anderen. Bis jeder Waggon auf den letzten Millimeter gefüllt war. Bis Knochen brachen und einzelne Gliedmaßen heraushingen.

Jan Karski: *Aber das war immer noch nicht alles ... Die Böden der Waggons waren von einer dicken Schicht weißen Pulvers bedeckt. Das war Ätzkalk ... Wenn sich das Pulver mit Wasser verbindet, brodelt und dampft die Masse, und es entsteht starke Hitze ... Das feuchte Fleisch, das mit dem Kalk in Berührung kommt, verliert rasch sein Wasser und verbrennt. Die Menschen in den Waggons wurden binnen Kurzem buchstäblich verbrannt, das Fleisch wurde ihnen von den Knochen gefressen.*[18]

Bei diesem Anblick verlor er die Selbstbeherrschung, begann zu zittern, zu weinen, wild zu gestikulieren. Sein Begleiter, der ihn allein gelassen hatte, damit er sich alles besser einprägen konnte, tauchte blitzschnell wieder auf. Wütend wegen der soeben gesehenen «Vorstellung», drängte er ihn zurück zum Tor. Auch diesmal konnten sie es ohne Zwischenfälle passieren. An Jans sofortige Rückfahrt nach Warschau war dennoch nicht zu denken. Erst nachdem er den Rest des Tages und die folgende Nacht im Hinterzimmer des Eisenwarengeschäfts abwechselnd mit Weinen, Würgen, Kotzen, Schnapstrinken und Schlafen zugebracht hatte, kam er langsam zu sich.

Über seine Beobachtungen im Ghetto und im Lager durfte er natürlich mit niemandem sprechen. In einem Fall scheint er aber eine Ausnahme gemacht zu haben: Im August 1942 verfasste Zofia Kossak ihren berühmten *Protest*, der neben einer scharfen Verurteilung des Massenmordes Schilderungen enthält, die exakt mit den seinen übereinstimmen: «An den Rampen warten Güterwaggons ... Auf dem Wagenboden liegt eine dicke Schicht Ätzkalk, über die Wasser gegossen wurde ... Von den Menschen, die so eng zusammengepfercht sind, dass die Toten nicht umfallen können ..., lebt dann keiner mehr.»[19] Wenn diese Bilder wirklich von Karski stammen (wie heute vermutet wird), dann widerlegt dies auch zusätzlich seine gelegentlich gemachte Behauptung, er sei im Ghetto und in Izbica erst im Oktober gewesen – und deutet auf die August-Version hin.

«Wer diesen Protest nicht unterstützt, ist kein Katholik»,[20] schrieb Zofia Kossak an einer anderen Stelle. Und in der Tat fand ihr Aufruf, der von der FOP in 5000 Exemplaren gedruckt wurde, ziemlich große Resonanz. Die Teilnahme an Hilfsaktionen für Juden nahm stark zu, mehrere Zeitungen riefen die Juden zu Flucht und Widerstand auf. Władysław Bartoszewski sagte gar später über sich, diesem Flugblatt würde er das jüdische Kapitel seines Lebens verdanken. Kossaks vielzitierte Worte, wer angesichts dieses Massenmordes schweige, werde zum Komplizen der Mörder, hätten ihn geradezu elektrisiert. Dabei wäre seine Passivität besonders verständlich gewesen: Zwei Jahre zuvor war er bei einer Razzia verhaftet und nach Auschwitz deportiert worden. Erst nach einem halben Jahr gelang es dem Roten Kreuz, ihn von dort zu befreien. Zurück in Warschau, tauchte er für kurze Zeit unter, doch schon bald darauf war er Soldat der Heimatarmee. Und nun, nachdem er Kossaks Aufruf gelesen hatte, tat er alles, um Kontakt zu ihr aufzunehmen.

Einer seiner Mittelsmänner war Jan Karski, der übrigens außer «Witold» noch andere Decknamen benutzte. Sieben Jahre älter als Bartoszewski und mittlerweile gut in die Organisation eingeführt, sollte er den neuen Kandidaten überprüfen – eine Prozedur, die dieser bereits kannte. Es überraschte ihn daher nicht, als er eines Tages erfuhr, dass ihn ein Mann namens «Franek» sprechen möchte.

Władysław Bartoszewski: *Der Mann war hochgewachsen, etwa so groß wie ich, schlank, sportlich und hatte diese bestimmte Art, die einen Offizier von einem Zivilisten unterschied. Wie soll ich sie beschreiben? Natürliche Selbstsicherheit? Hochmütige Bestimmtheit? Ein Befehlston? Von allem etwas. Er kam herein. Bevor ich ihm vorschlagen konnte, sich an den Tisch zu setzen, zeigte er auf das Fensterbrett: «Darf ich?» Er saß also da, an den Fensterrahmen gelehnt, und beobachtete mal mich, mal die Straße. Und er stellte Fragen. Ich merkte aber gleich, dass er meinen Lebenslauf kannte.*[21]

Dass es sich bei seinem Gast um den berühmten «Witold» handelte, erfuhr Bartoszewski später von Zofia Kossak selbst, die zwar auch Decknamen benutzte («Weronika» oder «Tante»), sonst aber die Konspirationsregeln mit einer, wie er es formulierte, «bezaubernden Nonchalance» behandelte. Sie nahm Einladungen zu illegalen Lesungen an, trug Untergrundpresse bei sich et cetera. Sie zögerte auch nicht, bei gefährlichen Einsätzen ihre beiden Kinder, Anna und Witold, einzubeziehen. Sie liebte sie abgöttisch, doch ihr Glaube und das daraus resultierende Pflichtbewusstsein waren stärker als die Angst um sie.

Das erste Treffen zwischen ihr und Bartoszewski fand in einem Antiquariat in der Marszałkowska statt. «Obwohl es ein sonniger Sommertag war», erinnerte er sich später, «trug sie einen fürchterlichen, mausgrauen Mantel. Überhaupt war sie sehr bescheiden gekleidet. Auffallend bescheiden, würde ich sagen, an der Grenze zur Armut. Am meisten aber fiel die seltsame Farbe ihrer stümperhaft gebleichten Haare auf, etwas zwischen Gelb und Hellgrün. Diese Haare bildeten einen deutlichen Kontrast zu dem scharfen Umriss ihres Adlergesichts.»[22]

Auch «Weronikas» Gesprächsstil überraschte ihn. Nachdem sie sich in ein kleines Hinterhofcafé zurückzogen hatten, war er auf ein konspiratives Geflüster und Nicht-zu-Ende-Sagen gefasst. Stattdessen gab sie sich sofort als Autorin einiger weiterer Untergrundschriften zu erkennen und fragte ihn direkt, ob er bereit sei, für die verfolgten Juden etwas zu tun. Man müsse an alle denken, die unter der Okkupation litten, vor allem aber an die Juden. «Sie sagte das alles», resümiert Bartoszewski, «in einem freundschaftlichen Ton, so, als würde sie davon ausgehen, dass ich ohnehin wusste, wer sie war, und dass ich ihr vertrauen müsste.»[23] Seitdem waren auch sie enge Freunde, im Herbst 1942 wurde Bartoszewski Sekretär der *Prawda*-Redaktion und danach einer der aktivsten Untergrundkämpfer und Judenhelfer.

Über Zofia Kossaks weltanschauliche Kapriolen hingegen gehen die Meinungen bis heute auseinander. Die einen sehen in ihr weiterhin eine Antisemitin, um sie deswegen, je nach eigener Haltung, zu kritisieren oder zum Vorbild zu nehmen. Die anderen verteidigen sie, indem sie ihren Mut zur Verwandlung loben, ihren Antisemitismus von dem damaligen gesellschaftlichen Klima ableiten oder ihn gar bestreiten. So auch Kossaks Enkelsohn, der Schweizer Literaturwissenschaftler François Rosset, der auf die Frage, wie er die Haltung seiner Großmutter einschätze, antwortete: «Kann man als Antisemiten jemanden bezeichnen, der: 1) Als erster katholischer Intellektuelle in Europa öffentlich gegen die Judenvernichtung protestierte? 2) Seit 1942 konsequent und systematisch darüber in der Untergrundpresse schrieb? 3) Eine katholische Hilfsorganisation für Juden gründete und dabei nicht nur das eigene Leben, sondern auch das Leben von Mutter, Sohn, Tochter und vielen anderen aufs Spiel setzte? Eine Organisation, die Tausende von Menschen rettete?»[24]

Damit meint er ein Hilfskomitee für Juden, das von Zofia Kossak mitbegründet wurde. Im September 1942 unter dem Decknamen «Konrad Żegota» ins Leben gerufen, sah es seine Aufgabe vor allem darin, die etwa 10 000 Juden, die sich außerhalb der Ghettos versteckten, mit Geld, Unterkünften und falschen Papieren zu versorgen. Nach einigen Wochen wurde aber beschlossen, das Komitee durch eine größere, direkt der Regierungsvertretung unterstehende Organisation zu ersetzten. So entstand am 4. Dezember 1942 ein Hilfsrat für Juden, dem es in Zukunft gelingen sollte, ca. 75 000 Menschen zu retten. Der Name «Żegota» wurde beibehalten, zum Vorsitzenden Julian Grobelny von der Sozialistischen Partei gewählt.

Einer seiner beiden Stellvertreter war übrigens Leon Feiner. Es ist daher anzunehmen, dass er und Jan Karski – der dem «Żegota» zweifellos auch beigetreten wäre – später noch im Rahmen dieser Organisation zusammengearbeitet hätten. Zu diesem Zeitpunkt war Letzterer aber bereits in London. Die beiden Männer sahen sich nie wieder.

10

«POLNISCHES LONDON»

Vierte Mission. Oktober 1942–Januar 1943

Ein junger französischer Fabrikarbeiter, der in seine Heimat in den Urlaub fährt. Er hat wenig Gepäck dabei. Seine Papiere sind in bester Ordnung. In seiner Tasche steckt ein einfacher Hausschlüssel, was niemanden verwundern dürfte: Er will ja bald in seine Warschauer Wohnung zurück. Dass er nicht sonderlich glücklich wirkt und sich auf keine Gespräche mit den anderen Zugpassagieren einlässt, ist auch verständlich: Seine Backe ist so geschwollen, dass er kaum reden kann – er muss höllische Zahnschmerzen haben, der Ärmste.

Dieses harmlos-elende Bild, das Jan Karski beim Antritt seiner Reise Anfang beziehungsweise Mitte Oktober 1942 abgab (auch da gehen die Zeitangaben auseinander), war in Wirklichkeit das Ergebnis harter, konzentrierter Untergrundarbeit. Genauer: der Arbeit des Informations- und Propagandabüros der Heimatarmee (BIP), das für die Planung seiner Reise zuständig war und dem er selbst angehörte. So steuerte er auch zu den Vorbereitungen bei, indem er den Urheber seiner neuen, französischen Identität stellte. Er hatte ihn, einen jungen Fabrikarbeiter namens Paul Tienpont, im Haus einer befreundeten französischstämmigen Familie kennengelernt und nach einer Weile überredet, ihm seinen Pass zu verkaufen. Der Franzose sollte ihn später als gestohlen melden, was in seinem Fall keine schlimmen Konsequenzen gehabt haben dürfte: Er war einer von mehreren Tausend Freiwilligen, die aufgrund der guten Beziehungen zwischen Deutschland und Vichy-Frankreich nach Polen gekommen waren, um hier für die deutsche Industrie zu arbeiten.

Die Schwellung in Jans Gesicht war gleichsam die Folge eines phonetischen Problems: Sein Französisch war zwar fließend, aber er sprach es (ähnlich wie Englisch) mit einem starken Akzent. Es war also kaum anzunehmen, dass man ihn während seiner Reise für einen Franzosen halten würde, schon gar nicht, wenn er im Zug auf «Landsleute» treffen sollte. Die Lösung lieferte ein befreundeter Zahnarzt: Er gab ihm eine Spritze, die seinen Kiefer für ein paar Tage stark anschwellen ließ. Die dicke Backe und die Lücken im Gebiss – das Andenken an die Gestapo-Verhöre – machten ihn glaubhaft zu einem Mann mit einem ernsthaften zahnmedizinischen Problem.

Und der gewöhnliche Schlüssel, den er kurz vor seiner Abreise von Jerzy Makowiecki bekommen hatte, war in Wirklichkeit ein Gegenstand von unschätzbarem Wert. Entsprechend präzise war die Instruktion seines Vorgesetzten, wie man mit ihm umgehen sollte, um seinen Inhalt nicht zu beschädigen. In dem Schlüssel war nämlich ein Mikrofilm eingeschweißt, der einen Bericht über die Situation der Juden in Polen enthielt – dreißig Seiten Manuskript mit Daten, Namen und Statistiken, geschrieben von Henryk Woliński, dem Chef des Jüdischen Referats, und seinen Mitarbeitern, Ludwig Widerszal und Stanisław Herbst. Er enthielt auch einen persönlichen Brief der jüdischen Anführer an den Exilpolitiker Szmul Zygielbojm und einige weitere Dokumente, unter anderen den *Protest* von Zofia Kossak.

Die Schriftstellerin selbst sah Jan zum letzten Mal am Tag seiner Abreise. Sie, Renée und einige andere Freunde aus dem Untergrund waren in den Morgenstunden ins Pfarrhaus der Heilig-Kreuz-Kirche gekommen, um an einer für ihn improvisierten Abschiedsmesse teilzunehmen. Sie wurde von Pater Edmund Krauze, Jans Freund und Beichtvater, gelesen. Die Messe war schlicht, an einem improvisierten Altar, bei Kerzenlicht, ohne Predigt. Nachdem sie gemeinsam das Gebet für Reisende gesprochen und die Kommunion empfangen hatten, bat der Priester Jan, niederzuknien und sein Hemd zu öffnen. Dann hängte er ihm ein gemeinsames Geschenk der Versammelten um: ein Medaillon, das eine geweihte Hostie enthielt.

Das waren seine letzten Augenblicke in Warschau. Als er direkt von der Kirche zum Bahnhof lief, kam es ihm vermutlich nicht einmal in den Sinn, dass er sein Land erst Jahrzehnte später (1974) wiedersehen würde. Und ebenso wenig wird er geahnt haben, dass der Name, den er für diese Reise angenommen hatte, Jan Karski – der Nachname ist von seinem letzten Pseudonym, K(uch)arski, abgeleitet –, ihn für den Rest seines Lebens begleiten sollte.

Hatte er keine Angst, als er den Zug nach Berlin bestieg? Immerhin war es seine erste Reise seit jener fatalen Mission im Juni 1940, die ihn beinahe das Leben gekostet hätte. Diesmal ging es zwar über eine weniger riskante Strecke und, wie es anfangs schien, unter weniger abenteuerlichen Umständen, doch ein Risiko war es allemal.

Jan Karski: *Natürlich war dazu Mut nötig. Doch in meinem Fall war es noch etwas anderes: Ich hatte keinen Zweifel, dass ich für diese Mission geeignet war. Ich glaubte einfach an mich. Weil mir doch meistens alles gelang. Und außerdem: Ich beherrschte Fremdsprachen, ich kannte Europa, ich war gesund, sportlich. Es gab damals nicht viele junge Polen, die diese Qualifikationen hatten. Und die, die sie hatten, befanden sich längst im Westen. Es war also ganz einfach: Ich wollte mich wieder nützlich machen.*[1]

Die Fahrt nach Berlin verlief nach Plan, wenn man einmal von der quälenden Langsamkeit des Zuges absieht. Erst am nächsten Morgen kam er in der Reichshauptstadt an, wo er eine Pause von mehreren Stunden hatte. Wie verbrachte er diese Zeit wirklich? Denn die Situation, die er in *Mein Bericht* schildert – der Besuch bei Bekannten aus der Vorkriegszeit, die sich plötzlich als begeisterte Hitler-Anhänger entpuppt hätten –, war reine Erfindung. Man muss das auch nicht unbedingt wissen, um den falschen Ton seiner Schilderung zu spüren: Ein Mann, der in geheimer Mission durch Nazideutschland reist und allein durch sein Äußeres – geschwollenes Gesicht, ausgeschlagene Zähne, Narben an den Handgelenken – nicht gerade ein Musterbeispiel an Unauffälligkeit abgibt, besucht ein seit Jahren nicht gesehenes deutsches Geschwisterpaar: Rudolf und Berta Strauch. Er merkt zwar schnell ihren Gesinnungswandel, diskutiert aber trotzdem mit ihnen über die Judenvernichtung und liefert ihnen auch noch, als Antwort auf ihre eifrig deklamierten Nazi-Parolen, eine genaue Beschreibung dessen, was er im Ghetto und im Lager gesehen hatte – und was in Warschau nicht einmal Freunde aus dem Untergrund erfahren durften. Kein Zweifel: Er und sein Literaturagent waren sehr darauf bedacht, dem amerikanischen Publikum ein spannendes Buch zu liefern.

Die nächste Station, die er nach stundenlanger Weiterfahrt durch Deutschland und Belgien erreichte, war Brüssel. Von hier ist nur eine Episode überliefert, deren Hauptakteure ein mitfühlender belgischer

Mitreisender und eine tatkräftige deutsche Krankenschwester waren. Er ließ sich nicht davon abbringen, Jan zu einer Station des Deutschen Roten Kreuzes zu begleiten. Sie behandelte seinen Mund mit Peroxid, gab ihm ein Beruhigungsmittel und entließ ihn mit der Empfehlung, sofort nach der Ankunft einen Arzt aufzusuchen und sich in Zukunft besser um seine Zähne zu kümmern.

Und dann endlich Paris, dessen Atmosphäre Jan nach eigenen Worten als unerträglich empfand. Die Stadt seiner Träume, an der er sich bei seinen früheren Besuchen nie sattsehen konnte, wirkte jetzt verarmt und heruntergekommen, die einstige Prachtmeile Champs-Elysées – trostlos und verlassen. Durch keine optischen Reize abgelenkt, fand er schnell zu der vereinbarten Kontaktadresse: einem kleinen Kosmetikgeschäft, dessen Besitzer, der Diplomat Aleksander Kawalkowski, Chef aller polnischen Widerstandszellen in Frankreich war. Es gab viele solcher Zellen, in denen, in Übereinstimmung mit dem französischen Widerstand, etwa fünftausend Polen arbeiteten: Militärs, die seit der Kapitulation Frankreichs dort lebten, und Zivilisten, die schon vor dem Krieg da waren.

In Paris tauchten die ersten Schwierigkeiten auf. Kawalkowski konnte zwar dafür sorgen, dass der Schlüssel mit dem Mikrofilm per Diplomatenpost nach London gelangte. Für Jans direkte Beförderung dorthin reichten seine Kontakte aber nicht. Der Kurier musste sich auf einen Umweg und davor auf einen längeren Aufenthalt in Paris einstellen. Zehn Tage lang versuchte er, den Fabrikarbeiter abzugeben, der er laut seiner neuen Papiere war, mit dem Priester auszukommen, bei dem er wohnte, und den Kurzurlaub zu genießen, den ihm Kawalkowski verordnet hatte. Er lief durch die Stadt, besuchte Cafés, Restaurants und Nachtclubs, doch die Urlaubsstimmung wollte sich nicht so recht einstellen. Schließlich durfte er weiterreisen: Nach Lyon, wo ihn Bogdan Samborski, Chef der lokalen Widerstandszelle, übernahm, und von dort nach Perpignan. Dort musste er sich zum dritten Mal in Geduld üben, was daran lag, dass die französisch-spanische Grenze von den Deutschen stärker bewacht wurde.

Nach einigen Tagen in Perpignan erfreute ihn sein dortiger Betreuer mit der Nachricht, er habe einen Mann gefunden, der ihn durch die Pyrenäen führen werde, und drückte ihm dabei die französische Ausgabe von Lenins *Staat und Revolution* in die Hand. Jans neuer Führer, ein Spanier namens José, sei nämlich ein fanatischer Kommunist und habe nur wenig Toleranz für politisch Andersdenkende. Jan erfasste die Situation sofort, lernte den dünnen Band halb auswendig und diskutierte dann mit José die Feinheiten der marxistischen Lehre mit solcher Leidenschaft, dass dieser zu dem hingebungsvollsten Führer wurde, den er je hatte. Er brachte ihn nicht nur sicher über die Berge, sondern reiste auch mit ihm nach Barcelona, wo er ihn im Haus von Bekannten unterbrachte. Sie trennten sich als beste Freunde, und Karski sprach später immer mit größter Sympathie über ihn – trotz seiner tiefen Abneigung gegen den Kommunismus.

Den Rest der Reise sollte er abwechselnd unter dem Schutz der Engländer und Amerikaner absolvieren, oft ohne zu wissen, wer sich gerade um ihn kümmerte. Erst nach vielen Monaten würde er erfahren, dass es sowohl Agenten des amerikanischen Geheimdienstes OSS (*Office of Strategic Services* – Büro für Strategische Aufgaben) als auch der britischen Geheimdienststelle SOE (*Special Operations Executive* – Abteilung für Spezialeinsätze) waren. Gleich am nächsten Tag fuhr eine Limousine mit Nummernschildern des diplomatischen Corps und einem Englisch sprechenden Mann am Steuer vor. Etwa acht Stunden später war er in Madrid, wo ihn zwei Amerikaner empfingen, die alles taten, um seinen Aufenthalt dort so angenehm wie möglich zu machen. Sie brachten ihn in einem luxuriösen Penthouse unter und ließen ihn auf ihre Kosten Kleidung und Kosmetikartikel kaufen. Offenbar wussten sie nicht, dass sie es mit einem Ex-Diplomaten und «Textilexperten» zu tun hatten. Als Jan jedenfalls voll auf ihr Angebot einging, indem er sie auf der Suche nach seidenen Hemden durch die Stadt jagte und sich einen maßgeschneiderten Anzug wünschte, ließ ihre Freundlichkeit ein wenig nach. Er machte dennoch seine Besorgungen – einen Mantel, italienische Schuhe und einen eleganten Koffer eingeschlossen –, und als er nach einer Woche Madrid verließ, war er wieder ganz der Diplomat.

Bald bekam er auch die Gelegenheit, sich als solcher zu üben: Über die spanische Stadt Algeciras, wo ihn seine Begleiter mit dem Auto hingebracht hatten, und nach einer anderthalb Stunden langen Fahrt mit einem Patrouillenschiff der königlichen Marine kam er nach Gibraltar. Am Ufer erwarteten ihn zwei Männer in Zivil, die ihn zu der riesigen, schlossähnlichen Residenz von Frank Nöel Mason-MacFarlane brachten: dem Gouverneur der Kronkolonie, der sich zwar mit keinem Wort nach der Identität seines Gastes erkundigte, ihn dafür aber mit einem sehr eleganten Dinner begrüßte.

Jan Karski: *Es war ein ganzes Zeremoniell. Hinter mir stand ein Butler. Er setzte mir Teller vor, die ihm ein Lakai reichte. Er schenkte mir Wein ein. Ich war so fasziniert, dass ich mein Glas nahm, aufstand und eine kurze Rede hielt: «Ich möchte einen Toast auf die unterdrückten Völker Europas ausbringen, die ihren Kampf nicht aufgeben und sich der Gewalt und dem Faschismus nicht beugen. Ich trinke auf sie.» Niemand bewegte sich, und ich stand da wie ein Idiot. Schließlich begriff ich, dass ich irgendwas falsch gemacht hatte, und setzte mich wieder hin. Einen Moment lang herrschte Stille, dann stand der Gouverneur auf, nahm sein Glas und sagte: «To the King». Alle erhoben sich, um seinem Trinkspruch zu folgen. Erst nachdem wir uns wieder hingesetzt hatten, flüsterte mir der Gouverneur zu: «Sir, in der Residenz eines englischen Offiziers trinkt man immer zuerst auf die Gesundheit des Königs.»*[2]

Am nächsten Morgen ging es schon weniger elegant zu: Das Flugzeug, das Jan bestieg, war eine einfache Frachtmaschine, unbeheizt und mit geringem Sitzkomfort. Nach etwa acht Stunden Flug, vor Kälte zitternd und in Gesellschaft von vier schweigenden Männern, traf er endlich am Abend des 25. November 1942 auf einer Royal Air-Force-Basis bei London ein.

Zu seinem Erstaunen wurde er dort nicht von einem Mitarbeiter der polnischen Regierung, sondern von zwei Briten empfangen. Sie brachten ihn auch nicht in die Londoner Innenstadt, sondern in den Vorort Wandsworth, wo sich eine Einrichtung befand, von deren Existenz er noch nie gehört hatte: die *Royal Victoria Patriotic School* (RVPS), eine Auffangstelle für Ausländer, deren Identität und Absichten Zweifel der Briten weckten. Sie wurden dort so lange festgehalten, bis der britische Spionageabwehrdienst MI5 (*Military Intelligence, Section 5*) ihren Fall geklärt hatte. Die Vorsicht war berechtigt: In der Vergangenheit waren etliche Personen, die sich als Kriegsflüchtlinge ausgaben, als Nazi-Spione enttarnt worden. Ähnlich würde man nun auch mit ihm verfahren, erfuhr Karski von Malcolm Scott, dem freundlichen Offizier, der ihn empfangen hatte. Es half nichts, sich auf den Status des diplomatischen Kuriers zu berufen und einen Anruf im Büro des Premierministers

Sikorski zu fordern. Major Scott hatte auf alles, übrigens in fließendem Polnisch, nur eine Antwort parat: Karski werde in der RVPS so lange bleiben, bis er ihm alle gewünschten Selbstauskünfte geliefert habe.

Nach zwei Tagen hatte Jan beschlossen, seinen Gegenspieler zu überlisten: Er stimmte einem Verhör zu und überschüttete Scott mit falschen Informationen und erfundenen Namen. Ob dieser ihm seinen plötzlichen Kooperationseifer wirklich glaubte, konnte er nicht einschätzen. Umso mehr freute er sich aber, als er plötzlich – nach längerer Pause – wieder ein vertrautes Gesicht sah: Paweł Siudak, sein Bekannter aus Angers und nun enger Mitarbeiter von Innenminister Stanisław Mikołajczyk, war gekommen, um ihn aus den Händen der Briten zu befreien.

Am 28. November 1943 war er endlich in London. Nach knapp zwei Monaten, wie alle seine Biographen behaupten. Nach einundzwanzig Tagen, wie er in *Mein Bericht* schrieb und später mehrmals mit Stolz betonte (was allein wegen der vielen ausgedehnten Zwischenstopps kaum möglich war). Paweł Siudak brachte ihn in seiner Wohnung unter und erklärte, der Schlüssel mit dem kostbaren Mikrofilm sei schon seit zehn Tagen in London, und das darin enthaltene Material befinde sich im letzten Stadium der Bearbeitung und werde demnächst den Briten in Form einer diplomatischen Note vorgelegt. Falls Jan etwas hinzufügen wolle, werde man ihm eine Stenotypistin schicken.

Gegen Abend kam Minister Mikołajczyk vorbei. Er begrüßte Jan sehr herzlich, sprach ihm seine Anerkennung aus und bat um die ersten Nachrichten aus der Heimat. Doch seine Jovialität kam bei dem Kurier nicht gut an: Die Erinnerung an die Schreckensbilder aus Polen, die Strapazen der Reise, die Anspannung, die auf einmal von ihm abfiel – all das bewirkte, dass er plötzlich einen Nervenzusammenbruch erlitt.

Jan Karski: *Ich kann mich selbst nicht mehr daran erinnern, so durcheinander war ich damals. Doch angeblich fing ich an zu schreien, dass man mich sofort zu Churchill führen solle. Worauf Mikołajczyk sagte: «Jetzt beruhigen Sie sich doch. Sie müssen erst mal zu sich kommen.» Sie hielten mich für halb verrückt und behandelten mich entsprechend. Die ersten paar Tage durfte ich die Wohnung nicht verlassen und mit niemandem telefonieren. Ich verhielt mich auch wirklich nicht normal. Und ich erwartete offenbar zu viel. Ich dachte, alle würden sich sofort für mich interessieren, und Churchill würde auf der Stelle etwas unternehmen.*[3]

Er wusste in dem Moment noch nicht, dass kurz vor seiner Ankunft, am 24. November, die erste Zusammenfassung des Materials, das sich auf dem Mikrofilm befand, an die Presse weitergegeben worden war. Der zweiseitige Text fand zwar nicht die erwartete Beachtung, wurde oft mit nur kurzen und auf den hinteren Seiten abgedruckten Meldungen bedacht. Doch es war, wie man heute weiß, eine wichtige, wenn nicht gar entscheidende Bestätigung der Informationen, die in den Monaten davor in den Westen durchgesickert waren, allen voran der alarmierenden Nachricht, die Gerhart Riegner, Leiter des Genfer Büros des Jüdischen Weltkongresses, erhalten hatte.

Im Juli 1942 wurde Riegner von einem deutschen Industriellen kontaktiert, der behauptete, aus sicheren Quellen zu wissen, dass die Nazis demnächst mit der Endlösung beginnen würden. Es war von dreieinhalb bis vier Millionen Juden die Rede, die aus allen deutsch besetzten Ländern nach Polen gebracht und dort ermordet werden sollten. Riegner schickte sofort ein Telegramm an Stephen Wise, den Präsidenten des Jüdischen Weltkongresses in New York, das dieser allerdings erst nach drei Wochen erhielt. So lange wurde es nämlich vom US-Außenministerium zurückgehalten, das Wise außerdem verpflichtete, den Inhalt des Telegramms drei Monate lang geheim zu halten (was die *New York Times* nicht davon abhielt, bereits am 3. September 1942 von zwei Millionen Toten zu berichten). Beides wurde damit begründet, dass man unbedingt eine Bestätigung aus anderen Quellen brauche.

Erst an jenem 24. November durfte Wise eine Pressekonferenz einberufen und den Inhalt des Telegramms bekanntgeben: Er war – offenbar aufgrund des Warschauer Mikrofilm-Materials – von den Mitarbeitern des Außenministeriums bestätigt worden. Die Enthüllungen waren zwar auch den amerikanischen Zeitungen keine Titelseite wert, und das Treffen der höchsten jüdischen Funktionäre mit Präsident Roosevelt am 8. Dezember endete mit keiner offiziellen Erklärung. Doch der Druck der Öffentlichkeit auf die Regierung wurde immer stärker, die Forderung, endlich etwas zu unternehmen, um den Mord an den europäischen Juden zu beenden, immer lauter.

Nicht anders war es in London. Am 26. November trafen A. L. Easterman, Repräsentant des Jüdischen Weltkongresses in London, und Sydney Silverman, ein Labour-Abgeordneter, mit Richard Law, dem Stellvertreter des Außenministers Eden, zusammen, legten ihm die

Kurzfassung des Mikrofilm-Materials vor und verlangten sofortiges Handeln. Am nächsten Tag fasste der polnische Nationalrat einen Beschluss, in dem er gegen den Massenmord an den Juden protestierte und ebenfalls das Eingreifen der Alliierten forderte.

All das erfuhr Karski erst später (manchmal erstaunlich spät), die Zwangsisolierung, in der er sich nach seiner Ankunft befand, musste er aber schon nach einem Tag unterbrechen, um Premierminister Sikorski zu treffen. Die Eile hatte ihren Grund: Am 1. Dezember brach der General zu einer zweimonatigen Reise auf. Offiziell hieß es, er würde die polnischen Streitkräfte in Schottland inspizieren, in Wirklichkeit aber fuhr er nach Amerika, Kanada und Mexiko. Er wollte mit Präsident Roosevelt und einigen weiteren US-Politikern sprechen und unter den Exilpolen für die Politik seiner Regierung werben. So empfing er Jan zwar viel freundlicher als seiner Zeit in Frankreich, hatte aber für ihn nur sehr wenig Zeit. Er empörte sich kurz über seine Festnahme bei der RVPS, bat ihn, alle wichtigen Informationen Stanisław Mikołajczyk zu übermitteln, versprach, sie würden das Gespräch nach seiner Rückkehr nachholen, und machte schließlich eine wichtige Ankündigung: Er werde ihm das Silberne Kreuz des Ordens Virtuti Militari, der höchsten polnischen Militärauszeichnung, verleihen.

Das war zwar eine erfreuliche Nachricht, aber doch nicht die Art Begrüßung, die Jan erwartete. Weiterhin stark aufgewühlt, machte er sich daran, die ersten Berichte zu verfassen. Schon am 30. November formulierte er eine vierseitige *Notiz für die polnische Regierung über Jan Karskis Mission in London*, gleich danach fing er an, der sichtlich überforderten Stenotypistin einen Rapport über die Situation der Juden zu diktieren. Als die Frau ihn bat, langsamer und deutlicher zu sprechen, bekam er einen Wutanfall und warf sie kurzerhand aus der Wohnung.

Erst nach einigen Tagen bekam er die Gelegenheit, einen langen und systematischen Bericht zu verfassen: Sikorskis Sekretär, Adam Kułakowski, gab ihm eine Liste von Fragen, die der General für ihn hinterlassen hatte. Er möge sie möglichst ausführlich beantworten, so seine Anweisung, doch ohne auf Stil und Form zu achten – die Antworten seien allein für ihn bestimmt. In den nächsten Wochen verbrachte Jan also viel Zeit im «Palais Rothschild», dem Regierungssitz an Kensington Palace Gardens, um der Sekretärin Walentyna Pacewicz seinen Bericht zu diktieren. Es ging dabei vor allem um politische Fragen – die Programme der Parteien, die Arbeit des Regierungsbeauftragten, die Konflikte innerhalb des Untergrunds oder das Verhältnis der Polen zu der Exilregierung –, manchmal aber auch um militärische Details. «Wie ist der Stab des Oberkommandierenden der Heimatarmee organisiert (Abteilungen, Personalien, Arbeitsbedingungen etc.)?», lautete gleich die erste Frage des Generals, die, wie man meinen könnte, Karskis Kompetenz weit überstieg. Die entsprechenden Stellen seines Berichts zeigen aber, dass er sich in der Struktur der Heimatarmee recht gut auskannte. Genauso gewissenhaft beantwortete er alle anderen Fragen, zumal er nicht wusste, dass alle Kuriere, die zwischen Warschau und London kursierten, solche Berichte schreiben mussten. Keiner von ihnen war allerdings so ausführlich und fundiert wie sein Text: Die letzte Fassung bestand aus 26 Kapiteln und gilt heute als eine der wichtigsten Quellen zu der deutschen Okkupation in Polen.

Nach einigen Tagen in Siudaks Wohnung hatte sich Jans Zustand so weit gebessert, dass er seinen ersten offiziellen Termin wahrnehmen konnte: Am 2. Dezember traf er die beiden jüdischen Mitglieder des Nationalrates, Szmul Zygielbojm von dem sozialistischen «Bund» und den Rechtsanwalt Ignacy Schwarzbart, der die Zionisten vertrat. Die beiden Männer empfingen ihn in einem Konferenzzimmer von Stratton House, dem Sitz des polnischen Innenministeriums, und lauschten angespannt seinen Worten. Jan gab sich größte Mühe, um ihnen die Dramatik der Situation zu schildern und alle ihre Fragen zu beantworten. Schließlich sagte er, er habe noch eine Nachricht, die nur für Herrn Zygielbojm bestimmt sei. Erst nachdem Schwarzbart den Raum verlassen hatte, übermittelte er dem «Bundisten» den Rest von Feiners Botschaft: den Ruf nach Vergeltungsmaßnahmen und die dringende Bitte um Taten, die eine starke Signalwirkung hätten – am besten einen öffentlichen Hungerstreik. Zygielbojm hörte ihm zwar aufmerksam zu, reagierte aber auf eine Art, die das Gespräch nicht gerade einfacher machte.

Jan Karski: *Er war unangenehm, nervös, misstrauisch, verlor immer wieder die Selbstbeherrschung. Die ganze Atmosphäre war unangenehm. Plötzlich sagte er: «Sie sind aber kein Jude?» Dann wollte er meine Handgelenke sehen. Und als er die Botschaft aus Warschau hörte – dass die Juden im Westen vor den Augen der Öffentlichkeit sterben sollen –, sprang er auf und fing an zu schreien: «Das ist doch Wahnsinn! Purer Wahnsinn! Glauben Sie wirklich, dass die Briten das zuließen?! Sie würden doch gleich die Polizei holen!»*[4]

Szmul Zygielbojm in seinem Londoner Büro, um 1943

Wie sich bald zeigte, nahm Szmul Zygielbojm die Forderungen aus Warschau doch ernst: Zwei Wochen später hielt er über die BBC eine Rede, in der er es als eine Schande bezeichnete, in einer Welt weiterzuleben, die nichts unternehme, um dem größten Verbrechen in der Geschichte der Menschheit Einhalt zu gebieten. Zu diesem Zeitpunkt ahnte noch niemand, wie wörtlich er es meinte.

Für Jan begann nun die Zeit der Begegnungen mit den wichtigsten polnischen Exilpolitikern: Am 9. Dezember wurde er von Staatspräsident Władysław Raczkiewicz empfangen, dem er unter anderem die Bitte der jüdischen Anführer übermittelte, sich an Pius XII. zu wenden. Der Präsident gab ihm zwar zu verstehen, dass seine Handlungsmöglichkeiten sehr begrenzt seien, versprach aber trotzdem, einen Brief nach Rom zu schicken. Und das tat er auch: Er wandte sich an den Papst mit einem dramatischen Appell, seine Stimme zu erheben und die Massenmorde als Verstoß gegen die Gesetze Gottes zu verurteilen. Wochen später soll er darauf eine sehr knappe und kühle Antwort erhalten haben.

Gab es damals noch einen zweiten Brief an das Oberhaupthaut der katholischen Kirche? Einen, der aus dem Büro des Premierministers

Sikorski abgeschickt wurde? Viele Jahre später jedenfalls, im Frühjahr 1994, wird der damals in Italien lebende Exilschriftsteller Gustaw Herling in seinem Tagebuch notieren, er habe im *Corriere della Serra* die Zusammenfassung einer auf Karskis Erzählung basierenden Sendung des französischen Fernsehens gelesen, die vom Schweigen Pius' XII. gehandelt habe:

Gustaw Herling: *Karski hatte aus dem Warschauer Ghetto einen an Sikorski gerichteten Brief mitgebracht, den dieser durch den Botschafter Papée dem Papst überreichen ließ. Pius XII. reagierte ungehalten: «Offensichtlich hat euer General meine letzte Rede nicht aufmerksam studiert. Sie enthielt einen 15 Sekunden langen, allgemeinen Einschub über die Leiden der Menschen ohne jede Spezifizierung.»*[5]

Seinen Bericht durfte Karski auch vor dem geschlossen versammelten Ministerrat halten – und somit vor dem Außenminister, Edward Graf Raczyński, den er aus der Zeit seines Praktikums in London kannte. Damals hatte Raczyński nur als polnischer Botschafter fungiert, jetzt (nachdem sein Vorgänger, August Zaleski, 1941 zurückgetreten war) hatte er auch den Posten des Außenministers inne. Als er nun Karski zuhörte, nahm er den polnischen Teil seines Berichts zwiespältig auf. «Die Tapferkeit unserer Widerstandskämpfer ist von höchster Qualität, ebenso wie ihr Patriotismus und Idealismus», notierte er später in seinem Tagebuch. «Daneben gibt es aber, wie immer, verbissene Parteimachtkämpfe, Intoleranz und Boshaftigkeit.»[6] Von dem jüdischen Teil indes war er erschüttert und gab dem auch in seiner bereits erwähnten diplomatischen Note zum Judenmord in Polen deutlich Ausdruck.

Am 10. Dezember 1942 legte Graf Raczyński nämlich einen langen, aus einundzwanzig Punkten bestehenden *Bericht des polnischen Außenministers an die alliierten Regierungen über die Judenvernichtung in Polen* vor, der sowohl auf dem Mikrofilm-Material als auch auf Karskis mündlichem Bericht basierte. Die neuesten Meldungen, schrieb er, würden den Eindruck bestätigen, «dass die Deutschen eine völlige Vernichtung sowohl der jüdischen Bevölkerung in Polen als auch jener Juden anstreben, die zu Tausenden aus West- und Mitteleuropa und aus dem Deutschen Reich nach Polen gebracht werden.»[7] Darauf folgte der Hinweis, dass er neue, «in den letzten Monaten aus Polen eingetroffene, vollständig bezeugte Informationen» besitze, die er «allen zivilisierten Ländern zur Kenntnis geben»[8] wolle. Und schließlich eine genaue Chronik der Ereignisse, von der Entstehung des Warschauer Ghettos im Oktober 1940 bis zu den Deportationen im Herbst 1942. Der Bericht endete mit der Bemerkung, die polnische Regierung betrachte es «als ihre Pflicht, sich an die Regierungen der alliierten Nationen zu wenden», und vertraue darauf, «dass sie es auch als notwendig erachten werden, nicht nur die Verbrechen zu verurteilen, sondern auch nach Mitteln zu suchen, die die Deutschen davon abhalten würden, ihre Methoden der Massenvernichtung weiterhin anzuwenden.»[9]

Die wichtigste Folge von Raczyńskis Note war eine gemeinsame Erklärung der Regierungen Großbritanniens, der USA und der Sowjetunion sowie neun weiterer Länder, darunter Polens, in der die verbrecherische Judenpolitik der Nazis scharf verurteilt wurde. Die Erklärung wurde am 17. Dezember im britischen Parlament von Außenminister Anthony Eden verlesen und noch am selben Tag von der BBC bekanntgegeben. Allerdings wurden darin weder konkrete Gegenmaßnahmen noch die Zahl der Ermordeten genannt – es war lediglich von der Bestrafung der Schuldigen nach dem Krieg die Rede.

Auch Edward Raczyński selbst sprach an diesem Tag in der Abendsendung der polnischen BBC-Sektion und bezog sich dabei erneut auf Karski. Er hatte seinen Bericht zweimal gehört: zunächst zusammen mit dem Kabinett und dann bei sich zu Hause, in Anwesenheit seiner Frau. Es war am 12. Dezember, wie er in seinem Tagebuch festhielt.

Edward Raczyński: *Herr Karski kam zu uns zum Abendessen und blieb bis zur Mitternacht. Er sagte unter anderem, die Gestapo würde viel über den politischen Untergrund in Polen wissen und vermutlich mit der Zeit alle verhaften. Etwas mehr Vertrauen hatte er in die Zukunft der militärischen Organisationen, die dynamischer und besser getarnt seien. Es war eigenartig, diese Worte aus dem Mund eines Mannes zu hören, der es vorhatte, bald dorthin zurückzukehren.»*[10]

Dies sollte doch nicht so schnell geschehen. Karski hatte zwar am 4. Dezember ein Telegramm nach Warschau geschickt, dass er seine Rückkehr für Ende Januar plane. Schon bald begann er aber zu ahnen, dass er sich auf einen längeren Aufenthalt in London einstellen musste. So schickte er einen Geldbetrag in Höhe von 2500 Dollar, den er nach seiner Ankunft bekommen hatte, über die Kurierkanäle nach Polen – mit der Bitte, ihn unter seinem Bruder, seiner Nichte, Zofia Kossak und Renée zu verteilen. Und er schlug vor, an seiner Stelle Jerzy Lerski nach Warschau zu schicken. Er hatte den Freund seit dem Treffen in Angers nicht gesehen, ihre damalige Vereinbarung, sich eines Tages in einem Kurier-Wettkampf zu messen, galt aber in seinen Augen immer noch.

Leutnant Jerzy Lerski befand sich in Schottland, wo ein Teil der polnischen Armee stationiert war, als ihn die Nachricht erreichte, dass er sich so bald wie möglich in London melden solle. Schon in der zweiten Dezemberhälfte sprach er bei Stanisław Mikołajczyk vor – bereit, die neue Aufgabe sofort zu übernehmen. Daraufhin wurde er von Paweł Siudak vereidigt, nahm den Decknamen «Jur» an (den Untergrundmitgliedern wurde empfohlen, ein möglichst kurzes Pseudonym zu wählen) und fing an, sich auf seine Reise vorzubereiten.

Jerzy Lerski: *Am dringendsten erschien es mir, Karski zu kontaktieren. Er war zwar nach seinen dramatischen Erlebnissen im Gefängnis und im Krankenhaus immer noch geschwächt, machte aber psychisch einen sehr starken Eindruck. Wir feierten gemeinsam den Heiligen Abend 1942 im Festsaal der polnischen Kirche an der Devonia Road, als Gäste des Pfarrers Władysław Staniszewski. Wir saßen am Ehrentisch, zusammen mit Minister Raczyński, seiner Frau und einigen weiteren Mitgliedern der Regierung.*[11]

Die Kirche an der Devonia Road war übrigens eine der ersten Londoner Adressen, die Karski nach seiner Ankunft aufsuchte: Er erzählte Pater Staniszewski von der Abschiedsmesse in Warschau, woraufhin dieser ihm die mitgebrachte Hostie als Kommunion überreichte und das Medaillon als Votivgabe abnahm. Jan war in Begleitung von Paweł Siudak gekommen, doch er hätte gewiss auch allein hingefunden. Er kannte ja die Stadt aus der Vorkriegszeit. Damals, als er sein monatelanges Praktikum absolvierte, will er bei seinen Erkundungen die Bücher von Charles Dickens als literarische Stadtführer benutzt haben. Jetzt mussten ihm die Spuren des Krieges als Wegweiser durch das neue London genügen: die Bombeneinschläge, die ausgebrannten Fenster, die Sperrballons am Himmel über der Stadt.

Viel Zeit für Spaziergänge hatte er allerdings nicht, denn nun waren die Gespräche mit den einzelnen Politikern an der Reihe. Anfangs, als er nach einem Eingriff, bei dem die Narben an seinen Handgelenken behandelt wurden, ein paar Tage die Wohnung von Paweł Siudak hüten musste, kamen seine Gesprächspartner dorthin. Später traf er sie an verschiedenen Orten: in ihren Büros, in Privatwohnungen, in Cafés und Restaurants. Langsam gewöhnte er sich an seine neue Rolle, an den hektischen Tagesablauf und vollen Terminkalender. Er schien auch zunehmend Gefallen daran zu finden, Teilnehmer dieses politischen Spiels zu sein, das er nun täglich erlebte. Mal diskutierte er mit dem Sozialisten Adam Ciołkosz über die Zukunft seiner gespaltenen Partei. Mal versuchte er die Absichten des jovialen, aber völlig undurchschaubaren Nationalistenführers Tadeusz Bielecki zu erraten, der als einer der größten Feinde Sikorskis galt. Mal sprach er mit Prälat Zygmunt Kaczyński – der für die Kontakte zwischen der Exilregierung und dem in Rom residierenden polnischen Primas August Hlond zuständig war – über die Situation der Juden.

Auch mit Jerzy Lerski verbrachte er viele Stunden, um ihn genau über die komplizierten Untergrundstrukturen und heiklen persönlichen Beziehungen zwischen den Warschauer Politikern zu informieren. Es lag ihm viel daran, dass der «Rivale» seine Aufgabe möglichst gut erfüllte.

Jerzy Lerski: *Karskis Berichte waren so frisch und präzise, dass ich schon Ende Dezember 1942 begann, mich in die Atmosphäre des Untergrunds und in die komplexe Problematik einzufühlen. Auf Mikołajczyks Anweisung wurde eine detaillierte Liste der Untergrundanführer zusammengestellt, mit all ihren Pseudonymen und Aufgaben. Ich konnte also die ganze personelle Struktur schon im Voraus auswendig lernen. Und ich teilte Karskis Ansicht, dass wir, die Kuriere zwischen dem Untergrund in Polen und den Politikern im Exil, versuchen sollten, alle Animositäten und Vorurteile zu lindern, statt noch zusätzlich Öl ins Feuer der alten politischen oder persönlichen Streitereien, Intrigen und Konflikte zu gießen.*[12]

Lerskis Mission wurde ein voller Erfolg: In der Nacht vom 20. auf den 21. Februar 1943 sprang er mit dem Fallschirm über Polen ab, erreichte nach wenigen Stunden Warschau, nahm Kontakt zu den Anführern der Untergrundbewegung auf und richtete ihnen die Antworten aus London mit der gleichen Präzision aus, die sie von Karski gewohnt waren.

Währenddessen wurde dieser immer mehr in die Arbeit der Exilregierung eingeweiht, und Ende des Jahres durfte er sogar ihr bestgehütetes Geheimnis kennenlernen: den Radiosender *Świt* (Morgengrauen), der Nachrichten und Bekanntmachungen des Untergrunds nach Polen ausstrahlte. Der Grund für die strenge Geheimhaltung: Der Sender, in dem ein kleines Team arbeitete und der dem Innenminister Mikołajczyk und dem Nachrichtendienst des britischen Außenministeriums unterstand, hatte seinen Sitz in Bletchley, jener Kleinstadt nördlich von London, in der sich auch, auf dem Landsitz Bletchley Park, die berühmte «Code- und Chiffren-Schule» des britischen Geheimdienstes befand. Der Sender versuchte jedoch, den Anschein zu erwecken, als würde er sich in Polen befinden. Mit Erfolg: Dass er in Wirklichkeit von dort per Funk mit aktuellen Meldungen versorgt wurde – von einer Gruppe, die unter der Leitung von Stefan Korboński, dem Ex-Kandidaten für den Posten des Regierungsbeauftragten, arbeitete –, wussten nur wenige.

Im Januar 1943 begann Karskis gelegentliche Zusammenarbeit mit dem Sender *Świt*. Offenbar vertraute man aber auch auf seine Meinung zu der allgemeinen Frage der Berichterstattung nach Polen, denn er war der erste Kurier, der von dem damaligen Informationsminister Stanisław Stroński zu einer diesem Thema gewidmeten Konferenz eingeladen wurde. Unter den Gästen war auch der Dichter und Publizist Antoni Słonimski, der sich noch Jahre später an diese erste Begegnung mit Karski gut erinnern konnte.

Antoni Słonimski: *Er war zurückhaltend, ernst und erinnerte an die jungen Aufständischen auf den Bildern von Artur Grottger oder anderen romantischen Malern des 19. Jahrhunderts. Hauptthema der Konferenz waren die Sendungen unserer BBC-Sektion. Was soll man nach Polen senden? Stroński sprach sich für die Priorität streng militärischer Informationen aus. Die Menschen dort würden beim Radiohören ihr Leben riskierten, es habe also keinen Sinn, ihnen patriotische Lieder und Gedichte zu servieren. In dem Moment warf Karski ein, der Gedanke sei richtig, was allerdings die Poesie betreffe, stimme er nicht ganz zu, weil sie doch eine positive Wirkung habe, vor allem wenn es solche Gedichte seien wie das, dessen Autor sich gerade hier befinde. Jeder bezog diese Bemerkung auf sich selbst, und Stroński, der witzig sein wollte, sagte: «Das sind ja alarmierende Nachrichten.» Worauf Karski ruhig antwortete: «Ja, ich meine eben das Gedicht ‹Alarm› von*

Antoni Słonimski.» Ich muss zugeben, obwohl ich schon damals ein alter Schurke war, schnürte es mir die Kehle zu.[13]

Die kleine Kolonie der Londoner Exilpolen bestand in erster Linie aus Regierungsbeamten und Militärs, es waren aber auch einige Künstler, Journalisten und Schriftsteller unter ihnen, wie Antoni Słonimski eben oder die bekannte Prosaschriftstellerin Maria Kuncewiczowa. Und da die Kriegszeit in London nicht nur im Leben jedes Einzelnen von ihnen, sondern auch in der Geschichte der polnischen Emigration ein Neuanfang war – bis dahin hatten sich die Polen vor allem nach Paris orientiert –, blieben sie weitgehend unter sich. Sie trafen sich in Privatwohnungen und neugegründeten Clubs, um ihre Alltagssorgen und den neuesten Tratsch auszutauschen und vor allem über die Politik zu reden. Schließlich stand dabei die Zukunft Polens, also auch ihre eigene, auf dem Spiel.

Am 19. Januar 1943 war die Personifizierung ihrer Hoffnungen, Premierminister Sikorski, endlich wieder in London. Er wirkte optimistisch, denn die Gespräche mit Präsident Roosevelt und anderen US-Politikern hatten bei ihm den Eindruck geweckt, Polen habe in Amerika einen treuen Verbündeten, der seine Interessen um jeden Preis schützen werde. Noch am selben Tag ließ er Karski ausrichten, er wolle ihn dringend sprechen, doch nicht in seinem Büro, sondern am Abend in seiner Residenz in Iver bei London. Seine Anordnung resultierte allerdings nicht aus dem Wunsch, mit dem Kurier die gute Laune zu teilen. Im Gegenteil.

Jan Karski: *Sobald ich mich hingesetzt hatte, fing er an, mich anzuschreien. «Was um alles in der Welt machen Sie da?! Kaum bin ich zurück, schon rennen mir all diese ‹Politikexperten› die Tür ein. Jeder belehrt mich darüber, was die Menschen in Polen wollen und wie das Land nach dem Krieg auszusehen hat. Und jeder beruft sich dabei auf Sie! Was hat das alles zu bedeuten?! Sie sagen doch jedem genau das, was er hören will! Dem Chef der Nationalisten haben Sie wahrscheinlich gesagt, das Volk wünsche sich ein faschistisches Polen, und er werde sein Führer sein!» Mein Herz blieb stehen, doch ich versuchte, Ruhe zu bewahren, und antwortete, ich hätte niemanden etwas gesagt. Ich wisse gar nicht, wie die politischen Machtverhältnisse in Polen seien, und hätte jedem nur das ausgerichtet, was mir seine Leute in Warschau unter Eid aufgetragen hätten.*[14]

Sikorski akzeptierte zwar diese Entschuldigung, kündigte aber an, eine Sitzung des Ministerrates einzuberufen, bei der Karski eine Erklärung abgeben werde: Er solle öffentlich das wiederholen, was er ihm soeben gesagt habe (was Jan auch tat). Nach diesem Wortwechsel schien sich die Laune des Generals langsam zu bessern, doch nicht für lange: Als Karski sich beklagte, dass er bis dahin weder britische Politiker noch Vertreter der jüdischen Kreise Großbritanniens habe sprechen können und dass man die Dringlichkeit der Hilferufe seiner jüdischen Auftraggeber bislang völlig ignoriert habe, wurde er wieder ungehalten. Er warf ihm Ignoranz und Undankbarkeit vor und zählte alle Schritte auf, die seine Regierung in den letzten Wochen unternommen hatte.

Erst beim Abendessen, an dem auch Helena Sikorska, die Frau des Generals, teilnahm, ließ die Spannung allmählich nach. Danach blieben die beiden Männer wieder allein, und Sikorski ließ sich von Jan den ersten mündlichen Bericht über die Situation in Polen erstatten. Nach diesem Teil des Gesprächs, das sie noch am nächsten Tag fortsetzten, teilte er ihm mit, er wolle ihn in seiner Nähe haben und werde ihn deshalb ab sofort in seinem Sekretariat beschäftigen. Dann inspizierte er kritisch sein Äußeres und gab ihm die Anweisung, so schnell wie möglich einen Zahnarzt aufzusuchen: Ein Offizier und Regierungskurier mit fehlenden Vorderzähnen – selbst wenn es ein Werk der Gestapo sei – werde auf die Briten bestimmt keinen guten Eindruck machen. Er überreichte ihm auch ein Geschenk, ein silbernes Zigarettenetui, auf dem sein Name eingraviert war, und sagte schließlich, er werde ihm in den nächsten Tagen das versprochene Silberne Kreuz des Ordens Virtuti Militari verleihen.

Was weder Sikorski noch Karski damals wussten (und Letzterer erst in den neunziger Jahren erfuhr): Der Orden war dem Kurier schon einmal verliehen worden. Er hatte ihn von General Stefan Rowecki, dem Kommandanten der Untergrundstreitkräfte, im Februar 1941 *in absentia* bekommen. Die Londoner Zeremonie fand demnach genau zwei Jahre später statt: am 3. Februar 1943 im «Rothschild Palais» im Beisein mehrerer Regierungsmitglieder und hoher Militärs. Das «polnische London» hatte einen neuen Helden und strömte umso zahlreicher zu seinen Vorträgen, mit denen er auf General Sikorskis Wunsch wenige Wochen später begann.

Maria Kuncewiczowa

DER UNBEKANNTE

Ein Intermezzo

Die Mitglieder des Komitees kannten sich nur teilweise untereinander, jeder sah also aufmerksam in die Runde, um unter den fremden Gesichtern das des Besuchers von *dort* zu erraten. Nach einer Weile konzentrierten viele ihre Aufmerksamkeit auf einen dünnen Herrn mit feinen Gesichtszügen und einem neurasthenischen Nebel um die Augen. Die Frauen lächelten ihn verstohlen an und neigten dabei die Köpfe, und die Männer umgekehrt – wandten den Blick von ihm ab. Schließlich setzte sich der Minister an seinen Schreibtisch, und die anderen ließen sich in die Sessel fallen, rutschten mit den Stühlen hin und her, räusperten sich.

«Sie erlauben», sagte der Minister, «dass ich in Ihrem Namen unseren teuren Gast begrüße. Ich hatte schon mehrmals das große Glück und Vergnügen, mit ihm zu reden. Aber ich zweifle nicht daran, dass ich auch in Ihrem Sinne spreche, wenn ich noch einmal meine Freude darüber zum Ausdruck bringe, den Gesandten der Heimat unter uns zu haben.»

Während der Minister so sprach, wanderten die ehrfürchtigen Blicke vieler Versammelter zu dem dünnen Herrn. Unterdessen bewegte sich jemand lebhaft auf einem Stuhl in der Nähe des ministerialen Schreibtisches, und erst in dem Moment stellte man fest, dass eben dort und nirgendwo anders derjenige saß, den *niemand* kannte.

Er war jung, hochgewachsen, dunkel; sein Anzug und seine Krawatte waren so gut, dass fast unsichtbar. Weder die Farbe noch der Schnitt dieser Sachen waren aus dem allgemeinen guten Eindruck herauszufiltern. Einen Zettel in der Hand, saß er auf seinem Stuhl auf eine leichte, schmale Art, als wollte er Platz und Aufmerksamkeit der Anwesenden sparen. Er hielt die Augenlider gesenkt, seine breiten Augenbrauen drückten Ruhe aus. Selbst als die Blicke aller auf ihn fielen, erzitterten diese Brauen nicht, und die Lider hoben sich nicht. Der Minister sprach weiter, indem er das Ziel der Konferenz und das Vortragsthema des Gastes erläuterte. Dabei machte sein Arm, zum Zeichen der Herzlichkeit, eine runde Geste in seine Richtung. «Sind Sie bereit?» – fragte er schließlich. Der Unbekannte hob die Augenlider. Seine Augen waren groß, dunkelblau, wenig beweglich. «Ja», sagte er. «Darf ich näher an den Schreibtisch rücken, damit ich die gesagten Dinge aus meinem Notizbuch streichen kann?» Sein Lächeln war blitzschnell und restlos. Wie bei einem Kind, hinterließ es nach dem Verschwinden keine Spur eines Gefühls.

Er begann seinen Vortrag mit einer Einschränkung: Er nannte eine ziemlich lange Reihe von erstrangigen Problemen, über die er nicht sprechen wolle. Er steckte exakt das Terrain ab, auf dem man ihm Fragen stellen dürfe. Um von vornherein Missverständnisse auszuschließen, bestimmte er die politische Terminologie und fügte hinzu, es seien «brutale» Bezeichnungen, die den ganzen Inhalt von Erscheinungen, die längst die Bedeutungsgrenzen der vor dem Krieg geltenden Termini überschritten hätten, nicht abdecken würden. Er sprach mit Widerwillen. Bevor er einen Satz hervorbrachte, sah er mit strengem Blick etwas an, was für ihn deutlich erkennbar und für den Rest der Anwesenden unsichtbar war. Offensichtlich passte er seine Worte irgendwelchen fernen Sachverhalten an, die ihn aus ihrem Bann immer noch nicht entlassen wollten. Viele unumstrittene Begriffe bezeichnete er als die «sogenannten»: Die «sogenannte» Heimat. Die «sogenannte» Gesellschaft. Die «sogenannte» Linke oder Rechte. Als er den aktuellen Stand der Dinge charakterisierte (die Charakteristik beschränkte sich auf einige wenige Eigenschaften, die im Rahmen des Vortrags nötig waren), schien er diesen neuen Inhalt zu visualisieren, mit dem die freie Welt nicht vertraut war. Aus diesem Zwang, eine noch nicht benannte Wirklichkeit in die Sprache nicht mehr aktueller Konventionen zu übertragen, resultierten wohl seine Formulierungsschwierigkeiten.

Der Unbekannte drückte sich umsichtig und unpersönlich aus. Er benutzte keine Adjektive, wenn er über die Aktionen des Feindes sprach, aber auch wenn er die Aktionen derjenigen beschrieb, die ihn unter Bedingungen bekämpfen, die dem normalen Kräfteverhältnis hohnsprachen. Über Geld und Todesurteile sprach er in genau demselben Ton. Er sagte zum Beispiel, ohne seine Stimme zu modulieren und mit nur so viel Luft zwischen den Sätzen, wie viel zum Atmen nötig war: «Für die pünktliche Lieferung eines gut lesbaren Radiobulletins werden vertraute Personen gut und regelmäßig bezahlt. Die Todesurteile fürs Radiohören werden unverzüglich vollstreckt. Die Chancen, beim Hören nicht erwischt zu werden, sind unendlich klein. Die Londoner Kommuniqués werden in extenso gedruckt. Die Öffentlichkeit wird schnell informiert.» Es lag darin nichts Künstliches. Nur die Logik. Für die freie Welt eine ungeheuerliche, für die eroberte – eine natürliche.

Das, was er berichtete, sollte zugleich ein Zeugnis für die Arbeit der Emigranten sein. Doch dieses Zeugnis fiel nicht positiv aus.

«Die Menschen dort wollen die Wahrheit hören», sagte er. «Und sie bekommen die Wahrheit. Aber sie müssen sie auf Umwegen suchen. Über die neutralen Länder. Über den *Overseas Service.* Denn von hier kommt sie nicht. Von hier kommt nur der Optimismus. Die Ermunterung. Die Zuversicht. Das ist überflüssig. Dafür lohnt es sich nicht zu sterben.»

Wieder sagte er das Wort «sterben» so, wie man hier «blechen» sagt. In seiner Interpretation wurden diese beiden Tätigkeiten gleichgestellt: das Bezahlen mit dem Leben und das Bezahlen mit dem Geld. Gleichgestellt wurden auch die käuflichen Güter: Hier – ein Mittagessen, ein Anzug. Dort – das Dasein einer Nation, die Ehre eines Menschen.

Der Unbekannte war sich offensichtlich dessen bewusst, wie paradox und kurzlebig diese Gleichstellung war. Es machte ihn verlegen, dieses Gleichheitszeichen auf einem Terrain verwenden zu müssen, auf dem es noch nicht für alle galt. Mit seinem Blick und seiner Haltung gab er zu verstehen, dass er die Schwierigkeiten der Zuhörer, eine anormale Welt zu begreifen, durchaus erkennt und dass er sich für diese Schwierigkeiten bei der normalen Welt entschuldigt.

Nur einmal schmolz seine Höflichkeit unter einer Gefühlswelle.

«Diese Flugzeuge, die von den unsrigen abgeschossen werden», sagte er, und seine Augen begannen zu glänzen. «Dieser ‹Adler›, dieser ‹Falke›, dieser ‹Wolf› …»

Er hielt inne. Vermutlich dachte er an diejenigen aus der normalen Welt, die mit ihrem Leben bezahlten, indem sie diese anderen, abstrakten Güter «kauften».

Dann ging er zu den Postulaten der heimatlichen Politiker über. Er zählte die Unterschiede zwischen den Parteiprogrammen auf. Als er im

Brustton der Überzeugung die Vorschläge der «sogenannten» Rechten schilderte, murmelte ein Mann in grünem Anzug: «Das ist ein Rechter.» Gleich danach formulierte der Gast die Forderungen der «sogenannten» Linken, und ein Typ in grauem Anzug beugte sich zu seinem Nachbarn hinüber. «Famos, das ist ein Linker» – weil der Standpunkt der Linken nicht minder eindrucksvoll dargestellt worden war. «Vielleicht einer aus dem Zentrum?» – flüsterte eine Blondine. Doch über das Zentrum war in dem Bericht *von dort*, wo das Leben härtere Urteile fällen konnte als der Tod, nichts zu hören.

An den Unterschieden zwischen der Rechten und der Linken hatte sich also nichts verändert. Es waren aber, «brutal» gesagt, die «sogenannten» Unterschiede, denn aus dem Bericht ging hervor, dass die Linken und die Rechten *dort* für dasselbe starben – für die Freiheit. Nachdem die Anwesenden diese Tatsache verinnerlicht hatten, erfuhren sie, diesmal ohne Erstaunen, dass weder die Linke noch die Rechte bereit seien, Zugeständnisse an die mächtigen Nachbarländer zu machen.

Zum Schluss nannte der Gast noch einen Wunsch der «sogenannten» Heimat: Sie wolle nicht, dass die Propaganda sie als *leidend* bezeichne. Sie verlange, dass man das Wort *kämpfend* benutze.

Es folgte der informelle Teil des Abends: die Fragen. Die Menschen wurden lebhafter. Sie wollten schon lange über leere Phrasen hinausgehen, die offizielle Distanz überwinden, ganz normal mit dem Landsmann plaudern. Es ging ihnen nicht um eine Botschaft, sondern um private Hinweise von *dort* und Informationen von *hier* – es ging ihnen um den Austausch. Und auch darum (wer weiß, ob nicht am meisten), sich gegenseitig zu erklären, warum sie hier und die anderen dort waren und wie ihre gemeinsamen Chancen standen.

Manche erhoben sich sogar von ihren Stühlen und steuerten auf den Gast zu, bereit zu einem Händedruck. Doch der Gesandte saß weiterhin auf seinem Stuhl, auf dieselbe schmale, leichte Art, die Hände im Schoß gekreuzt, das zusammengefaltete Blatt Papier zwischen zwei ruhigen, dünnen Fingern. Er wirkte wie jemand, dessen Anwesenheit hier so zufällig, so vorübergehend war, dass eine persönliche Bekanntschaft gar keinen Sinn haben konnte. Die Versammelten kehrten auf ihre Plätze zurück. Der Sekretär notierte die Wortmeldungen, der Minister bestimmte ihre Reihenfolge. Der erste Redner fragte etwas Technisches. Während er stotterte und rot anlief, sah der Gast ihn so an, wie er vorhin den Schreibtisch und davor die eigenen Fingernägel angesehen hatte: aufmerksam und emotionslos. Er antwortete nicht sofort, sondern wog etwas ab, rief sich etwas in Erinnerung, wählte etwas aus. «Das gehört nicht zu meinem Aufgabenbereich», sagte er schließlich, «Sie können es auf einem anderen Wege erfahren.» Alle ähnlichen Fragen wiegelte er genau so ab, immer nach kurzer Überlegung.

Von seinen Antworten ging große Kälte aus. Eine Kälte, die man in dieser Welt nicht kannte. Die Erklärungen, um die man ihn bat, hätten die Geheimniswahrung in keiner Weise gefährdet, sie hätten nach einer kleinen Gedächtnisanstrengung geliefert werden können. Ein Irrtum hätte kein Unglück ausgelöst. Der Gesandte verweigerte aber diese kleine Anstrengung oder diesen unwichtigen Irrtum. Etwas, was nach Wunden, Gefängnis und Tod stank – eine Frage der Freien, empfangen von den Sklaven auf einem «anderen Wege» –, war für ihn erst der Anfang von Anstrengungen und Irrtümern. Seine untere Gesichtshälfte war mit kleinen, bläulichen Narben bedeckt. Vielleicht hatte er mal die Frage eines Fremden verschluckt und wollte den Mund nicht aufmachen, als sein Verfolger ihn mit einem scharfen Gegenstand in die Zähne pickte?

«Was bedeutet das?» – flüsterte jemand. «Wieso will er nicht sprechen?» Ein anderer zuckte mit den Achseln: «Eine Psychose.»

Schließlich unterbrach der Gesandte selbst das Schweigen.

«In der Heimat wundert man sich darüber», sagte er, «dass Sie so wenig Informationen anfordern. Wir schicken zwar sehr viel Material, doch die ausländischen Radiosender strahlen nichts davon aus. Wenn man aber über unser Land nichts hört, jetzt, da seine Situation in der Welt so großartig ist, dann ist wohl unser Material nicht das, das man haben möchte. Warum verlangt hier niemand nach dem richtigen Material?»

Es wurde still. Der Minister blinzelte umständlich, einige wurden rot, andere blass, einer zischte vor Schreck, jemand wunderte sich laut: «Oh, eine großartige Situation?»

Der Gast saß, nachdem er *seine* Frage gestellt hatte, etwas fester da, nach vorne gebückt. «Ja, eine großartige Situation», wiederholte er. «Der militärische und politische Beitrag unseres Landes zu diesem Krieg ist doch enorm.»

Seltsame, halb wahnsinnige, halb listige Grimassen huschten über die Gesichter. Die Köpfe rissen nach hinten, die Augenlider fielen herunter, die Atem stockten, wie bei Menschen in einem rasenden Zug, die einen anderen, ihnen auf demselben Gleis entgegenrasenden Zug bemerkt haben. Einen Gespensterzug, rot vor Blut. «Wir haben keinen Waffenstillstand geschlossen, bei uns gibt es keinen Quisling»*, schnaubte dieser Zug immer deutlicher, immer näher und lauter.

Die Londoner Passagiere schienen zusammenzuschrumpfen. «Ihr habt keinen Waffenstillstand geschlossen, bei euch gibt es keinen Quisling», beschworen sie die Passagiere aus der Heimat. «Wir wissen, was für einen enormen Beitrag ihr im Gepäck führt: den Mut der Hilflosen, die Unbestechlichkeit der Hungernden, die Großzügigkeit der Elenden. Hut ab! Aber bleibt stehen, bevor ihr uns niedermetzelt. Denn hinter uns ist ein Abgrund! Ein bodenloser Abgrund der normalen Welt.»

«Sie meinen also», sagte der Minister, «dass die Radiosender in Ankara, Zürich oder Stockholm, ganz zu schweigen von denen in London, Washington und Moskau, nur auf ein Material von dort warten?»

Der Gast wandte sich langsam dem präsidialen Sessel zu. Es schien, als würde er ihm, obwohl mit dem dicken, bärtigen Minister gefüllt, leer vorkommen, denn er hob ein wenig seine breiten Augenbrauen mit einem Ausdruck des Staunens. Dann richtete er seinen Blick auf eine Lampe und sagte nichts. Dafür wurden diejenigen, die bis jetzt schwiegen, plötzlich aktiv.

Man kicherte und blinzelte mit den Augen, die Angriffslust konzentrierte sich mal in der einen, mal in der anderen Ecke des Raums. Der Unbekannte konnte aber dem Faden der lokalen Intrige nicht folgen. Er faltete sein Blatt zusammen und auseinander. Undurchdringlich, abwartend.

Wieder kehrte Stille ein. Der Mann, der unter ihnen saß, hatte also gar kein Interesse an den hiesigen Belangen? Wollte nichts erraten, erforschen, zu seinen persönlichen Gunsten nutzen? Wer war er eigentlich? Ein Intellektueller? Ja. Aber seine Verben hatten harte, gleichsam bäuerliche Akzente. Dünne, lange Finger? Ja. Aber wenn er von den Hoffnungen des «Volkes» sprach, bekam seine Stimme einen proletarischen Klang.

* **Vidkun Quisling** (1887–1945), norwegischer Ministerpräsident von 1942–1945, gilt als Inbegriff von Kollaboration und Verrat. Dass es im okkupierten Polen keinen vergleichbaren Politiker gab, unterstrich Jan Karski in seinen Gesprächen und Vorträgen immer wieder.

Ein tadelloser Anzug? Ja. Aber sein Hemdkragen war durchgescheuert. Der Dialekt weder von Ost noch von West noch aus dem Süden. Der Wortschatz weder reich noch arm. Jung, aber mit der Gemütsruhe eines Greises. Ruhig, aber stark, wie jemand, der über das Altsein noch nichts weiß.

Was wusste er wirklich? Was erwartete er? Aus welchem Elternhaus kam er, als er erstmals die Schule besuchte? Was für eine Mutter überschüttete ihn mit Zärtlichkeiten, was für ein Vater bestrafte ihn? Wo lagen diese Stadt und dieses Dorf, die sich zu seinem Weltbild zusammengesetzt hatten? Und von wem, von Gott oder Satan, hatte er die Kraft bekommen, sich aus einem Jungen in eine mythologische Gestalt zu verwandeln? In einen Gesandten der allmächtigen Elenden an die machtlosen Minister? In einen Gesandten des Großen Geheimnisses?

«Noch irgendwelche Fragen?» – warf er höflich hin.

Ein brünetter Mann sprang von seinem Stuhl auf, lief rot an, seine Brust hob und senkte sich rasch, er machte eine heftige Handbewegung, riss den Mund auf – und erstarrte in dieser Pose. Dann setzte er sich wieder hin, ohne ein Wort zu sagen.

Schließlich ertönte in einer Zimmerecke, hinter dem Rücken anderer Menschen, eine schüchterne Stimme: «Antworten Sie mir bitte nicht, wenn es nicht möglich ist. Ich möchte aber zwei Dinge fragen: Wer hat in der Heimat einen größeren Einfluss? Die Linke oder die Rechte? Und was wünscht sich das Land – einen langen oder einen kurzen Krieg?»

Der Unbekannte zeigte erstmals an diesem Abend Unruhe. Er fuhr auf seinem Stuhl zurück, durch seine Lippen ging ein kurzes Beben. Sein Blick blieb an einem fernen Punkt haften.

«Wer hat einen größeren Einfluss?», wiederholte er langsam. «Wer ...» Er überlegte und rief plötzlich aus, als wäre er aus einem Traum erwacht: «Ich weiß es nicht. Niemand weiß es ...» Er hielt inne, versank erneut in seine Gedanken und tauchte wieder auf, erschüttert. «Wenn es um den Krieg geht ... Das Land weiß natürlich ... Es weiß, dass die historische Staatsräson einen langen Krieg verlangt. Die biologische Staatsräson hingegen einen kurzen ...»

Über seine Augen huschte ein Schatten, seine Pupillen wurden dunkler und erloschen. Er beendete leise: «den kürzesten».

Es wurde gruselig. Der Schatten in den Augen des Gesandten umspann den ganzen Saal, er wurde dunkler und dichter. Erst in dieser

Dunkelheit konnte man die andere Seite der Welt erkennen – die Zone der Abwesenden, aus der unaufhaltsam der Geisterzug herbeiraste, um der hiesigen Welt zu begegnen und das «Material» abzuliefern: Leichen von Zivilisten, bläulich, grün oder weiß wie der Nebel, Männerleichen, Frauenleichen, verstümmelt durch die Folter, den Frost, den Hunger, Millionen von Kinderskeletten, Scharen von wahnsinnigen Müttern, Massen von Gefangenen, beklebt mit dem Schlamm der unterirdischen Tunnels, durch die sie geflohen sind, Millionen von ausgetrockneten Gehirnen, aufgedunsenen Bäuchen, furchtlosen Herzen. Der Zug raste allein, ohne einen Führer oder Heizer, wie eine interplanetare, von der Erde auf den Mars abgeschossene Rakete. Er raste hoch, er raste schnell, er raste unumkehrbar – und die Erdbewohner, die diesen «Beitrag» gegen Himmel abgefeuert hatten, waren berechtigt zu glauben, dass ihre Situation «großartig» war.

Die Mitglieder des Komitees hatten es verstanden, und deshalb wurde es gruselig. Doch in den Londoner Lokalen war jetzt Abendessenszeit, und die Versammlung musste beendet werden.

«Die in der Heimat wissen es also», setzte dieselbe schüchterne Stimme fort, «und wir wissen es auch. Welche Schlussfolgerung ergibt sich daraus? Welche Staatsräson ist wichtiger: die historische oder die biologische? Und was sollen wir tun?»

Der Unbekannte erhob sich. Er tat es so, wie ein Tag sich aus der Nacht erhebt: geheimnisvoll, alles oder auch nichts bedeutend.

«Es gibt keine Schlussfolgerung», sagte er. «Was wichtiger ist? Das weiß niemand, weder hier noch dort. Und was sollt ihr tun? Das, was ihr bis jetzt getan habt. Irgendwo, irgendwann werden sich die beiden Wege vielleicht kreuzen.»

Man strömte zum Ausgang, ohne sich dem Gast vorzustellen oder von ihm zu verabschieden. Die hiesigen Namen und Formen hatten keine Bedeutung *dort*. Und er hatte keinen Namen und keine Formel, die *hier* von Interesse wären.

Die Londoner gingen eilig hinaus. Am Aufzug stand der dünne Herr mit den feinen Gesichtszügen und der Neurasthenie im Blick, der, den ein Teil der Versammelten ursprünglich für den Gesandten gehalten hatte. Die Damen wurden plötzlich rührselig und bildeten einen Kreis um ihn. Manche nannten flüsternd ihren Namen. «Wir kennen uns noch nicht.» Ein Freund sprach ihn an: «Und? Hat dir der Unbekannte eine Nachricht von deiner Frau gebracht?» Der dünne Herr wischte sich eine Träne von den Wimpern. «Nein, er hat nichts gebracht.» Die Damen drückten seine Hände. Endlich war jemand da, der auf eine verständliche Weise litt und sprach.

Maria Kuncewiczowa (1895–1989), polnische Schriftstellerin, lebte von 1939 bis 1969 in Frankreich, England und den USA. Die Erzählung *Der Unbekannte* (Übers. Marta Kijowska) erschien 1943 in der Londoner Exilzeitschrift *Nowa Polska* (Neues Polen).

11

BEI DEN BRITEN

Vierte Mission – Fortsetzung. Januar–Mai 1943

Wenige Tage nach dem Gespräch mit General Sikorski tauchte in Karskis Wohnung eine seltsame Gestalt auf: «Ein schmächtiger, unscheinbarer Mann mit Brille und altmodischem Mantel. Er hatte das Gesicht eines alternden Äffchens – ein Eindruck, der durch die gelblichen, schiefen Zähne, die er zur Begrüßung zeigte, noch verstärkt wurde. Seine großen, vorstehenden Augen blickten hinter der Brille durchdringend, aber freundlich hervor.»[1] So beschreibt Jerzy Korczak, Krakauer Publizist und Autor eines biographischen Kurzromans über Jan Karski, dessen erste Begegnung mit Józef Hieronim Retinger, dem schon erwähnten exzentrischen Sonderberater des polnischen Premierministers.

Erst jetzt wurde Jan klar, warum er in den ersten zwei Monaten in London keine Termine mit wichtigen britischen Politikern gehabt hatte. Bis dahin schien es dafür zwei Gründe zu geben: der labile psychische Zustand, in dem er sich nach seiner Ankunft befand. Und der Wunsch der Exilregierung, dass er sich erst einmal über die politischen Verhältnisse in London informierte, bevor er mit Gesprächen begann, bei denen er sowohl die Positionen des Warschauer Untergrunds als auch die Regierungslinie vertreten sollte. Nun stellte sich aber heraus, dass es noch einen dritten, überaus wichtigen Grund gab, und der stand gewissermaßen vor ihm: Niemand war besser als Retinger geeignet, seine Treffen mit den Briten zu arrangieren, und das war bis dahin nicht möglich gewesen, weil er Sikorski auf seiner Reise begleitet hatte.

So hatte Jan bis zur Rückkehr des Generals nur einen britischen Gesprächspartner, jedenfalls nur einen, den er als bedeutend empfand: Ende Dezember hatte er sich auf Anweisung von Vizepremier Mikołajczyk mehrmals mit Frank Savery getroffen, einem Mitarbeiter der britischen

Botschaft bei der polnischen Exilregierung. Sie sprachen jedes Mal über die Situation im besetzten Polen, gleichzeitig aber sondierten sie den politischen Standpunkt der jeweils anderen Seite. Den Engländer beschäftigte offensichtlich das schlechte polnisch-sowjetische Verhältnis, und er versuchte herauszufinden, inwieweit die Regierung Sikorski bereit wäre, Stalin in der strittigen Grenzfrage entgegenzukommen. Karski erkundigte sich vorsichtig nach dem Ansehen der Exilregierung bei den Briten und danach, inwieweit sie an einem direkten Kontakt mit der Warschauer Untergrundführung Interesse hätten. Und er wollte auch wissen, ob die Polen im Falle eines erneuten sowjetischen Überfalls mit britischer Unterstützung rechnen konnten. Da der Sikorski-Majski-Vertrag (1941) auf Drängen und im Beisein von Churchill unterschrieben worden war, glaubten in Warschau viele, der polnische Premierminister hätte von seinem britischen Amtskollegen entsprechende Garantien erhalten. Als er allerdings von Savery ein Geheimdokument zu lesen bekam, aus dem hervorging, dass die Briten sich zwar ein starkes Polen, doch noch dringender einen Kompromiss zwischen Polen und Russland wünschten, konnte er sich diese Frage selbst beantworten. Sein erster Austausch auf internationaler Ebene hatte ihn gleich um einige Illusionen gebracht.

Nun war aber der mächtige Józef Retinger dran. Er sollte ihn nicht nur mit einflussreichen britischen Politikern zusammenbringen, sondern ihn auch, so Sikorskis Wunsch, auf diese Treffen vorbereiten. Nicht aber, wie Karski zu seiner Enttäuschung gleich erfuhr, auf ein Treffen mit Winston Churchill.

Jan Karski: *Retinger sagte, bei Churchill müssten wir anders als bei den sonstigen Politikern vorgehen. Er werde selbst erfahren, dass ich in London bin, denn er sei neugierig und treffe gern Leute. Und nach einiger Zeit werde er es nicht mehr aushalten und mich einladen.*[2]

Die Rolle des väterlichen Mentors übernahm Retinger sichtlich gern, zumal ihm der junge, energische Mann (dem er sofort den Spitznamen «Blitz» verpasste) auf Anhieb sympathisch war. Vielleicht auch, weil er dabei an seine eigenen Anfänge in London dachte? Damals wurde er, gerade mal dreiundzwanzigjährig, von dem Galizischen Nationalrat, einem Organ, das versuchte, die polnischen Interessen im österreichischen

Teilungsgebiet zu vertreten, nach London geschickt, um ein polnisches Informationsbüro zu leiten – eine Einrichtung, die von seinem Vormund, dem Grafen Zamoyski, finanziert wurde. Er meisterte seine Aufgabe gut, wenn auch ohne weitgehende Folgen. Dafür knüpfte er viele Kontakte, die sich später als nützlich erwiesen. Über den Schriftsteller Joseph Conrad etwa lernte er den Premierminister Asquith und den Außenminister Balfour kennen und gleichzeitig kam er mit vielen jungen Politikern zusammen, die später das politische Ruder übernehmen sollten.

Später, also jetzt, während des Zweiten Weltkriegs – der Zeit, in der er als Berater der polnischen Exilregierung fungierte. Dass er seinen ausgezeichneten Kontakten auch den Ruf eines britischen Agenten verdankte, bekümmerte ihn wenig. Das wurde schon seit dem Ersten Weltkrieg gemunkelt, und beweisen konnte es ohnehin niemand. Und sollte er wirklich ein Agent sein, dann bestimmt ohne Polen damit zu schaden. Im Gegenteil, er versuchte immer, zwischen den beiden Seiten zu vermitteln: vor den Briten die polnischen Interessen zu vertreten, und den Polen die britische Sichtweise zu erklären und die Grenzen zu zeigen, die sie nicht überschreiten durften.

Nun sollte er es auch in Karskis Fall tun. Keiner wusste schließlich besser als er, die «graue Eminenz» des polnischen Premierministers, dass diese Gespräche, gekonnt geführt, auch für die Exilregierung von Vorteil sein konnten. Entsprechend energisch machte er sich an die Arbeit. Vor allem half er Jan, seinem Bericht, den er jedem britischen Politiker erstatten sollte, die richtige Form und Länge zu geben. Alle von ihm vorgesehenen Themen – die Struktur des Untergrundstaates, der Kampf gegen die Deutschen, der Alltag der Zivilbevölkerung oder die Judenverfolgung – mussten innerhalb von fünfzehn bis zwanzig Minuten abgehandelt werden. Karskis Hausaufgabe lautete also: den Bericht auswendig zu lernen, ihn mit der Stoppuhr zu üben, an seinem Englisch zu arbeiten. Nach ein paar weiteren Anweisungen – er solle seinen Gesprächspartnern keine heiklen Fragen stellen, keine Ratschläge erteilen und keine Vorträge halten – erklärte Retinger Jans «Einschulung» für abgeschlossen, und fing an, seinen Terminkalender zu füllen.

Für den Anfang arrangierte er ein Treffen mit dem britischen Botschafter bei der polnischen Regierung, Owen O'Malley. Der Brite hörte Jan aufmerksam zu und stellte auch einige Fragen, doch Retinger war danach mit seinem «Schüler» nicht zufrieden: Er habe zu lange gesprochen und sich nicht auf das Wesentlichste beschränken können. Entsprechend dankbar waren sie beide, als Jans nächster Gesprächspartner, O'Malleys amerikanischer Kollege, der Botschafter Anthony J. Drexel Biddle, mit ein paar Nettigkeiten schnell für entspannte Atmosphäre sorgte. Er war vor dem Krieg US-Botschafter in Warschau gewesen, und als Jan einen diplomatischen Empfang erwähnte, an dem sie beide teilgenommen hatten (ohne ein Wort miteinander gewechselt zu haben), behauptete er sofort, sich ausgezeichnet an ihn zu erinnern, und begann anschließend, von dem mittlerweile stark umstrittenen polnischen Ex-Außenminister Józef Beck zu schwärmen. Sobald der Kurier aber zu seinem Bericht ansetzte, wurde er ernst und konzentriert, fing an, sich umfangreiche Notizen zu machen und nach Einzelheiten zu erkundigen. Auch er war, ähnlich wie O'Malley, in erster Linie an den Aktivitäten der Sowjets in Polen interessiert, empörte sich über deren Methoden und versprach, einen Bericht darüber nach Washington zu schicken (was er auch in Form eines vertraulichen Memorandums an Außenminister Cordell Hull tat). Von dem Schicksal der Juden hingegen zeigte er sich zwar sehr bewegt und hörte aufmerksam zu, als Jan deren Forderungen aufzählte, doch er tat sie alle als unrealistisch ab. Die Sitzung dauerte über drei Stunden, und der Botschafter lud Jan sogar kurze Zeit später zum Lunch ins «Dorchester Hotel» ein, um noch mehr von ihm zu erfahren. Doch seine eigenen Äußerungen gaben, ähnlich wie die seines Vorgängers, wenig Grund zum Optimismus.

Das konnte sich allerdings jeden Augenblick ändern, denn als Nächstes, Anfang Februar, folgte Karskis wichtigster «Auftritt»: Er wurde, in Begleitung von Józef Retinger, von Außenminister Anthony Eden empfangen – einem Politiker, mit dem er besondere Hoffnungen verband und den er seit der Vorkriegszeit grenzenlos bewunderte.

Jan Karski: *Vor allem war er ein vollendeter Diplomat. Schönes Äußeres, schöne Manieren, schönes Englisch. Und er gehörte der Gruppe um Churchill und Nicolson an, die vor dem Krieg gegen Chamberlains Appeasement-Politik war. Außerdem habe ich ihn einmal Tennis spielen sehen – es war im Jahre 1936, als ich mein Praktikum in Genf absolvierte. Er war kein guter Spieler, aber ich habe in meinem ganzen Leben niemanden gesehen, der mit so viel Grazie verlieren würde. Das habe ich ihm übrigens damals gesagt. Er war sehr herzlich zu mir.*[3]

Und er hörte auch geduldig zu. Erst als Jan zu der Situation der Juden überging, unterbrach er ihn durch die Bemerkung, der schriftliche Bericht darüber habe die britische Regierung bereits erreicht, und die Angelegenheit werde ihren korrekten Gang nehmen – für den jungen Kurier, der auf diesen Teil seiner Ausführungen besonders viel Wert legte, eine bittere Enttäuschung. Stattdessen wollte Eden ein paar Informationen über den Alltag der polnischen Bevölkerung im besetzten Polen und über die Aktivitäten der kommunistischen Organisationen hören. Daraufhin erzählte ihm Jan von der neuen, erst im Januar 1942 entstandenen Polnischen Arbeiterpartei (PPR – *Polska Partia Robotnicza*), die versuche, den gesamten Untergrund zu unterwandern und die polnische Gesellschaft gegen die Exilregierung aufzuhetzen. Als Eden fragte, ob es dennoch denkbar sei, mit ihr zusammenzuarbeiten, gab er offen zu, in Warschau gehe die Angst um, die Kommunisten könnten die Kenntnis der Untergrundstrukturen dazu nutzen, ihre politischen Gegner den Deutschen oder, falls die Rote Armee einmarschiere, dem NKWD auszuliefern. Und – man befürchte, die Sowjets würden nicht nur die Verschiebung der polnischen Ostgrenze, sondern auch die Umwandlung Polens in die siebzehnte Sowjetrepublik planen.

Der gute Eindruck, den der Außenminister von Karski von Anfang an zu haben schien, hatte sich im Laufe des Gesprächs offenbar noch verstärkt, denn kurz vor dessen Ende ging er plötzlich ans Fenster und bat ihn, sich neben ihn zu stellen: Er wolle sich genau einprägen, wie ein echter Kriegsheld aussehe. Auf den kurzen Moment des Triumphs folgte allerdings eine zweite Enttäuschung: Als Jan, durch Edens Lob übermütig geworden, die Frage stellte, ob er auch die Ehre haben werde, Premierminister Churchill zu sprechen, hörte er sofort ein kurzes, energisches Nein. Der nicht mehr ganz junge Regierungschef, dessen Gesundheit längst nicht so gut sei, wie es scheine, müsse sich um so viele Dinge kümmern und so viele Menschen empfangen, dass er, Anthony Eden, es einfach nicht erlauben könne. Er verspreche aber, dass er dem gesamten Kriegskabinett (und somit auch dem Premierminister) von seiner Unterredung mit Jan genau berichten werde.

Es gehört nicht viel Phantasie dazu, sich Retingers spätere Reaktion auszumalen: Kaum hatten sie das Außenministerium verlassen – so Karskis spätere Schilderung –, blieb er mitten auf der Straße stehen und fing an, ihn in übelster Weise zu beschimpfen. Habe er ihm nicht aus-

Der britische Außenminister Anthony Eden, 1941

drücklich verboten, diese Frage zu stellen?! Habe er ihm nicht erklärt, wie sie bei Churchill vorgehen würden?! Jetzt werde Eden das Gesicht wahren müssen und das Treffen mit Churchill selbst dann nicht zulassen, wenn dieser es wünschte. Jan habe eine große Chance vertan, und er werde gleich morgen General Sikorski sagen, dass er keine Zeit habe, sich mit Idioten abzugeben. Mit diesen Worten ließ er den völlig verzweifelten Kurier stehen und lief davon.

Seine schlechte Laune hielt zwar nicht lange an, denn noch am selben Tag rief er in Jans Wohnung am Dolphin Square an, um ihn zum Essen einzuladen. Zu dem zweiten Treffen mit Anthony Eden (am 5. Februar) musste er ihn aber allein gehen lassen: Der Chef der britischen Diplomatie hatte nur den Kurier eingeladen. Diesmal war er selbst nicht allein – sein anderer Gast war Lord Selborne, genauer: Roundell Cecil Palmer, der dritte Lord von Selborne und Direktor der *Special Operations Executive* (SOE), einer 1940 auf Anordnung von Churchill gegründeten, für Sondereinsätze und Geheimoperationen zuständigen Einheit des britischen Nachrichtendienstes. Selbornes Hauptinteresse galt militärischen

Fragen, sprich: den Aktivitäten der Heimatarmee und deren Konflikten mit den sowjetischen Partisanen. Und da er schließlich wie kaum ein anderer die Bedeutung der subversiven Kriegsführung verstand, hörte er auch mit Interesse Karskis Bericht über die Arbeit des Informations- und Propagandabüros, die «Aktion N» und die Untergrundpresse zu.

Bevor sie aber allein blieben, um all diese Themen zu erörtern, hörte Karski von Eden jene heikle Frage, die er bereits von Frank Savery gehört hatte – und die offensichtlich der eigentliche Grund für dieses zweite Treffen war: Wie würde man in Polen reagieren, wenn die Regierung Sikorski in der strittigen Grenzfrage doch gewisse Zugeständnisse an die Sowjets machte. Nach kurzer, fieberhafter Überlegung gab Karski dem Außenminister die gleiche Antwort, die er Savery gegeben hatte: In diesem Fall würde man der Exilregierung ihre Legitimation entziehen und in Warschau eine neue Regierung bilden.

Jan Karski: *Heute wäre ich klüger und würde Eden folgende Antwort geben: Ich kenne die politischen Anführer in Polen nicht gut genug, um zu wissen, wie sie sich in so einer Situation verhalten würden. Aber damals war ich in diesen Krieg und in all diese Konflikte emotional engagiert und hielt es für meine Pflicht, einem der mächtigsten Männer Englands und Verbündeten meiner Regierung eine ehrliche Antwort zu geben.*[4]

Dennoch empfand er nach diesem Gespräch eine Spur von Unbehagen. Er wusste, dass Eden seine für den polnischen Ministerpräsidenten so unbequeme Antwort nicht für sich behalten würde. Und so kam es auch: Am 17. Februar fasste der Außenminister den Inhalt beider Gespräche mit Karski in einem Memorandum zusammen, das er mit dem Vermerk «streng geheim» an das britische Kriegskabinett weitergab: «Derzeit», schrieb er, «hält sich in unserem Land ein Repräsentant der polnischen Untergrundbewegung auf. Er hatte Warschau im Oktober verlassen und wurde seitdem von mehreren britischen Beamten empfangen, die alle einen positiven Eindruck von ihm hatten. ... In Bezug auf die Regierung Sikorski stellte dieser Pole fest, sie werde in seinem Land für ein unverzichtbares Symbol der Kontinuität des polnischen Staates gehalten. Solange die deutsche Okkupation bestehe, werde niemand auf die Idee kommen, eine zweite, rivalisierende Regierung in Polen zu bilden, vorausgesetzt, General Sikorski trete kein Territorium an die Sowjetunion ab. Das würde nämlich die Gründung einer nationalen Regierung nach sich ziehen – so, wie es während des Aufstands von 1863 geschehen sei.»[5]

Premierminister Sikorski hatte Edens Memorandum freilich niemals gelesen. Zum Glück, denn hätte er erfahren, dass Karski in dem Gespräch mit Eden auch über die Zukunft seiner Regierung spekuliert hatte (wie es aus dem Memorandum hervorgeht), wäre seine Reaktion noch heftiger ausgefallen, als sie ohnehin schon war. Kaum war er nämlich von Retinger über Karskis Kommentar zu seiner Russlandpolitik informiert worden – dieser ließ sich von Jan das ganze Gespräch Wort für Wort wiederholen –, bestellte er den Kurier zu sich, verlangte in schärfstem Ton eine Erklärung dafür, was ihn dazu berechtige, vor dem britischen Außenminister politische Spekulationen anzustellen, und verbot ihm, von dem Vorfall irgendjemandem zu erzählen. Karski selbst erfuhr übrigens von dem Dokument erst fünfundzwanzig Jahre später: Ein Freund hatte es in einem britischen Archiv gefunden und ihm nach Washington geschickt.

Jan Karski: *Es kam mir nicht einmal in den Sinn, dass die Antwort, die ich Eden damals gegeben hatte, so ernst genommen werden könnte. Erst nach Jahren habe ich begriffen, dass ich während dieses verdammten Krieges überhaupt keine Zeit hatte, über die Bedeutung meiner Arbeit und das Gewicht meiner Äußerungen nachzudenken.*[6]

Umso mehr tat es General Sikorski, der dem Kurier bald die Gelegenheit gab, seine Ungeschicklichkeit wiedergutzumachen. Seit einiger Zeit spürte er die wachsende Ablehnung in den eigenen Reihen. Ein junger Offizier namens Jerzy Klimkowski scharte die Gegner des Generals um sich, versuchte ihm zu schaden und gegen ihn zu intrigieren. Diese Versuche gingen zwar nicht über das Kolportieren böser Gerüchte hinaus, aber die Aggressivität entsprechender Flugblätter und Artikel in der Exilpresse zeigte deutlich, dass die Atmosphäre in der polnischen Armee alles andere als entspannt war. Was Karski plötzlich vor eine schwierige Aufgabe stellte: Kurz nach dem zweiten Besuch bei Anthony Eden wurde er von Sikorski gebeten, einen Vortrag für ranghöhere polnische Offiziere zu halten. Die Mehrheit von ihnen sei demoralisiert, sie hätten zu wenig zu tun und würden deswegen zu viel tratschen und intrigieren. Er solle ihnen, wie üblich, von der Situation in Polen erzählen, diesmal aber nicht vergessen zu erwähnen, wie hoch die Hoffnungen seien, die man in der Heimat nach wie vor in den Chef der Exilregierung setze.

Der Vortrag wurde zu einem der peinlichsten Auftritte, die Karski je hatte. Die über hundert Offiziere, die sich im großen Saal des Hotels «Rubens» versammelt hatten, ließen sich von der Anwesenheit des Generals, der in der ersten Reihe Platz genommen hatte, nicht beirren und bedachten seine Rede zuerst mit längerem Schweigen und dann mit einem lauen Beifall. Zum ersten Mal konnte er sich selbst überzeugen, dass die Gerüchte über die nachlassende Autorität des polnischen Premierministers keineswegs nur Gerüchte waren. Ihm selbst war nach diesem Abend ein fader Nachgeschmack geblieben.

Seine nächsten Wochen waren allerdings dermaßen mit weiteren Treffen ausgefüllt, dass er vermutlich nicht sehr lange darüber nachdachte. Spitzenpolitiker wie der parlamentarische Unterstaatssekretär Richard Law, der Vorsitzende der Labour Party, Arthur Greenwood, der Anführer der Konservativen Partei, Lord Cranborne, oder Handelsminister und Gründungschef der SOE, Hugh Dalton, sowie etliche Abgeordnete, Militärs und Gewerkschaftsvertreter ließen sich von ihm gern über die Situation in Polen informieren, wobei jeder naturgemäß an einem anderen Aspekt seines Berichts interessiert war und nach anderen Details verlangte. Das Thema Judenvernichtung stand nach Karskis Erinnerung nur selten im Vordergrund dieser Gespräche, und der Tenor der Reaktionen lautete: Die jüdischen Forderungen seien nicht zu erfüllen. Und – man helfe den Juden am besten, indem man diesen Krieg gewinne.

Jan Karski: *Wenn ich heute all die vielen Artikeln lese, in denen es heißt, ich hätte verhandelt, ich hätte Erklärungen abgegeben, ich hätte mich für die Juden eingesetzt. So war es nicht. Ich traf all diese mächtigen Leute, das stimmt … Aber der Teil meines Berichts, der sich auf die Juden bezog, dauerte nie länger als drei, vier Minuten. Ich sagte oder versuchte, das zu sagen, was mir der jüdische Untergrund aufgetragen hatte. Doch bei manchen kam ich gar nicht bis zu diesem Punkt, denn ich wurde von ihnen unterbrochen. Und ich konnte ja nicht sagen: «Unterbrechen Sie mich nicht, ich bin noch nicht fertig.»*[7]

Die Begegnungen mit den Größen der britischen Politik hielt er übrigens nicht immer für die interessantesten. Seit Sikorskis Rückkehr nach London traf er nämlich nicht nur etliche Politiker, sondern auch Dutzende von Menschen, die auf die eine oder andere Weise an der psychologischen Kriegsführung beteiligt waren: Geheimdienstagenten, Abwehroffiziere, Beamte des Propagandaministeriums, Schriftsteller, Verleger, Journalisten, Künstler. Und die Zahl dieser Treffen wuchs von Tag zu Tag.

Einer der Künstler, die er damals kennenlernte, war Feliks Topolski, ein polnischer Maler, der seit Mitte der dreißiger Jahre in London lebte. Er war dorthin zusammen mit seinem Freund Antoni Sobański, dem Autor der *Nachrichten aus Berlin*, gekommen. Es war Mai 1935, und sie hatten den Auftrag, für das Warschauer Wochenblatt *Wiadomości Literackie* eine dreiteilige Reportage zum 25-jährigen Jubiläum von König Georg V. vorzubereiten: Sobański den Text, Topolski die Bilder. Er war sofort von London so begeistert, dass er beschloss, sich hier niederzulassen. Seine Entscheidung dürfte er nie bereut haben, zumal er bald zu einer Londoner Institution wurde: als zeichnender und malender Kriegsberichterstatter, als Porträtist etlicher Prominenter, allen voran der Königin Elisabeth II., und als Autor der berühmten *Topolski's Chronicle*, Zyklen von jeweils 24 thematisch variierenden Zeichnungen.

Im Jahre 1987, kurz vor seinem Tod, besuchte ihn in London der Reporter Ryszard Kapuściński. Sie wollten zusammen ein Album machen, dem sie den Arbeitstitel *Aus der Welt* gaben. Der eine sollte die Zeichnungen, der andere den Text liefern. Das Projekt kam zwar nie zustande, doch allein der Besuch in Topolskis Atelier unter einer Brücke über die Themse und der Anblick der dort lagernden Werke war in Kapuścińskis Augen den weiten Weg wert: «Hunderte, Tausende von Skizzen – Gestalten, Gesichter, Gruppen, gezeichnet in einer ununterbrochenen Linie, als wäre der Pinsel nie vom Papier oder von der Leinwand abgesetzt worden», erzählt er in seinem *Lapidarium*. «Topolski malte sein ganzes Leben lang einen einzigen, ununterbrochenen Marsch von Menschen, die über den Erdball schreiten, über die Straßen der Städte in Europa, Amerika und Afrika. Er malte einen Aufmarsch, der keinen Anfang und kein Ende hat ... Nur manchmal hielt er einen der Schreitenden an, wie ein Fotograf jemanden bittet, ihm kurz für eine Aufnahme zu posieren – und zeichnete dann eine Großaufnahme, ein Porträt, konzentrierte sich auf die Details.»[8]

Eines dieser Porträts entstand ein Jahr zuvor, als plötzlich ein anderer prominenter und lange nicht gesehener Landsmann in Topalskis Atelier auftauchte. Seinen Besuch hielt er in dem autobiographischen Notizbuch *Fourteen Letters* (1988) fest.

Feliks Topolski: *Dieser Sommer 1986 bringt Jan Karski vor meine Tür. Ich traf ihn zum ersten und bis jetzt einzigen Mal im Jahre 1942 oder 1943. Er war damals ein moderner Krieger – nicht wie ein Fünfkämpfer gebaut, aber immer einsatzbereit, wenn nötig um den Preis des eigenen Lebens … Es gab viele solche Kuriere, die per Land und Luft die feindliche Linie überschritten, um zwischen der Londoner Exilregierung und den Anführern der Untergrundbewegung zu vermitteln. Er war aber ganz einmalig.*[9]

Das Porträt, das Topolski in jenem Sommer 1986 malte, hängt heute im Karski-Kabinett in Lodz. Ebenso wie die Zeichnungen, die er von seiner Frau, der Tänzerin und Choreographin Pola Nireńska, machte. Die «tanzende Vagabundin», wie er sie nannte, hatte er schon früher gekannt, und freute sich, als er feststellte, dass Karski ausgerechnet in ihr eine Lebenspartnerin gefunden hatte. Bis zu seinem Tod 1989 blieb er mit dem Paar befreundet.

Damals im Krieg lernte er Karski in London über Józef Retinger kennen, mit dem ihn jahrelange Freundschaft und ein gemeinsames Buch verbanden: In jenem Jahr 1943 erschien in einem New Yorker Verlag Retingers Essaysammlung über Joseph Conrad (*Conrad und his Contemporaries*), die Topolski illustriert hatte. Es war auch ihre gemeinsame Idee, einen Empfang für Karski zu geben und ihn auf diese Weise mit einigen bekannten Intellektuellen zusammenzubringen. Das kleine gesellschaftliche Ereignis fand bei Topolski statt – Retingers wechselnde Londoner Unterkünfte waren mehr als bescheiden –, und unter den Gästen befanden sich unter anderen der Schriftsteller Arthur Koestler und sein Verleger Victor Gollancz, Allen Lane, Gründer des Penguin-Verlages, sowie einige namhafte Journalisten: Kingsley Martin (*New Statesman*), Ronald Hyde (*Evening Standard*) oder Gerald Berry (*New Chronicle*).

Es waren vor allem Koestler und Gollancz, beide Juden mit osteuropäischen Wurzeln, die Jan an diesem Abend belagerten und immer neue Einzelheiten über das Schicksal der jüdischen Bevölkerung in Polen hören wollten. Victor Gollancz, Enkelsohn eines aus Polen eingewanderten Rabbiners, Sozialdemokrat, Pazifist und entschiedener Nazi-Gegner, nutzte immer wieder seinen 1928 gegründeten Verlag, in dem neben Koestler unter anderen André Malraux, Daphne du Maurier und George Orwell publizierten, um seinen politischen Überzeugungen Ausdruck zu verleihen und den faschistischen und antisemitischen Tendenzen entgegenzutreten (1960 sollte er den Friedenspreis des Deutschen Buchhandels erhalten). Die Situation der europäischen Juden beschäftigte ihn schon seit einiger Zeit, und als er nun, offenbar doch ziemlich unvorbereitet, Karskis Augenzeugenbericht hörte, verlor er völlig die Fassung und erlitt kurz darauf einen Nervenzusammenbruch.

Arthur Koestler hingegen hatte von Karski bereits gehört und kam wohl in der Hoffnung, von ihm einige Impulse für seine aktuelle Arbeit zu bekommen. Er schrieb gerade an dem Roman *Ein Mann springt in die Tiefe*, der von einem osteuropäischen Widerstandskämpfer handelte und in Kürze erscheinen sollte. Seine Begegnung mit Karski gab später einigen den Grund zur Annahme, er hätte ihn in diesem Buch porträtiert, doch in Wirklichkeit waren es nur einige von ihm erhaltene Informationen, die er darin verarbeitete. Seinerseits konnte er dem Kurier auch einen Gefallen tun, was dem wie immer einfallsreichen Józef Retinger zu verdanken war: Da beide, Koestler und Karski, im Englischen einen genauso schlechten Akzent hatten, bat er den Schriftsteller, sich im Rahmen einer BBC-Sendung als Karski auszugeben und seinen Augenzeugenbericht über die Deportation der Juden aus dem Lager Bełżec (sprich: Izbica) vorzulesen. Koestler erklärte sich einverstanden, versah Karskis Bericht mit einigen Korrekturen und trug ihn am 7. Juli 1943 im Radio vor.

Der Text wurde später Teil einer Broschüre, die den Titel *Schrecken in Europa. Das Schicksal der Juden* trug und allein wegen der beiden prominenten Co-Autoren, Alexei Tolstoi und Thomas Mann, viel Beachtung fand. Graf Tolstoi steuerte einen Text bei, in dem er fragte: *Was kann diesen Schandfleck auslöschen?*, Thomas Mann eine Rede, die er kurz davor in San Francisco über den *Untergang der europäischen Juden* gehalten hatte. Und dazwischen stand Karskis anonymer Bericht, der mit dem schlichten Satz begann: «Ich war Mitglied der polnischen Untergrundbewegung.»[10] Danach folgte eine kurze allgemeine Beschreibung der Situation der Juden, die Darstellung seiner Erlebnisse im Ghetto und im Lager und ein Schluss, der ebenso nüchtern wie der Anfang klang: «Ich will das, was ich geschildert habe, nicht kommentieren. Ich habe andere

Methoden der Massenvernichtung wie Tötung durch Stromschlag oder giftige Dämpfe nicht gesehen, dafür Berichte von Augenzeugen gehört, die sie als gleichermaßen schrecklich beschrieben. Die letzten Schätzungen zu der Zahl der Juden, die aufgrund der Anordnung von Himmler auf diese Weise ermordet wurden, bewegen sich in der Region von zwei Millionen.»[11]

Diese Schätzungen konnten eigentlich nur eine Art Reaktion auslösen, und das taten sie auch – mit einer Ausnahme, die Jan erlebte, als er über den Dichter Antoni Słonimski den Altmeister der Science-Fiction-Literatur, Herbert G. Wells, kennenlernte.

Antoni Słonimski: *H. G. Wells lud ihn zum Tee ein, doch wir warteten von fünf bis halb sieben, und Karski erschien nicht. Ich erklärte Wells, der Held des polnischen Widerstandes sei mit dem öffentlichen Verkehrsnetz nicht vertraut und habe offenbar den polnischen Untergrund mit dem Londoner verwechselt.*[12]

Nach Karskis Erinnerung kam der Besuch doch zustande, endete aber mit einer Überraschung: Wells, der auch Historiker und Soziologe war, hörte sich zwar seinen Bericht geduldig an, bedachte ihn aber nur mit einem knappen und recht zweideutigen Kommentar: Man müsse einmal gründlich darüber nachdenken, woran es liege, dass überall dort, wo die Juden auftauchten, früher oder später der Antisemitismus aufkomme. Ob dem Gast das auch schon aufgefallen sei? Diese Äußerung berührte Karski zwar sehr unangenehm, sein späterer Kommentar galt aber einer anderen Gesetzmäßigkeit: Wells sei zwar der Einzige gewesen, der offen seine antijüdische Einstellung gezeigt habe, doch diejenigen, die auf die «richtige» Weise reagiert hätten, ob Politiker oder Literaten, hätten sich im Endeffekt auch nur auf verbale Reaktionen beschränkt.

Jan Karski: *Es vergingen Tage, Wochen, Monate, in denen immer deutlicher wurde, dass die Juden für sie von ganz geringer Bedeutung waren. Und damals, im Jahre 1943, stellte sich auch noch heraus, dass Polen mit seiner lächerlichen Regierung nicht als Verbündeter, sondern als Ballast angesehen wurde.*[13]

Auslöser der damaligen Krise zwischen der Exilregierung und den Alliierten war eine Nachricht, die anfangs beiden Seiten einen Schock versetzte: Am 13. April 1943 gaben die Deutschen die Entdeckung der Massengräber von Katyń bekannt. Genauer: Einige Wochen zuvor waren die Leichen der seit dem Frühjahr 1940 vermissten polnischen Offiziere von der Wehrmacht entdeckt worden. Die Deutschen lasteten das Massaker den Sowjets an, diese bestritten es und wiesen die Schuld den Deutschen zu. Zur Verblüffung und wachsenden Irritation der Alliierten tendierten die Polen sofort dazu, die deutsche Version zu glauben. Schon vier Tage nach der Bekanntgabe des Fundes, am 17. April 1943, forderte die Regierung Sikorski eine Untersuchung durch das Internationale Rote Kreuz – nicht ohne vorher die Sowjetregierung um Aufklärung zu bitten. Da sie aber auf die entsprechende Note, die der sowjetische Botschafter in London erhalten hatte, keine Antwort bekam, wies sie den polnischen Delegierten beim Internationalen Roten Kreuz in Genf, Fürst Stanisław Radziwiłł, an, die besagte Untersuchung zu beantragen. Als dieser in den Nachmittagsstunden des 17. April dem Vorsitzenden des IRK den Antrag vorlegte, erfuhr er, dass der deutsche Delegierte einen Tag früher das Gleiche getan hatte.

Wie man heute weiß, war der Massenmord von Katyń in der Tat ein Werk der Sowjets. Was weniger bekannt ist: Er ging im Grunde auf einen einzigen Brief zurück. Am 5. März 1940 schrieb der sowjetische Innenminister Berija an Stalin, er empfehle, die in Gefangenenlagern befindlichen 14 700 polnischen Offiziere und 11 000 Mitglieder konterrevolutionärer Gruppen zu erschießen. Stalin stimmte seinem Vorschlag zu, und die Folge war eine Reihe von Exekutionen, die von Anfang April bis Mitte Mai dauerten und an mehreren Orten durchgeführt wurden. Einer von ihnen war ein Wald bei Katyń, wo allein 4421 Männer den Tod fanden und der seitdem als Symbol des Verbrechens gilt.

Das Thema wurde auch nach dem Krieg jahrzehntelang tabuisiert, obwohl es schon während der Nürnberger Prozesse zur Sprache kam und der amerikanische Kongress 1952 eine Untersuchungskommission einsetzte, die den Ereignissen von damals auf den Grund gehen sollte. Ende der fünfziger Jahre wurden die Personalakten der Ermordeten vom KGB vernichtet, und der Name Katyń durfte im Ostblock von dem Moment an nicht einmal erwähnt werden. Für die Polen wurde er dennoch zum Synonym einer sehr eigenen Erfahrung: Schon der Überfall der Deutschen, zu deren wichtigsten Zielen die Ausrottung der polnischen Intelligenz gehörte, war mehr als sie (erst kurz nach der einhundertzwanzigjährigen Zeit der Teilungen) verkraften konnten. Dass sich aber zu dem einen Besatzer nach zwei Wochen noch ein zweiter gesellte und in kurzer Zeit über zwanzigtausend Männer ermordete, die fast ausnahmslos der polnischen Oberschicht entstammten, war ein Schlag, dessen Folgen bis in die Gegenwart hineinreichen.

«Ohne Katyń wären wir heute eine andere Nation»: Kein zweiter Satz wurde nach der Premiere von Andrzej Wajdas Film *Das Massaker von Katyń* (2007) so oft zitiert wie dieser. Er stammte von dem Produzenten des Films, Michał Kwieciński, doch Wajda, der selbst bei den Exekutionen seinen Vater verloren hatte, stimmte ihm voll zu. Und er meinte darüber hinaus, er wünsche sich, dass sein Film sowohl das russische als auch das westliche Publikum erreiche (was auch geschah). «Der Westen sollte sich insofern für ihn interessieren», so der Regisseur wörtlich, «als Katyń auch seine Sünde war. Was hat Churchill damals zu unserem Premier Sikorski gesagt? ‹Wenn Sie diese Offiziere nicht ins Leben zurückrufen können, wovon sprechen wir dann?› Für ihn war dieser Mord nur eine Episode. Und die Bereitschaft Englands und Amerikas, den Russen zu glauben, war eines der vielen Zugeständnisse, die sie an Stalin machten, um mit seiner Hilfe den Krieg zu gewinnen.»[14]

So war es in der Tat. Die Alliierten akzeptierten Stalins Version, und dieser ging sofort einen Schritt weiter: Er nahm die «im Gleichschritt» gestellten polnischen und deutschen Anträge beim Internationalen Roten Kreuz zum Anlass, die Polen der Zusammenarbeit mit den Nazis zu beschuldigen und einige Tage später, am 25. April 1943, die diplomatischen Beziehungen zu der Londoner Exilregierung abzubrechen. Ein erneuter Konflikt mit der Sowjetunion, die Abkühlung des Verhältnisses zu den Alliierten, die, wie von Karski bemerkt, immer mehr dazu neigten, Polen als Ballast anzusehen, und offene Attacken von Seiten der Opposition: So in etwa sah die Situation der Regierung Sikorski in jenem Frühjahr 1943 aus.

Als wäre das nicht genug, spitzte sich damals auch noch die Situation der polnischen Juden wieder zu und verlangte dringend nach neuen Entscheidungen: Wenige Tage nach der Entdeckung der Katyń-Morde, am 19. April, brach der Warschauer Ghettoaufstand aus. An dem Tag sollten unter der Leitung des SS-Gruppenführers Jürgen Stroop die letzten Deportationen nach Treblinka und die Liquidierung des Ghettos beginnen. Doch zu ihrer Überraschung stießen die Deutschen auf massiven Widerstand. Vier Wochen lang wurden sie von etwa 1200 Mitgliedern der beiden jüdischen Untergrundorganisationen in Schach gehalten. Es waren meist junge Menschen – unter dem Kommando des 24-jährigen Mordechaj Anielewicz –, deren ganzes Waffenarsenal aus Pistolen, Granaten und selbstgebastelten Granatwerfern bestand. Nach knapp vier Wochen wurde der Aufstand niedergeschlagen und das Ghetto dem Erdboden gleichgemacht. Bis auf eine Handvoll Kämpfer und Zivilisten, denen es gelang, über die Kanalisation auf die «arische» Seite zu flüchten, wurden alle Überlebenden nach Treblinka gebracht und getötet.

Waren womöglich auch Karskis Bekannte dabei? Leon Feiner? Menachem Kirszenbaum? Dudek Landau? Die polnische Sektion der BBC berichtete detailliert über den Aufstand, die Namen der Opfer gab sie aber freilich nicht durch. Und die britische Presse reagierte auf die Ereignisse in Warschau ohnehin sehr zurückhaltend. Mit gutem Grund: Am 19. April, dem Tag des Aufstandsbeginns, trafen sich auf den Bermudas Delegationen Großbritanniens und Amerikas, um im Rahmen einer zehntägigen Konferenz über die Judenpolitik der Nazis und die möglichen Gegenmaßnahmen zu beraten. Die Konferenz fand hinter geschlossener Tür und ohne Zulassung von Journalisten und Vertretern jüdischer Organisationen statt, doch ihr Ergebnis wurde trotzdem schnell bekannt: Die Teilnehmer waren sich einig, dass jede Art Hilfe für die verfolgten Juden ihre Möglichkeiten übersteige.

Wenn zu diesem Schluss die Regierungen der westlichen Großmächte kamen, was sollten dann die Menschen in Warschau sagen? Am 5. Mai 1943, über zwei Wochen nach dem Beginn des Aufstands, hielt General Sikorski über den Rundfunk eine Rede, in der er der polnischen Bevölkerung Anerkennung aussprach. «Wir wissen, dass Ihr den gepeinigten Juden helft, wie Ihr könnt», sagte er wörtlich. «Ich danke Euch, Landsleute, in meinem Namen und im Namen meiner Regierung. Ich bitte Euch, ihnen jede mögliche Hilfe zu erteilen und zugleich diese schreckliche Grausamkeit zu verurteilen.»[15] In Wirklichkeit bekamen die Aufständischen von den Polen nur eine geringe Unterstützung – eine Tatsache, mit der sich die polnische Öffentlichkeit erst viele Jahre später auseinandersetzen sollte. «Es blieben Scham und Gewissensbisse, wie stets, wenn wir uns aus Sorge um die eigene Haut ohne aktiven Widerspruch mit einem Verbrechen abfinden, das in unserer nächsten Nähe geschieht»[16], schrieb der angesehene Publizist Jan Józef Lipski in einem Aufsatz aus den neunziger Jahren.

So wurde auch der Ghettoaufstand für lange Zeit zu einem Tabuthema, zumal es naturgemäß nur wenige Überlieferungen gab – die meisten Teilnehmer waren ja ums Leben gekommen. Erst in den späten Siebzigern entschied sich Marek Edelman, der letzte überlebende Anführer des Aufstands und Karskis späterer enger Freund, sein Schweigen zu brechen, und ließ sich auf ein Gespräch mit der Warschauer Reporterin Hanna Krall ein. Das Ergebnis war das aufsehenerregende kleine Buch *Schneller als der liebe Gott* (1977), das der Autorin zu einem internationalen Durchbruch verhalf. Die Einzigartigkeit der Reportage bestand in ihrer Form – Krall wechselte ständig zwischen zwei Zeitebenen und ließ Edelman mal als den jungen Aufständischen, mal als den erfolgreichen Kardiologen, der er mittlerweile war, zu Wort kommen – und in dem sarkastisch-nüchternen Ton, in dem dieser über seine Ghettoerlebnisse sprach. Nur so ließ sich seines Erachtens der Sinn dieses Aufstands erklären: durch Spott und negatives Pathos. «Die Menschheit», meinte er, «hatte ja die Vereinbarung getroffen, mit der Waffe in der Hand zu sterben sei schöner als ohne.»[17] Und genau darum war es ja im Ghetto gegangen – um das Recht, von der dort einzig möglichen Freiheit Gebrauch zu machen: die Art des Todes zu wählen.

Diese Wahl trafen damals die Aufständischen in Warschau – und mit ihnen ein Mann in London. Am 12. Mai 1943, kurz vor der Niederschlagung des Aufstands, machte in den Regierungskreisen eine tragische Nachricht die Runde: Szmul Zygielbojm, der zornige Hungerstreik-Verweigerer, hatte Selbstmord begangen. Gas war ihm als ein weit passenderes Mittel erschienen, Solidarität mit seinem in den Gaskammern sterbenden Volk zu zeigen. «Vielleicht werde ich durch meinen Tod dazu beitragen», schrieb er in einem Abschiedsbrief an Präsident Raczkiewicz und Premierminister Sikorski, «die Gleichgültigkeit derjenigen zu durchbrechen, von denen die Juden in Polen gerettet werden könnten.»[18]

Noch Jahre später wird sich Jan Karski Vorwürfe machen, Warschaus Forderung nach einem spektakulären Protesttod nur Zygielbojm allein ausgerichtet und ihn dadurch zu seinem verzweifelten Schritt gedrängt zu haben. Gleichzeitig hielt er die Art, auf die er das von ihm verlangte Zeichen setzte, für verfehlt.

Jan Karski: *Zygielbojm war der – ich zögere nicht, es so auszudrücken – edelste Märtyrer der jüdischen Sache. Er liebte sein Volk mehr als sich selbst. Aber er war nicht gut informiert. Die höchste Autorität war für ihn der polnische Staatspräsident, dabei hätte er seinen Abschiedsbrief an Roosevelt oder Churchill schreiben sollen. Denn leider war er selbst nicht bekannt genug. Man wusste nicht, wer Zygielbojm war.*[19]

Zu seiner Beerdigung war Jan Karski nicht erschienen. Er hielt sich zwar zu diesem Zeitpunkt immer noch in London auf, war aber schon ganz auf die Vorbereitungen für eine neue, möglicherweise noch wichtigere Mission konzentriert: seiner ersten Reise in die USA. Er habe nur vom Hörensagen gewusst, erzählte er später, dass ziemlich viele Menschen gekommen seien. Und er könne sich erinnern, dass die *Times* auf einer der hinteren Seiten einen Artikel gebracht habe. Das sei alles gewesen. Der einsame Tod von Szmul Zygielbojm habe gar keine politische Bedeutung gehabt.

12

BIS INS WEISSE HAUS

Fünfte Mission. Juni–September 1943

Wessen Idee war es, ihn nach Amerika zu schicken? Und welchen Sinn sollte diese Reise eigentlich haben? Hatten die Gespräche mit den britischen Politikern nicht deutlich genug gezeigt, mit welchen Reaktionen man bestenfalls rechnen konnte?

Die Entscheidung über seine neue Mission war kurz nach dem Abbruch der polnisch-sowjetischen Beziehungen gefallen, und den Einfall dazu soll der amerikanische Botschafter Drexel Biddle gehabt haben. Offiziell hieß es, Karski werde den amerikanischen Spitzenpolitikern über den Kampf der Polen gegen den deutschen Besatzer und die dramatische Situation der Juden berichten. In Wirklichkeit aber sollte er ihnen vor allem den polnischen Standpunkt im Konflikt mit Stalin und die Gefahr, die von der Sowjetunion ausging, verdeutlichen. Bereits am 5. Mai 1943 traf in der polnischen Botschaft in Washington ein Telegramm ein, in dem Edward Raczyński, der Außenminister der Exilregierung, Karski als jemanden ankündigte, der den Amerikanern aktuelle Informationen über die Situation in Polen liefern werde, insbesondere über das dortige Treiben der Kommunisten und der sowjetischen Partisanen.

Nach etwa sechswöchigen Vorbereitungen – so lange hatte nicht zuletzt das Besorgen des Diplomatenvisums für die USA gedauert – konnte Jans Reise beginnen. Sie war auf drei Monate angelegt; danach, so das Versprechen des Innenministers Mikołajczyk, werde er endlich nach Polen zurückkehren. Die Überfahrt dauerte sechs Tage, so dass er am 16. Juni New York erreichte. Am 22. Juni kam er in Washington an, wo er von dem Botschafter Jan Ciechanowski begrüßt wurde: einem kultivierten, weltgewandten 56-jährigen Herren mit tadellosem Äußeren, eleganten Manieren und besten Verbindungen zu den ersten amerikanischen Kreisen. Er hatte zwar dort nicht nur Freunde, weil er durchaus auch streitlustig und stur sein konnte, doch das sollte Jan erst später merken.

Jan Karski: *Er war ein erfahrener Diplomat und ein sehr raffinierter Mensch. Meines Erachtens aber für den Posten des Botschafters in den Vereinigten Staaten ungeeignet, weil zu sehr auf Gespräche im kleinen Kreis bedacht und zu snobistisch.*[1]

Sowohl der Botschafter selbst als auch seine belgische Frau Gladys, mit der er seit über zwanzig Jahren verheiratet war und drei Söhne hatte, stammten aus reichen Familien und waren einen entsprechenden Lebensstil gewohnt. Ciechanowski war Berufsdiplomat, doch 1929, nach dem Tod seines Vaters, hatte er sich für zwei Jahre beurlauben lassen, um sich um das unter anderem aus mehreren Fabriken bestehende Vermögen der Familie zu kümmern. Er kaufte damals ein prachtvolles Palais im schlesischen Ort Szczekociny, das er mit Frau und Kindern bis 1939 bewohnte. Nach Kriegsausbruch gelangten sie nach London, wo Ciechanowski zuletzt Generalsekretär des Außenministeriums in der Regierung Sikorski war. Im März 1941 übernahm er die Botschaft in Washington, eine der ersten diplomatischen Vertretungen, die Polen in der Zwischenkriegszeit eröffnet hatte.

Bei seinem ersten Besuch im Weißen Haus wurde er von Präsident Roosevelt mit einer Mischung aus herzlicher Jovialität und Respekt begrüßt – der gute Ruf, den Premierminister Sikorski genoss, und das politische Gewicht, das die Exilregierung damals noch hatte, färbten auch auf ihn ab. Da Roosevelt damit rechnete, dass die Vereinigten Staaten sich bald am Zweiten Weltkrieg beteiligen würden, bat er den frisch gekürten Botschafter, alles zu tun, um den Amerikanern den Sinn dieses Krieges verständlich zu machen. Ciechanowski nahm jede Gelegenheit wahr, um ihm diesen Wunsch zu erfüllen – ähnlich übrigens wie Sikorski selbst, der einige Wochen später nach Washington kam und anschließend in die großen amerikanischen Industriezentren reiste, um unter den US-Polen für die Politik der eigenen Regierung zu werben. Doch schon wenige Monate später, im Juni 1941, wurde die Sowjetunion von Hitler überfallen, was auch den Blick der Amerikaner (ähnlich wie den der Briten) auf

Der polnische Botschafter in Washington, Jan Ciechanowski

den gesamten Konflikt veränderte: Stalin und seine Armee wurden zum wichtigsten Verbündeten, Sikorski und seine Regierung zu einem immer lästigeren Partner.

Nun, zwei Jahre später, nahm Ciechanowski den Kurier dieser Regierung in Empfang. Und da dies gleichzeitig sein erster persönlicher Kontakt mit einem Mitglied des polnischen Untergrunds sein sollte, tat er es mit großer Spannung und Neugier.

Jan Ciechanowski: *Am Morgen des 22. Juni empfing ich einen großen dunkelhaarigen, jungen Mann von auffallendem Äußeren. Er sah aus, als habe er schwere Leiden und Hungersnot durchgemacht, und seine brennenden Augen vereinigten den Eindruck kühner Intelligenz mit kindlicher Offenheit. Er hieß Jan Karski und war Leutnant der polnischen Untergrundarmee, die einen regulären Teil unserer nationalen Streitkräfte bildete … Er übergab mir Briefe von General Sikorski und Mikołajczyk, in denen sie mich baten, seinen Bericht über die Tätigkeit des polnischen Untergrunds anzuhören und ihn den zuständigen amerikanischen Zivil- und Militärbehörden vorzustellen.*[2]

Die polnische Botschaft in Washington

Ciechanowski nahm Jan sofort unter seine Fittiche. Er lud ihn ein, in der Botschaft zu wohnen, und überließ ihm das Zimmer seines Sohnes, eines Royal Air Force-Fliegers, der kurz zuvor ums Leben gekommen war. Er gab ihm auch viele wertvolle Ratschläge und verlangte, über jeden seiner Schritte informiert zu werden – in Washington wimmele es nur so von sowjetischen, deutschen, französischen und britischen Spionen, weil jeder wisse, dass über den Kriegsverlauf im Weißen Haus entschieden werde. Und er machte sich sofort daran, eine Liste der wichtigsten Namen aus der Welt der Politik und Medien zusammenzustellen. Vor allem aber verbrachte er unzählige Stunden damit, dem jungen Kurier zuzuhören. Bald wurden seine Gespräche mit «Johnny» – mal in der Botschaft, mal während der gemeinsamen abendlichen Spaziergänge mit seinem Hund – zum täglichen Ritual.

Jan Ciechanowski: *Noch niemals hatte ich einen Menschen getroffen, der mit derartiger Schlichtheit, telegraphischer Kürze und so völlig offen Ereignisse und verwickelte Situationen zu schildern vermochte.*[3]

Diese Begabung sollte Jan bald sehr zugute kommen, denn gleich nach seiner Ankunft wurde die Situation der Polen – infolge zweier tragischer Ereignisse – noch schwieriger. Die erste fatale Nachricht kam aus Warschau: Am 30. Juni 1943 wurde der Oberbefehlshaber der Heimatarmee, General Stefan Rowecki, verhaftet und nach Berlin verschleppt. Die Versuche, ihn gegen einen hohen deutschen Militär auszutauschen, schlugen fehl. Nach brutalen Verhören, bei denen es der Gestapo aber nicht gelungen war, die verlangten Informationen zu bekommen, kam Rowecki ins KZ Sachsenhausen, wo er Anfang August 1944 erschossen wurde.

Fünf Tage nach seiner Verhaftung kam die zweite Hiobsbotschaft, diesmal aus London: Am 4. Juli 1943 war Władysław Sikorski bei einem Flugzeugabsturz in der Nähe von Gibraltar ums Leben gekommen. An diesem Tag hatte er aus der Residenz des Gouverneurs von Gibraltar ein Telegramm an Präsident Roosevelt geschickt, in dem er der amerikanischen Nation zum Unabhängigkeitstag seine Hochachtung zollte und die Hoffnung auf einen baldigen Sieg der Alliierten aussprach. Einige Stunden später war er bereits tot. Die Nachricht davon traf in Washington erst am nächsten Tag ein.

Die genauen Umstände der Katastrophe, bei der auch die Tochter und der Stabschef des Generals ums Leben gekommen waren, konnten niemals geklärt werden, was für zahllose Gerüchte und Vermutungen sorgte beziehungsweise bis heute sorgt. Schuld daran waren die politischen Umstände, die etliche potentielle Profiteure des Unglücks auf den Plan riefen, aber auch einige schwer erklärbare Fakten. Warum zum Beispiel, lautete eine der Fragen, die zu der Sabotagetheorie führten, war Józef Retinger, der Dauerbegleiter des Generals, diesmal nicht dabei gewesen? War es nicht ein ausreichender Beweis dafür, dass die Briten dahintersteckten, als deren Agent er doch tätig war?

In Wirklichkeit war die Erklärung für Retingers Abwesenheit ganz einfach: Sikorskis Reise hatte die Inspektion der polnischen Truppen im Nahen Osten zum Ziel und somit einen streng militärischen Charakter gehabt. Die Meldung über den Absturz seiner Maschine erreichte Retinger am 5. Juli in der Frühe, als er an der britischen Luftwaffenbasis bei Swindon auf die Rückkehr des Generals wartete. Er fuhr sofort nach London zurück, von wo aus er so schnell wie möglich nach Gibraltar fliegen wollte. Doch in London wartete auf ihn eine Nachricht von Churchill, er möge um Mitternacht, nach der Sitzung des Kabinetts, zu

Die Trauerfeierlichkeiten nach dem Tod von General Sikorski. In der ersten Reihe von rechts General Kazimierz Sosnkowski, Präsident Władysław Raczkiewicz, Premierminister Stanisław Mikołajczyk

ihm kommen. «In der Downing Street wurde ich in ein riesiges Zimmer geführt», erzählt er in seinem Tagebuch. «Die Mitglieder des Kabinetts hatten es soeben verlassen, in der Luft hing noch eine dicke Rauchwolke. Ich fand nur noch den Premierminister vor, der einen graublauen Anzug trug. Er stand auf, und sobald er mich sah, brach er in Tränen aus. Er sagte, er habe Sikorski wie einen jüngeren Bruder geliebt und seine Karriere nicht nur mit Interesse, sondern auch mit sehr herzlichen Gefühlen verfolgt. Die Flugzeugkatastrophe hatte ihn wirklich tief bewegt und erschüttert.»[4]

Nachdem Churchill sich wieder gefangen hatte, sprach er mit Retinger über die politische Zukunft Polens. Er fragte, wer als Sikorskis Nachfolger in Frage komme, und als Retinger antwortete, für verbindliche Prognosen sei es noch zu früh, er wisse aber, dass der Verstorbene für diesen Posten Stanisław Mikołajczyk vorgesehen habe, war Churchills Reaktion nicht gerade enthusiastisch. Und als es dann in der Tat Mikołajczyk wurde, war «sein Verhältnis zu ihm», so Retingers weitere Erinnerung, «völlig anders [als zu Sikorski, M. K.]. Er behandelte ihn nicht mit der gebührenden Höflichkeit, nahm nicht viel Rücksicht auf seine Gefühle und hatte wenig Verständnis für seinen Mangel an Erfahrung in internationalen Fragen. Er verhielt sich wie eine Dampfwalze, die keine Hindernisse duldet, und zerstörte mit der Kraft seiner Persönlichkeit alles, was seinen Wünschen und Ansichten widersprach. Er war auch nicht der Meinung, Mikołajczyk gegenüber irgendwelche Verpflichtungen zu haben. Die Worte, die er 1940 zu General Sikorski gesagt hatte, schienen nicht für dessen Nachfolger zu gelten.»[5]

Auch in der polnischen Botschaft in Washington löste die Nachricht von Sikorskis Tod tiefe Bestürzung aus. An dem Zeitplan, den Ciechanowski für Jan aufgestellt hatte, durfte sich dennoch nichts mehr ändern. Am 5. Juli, dem Tag, an dem die tragische Nachricht kam, sollten seine Gespräche mit den Amerikanern beginnen, und bei jedem musste er konzentriert und bestens vorbereitet sein: Auch diesmal war davon auszugehen, dass seine Gesprächspartner wenig Zeit haben und eine möglichst knappe Form der Berichterstattung erwarten würden. Er wollte auch den letzten Rat Sikorskis befolgen und sich als Kurier des polnischen Untergrunds und nicht der Exilregierung ausgeben sowie als seinen Ankunftstermin im Westen statt November 1942 den Februar 1943 nennen – so würden seine Informationen noch glaubwürdiger und aktueller erscheinen.

Die Treffen fanden meist in der Botschaft statt und hatten die Form kleiner, informeller Arbeitsessen. Nur einige Regierungsmitglieder empfingen Jan in ihren Büros. Ciechanowski gab sich viel Mühe, jedes Mal möglichst prominente Gäste einzuladen, die auch von ihrer Funktion und ihrem Interessenschwerpunkt her zueinander passten. Allerdings entsprach das Gewicht dieser Zusammenkünfte nicht immer dem Rang der anwesenden Personen.

Jan Karski: *Es war so ähnlich wie in London: Große Diskussionen gab es zwischen uns nicht. Sie hörten mir nur zu, zeigten in der Regel ihre Sympathie, versprachen zu tun, was in ihrer Macht stand, und lobten mich über alle Maße. Das war alles.*[6]

Vermutlich war es kein Zufall, dass zu dem ersten Treffen am 5. Juli drei jüdische Spitzenpolitiker geladen waren (Ciechanowski und seine

Stanisław Mikołajczyk, Sikorskis Nachfolger als Premierminister

Frau waren jüdischer Herkunft): der stellvertretende Generalstaatsanwalt Oscar Cox, der Richter am Obersten Gerichtshof, Felix Frankfurter, und der Präsidentenberater Ben Cohen. Dann, am 7. Juli, der Vizeaußenminister Adolf Berle und die Osteuropa-Experten seines Ministeriums, Charles Bohlen, Elbridge Dubrow und Loy Henderson. Am 9. Juli alle Spitzenbeamten des *Office of Strategic Services*, mit Ausnahme des Direktors William J. Donovan, der sich zu dem Zeitpunkt in Europa befand. An anderen Tagen hohe Militärs oder namhafte Journalisten. Insgesamt hatte Karski in dieser Zeit über dreißig hochkarätige Gesprächspartner, zu denen auch Außenminister Cordell Hull, Generalstaatsanwalt Francis Biddle, Kriegsminister Henry Stimson und sein Stellvertreter John McCloy, der ehemalige Botschafter in Moskau und Paris, William C. Bullitt, Roosevelts Wirtschaftsberater Herbert Feis sowie die beiden Begründer des Jüdischen Weltkongresses, der damalige Präsident Stephen Wise und sein Nachfolger Nahum Goldmann, gehörten.

Wieder hielt er zu Beginn jedes Gesprächs einen kleinen Vortrag, der meist auch denselben Ablauf hatte, nur dass er diesmal mit den Aktivitäten der Kommunisten in Polen begann. Erst dann besprach er andere Themen: die Situation der Juden, die Stellung der Exilregierung in Polen, die Verbindung zwischen London und Warschau, die Struktur des Untergrundstaates et cetera. Da aus polnischer Sicht nötig war, all diese Informationen geheimzuhalten, musste jeder versprechen, strengstes Stillschweigen zu wahren – was manchmal insofern überflüssig war, als einige Unterhaltungen ohnehin etwas von dem Austausch in einer Geheimsprache hatten. Etwa die mit dem Außenminister Cordell Hull:

Jan Karski: *Er war ein alter Mann, krank und müde. Außerdem hatte er einen schrecklichen Akzent. Er stammte aus Tennessee und hatte eine seltsame, rollende Aussprache, so dass ich kaum verstehen konnte, was er zu mir sagte. Mein englischer Akzent war auch entsetzlich, noch schlimmer als heute. Ich bin also sicher, dass dieser Mann mich genauso wenig verstand.*[7]

Für Karskis Empfinden war es ein Gespräch ohne jede Bedeutung – im Gegensatz zu dem mit Felix Frankfurter, einer seiner einprägsamsten Begegnungen. Sie fand im Anschluss an das Abendessen am 5. Juli statt, nachdem die beiden anderen Gäste, Cox und Cohen, sich verabschiedet hatten. Erst dann erzählte Jan dem Richter in allen Details, was er im Warschauer Ghetto und im Transitlager Izbica gesehen hatte. Als er etwa eine halbe Stunde später verstummte, herrschte erst einmal langes Schweigen. Frankfurter ging im Zimmer auf und ab, und der Botschafter gab Karski ein Zeichen, dass er ihn dabei nicht stören solle. Schließlich wandte sich der Richter ihm zu und sagte, so sehr er sich darum bemühe, sei er nicht imstande, ihm zu glauben. Als Ciechanowski sofort den Einwand erhob, er wolle doch nicht behaupten, Jan sei ein Lügner, antwortete er, er habe nicht gesagt, dass der junge Mann lüge, sondern dass er selbst ihm nicht glauben könne, das sei ein Unterschied. Und nachdem er ein letztes «Nein» hervorgestoßen und eine dramatisch-abweisende Geste in Jans Richtung gemacht hatte, verließ er den Raum.

In den späteren Jahren hörte Karski oft, dass Felix Frankfurter gar nicht anders habe reagieren können. Wenn er gesagt hätte, dass er ihm glaube, so die gängige Meinung, wäre er gezwungen gewesen zu handeln,

Felix Frankfurter, Richter am Obersten Gerichtshof, 1943

und dazu sei er entweder nicht fähig oder nicht bereit gewesen. Außerdem hieß es oft, dass die amerikanischen Juden deshalb nicht energischer vorgegangen seien, weil sie sich vor den Juden aus Osteuropa gefürchtet hätten. Davor, dass, wenn diese nach Amerika gekommen wären, der Antisemitismus dort noch weiter gestiegen wäre. So dachte damals offenbar auch der Journalist Walter Lipmann, einer der bekanntesten politischen Kommentatoren jener Zeit, der zwar zu Karskis Treffen mit den Presseleuten erschienen war, danach aber keine Zeile darüber schrieb. Professor Karski selbst hatte allerdings zu der allgemeinen Zurückhaltung in der Judenfrage seine eigene Theorie.

Jan Karski: *Der jüdische Teil meiner Mission ist deshalb misslungen, weil das, was mit den Juden geschah, so unbeschreiblich grausam, so furchtbar, so beispiellos, so einmalig war, dass ich es gar nicht in Worte fassen konnte. Dafür hätte man vielleicht einen großen Dichter oder einen Philosophen oder einen politischen Anführer benötigt. Was mich also betrifft, so werde ich weit überschätzt. Und ich sage das nicht, um bescheiden zu wirken, son-*

dern ich meine es auch so. Meine Mission – ja, die war natürlich wichtig. Doch ich selbst war es nicht.[8]

Einige seiner Gesprächspartner, auch der jüdischen, nahmen ihn tatsächlich nicht ganz ernst. Nahum Goldmann etwa, der zu verstehen gab, dass er nur Ciechanowski zuliebe gekommen sei. Oder Morris Waldman vom Amerikanisch-Jüdischen Komitee, der das, was ihm Karski über die Hilfe der Polen für die Juden berichtete, nicht wahrhaben wollte und hartnäckig behauptete, sie seien doch alle Antisemiten und wenn sie so täten, als würden sie mit den Juden mitfühlen, dann wohl nur um ihren Ruf zu verbessern. Und selbst Rabbi Wise, der sich für die Idee interessierte, jüdische Flüchtlinge mit Blanko-Pässen zu versorgen (eine der Forderungen des jüdischen Untergrunds) ließ das Thema fallen, als er hörte, für die Umsetzung wäre die polnische Regierung zuständig – vermutlich weil es ihm bewusst war, dass Jan über die Judenhilfe mehr aus eigenem Engagement als im Auftrag Londons sprach.

Möglicherweise war er also manchen wirklich nicht wichtig genug. Doch das galt offensichtlich nicht für den Präsidenten der Vereinigten Staaten: Am 28. Juli 1943 bekam Ciechanowski endlich den Anruf, auf den er seit Wochen gewartet hatte. Gleich nach Karskis Ankunft hatte er das US-Außenministerium gebeten, das Weiße Haus über seinen Besuch zu informieren, und seitdem gehofft, dass die Prophezeiung von Anthony Drexel Biddle in Erfüllung gehen würde: Roosevelt lese ungern Berichte, behauptete Biddle, dafür liebe er es, Menschen zu treffen. Er müsse nur erfahren, dass Karski sich in Washington aufhalte, dann werde er ihn bestimmt irgendwann einladen. Und so kam es auch.

Jan Ciechanowski: *Einige begeisterte Kommentare über all das, was Karski berichtet hatte, waren bis zum Präsidenten gelangt, und schließlich, eines Morgens in der Frühe, erhielt ich einen Anruf aus dem Weißen Haus mit der Bitte, um zehn Uhr dreißig den Präsidenten zu besuchen und Karski dabei mitzubringen.*[9]

Keine drei Stunden später waren sie im Weißen Haus. Sie wurden in den zweiten Stock, ins Arbeitszimmer des Präsidenten geführt, der sich nach kurzer Begrüßung sofort Karski zuwandte, mit der Absicht, ihm die erste Frage zu stellen. Doch Jan ließ es sich nicht nehmen, eine kleine

Ansprache zu halten. Er hatte zwar von Ciechanowski die Anweisung bekommen, die Gesprächsführung dem Präsidenten zu überlassen, der Anblick Roosevelts, der nicht nur der mächtigste Mannes der Welt war, sondern auch wahre Größe und Würde verkörperte, hatte ihn offenbar aber völlig überwältigt. In späteren Jahren sollte er diese Szene oft nachspielen und dabei mit viel Ironie den Präsidenten imitieren – seine imposanten Gesten, seine Mimik, seine Art zu sprechen und die lange Zigarettenspitze zu halten. Doch in diesem Moment war er nur zutiefst bewegt. Er sei gar nicht imstande, seinen Gefühlen Ausdruck zu geben, er könne dafür nicht die rechten Worte finden, begann er. Bei seiner Abreise aus Polen habe er niemandem versprochen, dass es ihm gelingen werde, ins Weiße Haus zu gelangen, und er habe es selbst nicht geglaubt. Nun sei er aber hier, und der Präsident möge ihm erlauben zu sagen, dass nicht nur die Polen, sondern Millionen Menschen in Europa in ihm den einzigen Mann sehen würden, der ihnen Freiheit und Frieden bringen könne.

Jan Ciechanowski: *Der Präsident hörte aufmerksam zu und war sichtlich erfreut, wollte aber offenbar rasch zur Sache kommen. Er fragte Karski, ob die Situation in Polen tatsächlich so schlecht sei, wie er gehört habe.*[10]

Von jetzt an bemühte sich Karski, jede Frage des Präsidenten so präzise wie möglich zu beantworten. Und dieser schien an sehr verschiedenen Themen Interesse zu haben. Liest man jedenfalls das entsprechende Kapitel von Jan Ciechanowskis Erinnerungen (dt. *Vergeblicher Sieg*, 1948), erfährt man, dass Roosevelt unter anderem Folgendes wissen wollte: Wie sieht das alltägliche Leben in Polen aus? Wie ist die Lage der Bauern? Wie steht es mit dem Vieh und den Pferden – wurden viele von den Deutschen beschlagnahmt? Sind die Deutschen leicht zu bestechen? Ist die Demoralisierung in der deutschen Armee groß? Wie sehen die deutschen Methoden des politischen Terrors aus? Arbeitet der polnische Untergrund mit den Juden zusammen? Wie sind die konspirativen Behörden und die Untergrundarmee organisiert? In welcher Form hält die Regierung den Kontakt zu der Heimat? Hat der Untergrund Verbindung zu den Menschen, die in deutsche Arbeitslager verschleppt wurden? War der Tod von General Sikorski ein schwerer Verlust für die Polen? Wie sind die Beziehungen Polens zu anderen Völkern? Und schließlich, nach

US-Präsident Franklin Delano Roosevelt im Jahre 1940

dem Hinweis des Botschafters, der Kurier besitze dazu neueste Informationen: Wie sehen die Aktivitäten der Kommunisten aus? Danach wurden auch kurz Polens neue Grenzen thematisiert, wobei Ciechanowski behauptet, der Präsident habe eine «kategorische Aussage» bezüglich der Angliederung Ostpreußens an Polen gemacht, während Karski später richtigstellte, der Botschafter habe auf dieser Formulierung bestanden, während Roosevelt es vorsichtig als territorialen Zuwachs im Westen und Norden umschrieb. Damit beendete er auch das Gespräch, das statt der geplanten Viertelstunde eine Stunde und zwanzig Minuten gedauert hatte.

Jan Ciechanowski: *Dann reichte er Karski die Hand. «Ich danke Ihnen, mein Freund, ich danke Ihnen sehr, aber ich habe mich nun bei meinen anderen Verpflichtungen um eine ganze Stunde verspätet. Was Sie mir erzählt haben, ist von großer Bedeutung, und ich wünsche Ihnen Glück für Ihre Arbeit. Ich hoffe, dass ich Sie in den Vereinigten Staaten wiedersehe, und noch einmal: alles Gute!» Karski verbeugte sich und fragte den Präsi-*

denten, ob er seinen Vorgesetzten in Polen über diese Unterhaltung Bericht erstatten dürfe. «Gewiss, Sie dürfen jedes Wort wiederholen», sagte der Präsident, und dann, zu mir gewandt: «Ich bin wirklich erschüttert, Herr Botschafter.»[11]

Er bedanke sich auch bei Ciechanowski, dass er ihm die Gelegenheit gegeben habe, den Bericht des jungen Kuriers zu hören und von dem «wunderbaren» Widerstand des polnischen Volkes zu erfahren. Die Audienz war beendet. Die beiden Polen verließen das Weiße Haus und fuhren in die Botschaft zurück, um sofort, wie Ciechanowski vorgeschlagen hatte, den Wortlaut des Gesprächs festzuhalten. Jeder solle eine eigene Zusammenfassung schreiben, dann würden sie ihre Texte vergleichen und als zwei separate Berichte nach London schicken. Dass sie dieses Gespräch nicht völlig identisch schildern würden, war schon aufgrund ihrer Unterhaltung während der Rückfahrt abzusehen. Der Botschafter war weder zum ersten Mal im Weißen Haus gewesen noch hatte er den wichtigsten Part gespielt. Beides galt aber für Karski, der – von der Größe des Präsidenten und dem eigenen Auftritt ergriffen – nur mühsam wieder zu sich kam.

Jan Karski: *Am Ende des Gesprächs gelang es mir zu sagen: «Ich kehre bald nach Polen zurück. Man wird mich fragen, was mir Präsident Roosevelt gesagt hat. Was soll ich darauf antworten?» Und er: «Sagen Sie Ihren Landsleuten, dass wir den Krieg gewinnen und dass Gerechtigkeit und Freiheit siegen werden. Sagen Sie ihnen, dass sie in mir einen Freund haben.» Ciechanowski lachte später, ich hätte mich zum Abschied so tief verbeugt, dass er Angst gehabt habe, ich könnte mit der Stirn gegen den Schreibtisch aufschlagen. Bis zur Tür lief ich rückwärts, und in der Limousine dachte ich mit Stolz, dass ich aus Roosevelt einen Freund Polens gemacht habe. Ich fühlte mich wie ein Nationalheld, größer als Kościuszko*. Doch der Botschafter holte mich schnell auf den Boden zurück: «Nun ja, der Präsident hat nicht viel gesagt. Lauter allgemeine Sachen, nichts Besonderes.»*[12]

* **Tadeusz Kościuszko** (1746–1817), polnischer Nationalheld, führte einen nach ihm benannten Aufstand gegen Russland und Preußen (1794) an, kämpfte im Amerikanischen Unabhängigkeitskrieg an der Seite George Washingtons.

Wie sehr Präsident Roosevelt in Wirklichkeit von ihm und seinem Bericht beeindruckt gewesen war, erfuhr Professor Karski erst Anfang der achtziger Jahre. Ein befreundeter Diplomat ließ ihm einen geheimen Bericht zukommen, den Ciechanowski eine Woche nach der Audienz bei Roosevelt an den polnischen Außenminister in London, Tadeusz Romer, geschickt hatte. Er galt einem Treffen mit dem US-Außenminister Cordell Hull, der gesagt haben soll, der Präsident sei von dem Gespräch mit Karski so bewegt, dass er über nichts anderes mehr spreche.

Und noch eine Richtigstellung: Heute wird zwar oft behauptet, Roosevelt habe bei dem Gespräch der jüdischen Frage nicht genug Aufmerksamkeit geschenkt. Doch, wie Andrzej Żbikowski in seinem Buch bemerkt, hatte der Präsident eine Woche vor dem Treffen mit Karski ein Gespräch mit Rabbi Wise, dem Vorsitzenden des Jüdischen Weltkongresses, in dem er über das Thema ausführlich informiert wurde. Möglicherweise ging er also bewusst kaum darauf ein – um stattdessen Dinge zu erfahren, die er noch nicht gehört hatte. Außerdem erzählte ihm Karski seine Erlebnisse im Ghetto und im Lager nicht (was er seit der fatalen Reaktion von Felix Frankfurter ohnehin kaum noch tat), die seinen Informationen eine «persönliche Note» und damit vielleicht einen höheren Wert gegeben hätten.

Sein Bericht über die Situation der Juden hatte Roosevelt übrigens durchaus zu konkreten Schritten animiert – auch das erfuhr er erst nach Jahren, diesmal von John W. Pehle, einem der beiden Direktoren des *War Refugee Board*, einer im Januar 1944 gegründeten Regierungsdienststelle, die Opfern der NS-Diktatur, insbesondere jüdischen Flüchtlingen, helfen sollte. Die Gründungsidee ging zwar auf die Erklärung der Alliierten zum Massenmord an den europäischen Juden vom Dezember 1942 zurück, doch Roosevelts persönliches Einverständnis, so Pehle, sei Folge des tiefen Eindrucks gewesen, den die Begegnung mit Karski auf ihn gemacht habe.

Ein erstes Signal kam aus dem Weißen Haus schon wenige Stunden nach dem Treffen – in Form einer Liste von Personen, die nach Ansicht des Präsidenten Karski unbedingt treffen sollte. Nur war sie insofern kaum von Nutzen, als er die meisten von ihnen schon getroffen hatte oder demnächst mit ihnen verabredet war. Im Laufe der Jahre muss seine Erinnerung an einige dieser Begegnungen trotz seines ausgezeichneten Gedächtnisses verblasst sein. Etwa an die Gespräche mit John McCloy und Herbert Feis, die dazu beigetragen hatten, dass dem polnischen

Untergrund ein Kredit von zwölf Millionen Dollar gewährt wurde. Oder an die vielen anerkennenden Worte, die er von all diesen Menschen gehört hatte. Und vielleicht teilweise auch an sich selbst in jener Zeit – einen jungen, ehrgeizigen Mann, dem es, ähnlich wie in seiner Zeit in London, durchaus gefiel, den politisch Versierten zu spielen, und der in seinen Protokollen für die Exilregierung Sätze schrieb wie: «Mein Bericht … hat vielleicht einen vollkommen überraschenden Einfluss auf die Linie der amerikanischen Regierung gegenüber den Russen und auf die Richtung der öffentlichen Meinung in Amerika.»[13] Wie sonst soll man sich erklären, dass die Überlieferungen über sein damaliges Auftreten in krassem Kontrast zu seiner späteren Selbsteinschätzung stehen? Dass er sogar noch Anfang der neunziger Jahre, nachdem er längst zu einer Legende geworden war, das Folgende behauptete.

Jan Karski: *Wenn ich an die Kriegszeit zurückdenke – heute, nach fünfzig Jahren –, wird mir klar, dass ich damals nicht viel nachdachte, nicht urteilte, keine Schlüsse zog und mich von keinen «Motiven» leiten ließ. Ich war meinem Volk grenzenlos ergeben, durch die September-Niederlage zutiefst verunsichert und voller Hass auf den Feind. Ich tat das, was mir von meinen Vorgesetzten befohlen wurde, und hatte nur eine Sorge: das in mich gesetzte Vertrauen nicht zu enttäuschen. Ich mischte mich in «ihre Angelegenheiten» nicht ein, so war es für mich am bequemsten. Erst jetzt, da ich ein alter Mann bin, überkommen mich verschiedene Reflexionen.*[14]

War es Bescheidenheit? Koketterie? Gespielte Naivität? Nahm er die damaligen Lobeshymnen der amerikanischen, britischen und polnischen Spitzenpolitiker genauso wenig ernst wie die Preise und Ehrungen, mit denen er in den späten Jahren überschüttet wurde? Wenn ja, dann muss man noch mehr über den Eifer staunen, mit dem er all die Gespräche über sich ergehen ließ.

Und sein Terminkalender wurde immer voller: Am 6. August fuhr er nach New York, um einige Gewerkschaftsfunktionäre zu sprechen, unter anderen den Chef der Gewerkschaft der Textilarbeiter und zugleich Roosevelts Berater in Fragen der Arbeitspolitik, Sidney Hillman. In dieser Zeit traf er auch die meisten Vertreter der teilweise schon genannten jüdischen Organisationen wie des Jüdischen Weltkongresses, des Amerikanisch-Jüdischen Komitees, des Bunds, des Amerikanisches Verbands

Polnischer Juden oder der Vertretung des Polnischen Judentums. Am Beispiel der Letzteren zeigte sich übrigens nicht nur erneut, wie begrenzt die Möglichkeiten derer waren, die ernsthaft über Hilfsmaßnahmen für die Juden nachdachten, sondern auch, dass die Berichte, die Karski nach London schickte, nicht immer alle seine Aktivitäten abdeckten. Die Vertretung wollte nämlich von ihm wissen, ob der polnische Untergrund wenigstens einzelnen Personen bei der Flucht ins Ausland helfen könne, und als er es bestätigte, stellte sie eine Liste potentieller Flüchtlinge zusammen. Von Karskis Zusage erfuhr die Exilregierung aber erst, als die Liste in London eingetroffen war, und die erbetene Fluchthilfe kam niemals zustande.

Nach den Gesprächen in New York kehrte Karski am 12. August kurz nach Washington zurück, um das Treffen mit dem OSS-Chef William Donovan nachzuholen. Doch «Wild Bill», wie ihn seine Mitarbeiter nannten, interessierte sich weniger für die Situation in Polen als für Jans abenteuerliche Reise durch Europa und für den Einsatz seiner «Jungs»: jener zwei geheimnisvollen Amerikaner, die ihn durch Madrid eskortiert hatten. Anschließend fuhr er nach Chicago, wo er einige der dortigen Journalisten, darunter den Herausgeber der *Chicago Tribune*, Robert McCormick, und den Erzbischof der Diözese Chicago, Samuel A. Strich, treffen sollte. Wie bei allen seinen Gesprächen mit ranghohen Vertretern der katholischen Kirche – etwa den Erzbischöfen von Detroit und New York, Edward Mooney und Francis Spellman, oder dem Apostolischen Delegaten in den USA, Amleto Cicognani – hoffte er auf Interesse für die jüdische Frage, und wurde abermals enttäuscht. Erzbischof Strich stellte zwar Fragen nach der Anzahl der verhafteten Priester und zerstörten Kirchen in Polen oder danach, ob die polnischen Katholiken an ihrem Glauben festhalten würden, doch keine nach dem Schicksal der Juden.

In Chicago hatte er aber auch ein Treffen ganz anderer Art: Er sollte erstmals vor einer Gruppe Exilpolen sprechen. Auch dieser Termin wurde von Ciechanowski arrangiert, obwohl Jan von ihm sonst immer wieder hörte, was er bereits von dem Trio Sikorski, Mikołajczyk und Kot in London gehört hatte: keine Kontakte zu den Polen! Es gebe unter ihnen zu viele Intriganten, Wichtigtuer und Gegner der Exilregierung. Der Botschafter wurde aber seit Wochen von dem polnischen Generalkonsul in Chicago, Karol Ripa, bedrängt, er möge doch den wichtigsten Repräsentanten der *Polonia* (wie die Auslandspolen auf Polnisch genannt werden) ein Treffen mit Karski ermöglichen. Sie würden schließlich ihren Landsleuten in Polen in jeder erdenklichen Form helfen, Geld für sie sammeln, politische Kundgebungen organisieren et cetera, und hätten auch das Recht, über die Lage in der Heimat informiert zu werden. Wie sie von Karski erfahren hatten, sollte ihr Geheimnis bleiben und war auch nebensächlich. Wichtiger war, dass Ciechanowski diese Reise ebenfalls wünschte. Er werde sonst beschuldigt, argumentierte er, der größten polnischen Gemeinde in den USA eine legitime Bitte abzuschlagen.

So blieb Jan nicht anderes übrig, als dem Treffen zuzustimmen. Die schlimmste Überraschung sollte er aber nach seiner Ankunft dort erleben: Das von Konsul Ripa erzwungene Meeting fand nicht, wie angekündigt, in seinem Haus statt, sondern in einem der größten Restaurants der Stadt, und die «wichtigsten Repräsentanten» entpuppten sich als ein Auflauf von sechzig oder siebzig Menschen.

Jan Karski: *Und das sollte ein geheimes Treffen sein! Ich hätte diesen Generalkonsul am liebsten erschossen. Die Versammlung wurde von dem Präsidenten des Kongresses der US-Polen geleitet, und ich hielt eine sehr patriotische Rede. Und was geschah? Natürlich: Eine völlige Enttarnung! Ein Skandal! Das war mein einziges Treffen mit den Polen.*[15]

Ganz genau stimmt Letzteres allerdings nicht: Er hatte noch ein Treffen dieser Art, nur nicht in Chicago, sondern in New York und nicht mit vielen Polen, sondern mit einem einzigen, und dazu einem, dem er schon immer begegnen wollte – dem Dichter Julian Tuwim. Die Idee stammte von Professor Kot: Als es bereits feststand, dass Karski nach Amerika fahren würde, bat er ihn zu sich und erklärte, in New York lebe der große Schriftsteller Tuwim, der neuerdings etwas zu stark mit den Kommunisten flirte. Jan solle zu ihm gehen und ihm sagen, er möge sich von dem eigenen Volk nicht entfernen und sein Verhalten ändern. Aber auch, dass ihm die Unterstützung, die er von der Regierung bekomme, weiter zufließen werde, unabhängig davon, wo er politisch stehe.

So kam es zu Karskis später Begegnung mit Julian Tuwim, dem Idol seiner Gymnasialzeit. Er fand ihn in einem Vorort von New York, wo sich der Dichter nach einer Kriegsodyssee durch Rumänien, Frankreich, Portugal und Brasilien niedergelassen hatte.

Jan Karski: *Ich stellte mich vor, gab ihm die Briefe, die mir Professor Kot mitgegeben hatte, und er las sie und bat mich ins Haus. Und dann erzählte ich ihm, wie wir Anfang 1942 in einem Warschauer Freundeskreis sein Poem «Polnische Blumen» gelesen und dabei alle geweint hatten. «Ist das alles, was Sie mir sagen wollten?», fragte er. Daraufhin bestellte ich ihm das, was mir Kot aufgetragen hatte: Dass sich unser Land in einer Falle befinde. Dass das polnische Volk seine Unterstützung erwarte. Und dass er dieser Erwartung entsprechend schreiben solle. Er wurde auf einmal ganz abweisend und sagte, wenn ich ihn in Sachen Patriotismus belehren wolle, dann sei ich an der falschen Adresse. Denn sein Patriotismus sei nicht dieser Art, die Herr Kot von ihm erwarte. Er sei ein Dichter, und mit dem Wort «Heimat» assoziiere er die Sprache, nicht die Nationalfahne. Ob diese Fahne weiß-rot oder nur rot sei, spiele für ihn keine Rolle. Dann richtete ich ihm noch die Nachricht von der Unterstützung aus, worauf er sagte: «Ich wundere mich, dass Professor Kot mir diese Nachricht schickt. Das ist geschmacklos. Ich bin ein Schriftsteller, und Schriftsteller müssen von der Regierung unterstützt werden. Polen kann es sich nicht leisten, mich verhungern zu lassen.» Das Gespräch war richtig unangenehm.*[16]

Nach dem Krieg, als Tuwim nach Polen zurückkehrte und sich von dem neuen Regime in verschiedenen Funktionen einspannen ließ (unter anderem als künstlerischer Leiter eines Warschauer Theaters), konnten ihn auch andere von dieser Seite erleben. «Tuwim war ein stiller, überaus liebenswürdiger Mensch», schreibt in seinen Erinnerungen Marcel Reich-Ranicki, der dem Dichter in dieser Zeit begegnete. «Aber je bescheidener er sich gab – und es war eine zu deutlich betonte, eine wohl kokette Bescheidenheit –, desto mehr hatte ich den Eindruck, dass der schlanke anmutige Herr, 56 oder 57 Jahre alt, sich dezent in Szene setzte und also eine Rolle spielte.»[17] Das tat er allerdings nicht mehr lange: Ende 1953 starb er im Alter von nur 59 Jahren – nicht in Warschau und auch nicht in seiner Heimatstadt Lodz, sondern in Zakopane.

Kurz vor seinem Tod hatte ihn Lodz mit dem Ehrendoktortitel und einem Literaturpreis gewürdigt. Zu einem Symbol der Stadt, um nicht zu sagen: zu ihrem Wahrzeichen ist er aber erst viele Jahre später geworden. Im Frühjahr 1999 tauchte in der Piotrkowska, der belebten Hauptstraße, ein Denkmal besonderer Art auf: eine Bank, auf der ein überdimensionaler, steinerner «Tuwim» sitzt. Er wirkt zwar, als würde er sich jemandem neben ihm zuwenden und ihm zuhören, doch der Platz neben ihm ist leer – wenn man einmal von den Touristen absieht, die sich kurz zu ihm setzen und fotografieren lassen.

Eines Tages, es war im Mai 2000, ließ sich auch Professor Karski neben ihm nieder – das entsprechende Foto ging durch die gesamte polnische Presse. Es war sein letzter Besuch in Polen (zwei Monate später starb er), und das wusste er auch. Was er nicht wissen konnte, war, dass in Zukunft genau diese Denkmalform in ihm das beliebteste «Objekt» finden würde und dass in den nächsten Jahren in ganz verschiedenen Städten – Washington, Kielce, New York, Lodz, Jerusalem, Warschau – immer neue «Karski-Bänkchen», wie sie liebevoll genannt werden, aufgestellt würden. Auf manchen sitzt er nur so da, strahlt Ruhe und Nachdenklichkeit aus. Auf manchen aber spielt er Schach, sein Lieblingsspiel, das er damals, als er noch in Lodz lebte und davon träumte, dem berühmten Julian Tuwim zu begegnen, gelernt hatte.

13

WIEDER IN LONDON

September 1943–Februar 1944

«Glückwunsch zu der sehr erfolgreichen Mission. Wann kommen Sie zurück? Sind Sie einverstanden, einen leitenden Posten im Informationsministerium zu übernehmen, wo Ihre Erfahrungen und Qualifikation derzeit von großem Nutzen sein könnten?»[1]: Ein Telegramm dieses Inhalts fand Karski in Washington vor, als er aus Chicago zurückgekehrt war. Es stammte von Professor Kot, der zu diesem Zeitpunkt dem Ministerium für Information und Dokumentation vorstand und ihn offensichtlich wieder in seiner Nähe haben wollte. Es war eine gute und zugleich irritierende Neuigkeit: Er hatte zwar immer noch großen Respekt vor Kot und fühlte sich vermutlich durch sein Telegramm einerseits geschmeichelt. Das Angebot bedeutete aber andererseits, dass man in London offenbar die Absicht hatte, seine Rückkehr nach Polen erneut zu verschieben. Und das entsprach weder seiner Vereinbarung mit Premierminister Mikołajczyk noch seinem Wunsch: Er fühlte sich nach wie vor dem Warschauer Untergrund verpflichtet und wenn er nach der Ankunft in London dringend etwas vorhatte, dann war es die Vorbereitung auf einen Fallschirmabsprung über Polen. Und da kaum zu erwarten war, dass er aus der Ferne erfahren würde, was hinter Kots Angebot steckte, machte er sich auf den Rückweg nach England.

Am 19. September 1943 kam er in Liverpool an, von wo aus er nach London reiste. Er sprach als Erstes bei Premierminister Mikołajczyk vor, den er auch sofort – nach dem Motto, die beste Form der Verteidigung ist der Angriff – mit der Frage konfrontierte, wann er nach Polen zurückkehren werde. Die Antwort, die er bekam, war ebenso knapp und deutlich: niemals. Anschließend zog der Regierungschef aus der Schublade ein Dokument, das er Jan wortlos reichte. Es war die Mitschrift einer

Propagandasendung der Nazis, in der er hieß: «In den Vereinigten Staaten treibt in letzter Zeit ein gewisser Jan Karski sein Unwesen – zumindest ist dies der Name, unter dem er auftritt. Er verschweigt seine Vergangenheit, und in Wahrheit ist er ein bolschewistischer Agent in Diensten des amerikanischen Judentums.»[2]

Das muss man sich auf der Zunge zergehen lassen: Ein Pole, der als Agent der Bolschewiken für die amerikanischen Juden arbeitet – die Beschuldigung konnte schon fast mit den Gerüchten konkurrieren, die um Józef Retinger kreisten. Später wurde manchmal behauptet, die angebliche Mitschrift sei in Wirklichkeit in den Büros der Exilregierung entstanden, wo man Karski weiterhin behalten wollte: teils wegen seiner Qualitäten, teils um zu verhindern, dass zu viele interne Angelegenheiten der Exilregierung über ihn nach Warschau gelangten. Der Verdacht war insofern berechtigt, als es keinen eindeutigen Beweis gab, dass eine solche Sendung tatsächlich ausgestrahlt worden war: Der Verfasser der Nachricht berief sich auf die deutsche Presse, die darüber berichtet haben sollte. Doch was immer an dieser Geschichte wahr war: Karski war möglicherweise enttarnt worden, und seine Rückkehr nach Polen kam nicht mehr in Frage.

Die nächsten Tage sollten, wie sich später zeigte, nicht nur über seinen Verbleib während der restlichen Kriegszeit, sondern über seine gesamte Zukunft entscheiden: Es folgten etliche Gespräche, in denen Premier Mikołajczyk, Minister Kot und einige weitere Regierungsmitglieder darüber berieten, was mit ihm nun geschehen sollte. Er selbst wollte einfach der Armee beitreten und sich endlich an dem direkten Kampf gegen die Deutschen beteiligen. Doch sowohl diese Lösung als auch die Idee, ihn seine unterbrochene Diplomatenkarriere fortzusetzen zu lassen und an eine Botschaft zu schicken, wurden verworfen. Aus demselben Grund: Er wusste zu viel. Sollte er von den Deutschen gefangengenommen oder verhaftet werden, konnte er höchst wichtige Informationen preisgeben (auch wenn er schon einmal seine Standhaftigkeit gegenüber der Gestapo bewiesen hatte). Oder in einem Moment der Schwäche anfangen, vor seinen Landsleuten zu prahlen und ebenfalls zu viel erzählen. Irgendwann wurde beschlossen, ihn in London zu behalten und weiterhin für die Regierung arbeiten zu lassen, doch auch das erschien manchem zu riskant: In der hoffnungslos zerstrittenen Exilszene konnte er leicht zwischen die Räder der Intrigen und Rivalitäten geraten. Schließlich griff man Professor Kots Idee auf, sein politisches Gespür und publizistisches Talent für PR-Zwecke zu nutzen. Allerdings nicht in England, sondern in den USA – dem einzigen Land, von dem sich die Exilregierung noch Unterstützung versprach und in dem sich folglich die Propagandaarbeit noch lohnte. Jan würde auf der Gehaltsliste der polnischen Botschaft stehen, seine Aktivitäten aber weitgehend selbstständig gestalten können.

So kam der Plan zustande, ihn zurück nach Washington zu schicken. Er selbst war mit beidem einverstanden – mit der erneuten Abreise und mit ihrem Rahmen: Er würde Premierminister Mikołajczyk begleiten, der im November zu einem Treffen mit Präsident Roosevelt fahren sollte. Erst als aus dem Weißen Haus ein Brief mit der Bitte kam, das geplante Treffen zu verschieben, ließ man entsprechend auch Jans Abreisedatum offen und ihn erst einmal in London die PR-Arbeit machen. Und da seine Identität ohnehin schon bekannt war, konnte er dies in aller Offenheit tun. So sprach er vor verschiedenen polnischen und britischen Gesellschaften, bei einem Parteitag der Labour Party, vor einer Runde britischer Parlamentsabgeordneter und bei einem Treffen des Londoner PEN-Clubs.

Anfang Oktober nahm er auch die Mitarbeit beim Radiosender *Świt* wieder auf. Genau genommen hatten die britischen Chefs des Senders, Moray McLaren und Harold Osborne, Mikołajczyk gebeten, ihn wieder nach Bletchley zu schicken. Kaum angekommen, wurde er von McLaren um ein Gespräch unter vier Augen gebeten: Er wisse, dass Jan unter den Mitarbeitern des Senders hohes Ansehen genieße, und wolle ihn deshalb um einen Gefallen bitten: Er solle ihnen erklären, sie hätten bei der Gestaltung ihres Programms volle Entscheidungsfreiheit – sie dürften über die Deutschen alles sagen, was sie wollten, und sogar den Kommunismus kritisieren –, doch an eine Auflage müssten sie sich unbedingt halten: Keine aggressiven Töne an die Adresse der sowjetischen Regierung. Keine Kommentare zu dem Konflikt um die polnische Ostgrenze. Keine Kritik an Stalin. Der Sender arbeite zwar unter konspirativen Bedingungen, man gehe aber davon aus, dass der sowjetische Geheimdienst dennoch von seiner Existenz wisse. Antisowjetische Sendungen würden daher die Briten in eine sehr schwierige Lage bringen: Die britische Regierung versichere Stalin ständig ihrer Freundschaft und Loyalität, und gleichzeitig finanziere sie ein Radio, das antisowjetische

Programme mache – das gehe doch nicht! Jan begriff sofort das Problem, zumal er zu diesem Zeitpunkt selbst noch für einen versöhnlichen Kurs gegenüber den Sowjets war, und erklärte es seinen Kollegen, die sich seitdem an die Auflage hielten. Es blieb ihnen auch nichts anders übrig – das Gegenteil hätte die Schließung des Senders bedeutet.

Immer öfter gab er auch «offizielle» Interviews für britische und schottische Zeitungen. Oder auch amerikanische: Im November 1943 traf in London Martha Gellhorn ein, die Kriegsberichterstatterin des beliebten US-Magazins *Collier's Weekly.* Sie war damals seit drei Jahren mit dem Schriftsteller Ernest Hemingway verheiratet, in die britische Hauptstadt kam sie allerdings allein – ganz anders als bei ihrem ersten Einsatz für das Blatt im Jahre 1937, als sie und Hemingway zusammen nach Madrid gingen, um über den Spanischen Bürgerkrieg zu schreiben. Er sollte für die *North American Newspaper Alliance* (NANA) berichten, und sie sagte spontan zu, ihn zu begleiten. Ihre ersten Reportagen handelten zwar nicht direkt vom Krieg, sondern erzählten Geschichten aus dem Hinterland, dennoch war es der Beginn ihrer Laufbahn als Sonderberichterstatterin von *Collier's.*

Dass sie auch eine literarische Begabung besaß, hatte sie schon bewiesen, bevor sie Hemingway kennenlernte: Wenige Wochen vor ihrer Begegnung (zu Weihnachten 1936 in Key West, Florida) hatte sie ihr zweites Buch publiziert, *The Trouble I've Seen*, vier Novellen, für die sie glänzende Kritiken bekam. Sie basierten auf einigen Reisen, die sie im Auftrag von Präsident Roosevelt's Berater Harry Hopkins machen durfte. Ihre Berichte sollten der *Federal Emergency Relief Administration* (FERA) helfen, die Folgen der Wirtschaftskrise in der amerikanischen Provinz zu bekämpfen. Irgendwann hatte sie sich ihre Aufgabe zu sehr zu Herzen genommen und ein paar Betroffenen empfohlen, auf ihre Situation durch Einschlagen von Fensterscheiben aufmerksam zu machen, woraufhin sie von Hopkins gefeuert wurde. Dafür machte sie aber eine wertvolle Bekanntschaft: Eleanor Roosevelt hatte von ihrem Buch erfahren und sie ins Weiße Haus eingeladen. Bald verband die beiden Frauen eine enge Freundschaft, und den Besuchen im Weißen Haus verdankte Martha Gellhorn einige weitere interessante Kontakte.

Dort vermutlich lernte sie auch den polnischen Botschafter Jan Ciechanowski kennen, der für sie in jenem Spätherbst 1943 ein Treffen mit Karski arrangierte. Mit ihrer London-Reise folgte sie dem nächsten

Auftrag von *Collier's*, aber auch ihrem eigenen Reporterinstinkt: Sie wollte immer dort sein, wo sie das Kriegsgeschehen aus unmittelbarer Nähe erleben konnte. Jahre später gestand sie, nicht ohne Selbstironie: «Ich war eine Kriegsgewinnlerin besonderer Art, denn ich kam immer mit heiler Haut davon und wurde dafür bezahlt, meine Zeit mit großartigen Menschen zu verbringen.»[3] Ähnlich argumentierte sie in ihren Briefen, die sie damals aus dem Londoner «Dorchester Hotel» an Hemingway schickte: «Es war phantastisch», schrieb sie etwa am 13. Dezember, «die Bomberpiloten kennenzulernen, den Schönheitschirurgen und die Männer da draußen, die Gossenkinder von London. Wirklich phantastisch. Ich möchte das nicht missen; ich mag sie, und sie faszinieren mich.»[4]

Ob sie auch von Jan Karski fasziniert war, ist nicht bekannt, doch immerhin reichte ihr Interesse aus, um ihn mehrere Male zu treffen.

Martha Gellhorn: *Er war groß und dunkel, ungefähr achtundzwanzig, gutaussehend, zu dünn, und er sprach Englisch mit einem weichen, fast singenden Akzent.*[5]

Seinen Schilderungen schien sie allerdings nicht ganz folgen zu können. Jedenfalls hörte sich vieles davon, was er erzählte – etwa über die Struktur des polnischen Untergrundstaates mit seinen vier Zweigen, der Zivilverwaltung, der Armee, dem Parlament und dem Justizapparat –, für sie «so geordnet und normal an, dass man sich kein Bild davon machen konnte».[6] Doch lag es wirklich an Karski? Oder an ihr selbst? Denn eigentlich liest sich ihr Artikel so «geordnet und normal», ist ihr Vokabular oft so falsch gewählt, dass man den Verdacht hat, sie habe von der Arbeit im Untergrund, den damit verbundenen Gefahren und den dort geltenden Regeln der Konspiration und Improvisation noch nie gehört. Der Kurier wisse «ausgezeichnet Bescheid über die Deutschen als Herren, denn er hat sie studiert, das war seine Aufgabe».[7] Oder: «Später entkam er aus einem deutschen Gefängniskrankenhaus und versah wieder seine Pflichten als Staatsbeamter.»[8] Von Sozialabgaben und Rentenanspruch ist in ihrem Text zwar nicht die Rede, dennoch fragt man sich: Wusste sie wirklich, wen sie vor sich hatte? Oder entsprach ihre Art, Recherchen zu machen und Interviews zu führen, ihrem Erzählstil? «Ich schrieb sehr schnell, das war notwendig»[9], gestand sie rückblickend. Vielleicht versuchte sie aber, ihren Stil Karskis Erzählweise anzupassen?

Martha Gellhorn: *Er berichtete sehr ruhig darüber, was die Deutschen seinem Land antaten, teilte Tatsachen mit, und er sprach ohne Hass.*[10]

Martha Gellhorns Artikel erschien am 18. März 1944 und trug den Titel *Drei Polen* – sie hatte damals noch zwei weitere polnische Widerstandskämpfer kennengelernt, deren Geschichten sie «faszinierend» fand. Im selben Jahr war es allerdings sowohl mit ihrer Sonderstellung bei dem Blatt als auch mit ihrer Ehe vorbei: Als es darum ging, über die Landung der Alliierten in der Normandie (6. Juni 1944) zu berichten, flog nicht sie wieder nach Europa, sondern Hemingway: Ohne ihr Bescheid zu geben, hatte er einen Vertrag darüber mit *Collier's* ausgehandelt, und da die amerikanischen Zeitungen nur einen Korrespondenten und außerdem keine Frauen in die Kampfgebiete schicken durften, bedeutete dies für Martha, die den D-Day auf keinen Fall verpassen wollte, eine private, abenteuerliche Überfahrt auf einem norwegischen Frachter. Schließlich erschienen in der *Collier's*-Ausgabe vom 22. Juli 1944 zwei Texte: der Bericht «unseres Kriegsreporters» Ernest Hemingway, *Voyage to Victory*, und Martha Gellhorns Artikel *Over and Back*. Sie hatte die Genugtuung, sich in der harten Männerwelt behauptet zu haben. Und dem berühmten Ehemann trauerte sie ohnehin nicht lange nach – weder ihm noch dem Eheleben, das sich, wie sie einer Freundin schrieb, wie eine Zwangsjacke angefühlt habe.

Ob für Karski solche Begegnungen wie die mit Martha Gellhorn noch eine große Rolle spielten? Das ist insofern zu bezweifeln, als er in diesen paar Monaten in London ein Projekt in Angriff nahm, mit dem er sich schon seit längerer Zeit beschäftigte und das er für besonders wichtig hielt. Ende 1943 begann er nämlich, ein Filmdrehbuch über den polnischen Untergrund zu schreiben. Die Idee war ihm schon vor Monaten gekommen, gleich zu Beginn seines Aufenthalts in Washington – ein Hinweis darauf findet sich in seinem ersten Bericht, den er von dort nach London schickte: Am 24. Juli 1943 teilte er Mikołajczyk mit, er habe etliche Termine gehabt, bei denen von einem Propagandafilm über Polen die Rede gewesen sei. Er habe versucht, seine Gesprächspartner für einen Film zu begeistern, der den Kampf des polnischen Untergrunds zeigen würde. Einen solchen Film habe es ja bis jetzt noch nicht gegeben, was ihm langsam völlig unverständlich erscheine.

Jan Karski: *Ich sah Filme über die tapferen amerikanischen Flieger und Matrosen, über die grausamen Japaner, über die heldenhaften sowjetischen, norwegischen und französischen Widerstandskämpfer. Doch die Polen und ihre Heimatarmee kamen darin nie vor – als würden sie gar nicht existieren. Als einzige Schilderung unseres Kampfes gegen die Deutschen fungierte eine Komödie, die von einem Katz-und-Maus-Spiel zwischen einer Gruppe polnischer Schauspieler und der Gestapo handelte und über die sich das Publikum kaputtlachte. Die Deutschen in dem Film alberten herum und versuchten, bedrohlich zu wirken – mich erinnerten sie aber an die Tritte, die ich bekommen hatte, als ich von ähnlich aussehenden, nur leider echten Deutschen verhört worden war. Der polnische Untergrund wirkte in diesem Film wie eine einzige Operette.*[11]

Gemeint war Ernst Lubitschs Verwechslungskomödie *Sein oder Nichtsein*, deren mäßige Situationskomik und alberne Dialoge («Man nennt mich also Konzentrationslager. Ha ha ha!») jemanden wie Karski in der Tat zutiefst irritieren und kränken mussten. Was er offenbar nicht wusste: Der Film, den er vermutlich im Sommer 1943 gesehen hatte, war bereits 1941 fertiggestellt worden (die Premiere wurde wegen Amerikas Kriegsbeitritts abgesagt), in einer Zeit also, in der das ganze Ausmaß der Naziverbrechen noch nicht bekannt war. Zum Zeitpunkt der Erstvorführung (März 1942) war die Öffentlichkeit schon besser informiert, und der Film löste einen Sturm der Entrüstung aus – vor allem eben, weil er den Kampf der Polen ins Lächerliche zog.

Der Film spielt bekanntlich zu Kriegsbeginn in Warschau und London (möglicherweise lag es also auch an Karskis Vertrautheit mit diesen beiden Orten, dass ihn die Handlung der Komödie so sehr irritierte). Ein Theaterensemble bereitet die Premiere eines antifaschistischen Stücks vor, das bei Kriegsausbruch sofort vom Spielplan genommen und durch *Hamlet* ersetzt wird. Während der Hauptdarsteller Joseph Tura auf der Bühne glänzt, flirtet seine Frau Maria, ein weiterer Star des Theaters, hinter den Kulissen mit dem jungen Fliegeroffizier Sobinski. Dieser muss aber bald nach England fliehen, wo er zu einem Royal-Air-Force-Piloten wird. Dort, inmitten der jungen polnischen Flieger, lernt er Professor

Siletsky kennen, der in geheimer Mission nach Warschau reisen soll. Er gibt ihm eine Nachricht für Maria Tura, doch Siletsky entpuppt sich als ein Doppelagent, der in Wirklichkeit mit dem Warschauer Gestapochef zusammentreffen will, um ihm etliche Geheimnisse des polnischen Untergrunds zu verraten. Um dies zu verhindern, fliegt Sobinski auch nach Warschau, wo er mit Hilfe der Schauspieler, die in die Rollen der Deutschen schlüpfen, den Verräter zur Strecke bringt.

Die Handlung seines Film wäre ganz anders, so Karski in seinen Berichten. Sie würde aus vielen Episoden bestehen, vom Schicksal verschiedener Menschen erzählen und unterschiedliche Haltungen zeigen. Sie müsste so konstruiert sein, dass das westliche Publikum die Einmaligkeit der polnischen Situation erkennen könnte: nicht nur also, dass Polen als einziges Land in Europa zwei Aggressoren standgehalten habe und dass es hier die höchste Opferzahl und die stärkste Widerstandsbewegung gebe, sondern auch, dass dieses Land gleich am Anfang einen Weg gewählt habe – den des offenen, direkten Kampfes – und ihn seitdem konsequent gehe. Die Figuren sollten den Menschen nachempfunden sein, die er während der Arbeit im Untergrund getroffen hatte – sein photographisches Gedächtnis würde ihm genug Prototypen liefern. Und sie sollten die ganze Bandbreite der Emotionen und Haltungen durchleben: von Verzweiflung und Hass, über Angst, Selbstzweifel und Feigheit, bis zu Treue und Heldentum.

Er war von seiner Idee umso mehr begeistert, als er einige vergleichbare Filme gesehen und als höchst misslungen oder sogar als schädlich eingestuft hatte. Vor allem empörte er sich über *Mission to Moscow* (1943), Martin Curtiz' Verfilmung des gleichnamigen, zwei Jahre zuvor erschienenen Buches von Joseph E. Davies. Dieser war in den Jahren 1937/38 amerikanischer Botschafter in Moskau gewesen und hatte diese Zeit in seinem Buch so dargestellt, dass Karski ihm prosowjetische Propaganda und bewusste Verfälschung der Geschichte vorwarf.

Es gibt keine Hinweise, dass die Exilregierung zu diesem Zeitpunkt viel Gefallen an seinen Filmplänen gefunden hätte. Vielleicht lag es also an ihrer Zurückhaltung, dass er sie in seinem ersten Bericht, den er nach seiner Rückkehr nach London schrieb, nicht erwähnte? Er merkte nur in diesem am 5. Oktober 1943, unter dem Decknamen Znamirowski verfassten Text an, die polnischen Propaganda-Experten, die in den USA arbeiteten, seien völlig unfähig, die amerikanische Gesellschaft über die

Situation in Polen ausreichend und auf die richtige Weise zu informieren. Erst nach den Beratungen über seine Zukunft und dem Beschluss, ihn auf eine PR-Reise nach Amerika zu schicken, wurde der Film wieder zum Thema.

Das Kino hatte ihn schon immer interessiert. In seiner Jugend in Lodz und Lemberg besuchte er es genauso oft wie während seiner Missionen. Selbst bei den kurzen Zwischenstationen in Budapest oder Paris sah er sich gern die neuesten Filme an. In London hatte er es sich sogar angewöhnt, die Zeit zwischen zwei Terminen im Kino zu verbringen, mal um das Geschehen auf der Leinwand wirklich zu verfolgen, mal um ein kleines Nickerchen zu machen. Als er erstmals in Washington ankam, bat er Botschafter Ciechanowski um die Erlaubnis, regelmäßig ins Kino zu gehen, und sah sich etliche Dokumentar- und Spielfilme an. Es waren überwiegend Produktionen, die vom Krieg handelten – Werke von Frank Capra, John Ford oder Jean Renoir.

Nun schrieb er sein eigenes Filmdrehbuch und wartete auf den neuen Abreisetermin, ohne zu versuchen, ihn zu beschleunigen oder sich von der Rolle des Premier-Begleiters zu befreien. Er hatte nichts dagegen, als Mikołajczyks Gefolgsmann nach Washington zu reisen. Sie hatten von Anfang an ein gutes Verhältnis, das in diesen Herbstmonaten 1943 noch enger wurde. Jetzt, da Karski die Arbeit des Regierungschefs wieder aus unmittelbarer Nähe beobachten konnte, verstand er um einiges besser, wie verzweifelt die Lage war, in der er und sein Kabinett sich befanden.

Im Dezember tauchte in London ein Mann auf, der für den Austausch derartiger Beobachtungen und Reflexionen besonders gut geeignet war: sein gleichaltriger «Arbeitskollege» Jan Nowak beziehungsweise Zdzisław Jeziorański, wie sein echter Name lautete – der dritte im Bunde der berühmtesten polnischen Kuriere im Zweiten Weltkrieg (neben Karski und Jerzy Lerski). Auch er war im September 1939 in Gefangenschaft geraten, hatte fliehen können und sich sofort dem Untergrund angeschlossen. Als Mitglied des Verbandes für den Bewaffneten Kampf, später der Heimatarmee, arbeitete er anfangs in der Abteilung für psychologische Kriegsführung, war im Rahmen der «Aktion N» viel in Polen und Deutschland unterwegs und fiel dabei seinen Vorgesetzten als besonders aktiv und erfinderisch auf. So wurde er als Nächstes mit einer Mission nach Schweden geschickt, und nachdem er auch diese Aufgabe besonders gut erfüllt hatte, beschloss man, ihn – in jenem Dezember

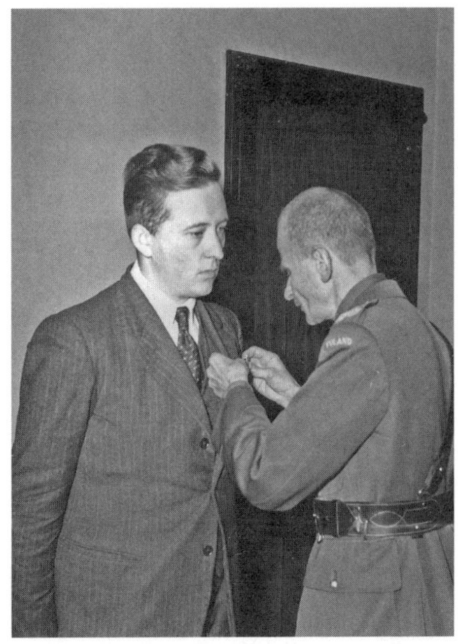

Kurier Jerzy Lerski nach seiner Ankunft in Warschau im Jahre 1944

1943 eben – mit den neuesten Informationen für die Exilregierung und etliche britische Politiker nach London zu schicken.

Jan Nowak-Jeziorański: *Ich sollte der erste Kurier aus Polen sein, der London nach dem Aufstand im Warschauer Ghetto und nach der vollständigen Ausrottung seiner Bewohner erreichte. Die bahnbrechende Rolle bei der Alarmierung der Weltöffentlichkeit vor dem Aufstand fiel aber meinem Vorgänger zu: Jan Karski, der nach London im November 1942 gekommen war.*[12]

Anlass und Gelegenheit zu gegenseitigen Komplimenten sollten die beiden Kuriere noch oft bekommen: Sie blieben bis ins hohe Alter gute Freunde. Doch auch bei diesem ersten Treffen in London hatten sie genug Gesprächsstoff. Beide zeigten schon damals ein ausgeprägtes politisches Gespür, beide sollten es später wirkungsvoll einsetzen: Karski als Politikprofessor an der Georgetown University in Washington, Nowak-Jeziorański (wie er sich nach dem Krieg nannte) als langjähriger Direktor der polnischen Sektion von *Radio Free Europe* in München. So verfolgten sie auch beide die damaligen politischen Ereignisse mit größter Aufmerksamkeit. Soeben war eine Konferenz zu Ende gegangen, deren Beschlüsse – sollten sie tatsächlich in Kraft treten – ein völlig neues Kapitel der polnischen Geschichte einleiten würden: Vom 28. November bis zum 1. Dezember 1943 hatten die «Großen Drei» in Teheran über die künftige Landkarte Europas beraten und, ohne die polnische Regierung in die Gespräche einzubeziehen, die Westverschiebung Polens beschlossen. Die Curzon-Linie sollte seine neue Ostgrenze bilden, als Ausgleich für die verlorenen Ostgebiete war ein Teil des deutschen Gebiets vorgesehen.

Den Anstoß zu diesem geopolitischen Szenario hatte Winston Churchill gegeben, der sich davon die Wiederaufnahme der polnisch-sowjetischen Beziehungen und, in weiterer Zukunft, die Unabhängigkeit Polens versprach. Im Gegenzug für die territorialen Zugeständnisse, so seine Überzeugung, würde Stalin von seinen Versuchen absehen, Polen dauerhaft in seine Einflusssphäre zu bringen. Daher auch die Hartnäckigkeit, mit der er die polnische Exilregierung dazu drängte, in der Grenzfrage nachzugeben, und seine nicht ganz unbegründete Hoffnung, sie würde bald diesem Drängen nachgeben: Er wusste ja, wie hoch sein eigenes Ansehen bei den Polen war.

Das war es in der Tat: «Das damalige Verhältnis der Polen zu dem britischen Premierminister erinnerte an den polnischen Kult Napoleons», schreibt Nowak-Jeziorański in seiner Autobiographie *Kurier aus Warschau*. «Wie sich später zeigte, war es auch in diesem Falle eine unerwiderte Liebe. Nur mit dem Unterschied, dass die Legende Napoleons sehr lange anhielt (wer weiß, ob nicht bis in unsere Zeit hinein), während Churchill alle Illusionen, die in Polen in Bezug auf ihn geherrscht hatten, schon bald selbst zerstreuen sollte.»[13] Nicht ohne das Dazutun der Polen, muss man fairerweise hinzufügen: Sie weigerten sich hartnäckig, die in Teheran ausgehandelten Bedingungen ihrer Unabhängigkeit zu akzeptieren, und bestanden weiterhin darauf, ihre Ostgebiete zu behalten – eine Haltung, die sie bekanntlich beides kosten sollte.

Anfang 1944 hatte Nowak erneut Gelegenheit, sich über die aktuelle Lage mit Karski auszutauschen. Er ließ sich gern auf ein politisches Gespräch mit ihm ein, schätzte seine klare, analytische Denkweise und seinen Mut zur eigenen Meinung.

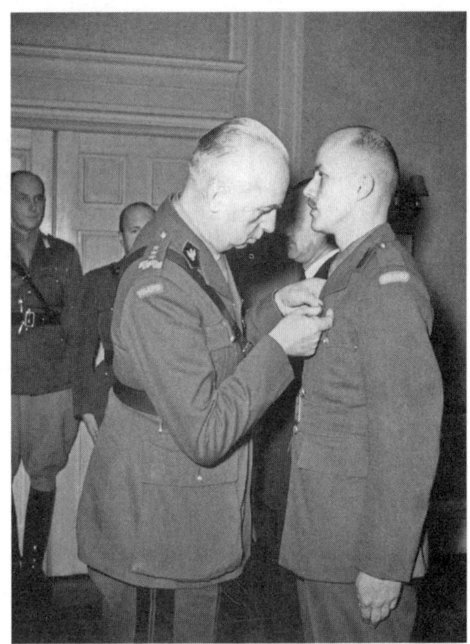

Der Kurier Jan Nowak (Zdzisław Jeziorański) im Jahre 1944 (ganz rechts)

Jan Nowak-Jeziorański: *Im freien Polen wäre er bestimmt sehr weit gekommen. Er dachte auf eine kühle, fast zynische Art.*

«Eigentlich», sagte er, «hat Polen den Krieg im politischen Sinne schon in Teheran verloren. Wenn unsere Politiker den Mut hätten, statt sich ihren Phantasien hinzugeben, der Wahrheit ins Auge zu sehen, würden sie sich zusammensetzen und überlegen, WIE wir diesen Krieg endgültig verlieren sollten.»

«Wenn alles schon verloren ist, wie Sie behaupten, ist es dann nicht egal, wie es passiert?»

«Es ist überhaupt nicht egal! Wir sollten anfangen, darüber nachzudenken, wie man unserem Land weitere Opfer und Verluste erspart. Und wie man es darauf vorbereitet, was ihm bevorsteht.»

Karski hatte, wenn ich ihn richtig verstanden habe, keine bedingungslose Kapitulation im Sinn. Es ging ihm eher darum, die Lage realistisch einzuschätzen und daraus praktische Schlüsse zu ziehen. Wenn ich aus der heutigen Perspektive von über dreißig Jahren Abstand seine Äußerungen mit den späteren Ereignissen konfrontiere, denke ich, dass unter meinen Londoner

Gesprächspartnern er womöglich derjenige war, der die Situation am treffendsten einschätzte.[14]

Damals allerdings, als er ihm zugehört habe, so Nowak ferner, sei er der Meinung gewesen, dass es für einen so weitgehenden Pessimismus noch zu früh sei. Bis zum Kriegsende hätte ja noch viel passieren können. Zwar habe alles darauf hingedeutet, dass die Briten Polen nicht verteidigen würden, aber niemand habe garantieren können, dass sie nach dem Sieg über Deutschland nicht das ganze Europa würden verteidigen müssen. Und in Amerika habe Präsident Roosevelt die Wahlen vom Herbst 1944 vor sich gehabt, bei denen er auf die Stimmen der US-Polen gezählt habe. «Trotz allem also hatten wir noch einige Trümpfe in der Hand», so sein Fazit, «und es schien mir verfrüht, jede Hoffnung aufzugeben.»[15]

Schon bald bekam er die Gelegenheit, seine Einschätzung mit der Meinung eines Mannes zu konfrontieren, der ihn in puncto politische Versiertheit weit überragte: Mitte Januar 1944 schlug ihm Karski einen gemeinsamen Besuch bei seinem Freund Józef Retinger vor. «Das war ziemlich riskant», erinnert sich Nowak, «denn in den Augen der gesamten Opposition, vor allem in dem Kreis um General Sosnkowski, galt Retinger als ein Dämon des Bösen. Wo immer ich hinging, wurde ich vor ihm gewarnt. Jeder Kontakt mit ihm bedeutete die Gefahr, das Vertrauen anderer zu verlieren.»[16] Karski sei aber ziemlich hartnäckig gewesen. Er habe behauptet, Retinger liege sehr viel an dem Treffen, und da er über exzellente Kontakte in den britischen Regierungskreisen verfüge, werde er bestimmt im Gegenzug irgendein interessantes Gespräch für Nowak arrangieren.

Das «polnische London» mit all seinen Konflikten, Intrigen und Skandalen war dem frisch eingetroffenen «Kurier aus Warschau» noch völlig fremd, und da ihm auch niemand erklären konnte, womit Retinger eigentlich diese Ausgrenzung verdient habe, beschloss er, seine Einladung anzunehmen. Selbst wenn Sikorskis ehemaliger Berater ein britischer Agent war, und darauf liefen alle Vorwürfe hinaus – nur deswegen, hieß es, habe er dem General große Dienste erweisen und ihn in die politische Welt Großbritanniens einführen können –, sah er keinen Grund, sich dem Boykott anzuschließen. Polen sei schließlich ein Verbündeter Englands, die Zusammenarbeit mit dem englischen Geheimdienst also kein Verbrechen gewesen. Höchstens ein Grund zur Vorsicht. Und so ging er zu dem gewünschten Treffen, begleitet von Karski und einer Mitarbeiterin des Ministerrat-Präsidiums.

«Retinger wohnte sehr bescheiden», war sein erster Eindruck. «Er war ein angenehmer und interessanter Gesprächspartner und hatte überhaupt nichts Dämonisches an sich. Dafür stellte er Fragen, die sehr merkwürdig waren. Ich hatte erwartet, dass dieser *Homo politicus* nach Berichten über die politische und militärische Situation in Polen verlangen würde. Ihn interessierten aber ganz andere Dinge. Zum Beispiel wollte er, dass ich ihm genau beschreibe, was ein Reisender sehe, wenn er am Warschauer Hauptbahnhof aussteige. Ob es dort deutsche Kontrollen gebe? Und wo? Bei der Rückgabe der Fahrscheine oder beim Hinausgehen auf die Straße? Würden die Deutschen in jedem Zug die Papiere kontrollieren oder nur in den Eilzügen? Und auf der Straße? Gebe es da viele deutsche Patrouillen? Wie würden sie sich verhalten? Könne man in Warschau ohne Lebensmittelkarten existieren? Und so weiter, und so fort. Was zum Teufel soll das, dachte ich. Wozu braucht er diese Informationen?»[17]

Die merkwürdige Unterhaltung war allerdings bald vergessen – es gab Wichtigeres, worüber er und alle anderen aus dem Umkreis der Exilregierung nachdenken mussten: Irritiert durch die Unnachgiebigkeit der Polen, hielt Churchill am 22. Februar 1944 im Parlament seine berühmte Rede, in der er die Vereinbarungen der Teheraner Konferenz publik machte. Unter den Zuschauern befand sich auch Jan Nowak; neben ihm saßen zwei Russen – der TASS-Korrespondent und der Presseattaché der sowjetischen Botschaft. «Als Churchill über Polen zu reden begann, wurde es im Saal ganz still», erzählt er in seinem Buch, «die Gesichter der Abgeordneten zeigten großes Interesse. Das kleine, weite Land an der Weichsel war wieder einmal für einen Moment in den Mittelpunkt der Weltöffentlichkeit gerückt. Nach einigen Floskeln über die polnische Tapferkeit und der Erinnerung daran, dass England in den Krieg eingetreten sei, um Polen beizustehen, kam Churchill zu der Frage der Grenzen. Er erklärte seine volle Unterstützung für die sowjetische Annektierung der polnischen Gebiete bis zur Curzon-Linie. Wörtlich sagte er, Polen habe niemals das Anrecht auf diese Gebiete gehabt … Russland, das zweimal von den durch Polen marschierenden Deutschen angegriffen worden sei, habe das Recht, seine Westgrenze zu sichern … Die britische Regierung werde Russland helfen, dieses Ziel zu erreichen.»[18]

Man kann sich leicht die Reaktionen der anwesenden Polen vorstellen: Es wird ihnen ähnlich wie Nowak ergangen sein, den eine «kaum zu beherrschende Wut» gepackt habe. Solange die Engländer behauptet hätten, argumentiert er, ihnen seien durch den Krieg mit den Deutschen die Hände gebunden, und sie könnten den Polen nicht helfen, seien sie noch zu verstehen gewesen. Doch hier seien in aller Öffentlichkeit Worte gefallen, die den Russen a priori, noch bevor sie diese Gebiete besetzt hätten, die Annektierung von fast der Hälfte des polnischen Territoriums erlauben würden. Am meisten aber habe ihn Churchills «Travestie der Geschichte» empört: Man habe den Eindruck gehabt, als hätte Polen den Deutschen die Tür für den Angriff auf Russland geöffnet.

Die Begeisterung seiner russischen Sitznachbarn kann man sich ebenfalls leicht ausmalen: «Sie hörten mit strahlenden Gesichtern zu. Der Presseattaché der Botschaft notierte etwas fieberhaft. In einer Stunde würden Telegramme nach Moskau gehen, und welche praktischen Folgen Churchills Worte haben würden, war abzusehen. Stalin würde das ihm soeben gegebene grüne Licht sofort erkennen. Der Weg nach Polen war frei. Er konnte mit uns machen, was er wollte, ohne das geringste Risiko, in einen Konflikt mit den Alliierten zu geraten. Es wurde ihm gerade öffentlich versichert, dass er einen Streit in Sachen Polen nicht zu befürchten brauchte.»[19]

Hätte Karski anstelle der Russen neben Nowak gesessen, hätte er Churchills Rede wohl ähnlich beurteilt, vielleicht sogar noch pessimistischer. Doch in diesem Moment befand er sich bereits auf See. Einen Tag früher, am 21. Februar, war sein Schiff in Schottland ausgelaufen und steuerte auf New York zu. Kurze Zeit später sprach sich plötzlich in London herum, dass Józef Retinger spurlos verschwunden war.

14

DER BESTSELLER

Sechste Mission. Februar 1944–Anfang 1945

Er war nun doch allein abgereist. Der Besuch des polnischen Premierministers in Washington war von den Amerikanern erneut verschoben worden, und Jans Londoner Vorgesetzte hatten beschlossen, wenigstens in seinem Fall keine weitere Zeit zu verlieren – wenn der propagandistische Zweck seiner Reise einen Sinn haben sollte, musste sie möglichst bald beginnen. Am 27. Februar, nach der üblichen sechstägigen Überfahrt, war er bereits in New York. Diesmal sollte er ganz offen agieren. Sein Name war ohnehin schon mehrmals durch die Presse gegangen, und anders waren seine jetzigen Aufgaben auch kaum zu erfüllen: Vorträge, Auftritte im Rundfunk, Interviews und Artikel für große Zeitungen – da war für Anonymität kein Platz. Schon Anfang März begann er mit der Arbeit an Texten für die *Washington Post, Collier's, Time* und *Life* und vor allem mit der Suche nach den Produzenten seines Films. Er hatte einen Brief des amtierenden Außenministers Tadeusz Romer an Botschafter Ciechanowski mitgebracht, in dem es hieß, sein wichtigster Auftrag laute, einen Propagandafilm über die Situation im okkupierten Polen zu realisieren, die Regierung messe dem Projekt große Bedeutung bei und stehe voll hinter seinem Drehbuch-Entwurf. Der Botschafter werde gebeten, ihm Kontakte zu der Filmbranche zu ermöglichen und bei der Beschaffung der Geldmittel unter den US-Polen zu helfen.

Das brauchte man dem energischen Mann nicht zweimal zu sagen: Hollywood war zwar nicht die Welt, in der er sich in seinem Alltag bewegte, doch er ließ alle seine Verbindungen spielen, um sich zu ihr Zugang zu verschaffen. Bereits im März konnte Jan nach London berichten, Gespräche mit vier großen Filmstudios zu führen. Allerdings sah ihr erstes Ergebnis nicht sehr vielversprechend aus.

Jan Karski: *Schon nach wenigen Terminen wusste ich, dass wir ein Jahr zuvor eine große Chance verspielt hatten und dass es mit jedem Monat schwieriger sein würde, die amerikanischen Studios für die Situation Polens zu interessieren. Die US-Polen verstanden die propagandistische Bedeutung einer solchen Produktion nicht im Geringsten. Und unser Außenministerium in London vertrat von Anfang an den Standpunkt, dass es keine Mittel dafür gebe, weil es sie nicht habe, und dass der Film als mein privates Projekt anzusehen sei.*[1]

Nach einigen weiteren Gesprächen – in Hollywood, aber auch in Washington, New York und Detroit – schrieb Jan schließlich an Professor Kot, dass sein Drehbuch offenbar nicht umzusetzen sei. Die Einstellung der Amerikaner zu dem polnischen Untergrund und der polnischen Exilregierung sei skeptisch, die Produzenten würden um die Aktualität des Films fürchten, und jeder, mit dem er spreche, bestehe darauf, dass er die Aktivitäten der Kommunisten in Polen in die Handlung einbaue.

Erst die Reaktion des einflussreichen Literaturagenten Emery Reeves brachte eine positive Wende: Nachdem er Karskis Drehbuch gelesen hatte, meinte er sofort, er solle die Idee mit dem Film erst einmal vergessen und stattdessen ein Buch schreiben. Sollte es ein Erfolg werden, würden die Filmproduzenten von allein kommen. Er selbst versprach sich davon eine Sensation und war bereit, dazu kräftig beizutragen, allerdings zu sehr harten Bedingungen: Er verlangte fünfzig Prozent der Einnahmen. Seine sonstige Argumentation muss aber überzeugend gewesen sein, denn Karski sagte spontan zu, nur mit dem Vorbehalt, die Erlaubnis seiner Vorgesetzten einholen zu müssen. Am 23. März schickte er ein Telegramm an Professor Kot, in dem er die Idee erläuterte – er werde das Material liefern, ein Mitarbeiter der Agentur das Buch schreiben – und fragte, ob er und Mikołajczyk damit einverstanden seien. Erst nachdem er aus London grünes Licht bekommen hatte, stimmte er endgültig zu.

Von da an ging alles sehr schnell. In einem Hotel in Manhattan wurde ein Zimmer gemietet und in ein Büro umgewandelt, für Jan eine Sekretärin engagiert: die in Polnisch und Englisch gleichermaßen versierte Krystyna Sokołowska. Sie erwies sich als eine ideale Besetzung für diesen Job: Er diktierte oder schrieb, sie tippte den Text in die Maschine, indem sie ihn gleichzeitig ins Englische übersetzte. Auf diese Weise brachten sie innerhalb von ein paar Wochen über sechshundert Seiten zustande, und am 30. Juni konnte Jan an Professor Kot die Nachricht schicken, er habe die erste Fassung des Buches fertig. Sein Agent sei mit Aufbau und Stil sehr zufrieden und bescheinige dem Text große Frische und Lebendigkeit. Und er habe bereits einen Verlag gefunden: das traditionsreiche Bostoner Verlagshaus Houghton and Mifflin.

Er war stolz darauf, dass die literarischen Profis mit seiner Arbeit zufrieden waren und der ursprünglich geplante Ghostwriter überflüssig wurde. Dennoch hielten sich seine schriftstellerischen Ambitionen in Grenzen – das Buch sollte vor allem einen propagandistischen Zweck erfüllen, sprich: die amerikanische Öffentlichkeit umfassend über die Situation im okkupierten Polen informieren. Er hatte sich daher auf drei Themen konzentriert: die Verbrechen der Deutschen an der polnischen und jüdischen Bevölkerung, die Eigenart und Struktur des polnischen Untergrundstaates und seine eigenen Erlebnisse während jener beiden Missionen, die ihn erstmals nach London und Washington geführt hatten. Allerdings musste er dabei immer wieder Selbstzensur üben: Der Krieg war ja noch nicht zu Ende, und viele der Menschen, über die er schrieb, waren nach wie vor im Widerstand aktiv. So musste er oft aus Sicherheitsgründen ihre Namen ändern, die Orte, an denen er ihnen begegnet war, auslassen oder die beschriebenen Situationen verfremden.

Gelegentlich gab es freilich auch Differenzen zwischen ihm und seinen Auftraggebern. Mal verlangte der Agent, dass er seine eigene Rolle mehr betone oder weitere private Details, am besten eine kleine Liebesgeschichte, einbaue. Mal wünschte sich der Verleger eine stärkere Dramatisierung der Ereignisse oder bat, dass in dem Buch eine Schilderung des Ghettoaufstands vorkomme, was schon deswegen nicht möglich war, weil Karski sich zu dem Zeitpunkt gar nicht in Warschau aufgehalten, geschweige denn die Ereignisse im Ghetto verfolgt hatte. Und als er wiederum auf die Aktivitäten der Kommunisten in Polen eingehen wollte – schließlich wollte er mit dem Buch auch auf die politische Zwangslage seines Landes hinweisen –, protestierten alle beide: Bitte möglichst keine Polemik und erst recht keine antisowjetischen Akzente. Eine längere Passage über die Politik Stalins wurde gleich gestrichen.

Vermutlich war er froh, dass er an dem Buch in New York und nicht in London arbeitete, wo er auch noch die inhaltlichen Wünsche seiner

Landsleute zu berücksichtigen und die immer schlechtere Atmosphäre unter ihnen zu ertragen gehabt hätte. Denn der ständig steigende Druck auf die Exilregierung – da die sowjetischen Forderungen, dort die wachsende Ungeduld Churchills und Roosevelts – wirkte sich natürlich auch auf die allgemeine Stimmung im «polnischen London» aus. «Die einen», so die Erinnerung von Jerzy Lerski, «begannen wie Schilf im Wind zu schwanken, um sich bei den britischen Gastgebern beliebt zu machen, die anderen kritisierten scharf Mikołajczyk und einige Minister für ihre nachgiebige Haltung gegenüber den Mächtigen der Welt. Mehrere hohe Beamte waren verschiedenen dubiosen Verdächtigungen ausgesetzt. Im Vergleich zu der solidarischen Haltung der Menschen im kriegsmüden Polen wirkte das polnische London teils wie eine Grube zischender Schlangen, teils wie eine Horde prinzipientreuer Don Quijotes.»[2]

Als er einmal selbst die Gelegenheit hatte, sich öffentlich zu dem polnisch-sowjetischen Verhältnis zu äußern – er sprach bei einer Demonstration des «Verbandes der Ostpolen» –, erklärte er ohne Umschweife, die Menschen in Polen könnten nicht begreifen, auf welcher Grundlage die Politiker in London geneigt seien, sich den imperialistischen Forderungen der Sowjets zu beugen. Seine Worte lösten begeisterte Reaktionen aus: «Der riesige Saal in der Nähe des Hyde Parks dröhnte vor Beifall, als ich verkündete, dass die Russen weder ethnische noch historische Ansprüche auf Wilna und Lemberg besäßen. Daraufhin wurde ich ins Arbeitszimmer von Professor Kot bestellt, der mir in ‹väterlichem› Ton mitteilte, die Politik des Ministerpräsidenten Mikołajczyk sei ein im Geiste des Realismus begriffener territorialer Kompromiss gegenüber den von Engländern und Amerikanern unterstützten sowjetischen Forderungen, und meine Äußerungen dieser Art werde man in Zukunft nicht mehr tolerieren können.»[3]

So sehr sie sich bemühte, den Anschein der Souveränität zu wahren, war sich die Exilregierung der wachsenden Kluft zwischen ihr und der polnischen Gesellschaft bewusst – und fest entschlossen, etwas dagegen zu unternehmen. Das war auch der Grund für Józef Retingers geheimnisvolles Verschwinden. «Es war der Zeitpunkt gekommen», erklärt er in seinen Erinnerungen, «zu dem jemand, der an der Gestaltung unserer wichtigsten Angelegenheiten ständig beteiligt war, nach Polen fahren sollte, um unseren Landsleuten die Situation zu schildern – ihnen zu berichten, was wir getan hatten und gegenwärtig taten, und die Probleme aus unserer Londoner Sicht darzustellen. Jemand, der alles wusste, jeden kannte und mit politischen Fakten und Prognosen jonglieren konnte.»[4]

Dieser jemand sollte ursprünglich Jan Karski sein, doch schon bald kam man zu dem Schluss, dass er für diese Art Mission zu jung und zu unerfahren sei und nicht die nötige Autorität habe: Diesmal ging es ja nicht darum, Informationen zu überbringen, sondern Sachverhalte zu erklären, Argumente auszutauschen und möglicherweise Kompromisslösungen vorzuschlagen. Schließlich fasste Retinger den Entschluss, selbst zu fahren, holte sich dafür die Erlaubnis Churchills ein und ließ sich von seinem Vorhaben nicht einmal dann abbringen, als sich herausstellte, dass er, wegen der gebotenen Eile, einen Fallschirmabsprung über Polen in Kauf nehmen musste. «Als ich in Bari auf den Abflug wartete», gesteht er offen, «bekam ich aber leichte Zweifel, ob dieser jemand unbedingt ich sein musste. Die Mission in einem von den Deutschen okkupierten Land war schließlich für einen älteren Mann, der schon immer eine Abneigung gegen jede körperliche Anstrengung hatte, kein besonders attraktives Unterfangen.»[5]

Im April 1944, nach mehreren Wochen auf einem Stützpunkt im italienischen Bari, sprang der 56-jährige Józef Retinger über Polen ab. Mit seinem Sprung machte er Geschichte: nicht nur, dass er auf diese Weise zum ältesten Fallschirmspringer Europas wurde – er hatte sich auch geweigert, vorher den Sprung auch nur einmal zu üben: Falls ihm dabei etwas zustoßen sollte, erklärte er seinen verblüfften Betreuern, möchte er, dass es in Polen und nicht anderswo passiere.

Schon kurz nach der Landung erlebte er eine Überraschung: Er und sein Begleiter kamen in einem Haus unter, das einem älteren Ehepaar gehörte. Ihre Gastgeber, die vier Wochen lang jede Nacht auf sie gewartet hatten, kannten zwar ihre Identität nicht, wussten aber, dass sie von «dort» kamen und begannen, Fragen zu stellen. «Im Laufe der Nacht», erzählt Retinger, «entwickelte sich zwischen uns ein reges und sehr angenehmes Gespräch. Ich muss zugeben, dass ich erstaunt war. Schließlich lagen fünf lange Jahre zwischen uns – fünf Jahre, die sie in der Hölle und wir in einem relativ bequemen (ohne die britische Gastfreundschaft beleidigen zu wollen) Fegefeuer verbracht hatten. Sie hatten die deutsche bzw. sowjetische Okkupation durchstehen müssen, manchmal beides, und wir in England hatten ein fast normales Leben geführt. Ich hatte mir also vorgestellt, dass diese fünf Jahre die Denkweise meiner Landsleute verändert, vielleicht sogar entstellt hätten, dass sich in unser Gespräch Momente peinlichen Schweigens einschleichen und dieselben Worte verschiedene Bedeutungen haben würden. Doch stattdessen führten wir eine völlig ungezwungene Unterhaltung und verstanden uns bestens. Es war, als würden wir bei alten Freunden vorbeischauen, die wir nur eine Woche nicht gesehen haben. Die Art, wie sie über Churchill und Roosevelt sprachen, ließ vermuten, dass sie zu der britischen und amerikanischen Presse Zugang hatten. Sie verhielten sich nicht wie Menschen, die von dem Rest der Welt abgeschnitten waren, sondern wie freie Bürger einer westlichen Demokratie.»[6]

Noch angenehmer wurden für ihn die Tage in Warschau, wo er schnell die führenden Untergrundpolitiker ausfindig machte und – mit den Regeln der Konspiration wenig vertraut – nach Londoner Manier in den besten Lokalen der Hauptstadt um sich scharte. Außer dem Vergleich der Londoner und Warschauer Perspektiven und dem Austausch von Argumenten in Fragen, in denen es Differenzen gab, kam dabei allerdings nicht viel heraus: Für die gemeinsame Entwicklung neuer Strategien war es bereits zu spät.

Während Retinger in Warschau paktierte, unternahm Premier Mikołajczyk die letzten verzweifelten Versuche, die wachsende Isolation seiner Regierung im Westen zu durchbrechen. Am 5. Juni traf er zu einem neuntägigen Staatsbesuch in den USA ein. Er wollte etliche amerikanische Politiker und polnische Exilfunktionäre treffen, der wichtigste Punkt seines Programms war aber das seit Langem verschobene Gespräch mit Präsident Roosevelt. Kaum in Washington angekommen – wo er trotz geringen Interesses seiner Gastgeber mit allen Ehren empfangen wurde –, äußerte er den Wunsch, Jan Karski in seiner Nähe zu haben. Dieser verbrachte weiterhin unzählige Stunden in seinem New Yorker Hotelzimmer, um sein Buch so schnell wie möglich fertigzustellen. Mittlerweile hatte er sogar einen PR-Agenten, einen Mann namens Clark H. Getts, der auf Reeves Vermittlung hin (und zu ähnlich harten Bedingungen) für ihn die ersten Vorträge organisierte. Dennoch unterbrach er sofort seine Arbeit und eilte nach Washington. Sein Einsatz beschränkte sich zwar im Endeffekt darauf, jeden Tag in der Empfangshalle des «Blair House», einer luxuriösen Herberge für Staatsgäste, auf Mikołajczyks Anweisungen zu warten (und die einzige, die er bekam, lautete, für ihn eine Zahnpasta zu besorgen), doch er nahm die Rolle des Laufburschen gern in Kauf.

Jan Karski: *Ich war auf Mikołajczyks Seite, er war damals meine einzige Hoffnung. Ich hatte keine Illusionen, dass wir die Ostgrenze behalten würden, so dumm war ich nicht – ich wusste, dass diese Sache abgeschlossen war: Wilna und Lemberg würden an die Russen fallen. Aber ich war überzeugt, dass die Amerikaner Mikołajczyk hinsichtlich der Unabhängigkeit Polens unterstützen würden.*[7]

Das Treffen des polnischen Premierministers mit Roosevelt hatte ihn in dieser Überzeugung noch weiter bestärkt, zumal dieser zum Abschied eine vielversprechende Bemerkung machte: Er nahm Jan beiseite und sagte im vertraulichen Ton, der Präsident habe ihm versprochen, die Polen gegenüber Churchill in Schutz zu nehmen. Doch selbst wenn Roosevelt tatsächlich etwas dieser Art gesagt haben sollte (was zu bezweifeln ist), war es genauso ohne Bedeutung wie Mikołajczyks ganzer Besuch: Das Schicksal Polens war längst besiegelt. Bereits zwei Tage später schrieb Roosevelt einen Brief an Stalin, in dem er ihm versicherte, mit dem polnischen Premierminister keine Abmachungen getroffen zu haben – es habe sich lediglich um einen längst vereinbarten und daher nicht mehr aufschiebbaren Meinungsaustausch gehandelt.

Die Situation spitzte sich von Woche zu Woche zu – in London und in Warschau. Ende Juli kehrte der Kurier Jan Nowak von seiner Mission nach Polen zurück und traf mit General Tadeusz Komorowski, dem Oberkommandierenden der Heimatarmee (AK), zusammen, um ihn erneut, wie schon Retinger vor ihm, zu warnen, dass ein offener, bewaffneter Kampf gegen die Deutschen – von dem seit einiger Zeit die Rede war – mit der Unterstützung der Alliierten kaum rechnen könne. Doch der General reagierte ungehalten: Alles, was Nowak über die Londoner Sicht der politischen Hintergründe berichte, kenne er bereits aus den Telegrammen der Regierung, außerdem habe man genug von Politikern, die Whisky schlürfend am Kamin säßen und dem seit fünf Jahren gemarterten Volk diktieren würden, wie es sich zu verhalten habe. Die Entscheidung über den Aufstand sei gefallen, und man könne jetzt nur noch eine Frage stellen: nicht «ob» oder «warum», sondern «wann». Seine Soldaten und ein Großteil der Zivilbevölkerung seien für den Kampf, und es gebe nichts, was ihre Meinung noch ändern könnte.

Hätten weitere Anführer des Untergrunds seine Worte gehört, hätten sie ihm wohl alle zugestimmt. «Bis jetzt ist noch nichts erfunden worden, was den Ausbruch eines Vulkans verhindern würde», schrieb nach Jahren der linke Politiker Stefan Korboński. «Und ein solcher Vulkan war Warschau im Juli 1944.»[8] Die Folgen dieser hochexplosiven Stimmung ließen nicht mehr lange auf sich warten: Am 1. August 1944, zwei Tage nach Nowaks Gespräch mit Komorowski, brach der Warschauer Aufstand aus – ein militärischer Kraftakt und ein politischer Seiltanz in einem. Denn selbst dem jüngsten Aufständischen muss klar gewesen sein, dass es hier nicht allein um den Kampf gegen die Besatzer und um die Befreiung der Stadt, sondern auch um die Zukunft Polens ging. Nicht zufällig wurde später so oft die Frage gestellt, gegen wen der Aufstand eigentlich gerichtet war: gegen die Deutschen oder die Sowjets.

Obwohl die Meinungen über den Sinn dieses ungleichen Kampfes schon damals auseinandergingen, hatten beide Seiten – die Exilregierung in London, die widerstrebend den Befehl zum Beginn des Aufstands gab, und das Oberkommando in Warschau – etliche Gründe, auf einen Sieg zu hoffen. Die Rote Armee stand wenige Kilometer vor Warschau, die Wehrmacht erlitt im Osten eine Niederlage nach der anderen, und die AK-Soldaten waren eine Kraft, auf die man durchaus setzen konnte. In der Stadt wurden seit Langem große Mengen von Waffen gehortet, und sie konnten es kaum erwarten, sie endlich einzusetzen. Entsprechend schnell errangen sie den ersten Sieg: Innerhalb weniger Stunden brachten sie zwei Drittel des Stadtgebietes unter ihre Kontrolle. Überall wurden Barrikaden errichtet, die strategisch wichtigen Gebäude in Festungen verwandelt, die Keller zu einem Tunnelsystem umfunktioniert, das die einzelnen Viertel miteinander verband.

Mit dem Ausbruch des Aufstands entstand eine Situation, die ebenso paradox wie gefährlich war: Die Warschauer hofften, über die Londoner Exilregierung Hilfe aus dem Westen zu bekommen, und versprachen sich von dem eigenen Sieg deren Rückkehr nach Polen und das politische Anknüpfen an die Vorkriegszeit. Und gleichzeitig warteten sie auf das Eingreifen der Sowjetunion, mit der diese Regierung keine diplomatischen Beziehungen unterhielt und deren politische Dominanz sie abzuwenden versuchte. In Wirklichkeit also basierte die Ausrufung des Aufstands auf sehr vagen Erwartungen und Spekulationen. Selbst General Komorowski gab später in seinen Erinnerungen zu, man habe sich dafür aus dem Kalkül entschieden, dass der Aufstand zeitlich mit dem Angriff der Roten Armee zusammenfallen und von diesem militärisch profitieren würde. Die Russen hätten ja alles daran gesetzt, die Deutschen so schnell wie möglich zu bezwingen – koste es, was es wolle.

Mit anderen Worten: Man ging offensichtlich davon aus, dass die polnisch-sowjetischen Querelen in dem Moment keine Rolle mehr spielen würden. Und genau diese Kalkulation erwies sich als falsch. Die Tatsache nämlich, dass am 22. Juli 1944, zehn Tage vor dem Ausbruch des Aufstands, in Lublin eine provisorische kommunistische Regierung, das sogenannte Polnische Komitee für Nationale Befreiung (PKWN – *Polski Komitet Wyzwolenia Narodowego*), proklamiert wurde, war genauso Teil von Stalins politischem Plan wie die unterlassene militärische Hilfe. Davon konnte sich Mikołajczyk überzeugen, als er auf Betreiben Churchills nach Moskau flog. Er wurde zwar von Stalin empfangen, dessen Forderungen entpuppten sich aber erneut als inakzeptabel: Er solle die Curzon-Linie anerkennen – wieder war von einem Ausgleich in Form einiger deutscher Gebiete die Rede – und sich mit dem «Lubliner Komitee» über eine Koalitionsregierung einigen. Woraufhin Mikołajczyk sogar mit den Vertretern des Komitees zusammentraf, doch außer einem in scharfem Ton geführten Meinungsaustausch kam dabei nichts heraus.

Am 3. August war er wieder im Kreml: In Warschau wurde bereits gekämpft, und er versuchte diese Tatsache bei seinen Verhandlungen mit Stalin auszuspielen: Die Heimatarmee unterstütze die Rote Armee in ihrem Kampf, ließ er ihn wissen, und bitte nun ihrerseits um Unterstützung – womit er aber nur eine herablassende Bemerkung auslöste: Das seien doch nur ein paar unbedeutende Partisanenverbände, die gegen die Deutschen nicht die geringste Chance hätten, meinte der Kreml-Chef.

Damit lag er allerdings falsch: Obwohl es schon nach kurzer Zeit offensichtlich war, dass der Aufstand ohne militärische Unterstützung von außen zum Scheitern verurteilt war, gelang den Warschauern ein wahres Kunststück – statt der geplanten drei bis fünf Tage hielten sie über zwei Monate durch. Die letzten Wochen verlangten den Aufständischen aber einen enormen Krafteinsatz und der Zivilbevölkerung unbeschreibliche Entbehrungen ab. Nachdem Anfang September die besonders hart umkämpfte Altstadt gefallen war, ging die Heimatarmee immer öfter in die Defensive, beklagte immer mehr Tote und Verletzte. Schließlich nahm am 1. Oktober General Komorowski mit den Deutschen Kontakt auf, um über die Kapitulation zu verhandeln. Vier Tage später verließ er mit den letzten AK-Verbänden die Ruinen, in denen sie sich über zwei Monate gehalten hatten. Die Bilanz des Aufstands: Etwa 250 000 Menschen waren gefallen, die Stadt lag in Trümmern.

Es waren fast 16 000 AK-Soldaten, die an jenem Tag in Gefangenschaft gingen: meist junge, sechzehn- bis zwanzigjährige Männer, die – in der hoffnungsvollen Atmosphäre der Zweiten Republik aufgewachsen – in diesem Kampf eine Chance gesehen hatten, ihren unterbrochenen Traum vom Leben in einem freien Land weiter zu träumen. Schon kurz nach Kriegsende sollte um den Aufstand eine Legende entstehen, die in den folgenden Jahren ständig neue Nahrung bekam. Auch der «Kurier aus Warschau», Jan Nowak, wurde zu einem Teil dieser Legende: Nach der Kapitulation der Aufständischen brach er zu seiner letzten Mission auf: Er sollte sich erneut nach London durchschlagen, um die Exilregierung über den Verlauf des Aufstands zu informieren. Die hinausgeschmuggelten Unterlagen – Dokumente und Fotos von der brennenden Stadt –, waren auf Mikrofilmen unter einem Gipsverband versteckt, den er an seinem Arm trug. Es war eine schwierige, abenteuerliche Reise, mitten im Winter, in Begleitung seiner jungen Frau. Die deutsch-schweizerische Grenze mussten sie zu Fuß im hohen Schnee überqueren. Es war bereits der 22. Januar 1945, als sie die britische Hauptstadt erreichten.

Dort hatte man jedoch schon bald seine eigene Meinung zu den Ereignissen in Warschau. «Wer den Aufstand hervorgerufen, verursacht und provoziert hat?», schrieb später der temperamentvolle Historiker Stanisław Cat-Mackiewicz. «Mein Gott! Das ist doch ganz einfach. Jeder Untersuchungsrichter, der es mit einer Leiche zu tun hat, geht vor allem der Frage nach, ob es nicht jemanden gebe, der an diesem Tod Interesse haben könnte. Warschau war ein Bollwerk des nationalen Bewusstseins, eine Stadt, die hinsichtlich der Verteidigung des Polentums nur eine Stimme sprach. Es gab dort keine Meinungsunterschiede, wenn es um die Unabhängigkeit ging – da dachten ein Intellektueller und ein Arbeiter dasselbe und auf dieselbe Weise. Und die sowjetischen Politiker wussten aus eigener revolutionärer Erfahrung nur zu gut, was eine große, stolze Stadt, die eine Stimme spricht, bewirken kann … Es lag ihnen sehr viel an der Vernichtung Warschaus, und sie waren in der günstigen Situation, dazu weder Kanonen noch Granaten zu benötigen. Es gab ja den großartigen polnischen Patriotismus!»[9]

Auch Jan Karski sollte nach dem Krieg zu den Kritikern des Warschauer Aufstands gehören. Im hohen Alter, als er ohnehin stark den Sinn der gesamten polnischen Widerstandsbewegung in Frage stellte, aber auch früher, in den siebziger Jahren, als er sein wichtigstes Buch, *The Great Powers and Poland*, schrieb, und in der Zeit davor – nachdem er eine Art Epilog der Ereignisse von 1944 erlebt hatte. Denn irgendwann in den späten Fünfzigern tauchte plötzlich in Washington Józef Retinger auf. Er war stark gealtert und fast erblindet – bei ihrem Treffen war er in Begleitung eines Assistenten, der ihn führen musste –, aber energiegeladen und voller Ideen wie eh und je. Bald kamen sie auf die Kriegszeit zu sprechen, und erst in dem Moment hörte Jan erstmals von Retingers Mission nach Warschau.

Jan Karski: *Ich weiß noch, dass ich ihn nach seiner Erzählung fragte: «Und wie ist Ihre Mission ausgegangen? Waren Sie erfolgreich?» Und er schaute mich mit seinen fast blinden Augen an und sagte: «Was heißt: wie? Hast du noch nie vom Warschauer Aufstand gehört?» Sie hatten die von ihm mitgebrachten Informationen völlig ignoriert, obwohl sie wahr waren. Es ging darum, dass der Aufstand und auch jede andere militärische Aktion der Polen mit der russischen Regierung abgestimmt werden musste. Denn obwohl man sie darüber noch nicht informiert hatte, waren die Einflusszonen bereits festgelegt. Östlich der Leba war Russland. In diesen Gebieten war die sowjetische Regierung für alle Kriegsaktivitäten verantwortlich. Gemäß der Vereinbarung, die 1943 in Teheran geschlossen wurde, durfte also im Sommer 1944 keine militärische Aktion ohne Zustimmung der Sowjetunion stattfinden. Doch die polnische Exilregierung wusste es nicht – oder sie wusste es, hatte aber die Untergrundführung in Polen nicht informiert.*[10]

Kurz nach der Niederschlagung des Aufstands unternahm Churchill den letzten Versuch, zwischen Stalin und Mikołajczyk zu vermitteln. Er flog nach Moskau und ließ den polnischen Premierminister nachkommen. Was dieser allerdings vom Kreml-Chef zu hören bekam, glich einem Ultimatum: Entweder akzeptiere er endlich die Curzon-Linie, dann würden er und einige weitere Exilpolitiker sich an der neuen polnischen Regierung beteiligen dürfen, oder sie könnten sich von der politischen Bühne verabschieden. Mikołajczyk rang sich schließlich zu einem Gegenvorschlag durch – die Abtretung der verlangten Ostgebiete mit Ausnahme Lembergs –, doch Stalin blieb bei seiner Forderung, und die Verhandlungen wurden abgebrochen. Nach einem dramatischen Wortwechsel mit Churchill, der ihn auf den Boden der politischen Tatsachen herunterzuholen versuchte – die Polen sollten aufhören, sich Illusionen zu machen, dass die Westalliierten nach Deutschland auch noch Russland besiegen würden –, und einem weiteren Gespräch mit Stalin, in dem dieser versprach, aus Polen kein kommunistisches Land zu machen, flog Mikołajczyk nach London zurück.

Hätte er die letzte Entscheidung im Alleingang treffen können, hätte er einem weiteren Kompromiss möglicherweise doch noch zugestimmt. Doch er musste sich mit den Mitgliedern seines Kabinetts beraten, und die sprachen sich nicht nur gegen jegliche Grenzkonzessionen, sondern auch gegen ihn selbst aus. Angesichts ihres Misstrauensvotums blieb Mikołajczyk nichts anderes übrig, als seinen Rücktritt zu erklären. Er tat es am 24. November 1944, was faktisch das Ende der polnischen Exilregierung bedeutete. Offiziell bestand sie zwar noch – Mikołajczyks Nachfolger wurde der Sozialist Tomasz Arciszewski –, doch sie wurde seitdem von ihren britischen Gastgebern kaum noch zur Kenntnis genommen.

Wie vertritt man den Standpunkt einer Regierung, die politisch tot ist? Diese Frage muss sich Karski damals oft gestellt haben. Es war ihm wohl von Anfang klar, dass er sich sehr beeilen musste, um mit seinem Buch noch halbwegs die beabsichtigte propagandistische Wirkung zu erreichen. Doch die Ereignisse des Herbstes 1944 versetzten ihn in eine geradezu groteske Lage: Er fühlte sich weiterhin Mikołajczyk verbunden, der zurückgetreten war, verstand sich als Vertreter des polnischen Untergrunds, der nach der Niederschlagung des Warschauer Aufstand de facto nicht mehr existierte, und durfte sich über die «provisorische» Regierung, der er sehr kritisch gegenüberstand, nicht frei äußern.

Und dennoch: Die Arbeit musste zu Ende geführt werden, zumal seine beiden Agenten und der Verlag schon im Sommer 1944 begannen, für sein Buch die Werbetrommel zu rühren. In mehreren wichtigen Zeitschriften wie *Life, Harper's Bazaar, Collier's* oder *Jewish Forum* erschienen große Reportagen, Vorabdrucke und Ankündigungen. Die Zahl wichtiger Vortragstermine, etwa bei dem jährlichen Forum der *New York Herald Tribune* im Waldorf-Astoria-Hotel, nahm ständig zu. Im Oktober wurde in Baltimore eine Ausstellung über den polnischen Untergrundstaat eröffnet, durch die er führen durfte. Und im November hatte er Vorträge in Kanada, unter anderen im Ritz-Carlton Hotel in Montreal, wo er vor dem *Women's Canadian Club* sprach. Auch dort wurde die Ausstellung gezeigt, die ursprünglich in Baltimore zu sehen war.

An einem der Abende in Montreal dinierte er beim polnischen Konsul, Tadeusz Brzeziński. Mit am Tisch saß der 16-jährige Sohn des Diplomaten, Zbigniew Brzeziński – der spätere Sicherheitsberater des amerikanischen Präsidenten Jimmy Carter. Das Gespräch soll schnell auf die Tragödie des jüdischen Volkes gekommen sein.

Zbigniew Brzeziński: *Ich kann mich genau erinnern, wie Karski mit meinen Eltern über das Thema diskutierte, während er am Tisch in unserem Haus saß. Und ich weiß auch noch, wie verblüfft mein Vater war, als er erfuhr, dass buchstäblich alle Juden – nicht nur Männer, sondern auch Frauen und Kinder – vorsätzlich vernichtet worden waren. Er war ein eifriger Kritiker des Antisemitismus, deshalb hatte ihn Karskis Augenzeugenbericht besonders erschüttert. Und ich war von seiner Persönlichkeit absolut fasziniert, genauso wie von den Narben an seinen Handgelenken – dem dramatischen Beweis jener tragisch ausgegangenen Mission, während der er von der Gestapo gefangengenommen und gefoltert wurde. Ich war auch von seiner Offenheit und seinem Mut sehr beeindruckt.*[11]

Und dann endlich, am 28. November 1944, die Buchpremiere: Die erste Ausgabe des Buches *Story of a Secret State* erschien in dem Bostoner Verlag Houghton and Mifflin in einer Auflage von 50 000 Exemplaren. Kurze Zeit später wurden 350 000 Exemplare für den Buch-des-Monats-Club nachgedruckt, alle 400 000 Stück sofort ausverkauft. Im Januar 1945 wurde es zum «Buch des Monats» gewählt. In über hundert Blättern, darunter *Time, Washington Post, The New Yorker* und *Los Angeles Times*, erschienen freundliche bis ausgezeichnete Kritiken. Die Rezensenten lobten Karski Werk als ein erschütterndes Zeugnis von Mut, Fairness, Patriotismus und Menschlichkeit und zugleich als ein Zeitdokument ersten Ranges.

Die Reaktionen überraschten nicht: Es war das erste Buch, das dem amerikanischen Publikum die Einmaligkeit der polnischen Widerstandsbewegung vor Augen führte. Und sie war insofern beispiellos, als sie sich nicht nur als eine Streitmacht im Kampf gegen den Besatzer,

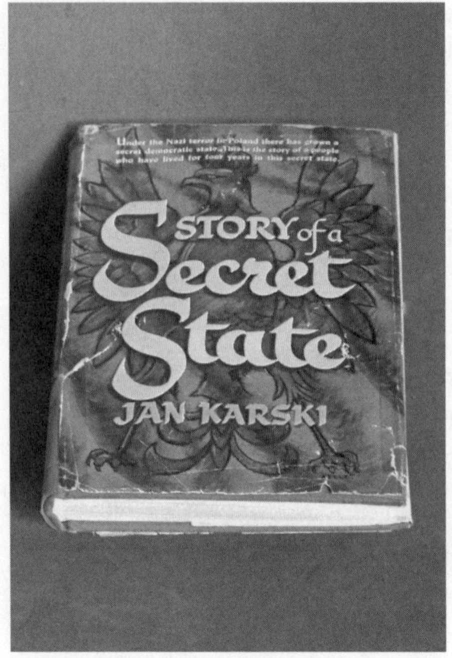

Die amerikanische Erstausgabe von *Story of a Secret State* von 1944

sondern auch als ein politisches Gebilde verstand, das in Zusammenarbeit mit der Exilregierung die Kontinuität des polnischen Staates sichern sollte. Ihre Eigenart beschrieb Karski mit derselben Präzision und Lebendigkeit, mit der er seine eigenen Erlebnisse schilderte, zumal es ihm bewusst war, dass die Außenwelt vieles kaum nachvollziehen konnte – etwa die Tatsache, dass ein Staat im Untergrund fast genauso gut wie ein «normaler» funktionieren und eine vergleichbare, aus Regierung, Parlament, Justizapparat und Armee bestehende Struktur haben konnte. So lasen sich selbst die Kapitel, die sich explizit auf dieses Thema bezogen und ein trockenes Referieren von Fakten und Zahlen befürchten ließen, ausgesprochen spannend.

Doch es war nicht allein die Brisanz des Stoffes, die dieses Buch so lesenswert machte. Dafür sorgten auch seine stilistischen Vorzüge: die plastische Erzählweise, die lebendigen Dialoge, die geschickte Streuung der eigenen Erlebnisse zwischen die «theoretischen» Passagen. Denn seine Abenteuer – all die konspirativen Situationen im okkupierten Warschau, die Fluchtszenen, die illegalen Grenzüberschreitungen und Täuschungsmanöver während der Missionen, die ständig wechselnden Helfer und Gegenspieler oder die vielen falschen Identitäten – gaben dem Buch die Qualität eines Agententhrillers. Es verbinde den Tonfall Tolstois mit einer Prise Proust und einem Mordfall, der selbst für Hitchcock eine beachtliche Herausforderung darstellen würde, schrieb der Rezensent der *New York Times Book Review*. Letzteres bezog sich vor allem auf die Bilder aus dem Ghetto und dem Lager, deren Wirkung umso größer war, als sie dem damaligen Leser gleichsam einen doppelten Schock versetzten: Noch nicht durch zahllose Augenzeugenberichte abgestumpft, wurde er plötzlich mit sehr direktem Erleben konfrontiert.

Und schließlich: Das Buch war auch Karskis eigene, persönliche Bilanz, was ihm fast die Qualität eines Bildungsromans verlieh. Auf die letzte Szene – die Audienz bei Präsident Roosevelt – ließ er eine lange Aufzählung all der Situationen und Begegnungen folgen, die er in den fünf davor liegenden Jahren erlebt hatte. Als der Krieg ausbrach, war er nur ein junger Mann, der gerade seine berufliche Karriere begann und in vollen Zügen das Leben genoss. Als er mit der Niederschrift des Manuskriptes fertig war, hatte er Mühe, die ursprünglichen tausend Seiten auf einige Hundert zu kürzen – so viel Wichtiges und Aufregendes war ihm in dieser Zeit widerfahren.

Der Erfolg des Buches war enorm, doch weder Karski selbst noch seine beiden Agenten hatten die Absicht, sich damit zu begnügen. Schon drei Tage nach dem Erscheinungstermin begann seine erste große Lesereise. Sechs Monate lang fuhr er quer durchs Land, sprach in zahllosen Städten und vor sehr unterschiedlichem Publikum: Intellektuellen, Hausfrauen, Arbeitern, Soldaten. Manchmal begleitet von unauffälligen Männern, deren Identität er nicht kannte und deren Anwesenheit ihm nicht bewusst war: Agenten des *Office of Strategic Services*, die – offenbar ohne zu wissen, dass er ihrem Chef, William Donovan, bestens bekannt war – sich unter das Publikum mischten und seinen Ausführungen lauschten. Allzu viel kam dabei allerdings nicht heraus, manchmal schlicht deswegen, weil man ihm, so einer der Männer in seinem Bericht, wegen seines starken Akzents schwer habe folgen können.

In den nächsten Monaten nahm die Zahl seiner Vorträge ständig zu, bis sie irgendwann auf weit über zweihundert gestiegen war. Sein Erfolg hatte ihn zu einer öffentlichen Person gemacht, eine Zeitlang galt er gar als der bekannteste Pole in Amerika. Es war eine bessere PR-Aktion, als er und seine Londoner Vorgesetzten sich je hätten träumen lassen. Nur hatte sie unter den jetzigen politischen Umständen nicht viel Wert, und dessen war er sich bewusst.

Es war auch ein sehr einsamer Sieg. Er wohnte nach wie vor in New York, in einem Hotel am Columbus Circle, und arbeitete weiterhin mit Krystyna Sokołowska zusammen, der er nun die Vorträge diktierte. Seine Stimmung war aber alles andere als euphorisch – im Gegenteil, da war nur Müdigkeit und Leere.

Jan Karski: *Ich hatte keine Gesellschaft, keine Freunde, war ganz allein. New York war aber die Hauptstadt der Welt, wo sich alles konzentrierte: Theater, Musik, Tanz, Malerei. Eines Abends ging ich in das Metropolitan Opera House, wo ein Ballett gezeigt wurde, das damals die größte Sensation Amerikas war. Es hieß «Fancy Free» und dauerte nicht lange, eine Stunde vielleicht. Die Geschichte von drei Matrosen, die im Hafen von New York ankommen, zwei, drei Stunden lang Ausgang haben und drei Mädchen begegnen. Und das Stück zeigte, was sie in dieser Zeit erleben, alles durch Tanz und Musik. Der eine Tänzer hieß Jerome Robbins, der zweite Harold Lang, und der dritte John Kriza, er war tschechischer Herkunft. Die Musik hatte Lenny Bernstein geschrieben. Er wurde später ein berühmter Komponist. Aber damals war er sehr arm, wie sie alle. Für mich war dieses Ballett eine Offenbarung. Ich hatte noch nie etwas so Schönes gesehen. Das ganze New York hatte noch nie etwas so Schönes gesehen. Jeden Abend war das Theater zum Bersten voll, die Eintrittskarten wurden auf dem Schwarzen Markt verkauft. Ich sah mir die Vorstellung ungefähr zehnmal an.*

Nach dem zweiten oder dritten Mal dachte ich plötzlich, jetzt gehe ich wieder in mein Hotel, wo niemand auf mich wartet. Und ich ging stattdessen zum Bühneneingang und schloss mich den Menschen an, die noch einen Blick auf die Tänzer werfen wollten. Und dann kamen sie heraus: Jerome Robbins, Lenny Bernstein und die anderen. Die Mädchen verabschiedeten sich, und die Jungs gingen ins «Russian Tea Room», ein exklusives Lokal gleich neben der Carnegie Hall. Ich folgte ihnen, hatte aber nicht den Mut, sie anzusprechen, und saß da wie ein Idiot. Nach einer Stunde etwa bezahlten sie und verschwanden. Ich lief ihnen nach. Nur ein paar Blocks weiter betraten sie ein Lokal, in dem eine ganz andere Atmosphäre herrschte. Heiß, laut, alle tanzten, viele halb nackt, vulgär, voller Lebens-

freude. Sie setzten sich an einen Tisch, ich an einen anderen. Schließlich stand ich auf, ging zu ihnen rüber und sagte etwas in der Art: «Meine Herren, ich bin Pole, habe gerade ein Buch publiziert und viel Geld verdient. Und ich bin ganz allein und liebe Sie über alles. Es wäre mir eine Ehre, Ihnen einen Drink zu spendieren.» Ich weiß noch, wie Bernstein darauf sagte: «Sure.» Und dann bestellten wir einen Drink nach dem anderen.

Ich traf mich mit ihnen vier- oder fünfmal. Bernstein hatte eine fürchterliche Ausdrucksweise, er konnte keine zwei Worte sagen, ohne vulgär zu werden. Und er erzählte uns seine Sexgeschichten, worüber wir natürlich begeistert waren. Jerome Robbins war der älteste von ihnen. Ernst, zurückhaltend, mischte sich nicht ein. Lang fiel irgendwann aus, weil er ein- oder zweimal mit einem Mädchen gekommen war, was Bernstein nicht akzeptieren wollte. Also blieben wir zu viert, Robbins, Bernstein, Kriza und ich. Bernstein gab den Ton an, und wir hörten auf ihn. Wir wussten, dass er ein Genie war. John Kriza trank weder Wein noch Cocktails, sondern nur Bier. Wir flehten ihn an: «Trink nicht so viel Bier, weil es dich dick machen wird. Du wirst nicht mehr tanzen können.» Und wie endete es? Er wurde tatsächlich immer dicker und bekam keine Verträge mehr. Dann fuhr er einmal nach Florida und ging schwimmen. Er schwamm so weit hinaus, dass er keine Kraft mehr hatte zurückzukehren, und ertrank. Lang heiratete und gründete eine Familie. Und Bernstein heiratete auch und wurde zu dem beliebtesten Komponisten Amerikas.

Das war die einzige Zeit in meinem Leben, in der ich diese Art Freiheit erlebte. Ich wusste, wenn ich mit dem Diktieren fertig bin, Krystyna nach Hause geht und ich ein Taxi nehme und sage «Carnegie Hall» oder «Russian Tea Room», dann bin ich frei. Es gibt keinen Krieg, kein Polen, kein Amerika. Ich bin frei. Das hatte für mich diese Bedeutung, was ich ihnen auch sagte. Und sie verstanden, was mit mir los war, waren sehr nett zu mir, nahmen mich in ihre Obhut. Diese Freundschaft dauerte drei oder vier Monate. Die Freundschaft zwischen einem 29-jährigen, müden Polen und ein paar amerikanischen Jungs. Das ist meine Geschichte mit Bernstein. Ich hatte später gar keinen Kontakt zu ihm, rief ihn nie wieder an. Ich brach mit diesem Milieu, heiratete, tauchte in die Welt der Politik ein, wurde Professor. Aber diese Zeit damals, diese drei, vier Monate … Das war eine zauberhafte Zeit. Ich nenne sie in meinem Herzen «Fancy Free».[12]

15

DAS KRIEGSENDE

1945–1946

Eines der interessantesten Bücher der letzten Jahre, die von Jan Karski handeln, stammt von Jan Karski. Vom ihm und dem polnischen Journalisten Maciej Wierzyński. Das Buch, das 2012 in einem Warschauer Verlag erschien, ist eine Zusammenfassung der stundenlangen Gespräche, die sie Mitte der neunziger Jahre in Washington geführt haben. Wierzyński war damals Leiter der polnischen Sektion des Senders *Voice of America*, Karski emeritierter Professor der Georgetown University. Kennengelernt hatten sie sich aber etwa zehn Jahre früher, in Chicago.

Maciej Wierzyński: *Eines Abends, es war wohl im Winter 1986, saß ich in der riesigen Wohnung eines reichen litauischen Emigrantenpaars, der Besitzer einer Autosalon-Kette, und lauschte einem Vortrag über die Konferenz in Jalta. Der Redner, ein eleganter, schlanker Mann, saß in einem Sessel, umgeben von mehreren Dutzend Zuhörern. Er erzählte von dem Teil der Diplomatie der Großmächte, der sich auf die Länder Osteuropas bezog. Sein Vortrag war durch eine ausdrucksstarke Gestik begleitet, er benutzte keinerlei Notizen, alles wirkte mehr gespielt als gesprochen. Dieser Redner war Jan Karski. Von seinen Ausführungen behielt ich einen Satz: «Die Vorwürfe der Polen an die Adresse Roosevelts, er habe uns in Jalta verraten, sind sinnlos. Roosevelt war kein Präsident Polens. Er war der Präsident der Vereinigten Staaten.»*[1]

Er habe nicht das Gefühl gehabt, so der Journalist abschließend, dass dieser politische Realismus allen Gästen gleichermaßen gefallen habe – was man sich in der Tat kaum vorstellen kann. Dass der souveräne Redner sich dies sehr zu Herzen nahm, allerdings auch nicht.

Damals, Anfang 1945, als er in ganz Amerika seine Vorträge hielt, hörten sich seine Statements freilich noch viel emotionaler an: Er äußerte sich zwar auch positiv über Roosevelt, dafür aber umso kritischer über Stalin und die polnisch-sowjetischen Beziehungen. Dies machte seine öffentlichen Auftritte immer problematischer, doch er tat es trotzdem, zumal er dazu die Erlaubnis aus London hatte: Als er Professor Kot gefragt hatte, wie er auf die entsprechenden Fragen reagieren solle, war er von diesem angewiesen worden, ihnen nicht auszuweichen, sondern sie offen und direkt zu beantworten.

Sollten es die letzten, verzweifelten Versuche sein, das Verständnis der Amerikaner für den Standpunkt der polnischen Regierung zu gewinnen? Oder war Minister Kot der Meinung, dass man sich diese Direktheit leisten könne, weil ohnehin schon alles verloren sei? Angesichts der damaligen Situation in London dürfte eher Letzteres zutreffen: Seit Mikołajczyks Rücktritt stand nun der Sozialist Tomasz Arciszewski an der Spitze der Exilregierung. Er war erst kurz vor dem Warschauer Aufstand nach London gekommen und, im Gegensatz zu seinem Vorgänger, zu gar keinen Kompromissen bereit: In der Verschiebung der Ostgrenze sah er die Gefahr der Sowjetisierung Polens, in der Annexion der deutschen Gebiete die einer dauerhaften Krise zwischen Polen und dem künftigen Deutschland. Seine unnachgiebige Haltung führte sowohl zu einer weiteren Verschlechterung der Beziehungen zu den Briten, soweit von solchen überhaupt noch die Rede sein konnte, als auch zu Spannungen innerhalb des Kabinetts.

Auch die Ereignisse in Polen hatten längst einen Gang genommen, der nicht mehr aufzuhalten war: Schon im Dezember 1944 wurde das «Lubliner Komitee» in eine «Provisorische Regierung» umgewandelt, an deren Spitze der Altsozialist Edward Osóbka-Morawski gestellt. Er sollte zwar dieses Amt des ersten Ministerpräsidenten Nachkriegspolens bis 1947 ausüben, der eigentliche starke Mann im Staat wurde aber der Alkommunist Bolesław Bierut. Anfangs als «Vorsitzender» der «Provisorischen Regierung» eingesetzt, dann mit wechselnden Funktionen betraut, war er jahrelang der stalinistische Diktator Polens.

Auf der Konferenz in Jalta schließlich (4.–11. Februar 1945) wurden diese neuen Machtverhältnisse gewissermaßen legitimiert und die Frage künftiger polnischer Grenzen so gut wie entschieden. Die Verhandlungen der «Großen Drei» waren zwar recht chaotisch und die Ergebnisse ziemlich allgemein formuliert (konkrete Beschlüsse sollten erst später, auf der Konferenz von Potsdam, gefasst werden), doch auch diese Formulierungen waren deutlich genug: Es war erneut von der Curzon-Linie, von einem Gebietszuwachs Polens im Westen und Norden und von einer Regierungsumbildung die Rede. Für die Exilregierung in London und auch für ihren Botschafter in Washington war es jedenfalls ein klares Signal, dass die territorialen Gefechte verloren und ihre eigenen Tage gezählt waren.

Jan Karski: *In den Beschlüssen der Jalta-Konferenz wurde die Londoner Exilregierung nicht einmal erwähnt. Es gab nur die Ankündigung, dass eine «Regierung der nationalen Einheit» entstehen solle. Ciechanowski wusste aber, dass die polnische Frage damit entschieden war. Die Botschaft arbeitete zwar immer noch als Vertretung der Londoner Regierung. Doch seit dem Rücktritt von Mikołajczyk sprachen weder Churchill noch Eden mit irgendeinem Mitglied dieser Regierung. Sie kontaktierten nur Mikołajczyk und die Leute, die ihn unterstützten.*[2]

In dieser Situation fiel dem isolierten Kabinett von Tomasz Arciszewski die undankbare Rolle der «Regierung des nationalen Protestes gegen die Beschlüsse von Jalta» zu. So umschreibt sie jedenfalls in seinen Erinnerungen Jerzy Lerski, der ab Dezember 1944 Arciszewskis persönlicher Sekretär war. Zwar unternahm der polnische Premierminister während der Jalta-Konferenz einen Versuch, über Roosevelt den Kontakt zu der britischen Regierung wiederaufzunehmen, doch ohne Erfolg. Am 12. Februar 1945, in den Abendstunden, wurde dem Botschafter Raczyński eine Note des *Foreign Office* überbracht, die den Wortlaut der Jalta-Beschlüsse enthielt. Daraufhin wies Arciszewski seinen Sekretär an, den Präsidenten Raczkiewicz anzurufen und zu einer Sondersitzung des Ministerrates am 13. Februar einzuladen.

Lerski selbst nahm an dieser Sitzung nicht teil, doch gegen Abend bekam er eine wichtige Aufgabe: «Ich erhielt eine aus mehreren Punkten bestehende Rohfassung der offiziellen Erklärung», berichtet er, «und die Anweisung, ihr den letzten Schliff zu geben. Ich las aufmerksam den kurzen, prägnanten Text durch, in dem unter anderem von der Verletzung der Atlantik-Charta und der territorialen Unantastbarkeit die Rede war. Was mir darin aber fehlte, war eine stärkere

Formulierung, die das Verhältnis der Polen zu der ohne sie getroffenen Entscheidung über ihre Zukunft umschreiben würde. Ich nahm also einen Stift und schrieb einen kurzen Nebensatz hinein, den ich von der Regierung absegnen lassen wollte. Der volle Satz würde dann lauten: ‹Wir erklären, dass die Beschlüsse der Konferenz der ‹Großen Drei›, die sich auf Polen beziehen, von der polnischen Regierung nicht anerkannt werden *und auch nicht für die polnische Nation gelten können.*› Mit diesen letzten neun Wörtern leistete ich meinen bescheidenen Beitrag zu einem historischen Dokument, denn sie wurden von den Ministern mit Zufriedenheit als eine wichtige Ergänzung angenommen.»[3]

Wie hätte sich in dieser Situation sein Freund Jan Karski verhalten? Hätte er dem Text auch irgendwelche Ergänzungen hinzugefügt? Oder ihn nur stilistisch überarbeitet und seine Meinung für sich behalten? Womöglich an sein einstiges Londoner Gespräch mit Jan Nowak gedacht? An seine damalige Einschätzung, die sich voll bewahrheitet hatte? «Wenn unsere Politiker den Mut hätten, statt sich ihren Phantasien hinzugeben, der Wahrheit ins Auge zu sehen, würden sie sich zusammensetzen und überlegen, wie wir diesen Krieg endgültig verlieren sollten»: Das waren seine (bereits zitierten) Worte. Nun saßen dieselben Politiker zusammen und feilten an ihren Worten der Empörung. Offenbar spielte auch für sie keine Rolle mehr, dass Roosevelt und Churchill auf der Konferenz in Jalta versucht hatten, an die von Teheran anzuknüpfen und Stalin einige Formulierungen abzuringen, die Polen aus diesem Krieg noch halbwegs als ein freies und unabhängiges Land hervorgehen ließen. Und dass die entsprechenden Klauseln – die neue polnische Regierung werde «auf breiter demokratischer Basis» und infolge von «freien und uneingeschränkten Wahlen» gebildet und die weitere politische Einwicklung in Polen durch eine westliche Kommission beobachtet – Teil der Jalta-Beschlüsse geworden waren. Wichtiger war wohl, dass Stalin sich bereit erklärt hatte, die «Provisorische Regierung» um nichtkommunistische Politiker zu erweitern, vorausgesetzt, diese würde die Curzon-Linie akzeptieren. Und dass diese Erklärung in erster Linie an Stanisław Mikołajczyk gerichtet war – einen Politiker, der kein Mitglied der Exilregierung mehr war, in dem aber viele Polen ihre letzte Hoffnung sahen. Unter ihnen Jan Karski, der dies auch öffentlich bekundete.

Jan Karski: *Ich verteidigte die polnische Exilregierung, ich verurteilte die kommunistischen Behörden in Polen, doch ich äußerte mich niemals kritisch über Mikołajczyk. Manche nahmen mir übel, dass ich «diesen Verräter, der halb Polen an Russland abtreten will», nicht verurteilte. Doch ich war damals fest davon überzeugt – zu Unrecht, wie sich zeigte –, dass Mikołajczyk, der ja die Unterstützung Churchills und Roosevelt hatte, immer noch ein akzeptables Polen aushandeln könnte. Ich hatte natürlich keinen Zweifel, dass die Ostgebiete verloren waren, doch ich glaubte, dass es ihm wenigstens gelingen würde, eine von England und Amerika garantierte Unabhängigkeit Polens zu erreichen. Gleichzeitig war ich mir dessen bewusst, dass die Londoner Exilregierung ihre Bedeutung verloren hatte und bald überhaupt nichts mehr zu sagen haben würde. Meine ganze Hoffnung galt also Mikołajczyk.*[4]

Karskis öffentliche Äußerungen wirkten sich freilich auf das spätere Schicksal seines Buches aus. Nach der amerikanischen Ausgabe konnten zwar weitere in England, Schweden, Norwegen, Island und Frankreich erscheinen, doch die Übersetzungen ins Spanische, Portugiesische, Dänische, Hebräische und Arabische, die auch auch in Vorbereitung waren, mussten gestoppt werden. Schuld an diesem Umschwung war seine erneute Kritik an den Sowjets, die diesmal mit einem Gegenangriff antworteten. Im März 1945 verurteilte er nämlich scharf die Verhaftung mehrerer Anführer des polnischen Untergrunds, die zum sogenannten Prozess der Sechzehn führte. Sie fand in einer Villa in Pruszków bei Warschau statt: Die Russen luden die polnischen Anführer zu einem «Meinungsaustausch» ein, und nachdem sechzehn von ihnen, unter anderen der Bevollmächtigte der Regierung, Jan Stanisław Jankowski, und der Befehlshaber der Heimatarmee, General Leopold Okulicki, erschienen waren, wurden sie vom NKWD verhaftet, nach Moskau geflogen und vor Gericht gestellt.

Die sowjetische Antwort auf Karskis Kritik war ein Artikel, der in der damals vielbeachteten Zeitschrift *Soviet Russia Today* erschien. Er hatte die Form einer Rezension von *Story of a Secret State*, doch das Buch war nur ein Vorwand, um mit dem Autor scharf ins Gericht zu gehen – ihm Ignoranz und Naivität vorzuwerfen, seine angeblichen aristokratischen Allüren und sein mangelndes Gespür für die Belange der Arbeiterklasse zu kritisieren und ihn schließlich sogar – wegen seiner Kontakte zu der nationalistischen Partei – als einen Antisemiten (!)

zu bezeichnen. Die Reaktionen ließen nicht lange auf sich warten: Die Zahl seiner Vorträge nahm rasch ab und seine beiden Agenten gingen deutlich auf Distanz. Dafür stieg seine Popularität in konservativen Kreisen, und er erhielt wochenlang Einladungen zu eleganten Abendessen und Cocktailparties in den besten Häusern der Ostküste. Allmählich hörten aber auch diese auf, und sein Stern begann zu verblassen.

Währenddessen kam der Mai 1945, und überall in Europa wurde der Sieg gefeiert. Auch in London, wo Premier Arciszewski, wie alle Regierungschefs der verbündeten Länder, die Einladung zu einer feierlichen Messe bekam, die am 12. Mai anlässlich des VE-Days (*Victory in Europe Day*) in der St.-Pauls-Kathedrale stattfand. Doch für die polnische Delegation war es ein bitterer Moment, wenn man einmal von der kleinen Genugtuung absieht, die sie nach der Zeremonie erlebte: «Als unser schwarzer Buick mit dem weiß-roten Fähnchen und der Aufschrift *The Prime Minister of Poland* vorfuhr», hielt Lerski fest, «ließ sich ein lebhafter Beifall vernehmen. Vermischt mit den Rufen ‹Es lebe Polen›, hielt er an der ganzen, von einer großen Menschenmenge gesäumten Strecke an, auf der die Autokolonne dem königlichen Paar folgte. In diesem Moment schienen die Londoner einem kollektiven Reflex der Gerechtigkeit gegenüber dem treuesten Allianzpartner zu folgen.»[5]

Die Freude über die Sympathie der Briten hielt aber nicht lange an: Schon wenige Tage später, am 15. Mai, traf in Arciszewskis Büro ein Telegramm von Winston Churchill ein. Es war, wie Lerski bemerkt, «das erste Dokument der geistigen Verbindung zwischen den in derselben Stadt amtierenden Premierministern zweier Völker, die 1939 als erste einen Allianzpakt gegen Hitlerdeutschland unterschrieben hatten»[6]. Sein Inhalt ließ aber erkennen, dass es sich nur um eine höfliche Geste handelte.

Seine Exzellenz
Herrn Tomasz Arciszewski

Ich danke Ihnen vielmals für Ihre freundliche Nachricht vom 10. Mai. Erlauben Sie mir, im Gegenzug meine tiefe Bewunderung für den großen Beitrag zum Ausdruck zu bringen, den Ihre Landsleute geleistet haben, um unseren Sieg zu ermöglichen, und meine Freude darüber, dass aus diesem Kampf, den wir Seite an Seite geführt haben, ein Freundschaftsbund zwischen Großbritannien und Polen erwachsen ist. Ich hoffe, dass er in den Jahren, die vor uns liegen, fortdauern wird.

W. S. C.[7]

Es war auch das letzte Schreiben dieser Art, das aus der Downing Street kam. «Die nächste offizielle Note», so Lerskis Erinnerung, «gerichtet an Premier Arciszewski über den Botschafter Seiner Majestät, Sir Owen O'Malley, war ein Widerruf der Anerkennung der legalen Regierung der Zweiten Polnischen Republik zugunsten des sowjetischen Stellvertreterregimes in Polen. Dieser traurige Epilog der britisch-polnischen Freundschaft in Zeiten des Krieges fand in den Mittagsstunden des 5. Juli 1945 im Gebäude des Präsidiums des Ministerrates an 18 Kensington Palace Gardens statt.»[8]

Stalins Plan hatte sich voll erfüllt. Er konnte nicht nur die sowjetische Westgrenze weit in das polnische Gebiet hinein verschieben, sondern auch in Warschau eine kommunistische Regierung einsetzen. Um seine vagen Versprechen von Jalta brauchte er sich nicht zu kümmern – seine westlichen Verbündeten waren ohnehin nur noch an einem interessiert: Deutschland endgültig zu besiegen und den Krieg für beendet zu erklären (was auch bekanntlich im Sommer 1945, während der Potsdamer Konferenz, geschah). Zwar war sich Churchill seines unerfüllten Versprechens gegenüber Polen mehr bewusst, als es Arciszewski und sein entmachtetes Kabinett annahmen. «Polen hat seine Grenzen verloren. Soll es jetzt seine Freiheit verlieren?»[9], schrieb er am 13. März 1945 in einem der vielen Telegramme, die er in jener Zeit an Roosevelt schickte. Doch der todkranke US-Präsident wollte sich keine Gedanken mehr darüber machen, inwieweit – wie Churchill behauptete – das ferne Land an der Weichsel «die Probe aufs Exempel» zwischen dem Westen und den Russen gewesen sei, «welche Bedeutung Begriffen wie Demokratie, Souveränität, Unabhängigkeit, parlamentarische Regierung und freie Wahlen zukommen sollte».[10]

Man muss wohl kein Pole sein, um sich vorzustellen, wie stark die Verunsicherung der damaligen polnischen Gesellschaft war. Der anfangs noch gewahrte Anschein des politischen Pluralismus – die traditionsreiche Polnische Sozialistische Partei (PPS) durfte neben der 1942 gegründeten Polnischen Arbeiterpartei (PPR) weiter bestehen – wich bald Maßnahmen, die deutlich erkennen ließen, dass die Einführung des kommunistischen Systems sowjetischer Prägung nur eine Frage der Zeit war. Es gab natürlich auch ein paar Zufriedene – sie waren meist unter den Bauern und Arbeitern zu finden, deren Situation sich deutlich gebessert hatte. Die einen erhielten den Boden, die anderen sichere Arbeitsplätze und zahlreiche Vergünstigungen. Im Vergleich zu der Vorkriegszeit, in der sie in ständiger Angst um ihre Existenz gelebt hatten, konnten sie sich glücklich schätzen. Die Mehrheit der Polen aber war wegen der zunehmenden Sowjetisierung, die sich langsam in allen Lebensbereichen bemerkbar machte, und wegen der weiterhin angespannten politischen Lage zutiefst beunruhigt.

Jan Karski: *Jeder Pole stand nach dem Krieg vor einem Dilemma: Soll man ins Ausland fliehen oder sich irgendwo auf dem Land verstecken und abwarten? Denn es wurde allgemein der nächste Krieg mit Russland erwartet. Man konnte auch das neue System akzeptieren und alles tun, was in seinem Rahmen möglich war.*[11]

Hätte er sich damals für die Rückkehr nach Polen entschieden, hätte er wohl zu der letzten Kategorie gehört – wie er ihr auch schon vor dem Krieg angehört hatte. Jetzt allerdings, in der neuen, kommunistischen Realität, haftete diesen Menschen ein Hauch von Tragik an. Aufgrund ihrer Erziehung waren sie es gewohnt, mit ihrem Wissen und ihren Fähigkeiten dem Staat zu dienen, und machten sich deshalb als Erste an die Arbeit. Doch der Staat dankte ihnen diesmal dafür, indem er sie aufgrund ihrer Kriegsvergangenheit als «Klassenfeinde» abstempelte und immer schlimmeren Schikanen aussetzte.

Eines der spektakulärsten Beispiele war der Ausgang des besagten «Prozesses der Sechzehn». In den Schlusssitzungen des Moskauer Gerichts, die zwischen dem 18. und 21. Juni 1945 stattfanden, wurden die Angeklagten zu Freiheitsstrafen von bis zu zehn Jahren verurteilt. Mehrere von ihnen, darunter Jankowski und Okulicki, sollten die sowjetische Haft nicht überleben. Das Ziel der Verschleppung und des Prozesses war erreicht: Eine ganze Gruppe erfahrener Politiker und Militärs, die das Land in den Kriegsjahren mitregiert hatte und es auch in der Zeit danach angestrebt hätte, sich an der «Regierung der nationalen Einheit» zu beteiligen, wurde auf einen Schlag ausgeschaltet – eine Tatsache, die einen emotional so stark involvierten Beobachter wie Jan Karski völlig aus der Fassung bringen musste.

Jan Karski: *Ich war damals immer noch der bekannteste Pole in Amerika, und bei meinen öffentlichen Auftritten griff ich Russland wegen dieser marionettenhaften «Regierung der nationalen Einheit» an. Die amerikanische Presse schrieb natürlich darüber. Ich weiß noch, wie ich bei Pressekonferenzen sagte, diejenigen, die jetzt in Moskau vor Gericht stünden, seien genau die Helden, die ich in meinem Buch beschrieben hätte und die man nun wie Kriminelle behandele. Und dadurch war ich trotz meiner Bekanntheit in den Augen der Öffentlichkeit kompromittiert. Ich war auf einmal ein Rechter, der die Situation nicht verstehe. Vermutlich ein Faschist. Und mit Sicherheit kein Demokrat. Es kam auch vor, dass ich nach einem Vortrag eine empörte Stimme aus dem Saal hörte: «Sie haben ja gesagt, Sie seien ein Demokrat. Ihr habt doch eine demokratische Regierung bekommen. Die Regierungen Amerikas und Großbritanniens haben sie anerkannt. Warum fahren Sie nicht nach Polen zurück? Was machen Sie noch in Amerika?» Das war beleidigend.*[12]

Jan Karski fuhr nicht nach Polen zurück. Weder zu diesem Zeitpunkt noch einige Wochen später, als das letzte Kapitel seiner Zeit als Kurier der polnischen Regierung endgültig abgeschlossen war: Am 6. Juli 1945 trat Jan Ciechanowski von seinem Posten des polnischen Botschafters zurück, und fast alle seine Mitarbeiter (bis auf zwei Angestellte der Verwaltung), darunter Karski, verließen zusammen mit ihm die polnische Vertretung. Eine Alternative gab es kaum. Einen Tag zuvor war bekannt geworden, dass nach Churchill auch der US-Präsident Harry S. Truman, der das Amt seit dem Tod Roosevelts am 12. April 1945 ausübte, die «Provisorische Regierung» in Polen anerkannt hatte. Ursprünglich wollte das Weiße Haus die entsprechende Erklärung am 4. Juli, dem amerikanischen Unabhängigkeitstag, herausgeben, doch auf Ciechanowskis Bitte hin, man möge doch den Polen wenigstens diese Demütigung ersparen, wurde die Bekanntgabe der Anerkennung um einen Tag verschoben.

An seinem letzten Arbeitstag gab der polnische Botschafter eine Pressekonferenz, bei der die zahlreich erschienenen Journalisten nicht nur seine letzte Ansprache zu hören, sondern auch eine schriftliche Erklärung zu lesen bekamen. «Sie enthielt», so Ciechanowski in seinen Erinnerungen, «einen Bericht darüber, was mit Polen tatsächlich geschehen war. Wir erklärten, dass es sich nicht um einen gewöhnlichen Regierungswechsel, sondern um eine Unterbrechung des Fortbestands des polnischen Staates handle. Die drei Großmächte hätten, willkürlich und ohne die polnische Verfassung zu beachten, seinen territorialen und politischen Status verändert. Sie hätten den Willen des polnischen Volkes missachtet, die fünfte Teilung Polens vorgenommen und dem Land eine volksfremde, von Kommunisten beherrschte Regierung aufgezwungen. Was mich persönlich betrifft, so gab ich bekannt, dass ich keinen Augenblick der Vertreter einer illegalen, kommunistischen Regierung sein wolle, und legte mein Amt als Botschafter Polens in Washington nieder.»[13]

Auch Jan Ciechanowski kehrte nicht nach Polen zurück – das prachtvolle Palais in Szczekociny wartete vergeblich auf seinen Besitzer (und wurde im Rahmen der «Nationalisierung» in eine Schule umgewandelt): Der Diplomat blieb mit seiner Familie in Washington, wo er auch im Jahre 1973 starb.

Jan Karski hingegen wohnte erst einmal weiter in New York. Er ließ sich in Manhattan nieder, fest entschlossen, den amerikanischen Traum für sich wahr werden zu lassen. Im August hatte er sich mit der Tochter des Botschafters von Venezuela vermählt. Die Ehe hielt nur zwei Jahre und war eine jener Episoden in seinem Leben, über die er später niemals sprechen wollte. Selbst kurz vor seinem Tod ließ er sich nicht mehr als eine sehr allgemeine Auskunft entlocken.

Jan Karski: *Ich hatte mit der Tochter eines südamerikanischen Diplomaten die Ehe geschlossen. Sie hielt nicht lange. Zum Glück wurde sie nach einigen Monaten von der katholischen Kirche aufgelöst. Vom religiösen Standpunkt her bin ich in Ordnung.*[14]

Es ist bis jetzt noch keinem seiner Biographen gelungen, auch nur den Vornamen der jungen Dame in Erfahrung zu bringen. Oder besser: Keinem, bis auf den in New York ansässigen polnischen Journalisten Waldemar Piasecki, der in Professor Karskis letzten Lebensjahren sein persönlicher Sekretär und enger Freund war. Auch er wollte aber keine Auskunft darüber geben, zumal er gerade selbst an einem detaillierten, auf Karskis persönlichen Aufzeichnungen basierenden Buch arbeitete.

Wäre Karski unter anderen privaten Umständen nach Europa zurückgekehrt? Wohl kaum. Zu frisch waren die Kriegserinnerungen, um nicht mit seiner Lust auf einen Neuanfang zu kollidieren, und zu schmerzhaft: Mit ihnen war ja auch ein Gefühl der Enttäuschung und Niederlage verbunden. Schließlich hatten die Alliierten weder Hitler an der Judenvernichtung noch Stalin an der Annektierung Polens gehindert, sprich: Die beiden wichtigsten Ziele, für die er sein Leben riskiert hatte, waren nicht erreicht worden. Stanisław Mikołajczyk war nach Polen zurückgekehrt, um sich als stellvertretender Ministerpräsident an der neuen Regierung zu beteiligen, und in London, auf das sich noch vor Kurzem seine Hoffnungen konzentriert hatten, mischten sich bereits unter die Tausende Exilanten die ersten Flüchtlinge aus der jetzt kommunistischen Heimat.

Wie er zu seiner Überraschung Anfang September 1945 erfuhr, befand sich unter ihnen auch seine alte Freundin, die Schriftstellerin Zofia Kossak-Szczucka. Sie hatte eine schwere Zeit hinter sich: Im Sommer 1943 wurde sie in Warschau verhaftet, nachdem eine deutsche Straßenpatrouille ihre Kennkarte als gefälscht erkannt hatte. Nach mehrtägigen brutalen Verhören kam sie nach Birkenau, wo sie an Typhus erkrankte. Aus diesem Grund wurde sie in das Warschauer Pawiak-Gefängnis zurückgeschickt, von wo sie kurz vor dem Warschauer Aufstand von dem Untergrund freigekauft wurde. Ihre Verbindungen zu der Exilregierung hatten aber 1945 ein fatales Nachspiel. Sie wurde von dem Innenminister Jakub Berman vor die Alternative gestellt: Verhaftung wegen ihrer Kriegsvergangenheit oder Ausreise. Sie wählte Letztere und lebte nun in London, wo sie auch ein Brief Karskis erreichte:

New York, 5. September 1945

Verehrte Frau Zofia,

ich habe gestern erfahren, dass Sie in London sind, und schreibe Ihnen unverzüglich diesen Brief. …

Wie Sie sich bestimmt erinnern können, verließ ich Polen Ende 1942. Im Ausland arbeitete ich sehr viel, sowohl in England als auch während meines zweifachen Aufenthalts in den USA. Man ließ mich nicht nach Polen zurückkehren, mit der Begründung, ich könnte im Westen viel mehr tun. Das war für mich sehr schmerzhaft, und ich arbeitete für unsere Sache umso härter, bis an meine physischen Grenzen. Doch alles in allem war es eine nützliche Arbeit; sie bestand darin, die Exilpolen und die Welt über die polnische Untergrundbewegung zu informieren. Ich vermute, Sie werden sich in London ohne weiteres über die Art und den Umfang meiner Tätigkeit informieren können. ...

Ich habe die ganze Zeit versucht, mein Leben, meine Arbeit und meine politische Tätigkeit so einzurichten, dass ich später nach Polen zurückkehren kann. Ich musste ständig an Sie und Renia denken. Sie verkörperten für mich all das, was an meinem Land und meinem Volk am wertvollsten war. Leider hatte sich die politische Situation gegen uns gerichtet. Ich begriff mit der Zeit den Sinn von Mikołajczyks Politik des notwendigen Kompromisses und versuchte, sie zu unterstützen. Doch dann hatten sich die Verhältnisse erneut gegen uns gewandt. Mikołajczyks plötzliche Rückkehr nach Polen und das Klima des moralischen Drucks, das zeitgleich im Ausland entstand, bewirkten, dass ich vor einigen Wochen zu dem Schluss kam, den Weg der Emigration wählen zu müssen. Einer langen Emigration, wie ich vermute – was gegen meine Absicht und meine Natur ist.

Ebenfalls vor einigen Wochen erreichte mich über Jerzy Lerski die Nachricht, Sie und Ihre Umgebung seien dagegen, dass ich nach Polen zurückkehre. Das hat mich in meiner Entscheidung noch weiter bestärkt.

Ohne einen Plan, ohne die Möglichkeit, aktiv zu sein, nur mit Illusionen, kann ich nicht leben. Vielleicht ist es eine schlechte Charaktereigenschaft, aber ihr verdanke ich, dass mein Handeln immer vom einem gewissen Nutzen ist.

Ich bin mir dessen bewusst, dass meine Entscheidung, im Ausland zu bleiben, mir den Rückweg nach Polen für lange Zeit abschneidet. Ich weiß auch, dass Privatpersonen in Polen sehr lange keine Möglichkeit haben werden, das Land zu verlassen. Das Bild von Renia, die ich fast drei Jahre nicht gesehen hatte, die ich nicht mehr zu sehen hoffte und die ich nur einige Monate kannte, ist in mir verblasst. Auch in meinem Herzen – als das Bild meiner künftigen Ehefrau. Ich bin hier einer Frau begegnet, an der ich sehr hänge, die alle meine Gefühle hat und die auch mich liebt. Ich hatte beschlossen, sie zu heiraten, und unsere Trauung fand vor zwei Wochen statt.

Ich habe die Nachricht darüber auf allen möglichen Wegen an Renia, an meine Familie und an Sie geschickt. Ich weiß nicht, ob sie je angekommen ist. Daher bitte ich Sie, mir entweder den Kontakt zu meinen Nächsten zu ermöglichen oder diese Nachricht über Ihre eigenen Kanäle weiterzuleiten. Ich möchte alles tun – und ich werde die Mittel dafür haben –, den Menschen in Polen, die mir nahe stehen, zu helfen: Renia, ihrer Familie, meiner Familie, meinen Freunden.

Alle meine Gedanken sind mit Polen verbunden, und alle meine Anstrengungen werden dahingehen, meinen Landsleuten zu helfen. Ich weiß, dass ich in der Lage sein werde, dies in einem immer größeren Umfang zu tun. Ich kann weder in Polen noch hier politisch für Polen arbeiten, also werde ich – wie ich hoffe, mit Erfolg – materielle Hilfe für die Landsleute organisieren, die das Schicksal hierher geführt hat …

Damit schließe ich, doch vorher möchte ich Ihnen noch Folgendes sagen: Die Nachricht, dass Sie den Krieg überlebt haben, hat mich sehr glücklich gemacht. Sie sind für mich die wertvollste Person, die ich je kennengelernt habe, und ich fürchte mich vor dem Gedanken, von Ihnen verurteilt zu werden. Am liebsten wäre ich bei Ihnen, um Ihnen zu helfen. Und ich wünsche mir nichts so sehr wie Neuigkeiten aus Polen.

Ihr ergebener Jan Karski[15]

Ob und für wen er «materielle Hilfe organisierte», ist sein Geheimnis geblieben. In einem ganz besonderen Fall tat er es aber mit Sicherheit: Dank der Unterstützung des US-Außenministeriums konnte er im Januar 1946 seinen Bruder, Marian Kozielewski, und dessen Frau Jadwiga aus Polen herausholen. Sie flohen über Schweden nach Paris, von wo sie (da Marian von dem Gedanken an einen neuen Krieg in Europa besessen war) in die USA kommen wollten. Allerdings gab es Schwierigkeiten mit dem amerikanischen Einwanderungsvisum, und es sollten noch weitere drei Jahre vergehen, bis Jan eine Lösung gefunden hatte.

Der Krieg hatte ihn der Politik gegenüber skeptisch gemacht, doch seine Skepsis ging nicht so weit, dass er einen neuen politischen Auftrag sofort ablehnen würde. Schon gar nicht, wenn er von einem amerikanischen Ex-Präsidenten kam. Im März 1946 bekam er nämlich einen Anruf aus dem Büro des Republikaners Herbert Hoover (des «Herrn Hofer», wie seine Mutter gesagt hätte), der, wie sich zeigte, sehr um den Inhalt der künftigen Geschichtsbücher besorgt war und folglich eine interessante Idee hatte.

Jan Karski: *Das war ein kluger Mann. Er kam zu dem Schluss, dass das sowjetische Russland dermaßen gestärkt aus dem Krieg hervorgegangen sei, dass es imstande sein werde, die Geschichte dieses Krieges zu verfälschen. Er hat also neun oder zehn junge Leute beschäftigt, unter anderen mich, und gab uns den Auftrag, alle Botschaften und Konsulate der Länder aufzusuchen, die zu sowjetischen Satelliten geworden waren. Er glaubte nämlich, dass ein Teil der diplomatischen Dokumentation dieser Länder gerettet und versteckt worden sei. Unsere Aufgabe war es, ihn wiederzufinden. Wir sollten alle Bedingungen der Besitzer dieser Dokumente akzeptieren, auch die, die sich auf den Zeitpunkt bezogen, zu dem sie dem Publikum zugänglich gemacht werden durften. Und wir sollten sagen, dass wir sie für Präsident Hoover sammeln würden, der sie für die Nachwelt bewahren möchte.*[16]

Er arbeitete an dem Projekt sechs Monate mit. Sein Bereich umfasste Polen, Lettland, Estland und Litauen, wobei er nur in den ersten drei Fällen erfolgreich war – die Litauer wollten ihm keine Unterlagen anvertrauen. Sie würden sich direkt mit Mr. Hoover in Verbindung setzen, lautete ihre ausweichende Antwort. Um all die Dokumente, Presse und Korrespondenz zu beschaffen (nicht zu sammeln, wie er betonte, sondern nur die Bedingungen ihrer Übergabe auszuhandeln), reiste er nach Deutschland, Frankreich, Großbritannien und Italien. Außerdem sorgte er dafür, dass das Archiv der polnischen Botschaft in Washington in Hoovers Obhut gelangte. Die von ihm gesicherten Dokumente, darunter private Sammlungen von Kot, Mikołajczyk, Raczyński und Ciechanowski, wurden jahrelang als die sogenannte «Karski-Collection» in der *Hoover Institution on War, Revolution and Peace* an der Stanford University in Palo Alto, Kalifornien aufbewahrt. Deren polnischer Teil befindet sich heute in einem Archiv in Warschau.

Wie sehr die Befürchtungen Hoovers begründet waren, sollte sich im Falle Polens noch im selben Jahr zeigen: Um den Schein der Meinungsfreiheit zu wahren, hatten die Kommunisten im Juni 1946 ein Referendum ausgerufen. Es umfasste drei Fragen, zu denen sie freilich ein dreifaches Ja hören wollten: zu der Einführung des Einkammerparlaments, der Verstaatlichung der Wirtschaft und der neuen Westgrenze. Stattdessen hörten sie aber entweder gar nichts (wegen geringer Wahlbeteiligung) oder, in einem Fall, ein dreifaches Nein: Die alte Königsstadt Krakau hatte es gewagt, ihre antikommunistische Haltung zu demonstrieren, und bekam bald den Zorn der neuen Machthaber zu spüren. Es wurde beschlossen, direkt vor die Tore Krakaus ein riesiges Stahlkombinat und eine noch größere gleichnamige Arbeitersiedlung zu setzen: Nowa Huta. Das selbstbewusste Krakauer Bürgertum hatte seinen ersten Denkzettel bekommen.

Nach sechs Monaten fanden gefälschte Parlamentswahlen statt, bei denen die Kommunisten und Sozialisten die Mehrheit der Stimmen «erhielten». Die oppositionelle Bauernpartei (SL) unter dem Vorsitz des als Vizepremier geduldeten Stanisław Mikołajczyk bekam gerade mal zehn Prozent der Mandate. Ein Jahr später wurde sie noch stärker aus dem politischen Leben gedrängt: Im Herbst 1947 gab es in Krakau einen Prozess gegen die Untergrundorganisation «Freiheit und Unabhängigkeit» (WiN – *Wolność i Niepodległość*), bei dem mehrere Todesurteile verhängt wurden; unter den Angeklagten befanden sich auch einige SL-Mitglieder. Wenige Wochen später verließ Mikołajczyk mit Hilfe der Briten und Amerikaner das Land und kehrte nach London zurück.

Für einen Politiker wie ihn war im neuen Polen kein Platz mehr. Und genauso wenig für Menschen, die an ihn geglaubt hatten – wie Jan Karski, der durch die neueste Entwicklung der letzten Illusionen beraubt wurde.

Jan Karski: *Nachdem Mikołajczyk nach den gefälschten Wahlen aus Polen geflohen war, wurde mir klar, dass die Sache endgültig verloren war. Dass Mikołajczyk genauso verloren hatte wie das polnische Volk. Und dass es dort für mich keinen Platz gab. Ich weiß noch, wie ich viele Jahre später, als Mikołajczyk nach Washington kam, ihm Vorwürfe machte: «Sie haben mich damals vergessen. Ich hatte Ihnen, General Sikorski und der Regierung gedient, und Sie haben mich nicht zu sich gerufen.» Und er sagte darauf, richtig erbost: «Wenn Sie angefangen hätten zu quatschen, wären Sie innerhalb von zwei Wochen verhaftet worden. Es genügte, dass die Deutschen Ihnen die Rippen gebrochen hatten. Ich wollte nicht, dass es auch noch die Polen tun.»*[17]

Jan Karski gab den Gedanken an die Rückkehr nach Polen endgültig auf und versuchte stattdessen, sich in seinem neuen Leben in Amerika einzurichten. War er zu diesem Zeitpunkt wirklich nur enttäuscht und verbittert, wie später so oft behauptet wurde? Gewiss, die Erinnerung an den Krieg, dessen politische Folgen und seine eigenen, halb geglückten Missionen hatte bei ihm, wie er später zugab, tatsächlich einen bitteren Nachgeschmack hinterlassen. Außerdem stellte er sich «auf eine lange Emigration» ein, was gegen «seine Absicht und seine Natur» war. Doch auf der anderen Seite: Er hatte gerade die Tochter eines hohen Diplomaten geheiratet (mit der er sich 1947 mehrere Monate in Caracas aufhielt). Seinen ersten Nachkriegsauftrag hatte er von einem amerikanischen Ex-Präsidenten bekommen. Und noch vor Kurzem war er «der bekannteste Pole in Amerika» gewesen, was er schließlich in erster Linie seiner Energie und Disziplin verdankte. Also nur Verbitterung und Resignation?

Da er nicht nach Polen zurückkehrte, hatte er auch keinen Grund, sich wieder Jan Kozielewski zu nennen. Das neue Leben konnte er ebenso gut als Jan Karski beginnen – die Amerikaner würden sich freuen, einen Zungenbrecher weniger in ihren Registern zu haben. Dennoch musste er sich so schnell wie möglich von dem Diplomatenpass trennen, den er zuletzt benutzt hatte: Alle darin enthaltenen Angaben waren falsch, und das konnte ihn in Schwierigkeiten bringen. Kurz vor der Schließung der Botschaft wandte er sich also an Ciechanowski, und dieser sorgte dafür, dass er einen neuen, gewöhnlichen Pass bekam.

Von den alten Daten blieb nur der Name: Jan Karski. Wirklich nur, weil die Amerikaner sich mit der Aussprache des anderen schwer getan hätten? Oder auch, weil er mit all dem, was sich hinter diesen zwei kleinen Wörtern verbarg, doch zu sehr verwachsen war? Wer weiß. Vermutlich beides.

16

DER GUTE AMERIKANER

Mitte der 1940er–Mitte der 1960er Jahre

Eine schöne Nation. Mächtig. Tolerant. Großzügig. Die großzügigste von allen. Nach dem Krieg hat sie ihren Freunden, und dann auch ihrem einstigen Feind geholfen. Nimmt Hunderttausende illegaler Einwanderer auf. Verschenkt Milliarden an andere Völker. Keine Nation unter vielen, sondern eine absolute historische Ausnahme. Das schönste Geschenk, das Gott der Menschheit gegeben hat: Amerika.

So oder ähnlich hörten sich die Lobeshymnen an, die Jan Karski in den späteren Jahren auf seine Wahlheimat sang. Sein Verhältnis zu Amerika, das sei eine fünfzig Jahre währende Romanze, wiederholte er gegen Ende seines Lebens. Doch er gab zu, dass es keineswegs eine Liebe auf den ersten Blick war, und irgendwann auch, dass er damals, nach dem Krieg, durchaus an die Rückkehr nach Europa gedacht hatte.

Jan Karski: *Als ich im Auftrag von Präsident Hoover nach Europa fuhr, hatte ich ein heimliches Ziel: Kontakte zu knüpfen und mich in England niederzulassen. Ich kam aber schnell zu dem Schluss, dass ich dort immer ein Bürger zweiter Klasse wäre, schon allein wegen meines Akzents. Er hört sich nicht gerade nach Oxford an. Mein zweites Wunschland war Frankreich. Ich liebe Frankreich – das Klima, die Landschaft, das Essen. Doch ich hatte dort vor dem Krieg eine Weile gelebt und die Franzosen ziemlich gut kennengelernt. Das ist eine selbstgefällige Gesellschaft, die sich für die Crème de la Crème der ganzen Menschheit hält. Erst an dritter Stelle kam Amerika.*[1]

Hätte seine Ehe mit der geheimnisvollen Diplomatentochter gehalten, wäre er vielleicht in Caracas geblieben. Doch stattdessen war er 1948 wieder in Washington – allein, geschieden und ohne Beschäftigung.

Und im Grunde, trotz seiner vierunddreißig Jahre, auch ohne Beruf, denn an die Fortsetzung seiner Diplomatenkarriere in Amerika war ja nicht zu denken. Oder doch? Einen Versuch war es ihm auf jeden Fall wert. Er wandte sich an Charles Bohlen, den Chef der Osteuropa-Abteilung im US-Außenministerium, den er aus der Kriegszeit kannte. Er hatte sich damals seine Berichte sehr aufmerksam angehört und ihm persönlich viel Sympathie gezeigt. Vielleicht würde er ihm also jetzt, in Friedenszeiten, helfen? Im ersten Moment schien es so, doch das weitere Gespräch verlief unbefriedigend: Ja, es wäre ihm möglich, Jan anzustellen, lautete Bohlens Antwort, aber er würde ihm davon abraten, den Job anzunehmen. Er hätte nämlich nicht die geringste Chance auf eine richtige Karriere. Die Situation habe sich verändert. Polen sei jetzt ein feindliches, kommunistisches Land, und er habe dort Familie und Freunde. In dieser Situation würde er niemals Einsicht in wichtige Akten und Dokumente bekommen – und somit auch niemals in der ministerialen Hierarchie aufsteigen.

Das leuchtete Jan ein. Er war zwar aufgrund der Umstände etwas verunsichert und orientierungslos, aber nicht ohne Ehrgeiz. Als Nächstes besuchte er eine andere alte Bekannte: Helen Rogers Reid, die einflussreiche Herausgeberin der *New York Herald Tribune.* Auch sie zeigte sich hilfsbereit, und auch an ihren Vorschlag war eine Einschränkung geknüpft: Sie könne sich ohne weiteres vorstellen, Jan einen Posten bei den Vereinten Nationen zu besorgen – bei seinen Erfahrungen und Sprachkenntnissen dürfte es kein Problem sein. Sie sei auch bereit, den neuen polnischen Botschafter, Oskar Lange, anzurufen, um ihn um seine Unterstützung zu bitten: Da Jan polnischer Bürger sei, werde man die Polen ja einbeziehen müssen, was aber eine reine Formalität sei. Das Einzige also, was er zu tun hätte, wäre, dem Botschafter einen kurzen Höflichkeitsbesuch abzustatten und sich für sein Mitwirken zu bedanken. Doch Jan lehnte ab: Die Vorstellung, einen Vertreter des neuen, kommunistischen Regimes kontaktieren zu müssen (auch wenn es sich nur um einen seit Jahren in den USA lehrenden Wirtschaftswissenschaftler handelte), war ihm so zuwider, dass er lieber auf die Karriere bei der UNO verzichtete – und die polnische Botschaft erst vierzig Jahre später, nach dem Sturz des Kommunismus, wieder betrat.

Schließlich bat er seinen väterlichen Freund, den Ex-Botschafter Jan Ciechanowski, um Rat. Und dieser lautete: Wer keinen richtigen Beruf habe, solle am besten unterrichten. Und da Jan kein Diplomat und kein Soldat mehr sei, solle er Lehrer werden. Mit dieser Empfehlung schickte er ihn zu Edmund A. Walsh, Gründer und Dekan der *School of Foreign Service* (Schule für den Auswärtigen Dienst) an der jesuitischen Georgetown University. Pater Walsh war Professor für Geopolitik, doch vor allem ein passionierter Diplomat. Er war von den Jesuiten für diesen Beruf ausgebildet worden, seine beste Schule war aber die Friedenskonferenz in Versailles (1919), an der er als Mitglied der amerikanischen Delegation teilnahm. Seitdem war er der Meinung, dass die Arbeit eines Diplomaten auf genauer Planung und Vorbereitung basieren sollte, und nicht – wie er es bei der Konferenz erlebt hatte – auf Zufall und Improvisation. Er muss schon sehr bald diese Ansicht vertreten haben, denn noch im selben Jahr bekam er von seinem Orden die Erlaubnis, an der Georgetown Universitys die *School of Foreign Service* zu gründen. Seine Arbeit wurde sowohl vom Weißen Haus als auch vom Vatikan aufmerksam verfolgt, und sein Erfolg hatte sechs Jahre später zu der Entstehung des *US-Foreign Service* geführt. Walsh selbst nahm immer wieder an internationalen Verhandlungen teil – als Leiter eines Hungerhilfskomitees in Russland (1922), als Schlichter bei einem Konflikt zwischen Staat und Kirche in Mexiko (1929) oder später, nach dem Zweiten Weltkrieg, als Berater der US-Delegation bei den Nürnberger Prozessen. Er genoss das volle Vertrauen des Präsidenten Roosevelt, der ihn bei wichtigen Entscheidungen oft zu Rate zog.

Jan Karski: *Das ganze Amerika war in diesem Mann. Er war edelmütig, klug, brillant. Und er sagte zu mir: «Sie sind einer von denen, die wir hier Veteranen nennen. Der Unterschied besteht nur darin, dass unsere Veteranen Geld bekommen, wenn sie studieren wollen, und dass sie eine Heimat haben. Und Sie bekommen gar nichts, und Ihr Land haben Sie auch verloren. Uns gefällt das nicht.»*[2]

Pater Walsh war nicht nur von Jans Situation irritiert – er wusste auch gleich eine Lösung: Die Amerikaner würden für ihr Studium siebzig Dollar monatlich bekommen (was damals ohnehin recht viel war), und er werde ihm fast das Dreifache, zweihundert Dollar, zahlen. Doch unter einer Bedingung: Jan müsse ihm versprechen, innerhalb von drei Jahren ein Doktorandenstudium abzuschließen, und sein Ehrenwort geben, dass er in dieser Zeit keiner bezahlten Arbeit nachgehe und sich voll aufs Lernen konzentriere. Und so kam es auch: Karski erfüllte beide Versprechen, nur dauerte sein Studium nicht drei, sondern vier Jahre. Da die Universität seine beiden Lemberger Diplome nicht anerkennen wollte, musste er ganz von vorn anfangen und vor der Promotion noch einmal ein Magisterstudium absolvieren.

Das hohe Stipendium konnte er sehr gut gebrauchen, zumal von seinen ersparten Buchtantiemen bald nichts mehr übrig war. Anfang 1949 hatte er nämlich eine in der Nähe von Montreal liegende Farm gekauft. Allerdings nicht um dort selbst das Landleben zu genießen, sondern um auf diese Weise seinen Bruder Marian und dessen Frau aus Frankreich rauszuholen. Da Kanada den Ausländern einen Daueraufenthalt nur dann erlaubte, wenn sie dort ein eigenes Stück Land besaßen, hatte er davon Gebrauch gemacht und den beiden die Farm geschenkt. Auf diese Weise wurde Marian Kozielewski, ehemaliger Kommandant der Warschauer Polizei, zum kanadischen Farmer.

Jan hingegen konzentrierte sich weiterhin auf sein Studium, das er im Juli 1952 mit dem ersehnten Doktortitel abschließen konnte. Als er nach der Zeremonie nach Hause kam, fand er ein Telegramm von Pater Walsh vor, in dem es hieß, falls er daran interessiert sei, dem Mitarbeiterkreis der *School of Foreign Service* anzugehören, solle er ihm Bescheid geben.

Jan Karski: *Am nächsten Tag rief ich ihn an und sagte: «Vielen Dank. Mehr sage ich nicht, denn ich will nicht am Telefon weinen.» So war Amerika damals zu mir.*[3]

Im Jahre 1953 wurde er also *Assistant Professor* an der Georgetown University, ohne zu ahnen, dass es der Beginn einer langen, über vierzigjährigen Verbindung sein sollte. Dankbar war er aber trotzdem: Pater Walsh für seine spontane Hilfsbereitschaft, der Universität, die ihm ein neues Zuhause geben wollte, dem Land, das ihn aufgenommen hatte. Vielleicht auch den Amerikanern? Dafür, dass sie ein wenig so waren wie er selbst? «Ihr Ernst, ihr Bewusstsein, eine wichtige Rolle zu erfüllen, einen Dienst zu versehen», registrierte einmal Ryszard Kapuściński. «Darin gleichen die Amerikaner den Russen. In ihrer Diensteifrigkeit. In Polen ist es ein abwertender Begriff. Hier ist man jedoch stolz darauf, einer

Sache zu dienen, einer Institution, dem Staat.»[4] Jan kannte diese Haltung nur zu gut: Dem Staat zu dienen, sich mit dem, was man tut, zu identifizieren, auf seine Leistung stolz zu sein, all das hatte man ihm bereits in seiner Jugend beigebracht. So nahm er seine Arbeit an der Georgetown mit Begeisterung auf – und mit dem Ergebnis, dass er schnell zu einem der meistgeschätzten Mitarbeiter der *School of Foreign Service* avancierte. Er galt als ein ausgezeichneter Lehrer und war auch unter den Studenten sehr beliebt. Sein rhetorisches und schauspielerisches Talent kam bei ihnen ebenso gut an wie einst bei seinen Lemberger Kommilitonen. Seine Kurse waren immer ausgebucht.

Über seine Kriegsvergangenheit wollte er nicht sprechen. Auch dann nicht, als seine Studenten in der Universitätsbibliothek ein Exemplar von *Story of a Secret State* fanden und ihn mit Fragen überhäuften. Er sprach nicht über seine Missionen, auch nicht über jene wichtigste von 1942/43, die ihn schließlich nach Washington geführt hatte, und schon gar nicht über deren jüdischen Teil. Er hatte inzwischen eine feste Meinung darüber, warum die Rettung der Juden damals nicht möglich gewesen war. Sie habe einfach nicht in den Rahmen der Strategie der Alliierten gepasst, deren Hauptziele geheißen hätten: komplette Vernichtung des militärischen Potentials und bedingungslose Kapitulation der Deutschen, geringe eigene Verluste, schnelle Beendigung des Krieges. Und vor allem die Nicht-Gefährdung der britisch-amerikanisch-sowjetischen Allianz. Diese Strategie habe durch nichts gestört oder verkompliziert werden dürfen, und Hilfsmaßnahmen für die Juden wären eine solche Komplikation gewesen. Warum sollte er also über die eigenen hilflosen Rettungsversuche sprechen? Er beschloss zu schweigen, und das tat er auch dann noch, als die einst von ihm so dringend gewünschten Reaktionen einsetzten.

Jan Karski: *Einer der schlimmsten Schocks meines Lebens war, als Eisenhower sowie verschiedene Generäle, Staatsmänner, Bischöfe und Wissenschaftler nach Deutschland fuhren, um zu sehen, was dort geschehen war. Und alle, aber wirklich alle sagten, sie hätten es nicht gewusst. Das sei für sie eine Überraschung gewesen. Sie hätten nicht gedacht, dass solche Dinge möglich wären. Sie waren alle Heuchler, alle! Man erzählte mir, dass es Eisenhower, als er ein Lager betrat, für einige Augenblicke die Sprache verschlagen hätte. Das war doch Heuchelei! Er hatte genau Bescheid gewusst!*[5]

Die Reaktionen versetzten ihm einen Schock, und gleichzeitig waren auch sie Teil jener Vergangenheit, die er nicht mehr aufleben lassen wollte. Die polnische Erinnerung – an die Judenverfolgung und an den gesamten Krieg – war nie so recht im Westen Europas angekommen, doch welche Bedeutung hatte das noch? Das Leben schrieb längst ein neues Kapitel, für ihn selbst und auch für die in zwei politische Lager zerfallene Welt. Wen interessierte es dann noch, ob es damals in Polen einen Quisling geben hatte? Wie perfekt die Organisation des polnischen Untergrundstaates gewesen war? Oder wie viele von den ermordeten Juden hätten gerettet werden können? Die aktuellen Stichworte hießen Kalter Krieg und Eiserner Vorhang, und danach richteten sich die Aktivitäten aller, die an der Formung der öffentlichen Meinung beteiligt waren. Auch seine eigenen: In den nächsten Jahren hielt er an der Georgetown Seminare zu Themen wie «Regierungen und Politik der Länder Ostmitteleuropas», «Internationale Beziehungen der Ostblockländer» oder «Grundlagen des Marxismus und Leninismus. Kommunistische Theorie» und war damit sehr erfolgreich – jedenfalls so lange, bis «dieser Schurke Gorbatschow kam und mir meine Kurse ruinierte», wie er es im hohen Alter mit Humor kommentierte.

Er persönlich war ein entschiedener Gegner des Kommunismus, wofür ihm seine Studenten den von ihm mit einer Mischung aus Stolz und Belustigung getragenen Spitznamen «McCarthski» verpassten. Noch eifriger in seiner antikommunistischen Haltung war aber Pater Walsh, und wenn er nicht auch auf einen Namen getauft wurde, der seine – tatsächlich bestehende – Verbindung mit Joseph McCarthy signalisiert hätte, dann wohl nur, weil er sie nicht an die große Glocke hängte. Dabei hätte es ohne ihn die McCarthy-Ära möglicherweise gar nicht gegeben, jedenfalls nicht in dieser militanten Ausprägung. Denn es war keineswegs ein Zufall, dass die Propaganda der *Second Red Scare* (Zweiten Roten Angst) in Amerika schon seit 1947 umging, Joseph McCarthy aber erst Anfang 1950 in Erscheinung trat.

Es war am Abend des 7. Januar 1950. In dem Restaurant *Colony*, etwa eine halbe Stunde von der Washingtoner Innenstadt entfernt, trafen sich zum Abendessen vier Männer, die vor allem eines verband: das Interesse an der aktuellen politischen Lage. Es waren William A. Roberts, ein bekannter Washingtoner Anwalt, Charles H. Kraus, Professor für Politikwissenschaften an der Georgetown University, Pater Edmund A. Walsh und, als Gastgeber, der 42-jährige republikanische Senator aus Wisconsin, Joseph McCarthy. Vier Jahre zuvor war er zum jüngsten Mitglied des Senats und seitdem vor allem als Leiter einer Kommission bekannt geworden, die im sogenannten Malmedy-Prozess (gegen Waffen-SS-Soldaten, die an der Ermordung kriegsgefangener US-Soldaten beteiligt waren) für mildere Urteile plädiert hatte. Bis zu den nächsten Wahlen waren es noch über zwei Jahre, doch er suchte schon jetzt nach einem zündenden neuen Wahlspruch und hoffte, einer seiner Gäste würde die entsprechende Idee haben. Und diese hatte Pater Walsh: Der Senator solle doch die von der Sowjetunion ausgehenden Gefahren und den Kampf gegen den Kommunismus zu dem wichtigsten Thema seiner Kampagne machen. Was McCarthy bekanntlich auch tat, womit er nicht nur die Wahlen gewann, sondern auch zu einem dauerhaften negativen Ruhm gelangte.

Exakt fünfzig Jahre später, am 7. Januar 2000, saßen in demselben Restaurant Professor Jan Karski und sein Freund und Sekretär, der New Yorker Journalist Waldemar Piasecki. Sie hatten den Tag und den Ort gewählt, um sich über jenen folgenschweren Abend zu unterhalten und dabei der Frage nachzugehen: Hatte womöglich Pater Walsh den Kommunistenjäger McCarthy kreiert? War der Rat, den er dem ehrgeizigen Senator gegeben hatte, an der jahrelangen Hetzjagd schuld? Der Professor soll lange nachgedacht haben, bis er die richtige Antwort fand.

Jan Karski: *Pater Edmund Walsh war einer der verbissensten Antikommunisten, die ich kannte. Er lernte dieses System kennen, als er in den dreißiger Jahren durch Russland reiste. Und dann, nachdem er die School of Foreign Service gegründet hatte, stellte er sich vermutlich in seiner jesuitischen Weitsicht vor, dass sie auch dem Kampf gegen den Kommunismus dienen würde. Doch niemals gegen konkrete Menschen. McCarthy hingegen zog aus seinem Rat den Schluss, dass man mit Hilfe antikommunistischer Parolen beliebige Leute bekämpfen könnte. Er hatte ihn einfach zynisch benutzt.*[6]

Es war eine Ironie des Schicksals, dass Edmund Walsh die fatalen Folgen seiner Anregung nicht mehr verfolgen konnte: weder die berüchtigten Vorladungen vor das Komitee für unamerikanische Umtriebe noch McCarthys unfaire Ermittlungsmethoden noch die Prozesse gegen Alger Hiss und das Ehepaar Rosenberg. Im März 1952 erlitt er während seiner eigenen Geburtstagsfeier einen Gehirnschlag, von dem er sich nie wieder erholte. Die McCarthy-Ära überdauerte er, ohne sich ihrer bewusst zu sein, und starb am 31. Oktober 1956.

Obwohl es in seinem Fall naheliegend gewesen wäre, wurde Karski niemals von McCarthy vorgeladen. Seine polnische Herkunft, seine Kriegsvergangenheit und seine auffallend konservativen Ansichten führten aber zu seinen eigenen «kaltkriegerischen» Aktivitäten. Bereits 1945 hielt er auf Einladung des FBI Vorträge für Offiziere der Spionageabwehr über die Methoden der Untergrundbewegungen im Zweiten Weltkrieg. Sein erstes Seminar an der Georgetown galt ebenfalls der psychologischen Kriegsführung. Und offenbar war er auch in manche innenpolitische Situation involviert, indem er diskret im Hintergrund agierte. So notierte der Exildichter Jan Lechoń am 12. Oktober 1952 in seinem Tagebuch: «Eisenhower hielt heute in Denver eine Rede zum Jahrestag des Pulaski-Sieges*, in der er eine Revision der Jalta-Beschlüsse ankündigte und die Menschen in Polen zu Hoffnung und Ausdauer aufrief. Seine Rede war mit Wörtern und Sätzen gespickt, die dem Stolz und der Eitelkeit der Polen schmeicheln sollten (‹mein Freund, General Anders›). Angeblich wurde dieser Text von Karski und Zaleski, dem Sekretär von Mikołajczyk, geschrieben, und es liegt auf der Hand, dass Eisenhower das alles niemals gesagt hätte, wenn es ihm nicht um die Stimmen der Polen in Michigan und Illinois gegangen wäre.»[7]

Er konnte wohl mit seiner Rede viele Exilpolen erreichen, die sich angesichts der katastrophalen Lage in ihrer Heimat nichts sehnlicher als die versprochene Revision wünschten. Die kurze Zeit relativer Liberalität ging schon 1948 zu Ende, als die beiden Parteien PPR und PPS zu der Polnischen Vereinigten Arbeiterpartei (PZPR – *Polska Zjednoczona Partia Robotnicza*) zusammengefügt und Politiker wie Władysław Gomułka, der bisherige Generalsekretär der PPR, aus dem öffentlichen Leben verbannt wurden. Die neue Partei übernahm die volle Kontrolle über das politische Leben im Lande, und es begann die Zeit des Terrors, der Angst und völligen Hoffnungslosigkeit. Spätestens nach der Bekannt-

* **Casimir Pulaski** (Kazimierz Pułaski; 1745–1779), polnischer Adeliger und General im Amerikanischen Unabhängigkeitskrieg. Am 10. Mai 1779 besiegte er an der Spitze einer Kavallerie-Legion die Briten bei Charleston, South Carolina.

gabe der neuen Verfassung von 1952 wurde den meisten klar, dass eine Veränderung nicht so schnell zu erwarten war.

Mit den zunehmenden Repressalien wuchsen aber auch die Unzufriedenheit und die Spannung in der Gesellschaft. Der Übergang zur Planwirtschaft, die Industrialisierung des einstigen Agrarlandes, die Übersiedlung vieler Tausender von Ost nach West, die Propaganda des Kalten Krieges – all das ergab eine explosive Mischung. Wie schnell es zu einer richtigen Explosion kommen konnte, sahen die Kommunisten 1953 am Beispiel des Arbeiteraufstands in der DDR und waren umso mehr bemüht, das eigene Volk in Schach zu halten. Erst mit Stalins Tod im selben Jahr begann das politische «Tauwetter» beziehungsweise «ein Prozess, den man ‹vom Kapitalismus zum Kommunismus und zurück› nennen könnte»[8], wie der Satiriker Sławomir Mrożek es einmal ausdrückte. Doch es war ein sehr langsamer Prozess, dessen Folgen erst nach einiger Zeit sichtbar wurden – für die Menschen im Land und erst recht für die Exilpolen. Auch für Jan Karski, der sich als junger Doktorand für einen Experten in Sachen Kommunismus hielt – und als erfahrener Politikwissenschaftler über seine damalige Naivität nur den Kopf schüttelte.

Jan Karski: *Thema meiner Doktorarbeit war «Die Machtübernahme durch die Kommunisten in den Ländern Osteuropas». Ich habe sie nach Jahren noch einmal gelesen. Sie war idiotisch. Wir hatten von der Situation in Russland keine Ahnung. Damals glaubte jedes Kind, über den Kommunismus bestens Bescheid zu wissen. Dabei gab es überhaupt keine Informationen. Das sowjetische Russland war für uns eine Enigma, ein Geheimnis.*[9]

Das Wir-Gefühl stellte sich bei ihm immer mehr ein. Er fühlte sich zunehmend als Amerikaner, und sobald es möglich war, im Frühjahr 1954, nahm er auch die amerikanische Staatsbürgerschaft an. Dies war allerdings mit einigen Schwierigkeiten verbunden: Er hatte im Jahre 1943 das US-Visum unter seinem falschen Namen (Karski) beantragt und somit gegen das Gesetz verstoßen. Seine mächtigen Freunde im US-Außenministerium halfen ihm zwar, einer Strafe aus dem Weg zu gehen, doch als er anschließend wieder seinen richtigen Namen (Kozielewski) annehmen wollte, sah der zuständige Beamte darin eine neue Komplikation und riet ihm von der Änderung energisch ab.

Seine privaten Kontakte zu anderen Exilpolen waren spärlich, und wenn er welche pflegte, in Amerika oder auch in Frankreich und England, dann grundsätzlich ohne sich in irgendwelche Intrigen und Konflikte hineinziehen zu lassen. Im Rahmen seiner offiziellen Verbindungen hingegen ließ sich das nicht immer vermeiden. So in einer Situation, in die er noch im selben Jahr 1954 geraten war: Er wurde gebeten, als Dolmetscher von Józef Światło zu fungieren, einem übergelaufenen Oberst des polnischen Ministeriums für Öffentliche Sicherheit (MBP – *Ministerstwo Bezpieczeństwa Publicznego*). Er hatte dort die berüchtigte «Abteilung X» (Parteiaufklärung) geleitet und galt, aufgrund dieser Arbeit und auch seiner früheren Vergangenheit, als besonders zynisch und skrupellos. Gleichzeitig hatte er sich Ende der vierziger Jahre von den Geheimdiensten der Briten und Amerikaner, MI6 und OSS, anwerben lassen und war in deren Auftrag an der sogenannten *Operation Splinter Factor* um den amerikanischen Diplomaten Noël Field beteiligt. Als die Operation, die für einige neue Turbulenzen im Ost-West-Verhältnis gesorgt hatte, nach Stalins Tod beendet wurde, nutzte er im Dezember 1953 eine Dienstreise nach Ostberlin, um sich in den Westen abzusetzen. Mit Hilfe des US-Militärs in Westberlin kam er nach Frankfurt/Main und von dort in die Vereinigten Staaten. Am 23. Dezember war er bereits in Washington, wo er einige Monate später – mit Karski als Dolmetscher an seiner Seite – vor einem Senatsausschuss aussagte und dabei viele Details über die Machtverhältnisse in Polen preisgab.

Im September 1954 gelangte ein Fragment seiner Enthüllungen zu Karskis Freund und Ex-Kurierkollegen, Jan Nowak-Jeziorański, der seit zwei Jahren die polnische Sektion des in München ansässigen amerikanischen Senders *Radio Free Europe* leitete. Er erkannte sofort die Brisanz dieser Aussagen, bat die CIA (seinen Hauptgeldgeber) um die Erlaubnis, Światło ausführlich zu interviewen, und ließ nach deren Zustimmung einen versierten Mitarbeiter nach Washington fliegen. Die so entstandenen Gespräche waren die Grundlage einer aus weit über hundert Folgen bestehenden Sendereihe, die vom Herbst 1954 bis Ende 1955 unter dem Titel *Hinter den Kulissen von Staatssicherheit und Partei* nach Polen ausgestrahlt und zu einem der größten Erfolge des Radios wurde. Und zu einem harten Schlag für die Kommunisten, in deren Augen der Sender ohnehin von Anfang an der Staatsfeind Nr. 1 war, den es mit allen Mitteln zu bekämpfen galt.

«Der Krieg im Äther» (wie der entsprechende Teil von Nowak-Jeziorańskis Erinnerungen heißt) begann schon an dem Tag, an dem die polnische Redaktion erstmals auf Sendung ging und zu denjenigen, die das Programm von diesem 3. Mai 1952 hören konnten, eine kraftvolle, energische Männerstimme sagte: «Wir fühlen und denken genauso wie ihr. Alles, was euch bewegt und schmerzt, ist auch unser Schmerz. Der Kampf spielt sich diesmal nicht in den Wäldern, auf der Straße oder im Untergrund ab, sondern in den polnischen Seelen und in den vier Wänden der polnischen Wohnungen. An diesem Kampf wollen wir von *Radio Free Europe* teilnehmen. Wir werden laut sagen, was die geknebelte polnische Gesellschaft nicht sagen darf.»[10] Jan Nowak-Jeziorański, dem die Stimme gehörte, verstand sich vor allem als Soldat des Kalten Krieges und führte sein Team mit militärischer Strenge. Da er, nach drei Jahren Arbeit bei der BBC, Rundfunkerfahrung hatte, gut formulieren konnte, ausgezeichnet Englisch sprach und ein politischer Realist war, galt er in den Augen der Amerikaner als ideale Besetzung für diesen Posten (den er bis 1975 behielt). Und nachdem der US-Kongress das für die Propagandaarbeit bestimmte Budget schon zu Beginn des Kalten Krieges von 20 auf 133 Millionen Dollar erhöht hatte, standen ihm auch für seine Arbeit genug Mittel zur Verfügung.

Jan Karski: *In den fünfziger Jahren lachte die ganze Welt über Amerika, dass es so viel Geld ausgebe, um den Kommunismus mit Hilfe von Informationen zu bekämpfen – mit Flugblättern, Radiosendern etc. Dabei war das Radio Free Europe ein Meisterstück der CIA. Milliarden von Dollar wurden für diesen Kampf ausgegeben. Nur die Amerikaner hatten dieses Geld, und sie gaben es auch aus. Dank dessen haben wir den Kalten Krieg gewonnen – ohne einen einzigen Schuss. Architekt dieser Politik war Dwight Eisenhower, ein Berufsgeneral. Das war seine fixe Idee: Nur nicht schießen. «Kämpfen wir mit Geld», wiederholte er, «nicht mit Kugeln.» Als General wusste er, was der Krieg bedeutete, er hatte ihn mit eigenen Augen gesehen.*[11]

Auch Jan Karski hätte damals seine Universitätsstelle gegen einen Führungsposten tauschen können, der ihm eine direkte Beteiligung am Kalten Krieg ermöglicht hätte – das Verteidigungsministerium wollte ihn in seiner Abteilung für psychologische Kriegsführung haben –, doch er blieb lieber an der Georgetown. Dafür ließ er sich gern vom Außenministerium einspannen und auf eine viermonatige Vortragsreise schicken. Sie begann im September 1955 und führte ihn in mehrere Länder Asiens: nach Südkorea, Südvietnam, Thailand, Kambodscha, Ost- und Westpakistan, Indien, Ceylon, Burma, die Philippinen und in die Türkei. In Dutzenden von Vorträgen und vor Auditorien, die oft aus mehreren Tausend Menschen bestanden, sprach er über das Wesen der amerikanischen Demokratie, über Amerikas Stellung in der Welt und vor allem über den Unterschied zwischen der amerikanischen und der sowjetischen Art, Einfluss in anderen Ländern zu gewinnen. Zu wessen Gunsten der Vergleich ausfallen sollte, lag für die Zuhörer auf der Hand, doch er griff gern auf eigene Erfahrungen als amerikanischer Immigrant und als Pole zurück, dessen Heimat von der Sowjetunion mit Gewalt beherrscht wurde, um die Unterschiede noch stärker herauszuarbeiten.

Kurz nach seiner Rückkehr in die Vereinigten Staaten begann allerdings eine Zeit, in der im kommunistischen Lager langsam ein anderes politisches Klima einsetzte. Im Februar 1956 fand in Moskau der berühmte XX. Parteitag der KPdSU statt, auf dem Nikita Chruschtschow die Verbrechen Stalins enthüllte und die Periode der «Entstalinisierung» einleitete. Sein Referat, das angeblich geheim bleiben sollte, wurde sofort in fast allen Ostblockländern kolportiert – bekanntlich nicht immer mit glücklichen Folgen. In Ungarn etwa fand die «Tauwetter»-Euphorie in dem Volksaufstand vom Herbst 1956 ihr Ventil (23. Oktober – 4. November), dessen Ende Karski erneut ins Umfeld von *Radio Free Europe* brachte: Nach der blutigen Niederschlagung des Aufstands wurde das RFE beschuldigt, die Menschen in Ungarn zum bewaffneten Kampf gegen die Russen aufgerufen und deren Hoffnung auf militärische Unterstützung der Amerikaner geweckt zu haben. Daraufhin ordnete Präsident Eisenhower eine Untersuchung an, und die CIA erteilte Karski den Auftrag, die entsprechenden Sendungen der ungarischen RFE-Sektion zu analysieren und einen Bericht über ihre Rolle bei den Vorfällen in Ungarn zu schreiben. Das Dokument, das dem Weißen Haus am 20. November 1956 vorlag, widerlegte zwar die Hauptanschuldigungen gegen den Sender, wies aber auf seine Bekundungen der Sympathie mit den Aufständischen (was sonst?) und seine dezenten taktischen Ratschläge hin.

Allem Anschein nach hatten die Sendungen der polnischen RFE-Sektion, die auf Józef Światłos Enthüllungen basierten, eine viel größere

Wirkung gehabt. Die Folgen waren nämlich die Auflösung des Ministeriums für Öffentliche Sicherheit und zahlreiche weitere Entlassungen und Umbildungen innerhalb des Machtapparates. Den Rest tat die besagte Spannung in der Gesellschaft, die zunächst zu dem ebenfalls blutig niedergeschlagenen Arbeiteraufstand in Posen (Juni 1956) und schließlich zu den Ereignissen des sogenannten Polnischen Oktobers führte: Der aus dem Gefängnis entlassene Gomułka wurde rehabilitiert und zum Ersten Parteisekretär gewählt, gleich danach verkündete er das Ende der Stalin-Ära und versprach eine durchgreifende Demokratisierung von Staat und Partei. Anfangs wurde er auch von der überwiegenden Mehrheit der Polen unterstützt, zumal seine Zeit im Gefängnis viele zu der Annahme führte, dass er kein «richtiger» Kommunist sei. Man sah in ihm nur einen gemäßigten Politiker, der das Ende des stalinistischen Terrors versprach. Das neue politische Klima machte sich schnell in allen Lebensbereichen bemerkbar, und in der Kultur setzte eine neue Kreativität ein.

Was allerdings auf die Menschen im Land wie ein kräftiger Wind wirkte, sah aus der Perspektive eines in Amerika lebenden Exilpolen bestenfalls nach einer leichten, kaum spürbaren Brise aus. Vor allem wenn er sich nach diesem Land sehnte und seinen Emigrantenstatus nicht wirklich akzeptierte – wie der Dichter Jan Lechoń, einst Liebling der Warschauer Literatencafés, der 1956 in seinem Tagebuch festhielt: «Ich habe heute in Jan Ciechanowskis Buch *Vergeblicher Sieg* geblättert und es schließlich verzweifelt in eine Ecke geworfen … Wir leben weiter, ohne lange darüber nachzudenken, was mit uns passiert ist, wie wir in diesen Krieg hineingeraten und später verraten worden sind. Denn sobald dies einem bewusst wird, möchte man alles um sich vernichten, zertrümmern, kaputtschlagen – aus Rache an den anderen und an sich selbst.»[12] Am 8. Juni 1956 kam er zu dem Schluss, mit diesem Bewusstsein nicht länger leben zu wollen, und sprang aus dem zwölften Stock des New Yorker «Hudson Hotels». Sein Tod erschütterte die ganze polnische Emigrantenszene, Jan Karski eingeschlossen, der nicht ahnen konnte, dass er in den nächsten Jahren exakt auf diese Weise die beiden Menschen verlieren würde, die ihm am nächsten standen.

Der erste Akt der Tragödie begann im Sommer 1959, als sein Bruder und dessen Frau aus Kanada in die USA kamen. Sie ließen sich in Washington nieder, doch Marian Kozielewski fand sich in der neuen

Umgebung nicht zurecht. Mit über siebzig Jahren, ohne gute Englischkenntnisse und einen zivilen Beruf hatte er keine Chance auf eine halbwegs anspruchsvolle Beschäftigung. Er arbeitete als Nachtwächter in der *Corcoran Gallery*, dem ältesten Kunstmuseum Washingtons, was aus seiner Sicht aber vor allem eine Form des politischen Protestes war.

Jan Karski: *Mein Bruder hasste Amerika, das er beschuldigte, Polen verraten zu haben. Er wollte nicht einmal den Antrag auf eine Unterstützung der amerikanischen Regierung stellen. Er hätte dreihundert Dollar bekommen, wie Mikołajczyk und alle anderen ehemaligen Spitzenpolitiker aus Polen. Damals war es viel Geld. Doch mein stolzer Bruder lehnte es ab. Er wollte auch die amerikanische Rente nicht haben. «Ich will keine Almosen von diesen Verrätern», wiederholte er ständig.*[13]

Er hielt auch wenig von dem Unternehmungsgeist seines jüngeren Bruders, der sein Professorengehalt auf eine recht unkonventionelle Weise aufbesserte: Er kaufte alte Häuser in einem gutem Washingtoner Viertel auf, um sie eigenhändig zu renovieren und wieder zu verkaufen. Das handwerkliche Knowhow brachte er sich selbst bei – offenbar mit Erfolg, denn mit seinen selbstrenovierten Immobilien machte er erhebliche Gewinne. Doch im Gegensatz zu seinen Kollegen, denen Jans Geschäftssinn und Geschicklichkeit imponierten, war Marian alles andere als begeistert: In seinen Augen war es eine Beschäftigung, die eines Universitätsprofessors nicht würdig war. Dass er und seine Frau in einem dieser Häuser wohnen durften, änderte nichts an seiner Meinung. Und ebenso wenig honorierte er Jans sonstige Versuche, ihm das Leben in der Fremde erträglich zu machen: Am 8. Juli 1964 beging Marian Kozielewski Selbstmord, indem er, wie einst Jan Lechoń, aus einem Fenster sprang. Seine Frau, die ihn um 25 Jahre überlebte, hatte in ihrem Schwager bis ans Ende ihres Lebens (1989) eine große Stütze.

Kalter Krieg, Eiserner Vorhang, Teilung der Welt: Konnte man etwas dagegen unternehmen? Es gab einige, die es versuchten. Und einmal bekam auch der junge Professor Karski die Gelegenheit, sich ihnen anzuschließen: Irgendwann Mitte der fünfziger Jahre klingelte in seinem Büro an der Georgetown das Telefon und eine Männerstimme, die ihm bekannt vorkam, fragte unvermittelt, ob er Zeit für einen Drink hätte.

Es war sein alter Londoner Freund Józef Retinger, der trotz seiner verlorenen Sehkraft nichts von seiner Energie und seinem Tatendrang eingebüßt hatte. Sobald sich dazu Gelegenheit ergab, lenkte er das Gespräch auf das Verhältnis zwischen Amerika und Europa.

Jan Karski: *Er versuchte, mir weiszumachen, dass die Amerikaner überhaupt nicht verstünden, was in Europa los sei. Sie würden den alten Kontinent wie ihre Kolonie behandeln. «Dabei wird ihre Bedeutung bald abnehmen», argumentierte er, «und Europa sein Gleichgewicht wiederfinden. Es wird wieder selbstständig und bekommt seine alte Stellung in der Welt zurück. Man muss Europa nur neu organisieren, vereinen.» Und genau daran arbeite er gerade, sagte er. Churchill unterstütze ihn, der niederländische Prinz Bernhard helfe ihm finanziell. Dann fing er an, mir diese Arbeit genauer zu erläutern. Sie würden internationale Treffen organisieren, aber nicht nur von Politikern, sondern auch von hervorragenden Persönlichkeiten aus verschiedenen europäischen Ländern. Es gehe um den Austausch, um die Diskussion. Sie würden auch Kontakte zwischen namhaften Europäern und Amerikanern herstellen. Alles ohne Teilnahme der Regierungen. Vielleicht komme dabei etwas heraus. Ich hatte von alldem, was er sagte, nichts verstanden, aber ich bekam Angst, dass er mich in irgendwas hineinziehen will, und wechselte das Thema.*[14]

Ja, das wollte Józef Retinger ganz gewiss. Er sprach damals von der transatlantischen Bilderberg-Konferenz, als deren Erfinder er in die Geschichte eingehen sollte. Ihren Namen nahm sie von dem «Hotel de Bilderberg» in Oosterbeek/Niederlande, wo sie im Mai 1954 und auf Einladung von Prinz Bernhard zur Lippe-Biesterfeld erstmals stattfand. Hätte Karski den Mut gehabt, Retinger richtig zuzuhören, wäre auch er vermutlich Teil dieser Gruppe von Politikern, Industriellen, Finanziers, Militärs und Wissenschaftlern geworden, die sich seitdem regelmäßig zu einem diskreten Meinungsaustausch traf – und bis heute trifft. Retingers Engagement für den europäischen Einigungsprozess erschöpfte sich darin übrigens nicht: Er war schon zuvor Mitbegründer und, bis 1952, Generalsekretär der «Europäischen Bewegung», die am Anfang der europäischen Integration stand (eine Tatsache, die nur wenigen seiner Landsleute bekannt zu sein scheint).

Karski hingegen konzentrierte sich lieber auf seine Karriere. Er stieg in der Universitätshierarchie weiter auf: 1957 wurde er an der George-

Jan Karski in den 1950er Jahren

town zum *Associate Professor*, drei Jahre später zum *Full Professor* befördert. 1962/63 lehrte er die Geschichte der Diplomatie an der New Yorker Columbia University. Und 1966 wurde er vom US-Außenministerium erneut auf eine Vortragsreise in mehrere Länder Afrikas und Asiens geschickt. Wohin genau, geht nicht zuletzt aus einem Brief hervor, den er gegen Ende der Reise an das in London erscheinende polnische Exilblatt *Wiadomości* (Nachrichten) schrieb.

Tunis, 5. 3. 1967

Sehr geehrte Herren,
Mitte September 1966 wurde ich von dem State Department im Rahmen eines Kulturaustausches auf eine Vortragsreise nach Japan, Korea, Südvietnam, Singapur, Pakistan, Nepal, Indien, Türkei, Griechenland, Libanon, Kongo, Senegal, Mali, Kamerun, Algerien und Tunesien geschickt. Vor elf Jahren bin ich für dasselbe Amt und mit einer ähnlichen Mission nach Asien gereist.

Während der beiden Reisen habe ich Kontakt zu sehr verschiedenen Menschen gehabt und mir viele Notizen gemacht. Wenn Sie nichts dagegen hätten, würde ich gern meine Eindrücke mit den Lesern von *Wiadomości*, meiner Lieblingszeitschrift, teilen.

Mein Artikel hätte keinen literarischen, sondern einen politisch-sozialen Charakter. Er würde Fragen behandeln wie: Folgen der amerikanischen Nachkriegspolitik, Veränderungen in Asien und Afrika, die ich in den letzten elf Jahren bemerkt habe, aktuelle Probleme der jungen, wirtschaftlich unterentwickelten Länder Asiens und Afrikas.

Ich bin mir natürlich dessen bewusst, dass Sie keine Entscheidung treffen können, solange Sie den Artikel nicht haben. Ich wäre Ihnen aber für die Nachricht dankbar, ob ein derartiger Text grundsätzlich publiziert werden könnte, wie umfangreich er sein sollte und wann Sie ihn geliefert haben möchten.

(...)

Ich füge den genauen Zeitplan meiner Reise bei.

Indem ich Ihnen weiterhin viel Erfolg bei Ihrer Arbeit wünsche, verbleibe ich mit tiefer Hochachtung.

Jan Karski[15]

Er hat den Artikel niemals geschrieben. Ob die Redaktion ihn abgelehnt oder er selbst die Idee verworfen hat, ist nicht bekannt. Doch auch ohne diesen journalistischen Abstecher wurde seine Vortragsreise erneut zu einem großen Erfolg. Seine Auftritte wurden von Beobachtern einstimmig als «glänzend», «brillant» und «sehr eindrucksvoll» bezeichnet. Jemand sprach sogar von einem der wichtigsten intellektuellen Ereignisse des Jahres. Für ihn selbst war die Tour gewiss eine Bereicherung, aber auch eine gewaltige Herausforderung. Er musste mehrere Hundert Vorträge, mal auf Englisch, mal auf Französisch, halten. Sein Publikum war nicht ganz so unkritisch wie elf Jahre zuvor – im Gegenteil, er wurde immer wieder mit schwierigen Fragen, etwa zum Vietnamkrieg oder zu der Kubakrise, konfrontiert. Und die ganze Mission dauerte diesmal nicht vier Monate, sondern ein volles halbes Jahr: Es war bereits Mitte März 1967, als er endlich wieder zu Hause in Washington war. Genauer: Als sie endlich zu Hause waren. Denn er hatte diese Reise nicht allein absolviert, sondern zusammen mit seiner geliebten Frau, der Tänzerin Pola Nireńska.

17

POLA

1960er–1970er Jahre

Über sein Privatleben sprach er nicht gern, schon gar nicht über sie. Warum also ausgerechnet damals und dort, vor diesen fremden Menschen? Weil jemand etwas von der Emigration nach New York sagte? Oder weil es in einer Synagoge war und ihm auf einmal jener Abend in der Washingtoner Synagoge vor Augen stand, an dem ihre Geschichte begonnen hatte?

Es war während seines Besuches in Lodz im Jahre 1996. Jan Karski war zum ersten Mal seit dem Krieg, in Begleitung eines Fernsehteams, in seine Geburtsstadt gekommen, und jeder wollte ihn, den legendären Kurier, bei sich zu Gast haben. Auch die Vorstandsmitglieder der dortigen jüdischen Gemeinde. «Sie zählt nur noch ca. 200 Mitglieder», ließen sie ihn wissen. «Es sind meistens alte Leute, die das Ghetto, ein KZ oder das Leben im Versteck oder in Russland hinter sich haben. Wir versuchen, ihnen das Leben leichter zu machen. Die ganz Armen bekommen bei uns das Mittagessen, wir sorgen für Ärzte und Medikamente. Und die Jungen sind fast alle ausgewandert.» Sie zeigten ihm auch die einzige Synagoge, die überdauert hatte, und erzählten ihre Geschichte: Der letzte Vorkriegsbesitzer, Wolf Reicher, «ein gebildeter, weltoffener und religiöser Mann», habe sie wenige Tage vor dem Kriegsausbruch an seinen Freund, einen deutschen Geschäftsmann, verkauft. Die Nazis hätten alle anderen Synagogen vernichtet und auch diese zerstören wollen. Doch der neue Eigentümer habe protestiert: Das Gebäude würde ihm gehören, und er wolle es als Magazin nutzen. Und er habe aus der Synagoge ein Salzmagazin gemacht und sie auf diese Weise gerettet. Das Salz an den Wänden könne man bis heute sehen, obwohl das Gebäude in den Achtzigern teilweise abgebrannt und danach wiederaufgebaut worden sei. «Von Herrn Lauder»*, wie sie betonten.[1]

Und da fing er plötzlich an, von Pola zu sprechen. Seine Frau, sagte er, habe ihm einmal eine Episode erzählt, die sich kurz vor dem Krieg abgespielt haben solle:

Jan Karski: *Sie wohnte damals in Florenz. Davor hatte sie in Berlin und Wien gelebt, doch sie musste aus beiden Städten vor Hitler fliehen. In Florenz traf sie sich mit Arthur Rubinstein. Er war viel älter als sie, aber sie waren trotzdem befreundet. Er hatte sie zum Lunch eingeladen, und sie sprachen über ihre Situation. Und Rubinstein sagte: «Für Menschen wie uns gibt es im Grunde keine Grenzen. Wir sind ja beide Künstler. Nur mein Talent steckt in den Händen und deines in den Füßen. Wo sollen wir jetzt also hingehen?» Darauf Pola: «Sag du es. Du bist älter und klüger als ich.» Und er: «Für uns gibt es nur einen Ort: New York.»*[2]

Dieser Meinung war Pola Nireńska beziehungsweise Nirensztajn, wie sie in Wirklichkeit hieß, allerdings nicht. Sie war zwar schon in Amerika gewesen, doch den Mut, ganz dahinzuziehen, hatte sie nicht. Allein der Weg nach Berlin, Wien und Florenz war für sie, die Tochter eines orthodoxen Warschauer Juden, alles andere als einfach. Dass sie ihn aber gehen musste, spürte sie bereits als Kind. Als sie neun Jahre alt war, fuhr sie in ein Sommerlager für Mädchen, in dem Tanz unterrichtet wurde, seitdem gab es für sie nichts Wichtigeres. Sie hatte zwar noch andere Interessen, Gymnastik, Gesang, Zeichnen, Sticken, doch das Tanzen stand von jetzt an immer an erster Stelle. Mit fünfzehn choreographierte sie ihr erstes Werk, zu Camille Saint-Saëns' *Danse macabre*, und führte es ihrer Schwester vor. Danach ließ sie ihre Eltern wissen, sie sei fest entschlossen, daraus einen Beruf zu machen – ganz zum Entsetzen ihres streng religiösen Vaters. Ihre Mutter hingegen war praktischer veranlagt: Sie schickte Pola auf ein katholisches Gymnasium und gab ihr einen Rat, der ihr dort, aber auch im späteren Leben in mancher Situation helfen sollte: Sie müsse in der neuen Schule mit Verschiedenem rechnen, mit Bosheiten, Gemeinheiten, vielleicht auch mal mit einer Prügel. Deshalb

* Die Renovierungsarbeiten nach einem Brand, der in der Synagoge im Dezember 1988 ausgebrochen war, wurden von der Ronald-Lauder-Stiftung finanziert.

solle sie alles tun, um besser als die anderen zu sein. «Sei klüger», bläute sie ihrer Tochter ein, «hab bessere Noten, und wenn du einen Schwächeren siehst, hilf ihm. Das ist die einzige Verteidigung, die uns Juden möglich ist. Wir müssen in jeder Situation besser sein, sonst gehen wir unter.»[3]

Vom Studium im Ausland wollte allerdings auch sie nichts wissen. Pola setzte ihren Willen trotzdem durch, indem sie sich in ihrem Zimmer einschloss und dort so lange blieb, bis ihre Eltern ihr erlaubten, nach Dresden zu gehen und an der Tanzschule von Mary Wigman zu studieren. Sie musste aber die Schule selbst bezahlen, wofür sie kurzentschlossen ihre Mitgift benutzte, und den Eltern versprechen, niemals in der Öffentlichkeit zu tanzen und sich später darauf zu beschränken, selbst Tanzunterricht zu geben. So ging sie 1928 nach Dresden, wo sie nach drei Jahren die Ausbildung sowohl in Tanz als auch in Musik mit Auszeichnung abschloss. Mary Wigman war von ihrer musikalischen Begabung so angetan, dass sie ihr sogar empfahl, sich auf Musik statt auf Tanz zu konzentrieren. Pola lehnte es aber ab und wurde daraufhin Mitglied von Wigmans Compagnie, mit der sie 1932 auf eine monatelange Tournee durch die USA und Deutschland ging.

Als die Tänzer 1933 nach Dresden zurückkehrten, fanden sie eine völlig neue Situation vor: Die frisch an die Macht gekommenen Nationalsozialisten hatten eine Reihe neuer Gesetze erlassen, darunter das auf die Juden abzielende Gesetz «gegen die Überfüllung deutscher Schulen und Hochschulen». Mary Wigman gelang es zwar noch, eine Sondergenehmigung zu bekommen, die ihr im September 1933 erlaubte, fünf Prozent Schülerinnen «nicht-arischer Abstammung» aufzunehmen. Doch bald danach war sie gezwungen, alle Jüdinnen aus ihrer Compagnie zu entlassen. Dies galt auch für Pola Nireńska, wegen der Wigman, die sie als Lehrerin für einen Sommerkurs engagieren wollte, der «Judenfreundlichkeit» beschuldigt wurde.

So blieb Pola nichts anderes übrig, als Deutschland zu verlassen und eine Solokarriere anderswo zu versuchen. Ihren Durchbruch erlebte sie 1934 in Wien, wo sie am Internationalen Tanzkongress teilnahm und gleich zwei Preise gewann: den ersten Preis für die Choreographie eines Solos mit dem Titel *Cry* (Schrei) und den zweiten für die eigene Darbietung polnischer Volkstänze. Danach gelang es ihr, an vielen Orten in Europa aufzutreten und sich dabei einen Namen als Avantgarde-Tänzerin zu machen. Schließlich bekam sie ein Engagement an der Oper in

Die Tänzerin Pola Nireńska, Gewinnerin des zweiten Preises bei einem Tanzwettbewerb, 1933

Florenz, von wo sie zum zweiten Mal, diesmal vor Mussolinis Politik der Judendiskriminierung, fliehen musste. Arthur Rubinsteins Rat, nach New York zu gehen, wollte sie aber dennoch nicht befolgen.

Jan Karski: *Sie hatte die Vorstellung, in New York würde man die Indianer mit dem Lasso fangen. Sie war jung, ungebildet. Sie wollte da nicht hin. Sie konnte kein Französisch, also wollte sie auch nicht nach Paris. Rubinstein ging tatsächlich nach New York und wurde dort zum König der Pianisten. Und meine Frau ging nach England.*[4]

Dort sah Jan sie auch zum ersten Mal tanzen. Es war im Jahre 1938, als er sein Praktikum an der polnischen Botschaft in London machte. Eine Gelegenheit, sie persönlich kennenzulernen, hatte er damals offenbar nicht, doch selbst wenn sie sich ergeben hätte, wäre dies vermutlich ohne Folgen geblieben. Er war vierundzwanzig und ganz auf seine beginnende Diplomatenkarriere konzentriert – sie vier Jahre älter, verheiratet und in den Londoner Künstlerkreisen schon recht etabliert. Ihr Mann war John

Justin alias Graf John Justinian de Ledesma, ein britischer Theaterschauspieler mit argentinischen Wurzeln, der auch gelegentlich in englischen und amerikanischen Filmen mitspielte. Und sie trat als Solotänzerin auf, choreographierte Musicals, arbeitete als Model oder posierte Malern und Bildhauern wie Jacob Epstein und Willi Soukop.

Den Krieg verbrachte sie ebenfalls in England. Ihr Mann wurde RAF-Pilot, und auch sie wollte nicht untätig bleiben: Sie meldete sich bei den britischen Militärbehörden, und als sie ihren Beruf nannte, bekam sie gleich ein entsprechendes Angebot.

Jan Karski: *Sie sagten zu ihr: «Unsere Flieger sitzen oft tatenlos herum, warten auf ihre Einsätze und sind dadurch immer mehr demoralisiert. Wenn du willst, können wir dich von Stützpunkt zu Stützpunkt fahren, und du wirst für sie nachts tanzen.» Und das tat sie auch. Monatelang. Man rief sie an, und dann kam ein Auto, und sie fuhr los. Die Soldaten schoben die Tische zusammen und sie tanzte darauf polnische Volkstänze. Als der Krieg zu Ende war, sagten sie: «Wir können dir keinen Orden geben, weil du nicht mit der Waffe in der Hand gekämpft hast. Aber wenn du willst, kannst du von jetzt an zu den Untertanen Seiner Majestät gehören.» So bekam sie die britische Staatsbürgerschaft.*[5]

Eine Zukunft in England sah sie für sich trotzdem nicht. So trennte sie sich 1949 von ihrem Mann und ging doch noch nach New York, nur diesmal mit einer Einladung in der Tasche: Ted Shawn, einer der Pioniere des amerikanischen Modern Dance, hatte ihr die Teilnahme am *Jacob's Pillow Dance Festival* vorgeschlagen. Bei ihrer Ankunft hatte sie nur einen Koffer und zwanzig Dollar in der Tasche, doch sie war diesmal fest entschlossen, die amerikanische Tanzszene zu erobern. Sie nahm den Job einer Tellerwäscherin in einem italienischen Restaurant an (der ihr eine lebenslange Abneigung gegen italienisches Essen und Abwaschen bescherte) und fing an, Kontakte zu knüpfen. Mit Erfolg: Am 16. Februar 1950 gab sie am Bostoner Konservatorium ihr Solodebüt und bekam dafür von den Kritikern viel Lob. Danach arbeitete sie mit Tanzgrößen wie Doris Humphrey, Charles Weidman, José Limón und Louis Horst zusammen und machte sich nach und nach selbst einen Namen als Tänzerin und Choreographin.

Im Jahre 1951 zog sie nach Washington um. Sie hatte angefangen, auch als Tanzlehrerin zu arbeiten, und war von Evelyn de la Tour eingeladen worden, an ihrer Washingtoner Tanzschule zu unterrichten. Von jetzt an entwickelte sich ihre Karriere noch schneller: 1956 gründete sie die *Pola Nirenska Dance Company*, vier Jahre später machte sie ein eigenes Studio auf. Die Zahl ihrer Schüler stieg in kurzer Zeit auf vierhundert an, die nicht mitgerechnet, die sie an anderen Schulen, etwa an der *Washington School of Ballet* oder im *Glen Echo Dance Theatre*, unterrichtete. Sie tanzte natürlich auch selbst, wobei sich sowohl in ihrem Tanz als auch in ihren Choreographien die Einflüsse des deutschen Expressionismus der dreißiger Jahre mit Elementen des amerikanischen modernen Tanzes vermischten. Ihre Werke hätten etwas von einer massiven, dreidimensionalen Skulptur, würde später der Washingtoner Tanzkritiker George Jackson schreiben. Ob er mit der dritten Dimension die Tragik des jüdischen Schicksals meinte, die immer mehr Polas Denken beherrschte und immer öfter in ihrem Tanz Ausdruck fand?

Diesen Ausdruck wird auch Jan schnell gespürt haben, als er eines Abends – es war Mitte der fünfziger Jahre – ihre Performance in einer Washingtoner Synagoge besuchte. Er hatte das Plakat der Veranstaltung gesehen und in Pola die Tänzerin erkannt, die er vor dem Krieg in London gesehen hatte. Nur war er diesmal von ihrer Darbietung so angetan, dass er danach ihre Adresse herausfand und ihr einen Brief schrieb. Da er keine Antwort bekam, rief er sie einige Wochen später an. Sie gab sich zwar recht unnahbar und quittierte seine Einladung zum Abendessen mit der kühlen Bemerkung, fürs erste Mal wäre wohl ein Lunch angemessener, willigte aber schließlich in ein Rendezvous ein. In den nächsten Jahren sahen sie sich immer öfter und regelmäßiger, bis sie schließlich beschlossen zu heiraten. Die Zeremonie fand am 25. Juni 1965 in einer katholischen Kirche statt, nachdem Pola, auf Jans wiederholtes Drängen hin, zum Katholizismus übergetreten war.

Vor der Konvertierung musste sie von einem Geistlichen in katholischen Dogmen unterrichtet werden. Ihr Lehrer war Monsignore Clarence C. Lewis, der zu der letzten Unterweisung auch Jan eingeladen hatte. So konnte dieser selbst sehen, wie seine künftige Frau mit sich rang, um seinen Glauben anzunehmen. Sie habe mehrmals gesagt, erzählte er später gerührt, dass sie vieles nicht verstehe, aber trotzdem versuchen wolle, an all das zu glauben. Und auf die Frage von Pater Lewis, was ihr an der katholischen Religion denn am besten gefalle, sofort geantwortet: Es sei die Tatsache, dass Gott eine Jüdin zur Mutter Christi gemacht habe. Er

Ein Hochzeitsbild von Jan Karski und Pola Nireńska

hätte ja unter allen Frauen der Welt wählen können, doch er habe sich für eine Jüdin entschieden. Das gefalle ihr am Katholizismus am besten.

Eigene Kinder hatten sie nicht – als sie heirateten, waren sie beide über fünfzig –, doch sie waren dennoch ständig von jungen Menschen umgeben: Pola von ihren Tanzschülern, Jan von seinen Studenten, die ihn weiterhin sehr schätzten und zu denen einige damals schon erkennbare Mitglieder der späteren politischen Elite gehörten. Ein gewisser Bill Clinton etwa, der 1968 an der Georgetown seinen Abschluss in Wirtschaftswissenschaften machte und schon während der beiden letzten Studienjahre für einen demokratischen Abgeordneten in Arkansas arbeitete.

Jan Karski: *Er behauptet immer, er hätte bei mir studiert. Ich kann mich nicht an ihn erinnern.*[6]

Es waren nicht zuletzt solche scherzhaften Bemerkungen, die ihn unter seinen Studenten und Kollegen so beliebt machten. Gleichzeitig galt er längst als eine Autorität auf dem Gebiet der Sowjetologie und wurde oft zu verschiedenen Fachveranstaltungen eingeladen. Im Jahre 1968 etwa nahm er an einer ganztägigen Konferenz über die Politik der Sowjetunion teil, die in Washington von der CIA organisiert wurde. Einer der Redner war Sidney Ploss, ein bekannter Sowjetologe, der damals in Princeton lehrte. Er war zu der Konferenz in Begleitung seiner Frau Kaya gekommen, einer lebenslustigen, energischen Polin, die er zwei Jahre zuvor geheiratet hatte.

Kaya Ploss: *Während des Empfangs nach der Konferenz kam auf meinen Mann ein großer, schlanker, sehr distinguierter Herr zu. Er gratulierte ihm zu seinem Vortrag. Auf einmal drehte sich Sidney zu mir um und sagte: «Herr Professor, ich möchte Ihnen meine Frau vorstellen. Sie kommt aus Polen, wie Sie.» Nachdem wir nach Washington gezogen waren, trafen wir die Karskis manchmal zum Abendessen. Die Herren diskutierten lebhaft über politische Themen, wobei sie in den internationalen Fragen übereinstimmten und über die Innenpolitik stritten. Mein Mann war Demokrat, Karski – Anhänger der Republikaner.*[7]

Politische Differenzen gab es übrigens auch zwischen Jan und Pola, was schon zu Beginn ihrer Bekanntschaft, bei der Präsidentenwahl 1956, offensichtlich wurde: Er stimmte für den Republikaner Dwight Eisenhower, während sie den Demokraten Adlai Stevenson unterstützte. Sonst aber führten sie eine harmonische Ehe. Nach einigen Jahren bezogen sie ein geräumiges Haus, das im Washingtoner Vorort Bethesda lag. Für sie und ihre Tänzer wurde im Keller ein Studio mit beheiztem Fußboden eingerichtet. Beides, das Haus und das Studio, wurde von Pola entworfen, und auch die unzähligen Bücher und die modernen Bilder, die überall an den Wänden hingen, waren weitgehend ihre Anschaffungen. Sie richtete ihr gemeinsames Zuhause mit der gleichen Energie und Phantasie ein, mit der sie ihre Tanzabende vorbereitete. Denn auch da kümmerte sie sich um alles, engagierte Musiker und Komponisten, sorgte dafür, dass ein Tanzkritiker im Publikum saß – und sei es, dass sie spontan einen Freund mit dieser Rolle betraute. Im Vergleich zu ihr wirkte Jan, der «ohne einen Plan» nicht leben konnte, manchmal ein wenig zugeknöpft.

Kaya Ploss: *Sie war warmherzig, impulsiv und offen. Er ziemlich steif, immer sehr korrekt, ein Gentleman durch und durch. Selbst wenn er lachte, dann irgendwie reserviert, nie laut, aus vollem Hals.*[8]

Kaya und Sidney Ploss zogen nach Washington um, nachdem ihm das Außenministerium eine Beraterfunktion angeboten hatte. Sie ließen sich auch in Bethesda nieder und wurden so zu den Nachbarn der Karskis. Die beiden Frauen mochten sich, es verband sie aber keine enge Freundschaft. Pola umgab sich hauptsächlich mit Tänzern – für Kaya war es eine fremde Welt. Trotzdem hatten sie genug Gesprächsthemen, wenn sie sich manchmal allein trafen. Ihre Ehen zum Beispiel, die sich wie Spiegelbilder ähnelten: Karski war ein tief gläubiger Katholik, Pola eine Jüdin – Ploss ein Jude, Kaya eine überzeugte Katholikin. Den religiösen Druck, den Jan auf seine Frau vor der Eheschließung ausgeübt hatte, konnte sie trotzdem nicht verstehen: Ihr Mann, ein New Yorker Jude, sei laizistisch erzogen worden und habe ihre Religiosität etwas befremdend gefunden, dennoch sei ihr nie in den Sinn gekommen, ihn zu bekehren, erzählte sie später. Daher habe sie viel Verständnis für Pola gehabt, die Jan die erzwungene Konvertierung sehr übelgenommen habe. Doch ihm sei es leider sehr wichtig gewesen, eine Katholikin zu heiraten. Er habe manchmal sehr stur sein können.

Das konnte Pola allerdings auch. Selbst ihren amerikanischen Freunden gegenüber war sie oft launenhaft, scheute vor einer vernichtenden Kritik nicht zurück, liebte es, mit unpopulären Meinungen zu provozieren. Noch schwieriger war sie aber im Umgang mit Polen. Ihre Abneigung gegen sie ging so weit, dass sie sich selbst zu Hause weigerte, Polnisch zu reden. So blieb Jan nichts anderes übrig, als sich mit ihr auf Englisch zu verständigen, das beide mit starkem Akzent sprachen. Zu seinen polnischen Gästen konnte sie sehr abweisend sein oder sich während ihres Besuches gar nicht blicken lassen. Nur in Ausnahmefällen, etwa bei den Treffen mit Dr. Słowikowski, dem Arzt, der Karski in Nowy Sącz das Leben gerettet hatte, ließ sie ihren ganzen Charme spielen. Sonst hielt sie alle Polen für notorische Antisemiten, und nichts war imstande, ihre Meinung zu beeinflussen. Sie konnte ihre eigenen Erfahrungen im Vorkriegspolen nicht vergessen, etwa ihre Rückkehr vom Internationalen Tanzkongress in Wien. Als sie ihren preisgekrönten Soloauftritt in Warschau wiederholte, schrieb die dortige Presse, ihr «Gehopse» sei lächerlich und skandalös gewesen. Und vor allem den Krieg, in dem über siebzig Mitglieder ihrer Familie ermordet wurden. Nur ihren Eltern und ihrem Bruder war 1939 die Flucht nach Palästina gelungen.

Jan Karski: *Sie hasste Hitler und die Deutschen, aber sie hasste auch die Polen. Die meisten aus ihrer Familie sind umgekommen, niemand hat ihnen geholfen. Sie beschloss, nie wieder nach Polen zu fahren, und sie hielt sich daran.*[9]

Sie hatte erst nach Jahren erfahren, dass ihre Schwester aus dem Ghetto fliehen konnte und dennoch ums Leben kam, weil alle Bekannten auf der «arischen» Seite sie im Stich gelassen hatten. Auch die Nachrichten vom Tod ihrer sonstigen Verwandten erreichten sie mit Verspätung. Mit ihrem Schmerz musste sie allein fertig werden – mit Jan hatte sie vereinbart, niemals über den Krieg zu sprechen. Trotzdem arbeitete sie ununterbrochen weiter, leitete ihr Tanzstudio und gab sogar kurze Workshops, während sie ihren Mann auf seiner sechsmonatigen Vortragsreise begleitete. Im Jahre 1969 unterbrach sie aber plötzlich ihre Karriere, entließ ihre Schüler, zog sich ins Private zurück. Offiziell hieß es, sie brauche eine Pause, wolle Neues ausprobieren, ihre Kreativität in anderen Formen ausleben. Sie fing auch an zu fotografieren und bekam für ihre Porträts einiges an Anerkennung. Doch der wahre Grund für diesen plötzlichen Rückzug war eine Depression, unter der sie zunehmend litt und die sie dazu zwang, viel Zeit im Krankenhaus oder unter ärztlicher Aufsicht zu Hause zu verbringen.

Ab und zu unternahm sie mit Jan eine Auslandsreise. Als er aber im Jahre 1974 ein Fullbright Stipendium bekam, das ihm einen sechsmonatigen Forschungsaufenthalt in Polen ermöglichte, weigerte sie sich, ihn zu begleiten. So fuhr er allein hin, um weiteres Material für ein Buch zu sammeln, an dem er bereits seit 1970 arbeitete: die Geschichte der Beziehungen zwischen den Großmächten und Polen von 1919 bis zum Ende des Zweiten Weltkriegs. Er hatte schon viele amerikanische, englische, deutsche und französische Dokumente gesichtet, nun fuhr er zum ersten Mal seit dem Krieg nach Warschau, um in den dortigen Archiven zu recherchieren.

Gleich nach seiner Ankunft in Warschau hatte er ein Gespräch mit dem amerikanischen Botschafter Richard T. Davis. Der Diplomat bat ihn zu sich, um ihn wissen zu lassen, er sei über ihn bestens informiert und habe auch ein positives Gutachten für die Fullbright-Kommission geschrieben, aber politischer Repräsentant der Amerikaner in diesem Land sei ausschließlich er selbst. Karski sei zu wissenschaftlichen

Zwecken gekommen, und daran solle er sich während seines Aufenthalts in Polen auch halten und in nichts einmischen. Das brauchte er dem Professor nicht zweimal zu sagen: Zum einen wollte er tatsächlich ein strikt wissenschaftliches Buch schreiben, zum anderen galt sein Interesse nicht der aktuellen politischen Situation in Polen, sondern der Vergangenheit.

Jan Karski: *Im Grunde begann ich dieses Buch aus emotionalen Gründen zu schreiben. Während des Krieges hatten ich und Tausende anderer Menschen alles getan, was das Vaterland von uns verlangte. Dann ging der Krieg zu Ende, und dieses Ende wurde für uns zu einer fürchterlichen Niederlage. Polen war ein treuer Verbündeter gewesen, der an allen Fronten gekämpft hatte, und trotzdem standen wir nach dem Krieg als Verlierer da. Dieser Gedanke regte mich furchtbar auf. Ich wollte unbedingt wissen, was da passiert war, wie die Denkweise all dieser Churchills, Roosevelts und Stalins gewesen war, wie es zu dieser Niederlage kommen konnte.*[10]

Von den Dokumenten, die Karski während der Monate in Warschau einsehen durfte, interessierten ihn vor allem die, die seinen Ex-Vorgesetzten, den Außenminister Józef Beck, und dessen Botschafter in Berlin, Józef Lipski, betrafen. Dass die Mappen, die ihm von den Archivmitarbeitern ausgehändigt wurden, oft halbleer waren, nahm er genauso kommentarlos hin wie alles andere, was um ihn herum geschah. Er hielt sich an das dem US-Botschafter gegebene Versprechen.

Allerdings konnte niemand von ihm, einem Politologen, ernsthaft erwarten, dass er die Situation in Polen nicht wenigstens beobachten würde. Das tat er natürlich mit größtem Interesse, auch wenn sie zu dem Zeitpunkt etwas entspannter als in den Jahren davor war – in der Zeit der Proteste der Intellektuellen und Studenten (1968/69) und der gewaltsam beendeten Arbeiterstreiks an der Ostseeküste (1970), die zur Absetzung von Władysław Gomułka geführt hatten. Obwohl dessen Nachfolger, Edward Gierek, ein ebenso hartgesottener Dogmatiker war, genoss er von Anfang an ein gewisses Vertrauen der Bevölkerung. Die ersten Pluspunkte konnte er gleich nach seiner Ernennung zum Ersten Parteisekretär sammeln, als er zu den streikenden Arbeitern fuhr und die Berufung einer Untersuchungskommission versprach. Den Rest tat die populistische Frage «Wollt ihr helfen?», mit der er seitdem immer seine

Ankündigungen neuer Reformen abschloss und die bald zum Synonym seiner Regierungszeit wurde.

Es gab natürlich auch damals genug Unzufriedene. Gerade 1974, während Karskis Aufenthalt in Warschau, war ein offener Brief im Umlauf, in dem fünfzehn Intellektuelle das Recht der in der Sowjetunion lebenden Polen auf eigene Schulen und auf Zugang zur polnischen Nationalkultur anmahnten. Sie forderten die Regierung unter anderem dazu auf, die eine Million Russland-Polen mit Literatur und Presse zu versorgen. Ihre Aktion, mit der sie sich den Zorn der Behörden und eine nicht enden wollende Verleumdungskampagne der Medien einhandelten, war nur einer der Vorboten der sich formierenden politischen Opposition. Doch auch in diesem Fall behielt Professor Karski seine Meinung für sich. Er machte weiterhin sowohl seine Recherchen als auch seine diskreten Beobachtungen.

Jan Karski: *Ich hatte eine Aufgabe halb privater Natur: Ich sollte feststellen, wie die polnische Gesellschaft wirklich lebte. Von Repressionen und Verhaftungen wussten wir, aber ich sollte mich am eigenen Leib überzeugen, ob Armut herrschte, ob die Menschen die Grundnahrungsmittel, Kartoffeln, Fleisch etc., kaufen konnten, wie der Lebensstandard war. Ich hatte ein kleines Zimmer bei einer pensionierten Krankenschwester gemietet. Meine Einkäufe machte ich selbst. Zum Frühstück ging ich oft in ein kleines Café. Ich wusste, was wie viel kostete. Ich benutzte nie ein Taxi, sondern fuhr immer mit der Straßenbahn. Ich wollte mich wirklich überzeugen, wie der Alltag der Menschen war. Nach meiner Rückkehr erzählte ich meinen Freunden und Kollegen: «Wir haben übertrieben. Das Leben in Polen ist gar nicht so schlimm.» Ich wusste damals nicht, dass Gierek Kredite im Westen aufnahm, um Konsumgüter auf den Markt zu werfen.*[11]

Das wusste die polnische Gesellschaft anfangs auch nicht. Dem Parteichef Gierek gelang es, ihren Lebensstandard für einige Jahre zu erhöhen, und das war das Einzige, was zählte. Wie hoch die westlichen Kredite oder wie riskant seine Pläne waren, auf einen schnellen Ausbau der Schwerindustrie zu setzten, um mit deren Erzeugnissen die Schulden zu bezahlen, war nur wenigen bekannt. Erst als es auffällig wurde, dass der steigende Konsum, die Lohnerhöhungen und das Einfrieren der Nahrungsmittelpreise mit wachsender Verschuldung des Landes einhergingen, begannen immer mehr Menschen zu ahnen, dass diese Scheinblüte früher oder später zu einem wirtschaftlichen Kollaps führen würde. Und tatsächlich sah sich Giereks Regierungsmannschaft irgendwann zu demselben Schritt gezwungen, der schon zu Gomułkas Sturz geführt hatte: zu einer drastischen Erhöhung der Lebensmittelpreise, die sofort eine neue Streikwelle und in Folge die Entstehung der *Solidarność*-Bewegung (1980) nach sich zog.

Die Gegenwart, die Karski in Warschau erlebte, war also durchaus spannend. Doch auch die eigene Vergangenheit holte ihn schnell ein: Schon wenige Stunden nach seiner Ankunft in Warschau klingelte in seiner angemieteten Wohnung das Telefon und eine Männerstimme fragte, was er sich dabei denke, sich nicht sofort bei alten Freunden zu melden. Der Anrufer entpuppte sich als Józef Cyrankiewicz, sein einstiges Krakauer Idol, jetzt ehemaliger Ministerpräsident der Volksrepublik Polen: Er hatte dieses Amt, mit kurzen Unterbrechungen, siebzehn Jahre (1953–1970) ausgeübt. Er lud Jan zum Abendessen ein und, nachdem sie ihre Kriegserinnerungen ausgetauscht hatten, erzählte er ihm einiges über seine politische Karriere. Etwa darüber, wie Stalin 1948 angeordnet habe, die polnischen Sozialisten und Kommunisten zu einer Partei zu vereinen, und wie er mit dieser Aufgabe betraut worden sei. Stalin habe zu ihm volles Vertrauen gehabt, und er habe die ihm zugewiesene Rolle sofort angenommen.

Jan Karski: *Er sagte, für ein Spiel habe es gar keinen Platz gegeben. Nur Idioten hätten «gespielt». Das NKWD habe alles gewusst und sofort jeden liquidiert, der unbequem war. «Ich habe treu meine Pflichten erfüllt», erzählte er, «wenn man normal leben und gleichzeitig aktiv sein wollte, hatte man gar keine andere Wahl. Einige konnten sich ins Private zurückziehen, aber wenn man Cyrankiewicz oder Pużak hieß, kam sofort das NKWD und sagte: ‹Warum schalten Sie sich nicht ein? Wieso sind Sie so zurückhaltend? Vielleicht haben Sie etwas gegen den Genossen Stalin?›» Eine falsche Antwort konnte fünfzehn Jahre Gulag oder noch Schlimmeres bedeuten. So war damals das Schicksal Polens.*[12]

War Jan erleichtert, als er nach sechs Monaten Polen verließ und in die Normalität seines amerikanischen Lebens zurückkehrte? Vermutlich ja, zumindest was die Rückkehr zu den dortigen politischen Verhältnissen und dem dortigen Wohlstand betraf. Galt das auch für sein Privatleben? Es schien so. Er und Pola führten weiterhin ihr ruhiges, geregeltes, materiell abgesichertes Leben, mal zu Hause in Washington, mal auf Reisen.

Oder war da etwas anders? Dauerten diese Reisen nicht manchmal einen Tick zu lange? Machte Jan nicht manchmal einen seltsam abwesenden Eindruck? Und wieso ging Pola nicht immer ans Telefon, wenn sie allein zu Hause war? Wie damals, im Sommer 1977, als Kaya Ploss anrief, um sie zum Mittagessen einzuladen. Sie mochte sowohl Pola als auch Jan, wenn auch jeden auf andere Art. Später, nach ihrer Scheidung von Sidney, sollte sie nur zwei Häuser von ihnen entfernt wohnen und Jan oft mit ihrem Wagen in die Stadt mitnehmen. Polas Fahrstil führte garantiert zu einem Unfall, und er hatte keinen Führerschein und freute sich wie ein Kind, wenn er in ihrem Cabrio Mustang mitfahren durfte. Doch diese Zeit sollte erst kommen – jetzt, an diesem Sommertag 1977, hatte sie einfach die spontane Idee, Pola zum Essen einzuladen.

Kaya Ploss: *Ich rief sie mindestens zehnmal an. Vergeblich, niemand ging ans Telefon. Als am Nachmittag der Apparat der Karskis immer noch schwieg, setzte ich mich ins Auto und fuhr zu ihrem Haus. Sie wohnten ganz in der Nähe. Ich stand einige Minuten vor der Tür, klingelte und rief Polas Namen. Doch in dem Haus herrschte Stille. Als ich wieder in meinen Wagen steigen wollte, sah ich Jan Karski, der von der Bushaltestelle kam. Er ging gebückt und langsam, mit Mühe. Dünn und, wie es mir von Weitem schien, irgendwie völlig ausgezehrt. Ich lief auf ihn zu.*

«Gut, dass Sie da sind. Ich rufe bei Ihnen schon den ganzen Tag an. Ich wollte Pola zum Mittagessen einladen.»

«Pola wurde in der Nacht von einem Rettungswagen abgeholt. Sie ist im Krankenhaus. Ich komme gerade von dort. Sie hat zu viel von dem Medikament gegen Arthritis genommen.»

«Aber jetzt ist alles wieder in Ordnung?»

«Ja, sie haben ihr den Magen ausgepumpt. Aber sie ist noch sehr schwach.»

«Vielleicht kommen Sie mit zu uns, und ich mache Ihnen etwas zu essen?»

«Danke, liebe Kaya, danke. Ich möchte jetzt nach Hause. Es kann sein, dass Pola anruft …»

Ich sah zu, wie er sein Haus betrat. «Pola hat zu viel von dem Medikament genommen.» Das war schon das dritte Mal … Ich weiß nicht, wer mir mehr leid tat, Pola oder Jan Karski.[13]

Erst 1979, nach einer zehnjährigen Pause, kehrte Pola Nireńska zum Tanz zurück. Sie fing wieder an zu unterrichten, musste aber dabei feststellen, dass die Zeiten sich geändert hatten. Sie stand auch als Lehrerin unter dem Einfluss von Mary Wigman, verlangte ihren früheren Schülern eine ähnliche Vielseitigkeit ab, war der Meinung, dass sie imstande sein sollten, eine Partitur zu lesen und mindestens ein Instrument zu spielen, ermahnte sie, ihre Inspiration aus allem, was um sie geschehe, zu schöpfen. Die jungen Tänzer der frühen Achtziger verstanden sich aber schnell als unabhängige Künstler und ließen sich nicht mehr so leicht disziplinieren und beeinflussen.

So konzentrierte sie sich stattdessen aufs Choreographieren, indem sie einige ältere Stücke überarbeitete und etliche neue Solopartien schuf. Sie hatte damit auch sofort wieder Erfolg: 1980 bekam sie den *Metropolitan Dance Award*; 1982 fand am Washingtoner *Marvin Theatre* ein ihr gewidmeter Abend statt. Sie genoss ihr Comeback, zu dem ihr, wie sie an jenem Abend einem Reporter der *Washington Post* anvertraute, ihre innere Stimme geraten habe. «Ich machte in meinem Leben auch noch andere Dinge, und ich machte sie alle gut», sagte sie unter anderem. «Doch das Einzige, was mich wirklich befriedigte, war das Tanzen.»[14]

Auch Jan hatte in den späten Siebzigern alle Hände voll zu tun. Er setzte seine Arbeit an der Universität fort und schrieb weiter an seinem Buch. Außerdem hatte er im Herbst 1974 begonnen, im Pentagon zu unterrichten. Die Kurse, die er für die dortigen Offiziere gab – ein Lehrauftrag, den er die nächsten neunzehn Jahre behielt –, hatten, ähnlich wie die an der Georgetown, die Politik und die Regierungen der Länder Ostmitteleuropas zum Thema. Seinerseits profitierte er von dieser Arbeit nicht nur in finanzieller Hinsicht.

Jan Karski: *Ich hatte Zugang zu sehr vielen Informationen über diese Länder. Ich wusste auswendig die Lebensläufe aller kommunistischen Anführer – wer sich hat scheiden lassen, wer mit seiner Frau zusammenlebt, wem man Geld geben kann und überhaupt, wer was im Schilde führt. Ich war bestens informiert.*[15]

Die Ergebnisse dieser Arbeit flossen auch in seine Vorlesungen ein. Er war längst zu einer der Säulen der *School of Foreign Service* geworden, und die Studenten, die wie eh und je in seinen Hörsaal strömten, schienen die Meinung ihres Rektors Peter Crow zu teilen, der Karski als einen «Virtuosen der Didaktik» bezeichnete. Manchmal bekam auch ein Gaststudent aus Polen die Gelegenheit, eine Kostprobe seiner rhetorischen Kunst zu hören. Etwa der Krakauer Mediziner Aleksander Skotnicki, der damals ein Jahr als Fullbright-Stipendiat an der Washington University verbrachte. Als er einmal hörte, an der Georgetown würde ein Pole die Geschichte der Diplomatie unterrichten, war er anfangs wenig interessiert. Doch nach einigen Monaten bekam er Sehnsucht nach seiner Muttersprache und ging doch zu einer Vorlesung des unbekannten Landsmanns.

Aleksander Skotnicki: *Der Saal war voll, die Studenten saßen sogar auf den Treppen der Seitengänge, manche standen an den Wänden. Ich sah einen hochgewachsenen, gutaussehenden Mann, der mit großer Suada, jedes Wort präzise artikulierend, Dinge sagte wie: «Vergesst nicht, die Welt ist voller Ungerechtigkeit. Es gibt viel Böses, dem ihr euch mutig widersetzen solltet. Um Gerechtigkeit, Freiheit, Menschenwürde und bessere Lebensqualität muss man kämpfen.» Oder: «Die Grundlage der internationalen Beziehungen ist nicht der Dekalog. Die Nationen haben kein Gewissen, sie richten sich ausschließlich nach eigenen Interessen. Erwartet also nicht zu viel von anderen Völkern.» Ich begriff damals, dass der Autor dieser Worte, Professor Karski, ein pragmatischer, nüchterner Mensch war, der die Mechanismen der internationalen Diplomatie sehr gut kennengelernt hatte.*[16]

Für sein Buch, in dem er dieser Vertrautheit besonders deutlich Ausdruck gab, hatte Jan Karski fünfzehn Jahre gebraucht. Es erschien 1985 unter dem Titel *The Great Powers and Poland, 1919–1945: From Versailles to Yalta* und wurde in den Fachkreisen mit größtem Respekt aufgenommen. Er selbst hielt es ebenfalls für sein wichtigstes Werk, aber auch für ein sehr trauriges und bitteres Buch: Er habe während der Arbeit daran viele Dinge erfahren, von denen er in seinen jungen Jahren keine Ahnung gehabt habe.

18

DER NEUE RUHM

1977–1990

«Ich habe versucht, den Holocaust zu stoppen, doch leider ist mir dies nicht gelungen»: Wie reagiert man, wenn man von einem eleganten, freundlich lächelnden Fremden, in der ungezwungenen Atmosphäre eines amerikanischen Empfangs, plötzlich einen solchen Satz hört? Rät man ihm, auf weitere Drinks zu verzichten? Wechselt man schnell das Thema?

Der Mann, der die passende Reaktion parat haben musste, war Aleksander Klugman, ein polnisch-jüdischer Journalist, der damals, im Herbst 1973, bereits seit sechzehn Jahren in Tel Aviv lebte. Er und seine Frau hatten gerade ihren Urlaub in den USA beenden wollen, als im Nahen Osten der Jom-Kippur-Krieg ausgebrochen war. Der Flug nach Israel war gestrichen, die gute Laune dahin, der Urlaub zu einem längeren Zwangsaufenthalt geworden. Um sie auf andere Gedanken zu bringen, gab der mit ihnen verwandte, in Washington lebende Maler Yankele Ginzburg eine Party. Und da sie aus Lodz stammten, lud er neben einigen Kunstsammlern und Diplomaten auch Jan Karski ein. Der Professor freute sich über die Begegnung, lockte das Paar bald in eine ruhigere Ecke und befragte es zu seinen Erinnerungen an Lodz und an den Krieg. Als er hörte, dass die Klugmans im Lodzer Ghetto gewesen waren, wurde er ganz ernst und wollte Einzelheiten wissen. Und dann erzählte er ihnen seine Erlebnisse im Warschauer Ghetto und schließlich, in Kurzfassung, die Geschichte seiner gesamten «jüdischen Mission», die er mit dem anfangs zitierten Satz beendete.[1]

Aleksander Klugman zeigte sich von Karskis Bericht tief bewegt, seine eigentliche Reaktion waren aber zwei Briefe, die er nach seiner Rückkehr nach Israel, im Dezember 1973, schrieb: In dem einen wandte er sich an die Gedenkstätte Yad Vashem, indem er seine Begegnung mit dem Ex-Kurier schilderte und sein Erstaunen zum Ausdruck brachte, dass er nicht längst mit der Medaille «Gerechter unter den Völkern» ausgezeichnet worden war. Möglicherweise, merkte er an, sei dies Karskis Bescheidenheit zuzuschreiben, die zur Folge habe, dass selbst Menschen, mit denen er in seinem Alltag zu tun habe – hier berief er sich auf den bei dem Empfang auch anwesenden Rektor der Georgetown –, seine Vergangenheit unbekannt sei. Den anderen Brief schickte er an Karski selbst. Er informierte ihn über seine Aktion, ohne natürlich einen Erfolg zu versprechen. Zum Glück, denn die Antwort aus Yad Vashem ließ zwar nicht lange auf sich warten, klang aber nicht sehr ermutigend: Der Direktor des dortigen Archivs, Josef Kermisz, teilte ihm mit, der Fall Karski sei in Yad Vashem gut bekannt, man besitze dazu viel Material, doch leider sehe die Leitung der Gedenkstätte im Moment keine Möglichkeit, den Professor offiziell nach Israel einzuladen. Es könne aber durchaus sein, dass sich das im Laufe der Zeit ändern werde.

Aleksander Klugman: *Es stellte sich heraus, dass es innerhalb der Auswahlkommission eine ernsthafte Meinungsverschiedenheit zur Kandidatur von Professor Karski gab. Er hatte nämlich damals als Offizier der Heimatarmee agiert, und manche Mitglieder der Kommission waren der Meinung, dass seine Auszeichnung als Ausdruck der Anerkennung für den gesamten polnischen Untergrund oder gar nur für die Heimatarmee verstanden werden könnte. Das Verhältnis dieser Armee zu der jüdischen Frage war aber weit von den Normen entfernt, die bei der Vergabe des Titels «Gerechter unter den Völkern» galten. Außerdem verlangte die Auswahlprozedur, dass Aussagen der Geretteten vorlagen, was in diesem Fall völlig unmöglich war.*[2]

Es vergingen einige Jahre, die Einladung blieb aus, und vermutlich hätte Karski diese Episode ganz vergessen, wäre nicht 1977 in seinem Leben (und Haus) ein Mann aufgetaucht, der ihm nicht nur Bewunderung aussprach, sondern auch sehr energisch nahelegte, sein «öffentliches Schweigen» endlich zu beenden, und dazu auch die passende Gelegenheit bot: der französische Filmemacher Claude Lanzmann. Er schlug Karski vor, an einem von ihm vorbereiteten, mehrstündigen Film mitzuwirken, der, wie er behauptete, die Geschichte des Holo-

Jan Karski in seiner Washingtoner Wohnung

caust auf eine noch nie da gewesene Weise erzählen werde. Es solle ein reiner Dokumentarfilm werden, nur auf seinen Gesprächen basierend, und zwar mit Opfern, Tätern und Zeugen beziehungsweise mit Menschen, die versucht hätten, den Juden zu helfen. Trotz seines forschen Auftretens brauchte Lanzmann noch viele Monate, um Karski zu dem Interview zu überreden. Der Professor weigerte sich hartnäckig, doch auch er blieb standhaft. Die Tatsache, einen so wichtigen Augenzeugen gefunden zu haben, dazu einen, den er längst tot geglaubt hatte, gab ihm offenbar die nötige Energie. Denn er bombardierte Karski so lange mit Briefen, machte ihm so viele Zusicherungen und appellierte so beharrlich an seine historische Verantwortung, bis er seine Zusage hatte.

So war schließlich Claude Lanzman derjenige, vor dem Jan Karski sein erstes öffentliches Zeugnis ablegen sollte. Warum hatte er sich ausgerechnet von ihm überreden lassen? Von neugierigen Journalisten später danach gefragt, murmelte der Professor etwas von arroganten, selbstsicheren Filmemachern, die einfach kein Nein akzeptieren wollten. Seine «offizielle» Begründung fiel aber durchaus schmeichelhaft aus.

Jan Karski: *Er schien hervorragende Qualifikationen zu haben: einige Dokumentarfilme, ein großer Film über Israel, ausgezeichnete Rezensionen. Er selbst machte auch einen guten Eindruck, war vollkommen auf seinen Film fixiert. Er sagte, er arbeite schon seit einigen Jahren an dem Projekt, reise in ganz Europa herum, sei auch einige Wochen lang in Polen gewesen ... Er wusste alles über mich, aus der internationalen Presse, aus den Tagebüchern von Überlebenden, aus wissenschaftlichen Arbeiten über den Holocaust, die in Deutschland, England, Frankreich und Amerika erschienen waren. Er hatte mein Buch gelesen. Ich konnte einfach nicht nein sagen.*[3]

An Karskis Zusage waren allerdings einige Bedingungen geknüpft: Das Interview werde sich, dem Ansatz des Films entsprechend, auf seine «jüdische Mission» von 1942/43 beschränken. Er werde nur seine Erlebnisse im Warschauer Ghetto und im Lager schildern und von seinen Gesprächen in Großbritannien und in den USA erzählen. Lanzmann werde nicht versuchen, ihn in politische Diskussionen hineinziehen, und auch keine Urteile und Reflexionen von ihm erwarten. Während des Krieges, erklärte er dem Franzosen, sei er nicht mehr als eine zwischen den Fronten hin und her gereichte Grammophonplatte gewesen, und diese Rolle wolle er beibehalten – was Lanzmann nicht nur akzeptierte, sondern auch als genau die Situation bezeichnete, um die es ihm gehe.

Claude Lanzmann: *Ihn nach diversen Verwicklungen, die ich hier nicht erzählen muss, lebendig, und wie lebendig, wiederzufinden hatte mich in große Aufregung versetzt, und ich hatte alles akzeptiert, was Karski verlangte. Wie es in Amerika üblich war, wollte er bezahlt werden. Wir unterzeichneten also einen Vertrag, in dem er sich verpflichtete, in keinem Film (und keiner Fernsehsendung) aufzutreten, bevor der meine herauskam. Er durfte allerdings so viele mündliche Interviews geben, wie er wollte, und alle Artikel und Bücher schreiben, auf die er Lust hatte.*[4]

Im Oktober 1978 kam Lanzmann mit seinem fünfköpfigen Team nach Washington, und die Dreharbeiten konnten beginnen. Sie filmten zwei Tage lang, jeden Tag vier Stunden. Es war ein schwieriges Gespräch. Das Erzählen vor der Kamera empfand Karski nach eigenen Worten als sehr schmerzhaft, die Befragungsart des Franzosen als gnadenlos. Schon zu

Beginn der Aufnahme, bevor die erste Frage fiel, versagten ihm die Nerven. Er sollte an diesem ersten Tag seine Erlebnisse im Ghetto und im Lager schildern, setzte auch dazu an mit dem Satz «Jetzt gehe ich fünfunddreißig Jahre zurück ...», doch anstelle der erwarteten Erzählung folgte eine Szene, die zu der markantesten des ganzen Films werden sollte:

Karski hält inne, kämpft mit sich, versucht, die Fassung zu bewahren. Schließlich macht er eine abwehrende Geste, bringt noch die Worte «Nein, ich gehe nicht zurück ...» hervor, bricht in Tränen aus und verlässt fluchtartig den Raum. Die Kamera läuft aber weiter, wartet, filmt den leeren Platz, signalisiert, dass es hier und jetzt kein Zurück mehr gibt und dass sie keine Schwäche duldet.

An keiner anderen Stelle wurde Lanzmanns Gnadenlosigkeit deutlicher sichtbar als an dieser.

Nach zwei Tagen war die Aufnahme beendet, und das Team reiste ab. Es vergingen einige Jahre, in denen nichts passierte. Doch in der Zwischenzeit fand sich ein weiterer Mann, der von Karski ein öffentliches Zeugnis verlangte: Elie Wiesel, ein ungarischer Jude, Auschwitz-Überlebender und künftiger Friedensnobelpreisträger, der im Jahre 1980 eine internationale Konferenz der KZ-Befreier vorbereitete. Die Idee dazu war ihm nach eigenen Worten im Sommer 1979 gekommen. Er hielt sich damals, als Vorsitzender der *President's Commission on the Holocaust* und an der Spitze einer offiziellen amerikanischen Delegation, in Moskau auf und lernte bei der Gelegenheit jenen sowjetischen Oberst kennen, der Auschwitz befreit hatte. Die Begegnung machte auf Wiesel einen so starken Eindruck, dass er beschloss, ihn mit anderen KZ-Befreiern zusammenzubringen. Er nahm sich auch vor, Professor Karski dazu einzuladen, auf dessen Geschichte ihn einige Jahre früher Władysław Bartoszewski hingewiesen haben will.

Władysław Bartoszewski: *Ich kann mich an mein Gespräch mit Elie Wiesel erinnern, den ich zu Beginn der siebziger Jahre kennenlernte. Es war in Warschau, bei einem Treffen im Historischen Institut der Polnischen Akademie der Wissenschaften. Ich fragte ihn, inwieweit Karskis Mission die Haltung der Diaspora in den USA beeinflusst hätte. Er war überrascht, und ich hatte den Eindruck, dass er gar nicht wusste, wovon und von wem ich sprach. Ich erklärte ihm, es sei doch der Karski, der als polnischer Kurier Eden und Roosevelt um Hilfe für Juden angefleht habe. Er wohne in Wa-*

shington und sei Professor an der Georgetown University. Wiesel notierte sich das in seinem Heft. Nach Jahren gab er zu, dass er von der Existenz des Kuriers «Witold» gar nicht gewusst hatte.[5]

Bartoszewski selbst, mittlerweile ein renommierter Historiker, bemühte sich schon seit Ende der sechziger Jahre, Karski ins kollektive Gedächtnis der Polen zu rufen. Die erste Erwähnung gelang ihm 1969, in einem Buch, das in einem kleinen katholischen Verlag erschien. Es war ein Sammelband über Menschen, die sich während des Krieges als Judenretter hervorgetan hatten, und es wurde ihm erlaubt, Karskis Bericht über die Begegnung mit seinen jüdischen Informanten, Feiner und Kirszenbaum, einzubeziehen. Karskis Name stand zwar in Polen wegen seiner antisowjetischen Äußerungen auf dem Index, da 1968/69 aber die Zeit einer antisemitischen Hetzjagd war, lag den Kommunisten besonders viel daran, gegenüber den westlichen Medien das Gesicht zu wahren und den Vorwurf des Antisemitismus zu widerlegen. Die Veröffentlichung eines Textes, der von Juden handelte und aus der Feder eines polnischen Patrioten und Katholiken stammte, kam ihnen daher sehr gelegen.

Karski und Bartoszewski trafen sich erstmals seit dem Krieg im Jahre 1977, als der Letztere infolge der Bemühungen von Zbigniew Brzeziński (dem frisch gekürten Sicherheitsberater von Jimmy Carter) ein US-Visum erhielt und für mehrere Wochen ins Land kam. Sie hatten damals ein langes Treffen, bei dem sie – wie es eben nach über dreißig Jahren so ist – «über alles» sprachen: Karskis Arbeit an der Georgetown University und Bartoszewskis Arbeit an der Katholischen Universität Lublin, ihre Begegnung im Untergrund, die gemeinsamen Freunde, etwa die von beiden so verehrte Zofia Kossak (sie starb 1957), den Warschauer Aufstand und vieles mehr. Möglicherweise sogar über Bartoszewskis Gespräch mit Elie Wiesel, obwohl dieser später behauptete, von Karskis Existenz auf eine andere Weise erfahren zu haben.

Elie Wiesel: *Im Jahre 1980, als ich die internationale Konferenz der KZ-Befreier vorbereitete, las ich Karskis Buch «Story of a Secret State» und studierte die zugänglichen Archivdokumente über seine Mission. Ich war aber überzeugt, dass dieser Mann nicht mehr am Leben war, und äußerte beim Telefonat mit einem Bekannten mein Bedauern darüber, dass er seinen*

Bericht nicht wiederholen könne. «Wieso nicht? Du hast ja Karski bei dir in in der Nähe. Er lehrt doch in Washington», hörte ich zu meiner Verblüffung. Ich beschloss, alles zu tun, um Professor Karski wieder zum Reden zu bringen. Doch ich musste lange argumentieren, bis er einverstanden war.[6]

Die Konferenz der KZ-Befreier fand vom 26. bis zum 28. Oktober 1981 in Washington statt und einer ihrer Höhepunkte war Karskis Vortrag. Über dreißig Minuten lang referierte er über seine Mission von 1942/43 und seine Versuche, die Alliierten zum Handeln zu bewegen. Er tat es in einem ruhigen und sachlichen Ton, erst zum Schluss, als er davon sprach, wie die Öffentlichkeit nach dem Krieg auf die Judenvernichtung reagiert habe, erlaubte er sich einen Anflug von Sarkasmus – der Mord an sechs Millionen unschuldiger Menschen sei für sie «ein Geheimnis» gewesen –, und beendete seine Rede mit einem persönlichen Bekenntnis: «Dann wurde ich Jude. Wie die Angehörigen meiner hier anwesenden Frau, die alle in Ghettos, Konzentrationslagern und Gaskammern ums Leben gekommen sind, wurden alle ermordeten Juden meine Familie. Ich bin aber ein christlicher Jude. Ein praktizierender Katholik. Und obwohl ich kein Ketzer bin, glaube ich, dass die Menschheit die zweite Erbsünde begangen hat: durch erzwungenes Handeln oder Unterlassen, durch selbstauferlegte Unwissenheit oder Gefühllosigkeit, durch Egoismus, Feigheit oder aus kaltem Kalkül. Diese Sünde wird die Menschheit bis ans Ende ihrer Tage verfolgen. Sie verfolgt mich. Und ich will, dass es so bleibt.»[7]

Karskis Auftritt machte auf die Teilnehmer der Konferenz einen enormen Eindruck. Jeder wollte ihn kennenlernen, seine Hand drücken, mit ihm ein paar Worte wechseln. Unter den Menschen, die ihn umringten, waren auch zwei Israelis, die darauf bestanden, ihn bald in ihrem Land zu sehen. Der eine war Gideon Hausner, Hauptankläger im Eichmann-Prozess, der andere Yitzhak Arad, Direktor der Holocaust-Gedenkstätte Yad Vashem. Anwesend war auch der Kogressabgeordnete Stephen J. Solarz, der, von Karskis Vortrag zutiefst beeindruckt, dafür sorgte, dass er ihn am 15. Dezember 1981 vor dem Repräsentantenhaus wiederholte und dass der Text in das Protokoll der Sitzung aufgenommen wurde. Und Elie Wiesel, mit dem ihn schon nach kurzer Zeit eine herzliche Freundschaft verband, freute sich über seinen Erfolg.

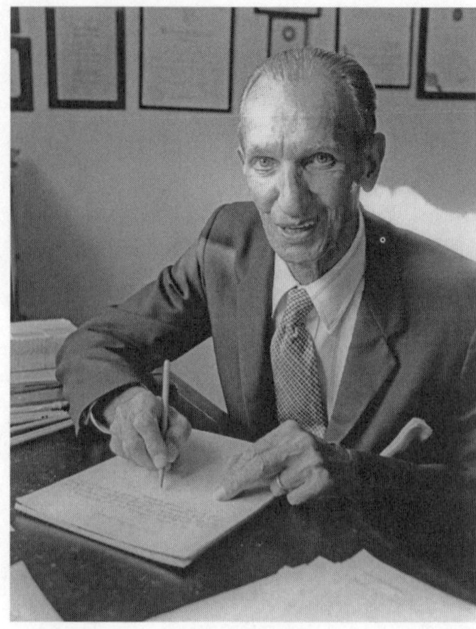

Professor Jan Karski bei der Arbeit

Elie Wiesel: *Karskis fulminanter Auftritt auf der Konferenz im Oktober 1981 wurde zu einem Meilenstein in der Verbreitung des Wissens über den Holocaust. Ich bin mir dessen bewusst, dass er auch seine Ruhe zerstört hat. Doch eine solche «Ruhe» verdiente er nach all dem, was er für die Menschheit getan hatte, weiß Gott nicht.*[8]

Karskis Vortrag wurde auch ins Polnische übersetzt und in *Zeszyty Literackie* (Historische Hefte) veröffentlicht, einem Periodikum, das im polnischen Exilverlag «Literarisches Institut» in Maisons-Laffitte bei Paris erschien. Das 1946 gegründete Haus genoss von Anfang an einen besonderen Ruf und hatte sich auch schnell den führenden Platz in der polnischen Emigrantenszene erobert. Sein Markenzeichen war die Monatsschrift *Kultura*, deren Gründer und Chefredakteur Jerzy Giedroyc war –, ein Mann, der aufgrund seiner aristokratischen Abstammung «Der Fürst» genannt wurde, dieser Titulierung aber auch durch seinen autoritären Führungsstils alle Ehre tat. Anfang der achtziger Jahre waren sowohl beide Zeitschriften als auch die «Bibliothek der *Kultura*», eine sorgfältig edierte, in einheitliches Grau gehüllte Buchreihe, längst zu einem Forum geworden, von dem sowohl namhafte Exilautoren wie Witold Gombrowicz oder Czesław Miłosz als auch Schriftsteller und Publizisten aus Polen Gebrauch machten. Dies sollte auch Professor Karski in verstärktem Maße tun, befand Jerzy Giedroyc, der dazu eine passende Idee hatte:

---

15. Februar 1982

Verehrter, lieber Herr,

Sie finden beiliegend die 59. Nummer der *Historischen Hefte*, die Ihren Bericht vor dem Repräsentantenhaus enthält. Ich denke, sein trockener, sparsamer Ton vertieft noch seine Wirkung.

Während ich ihn für den Abdruck vorbereitete, wurde mir auf einmal die unfassbare Tatsache bewusst, dass Ihr Buch *Story of a Secret State* niemals auf Polnisch erschienen ist. Wenn Sie nichts dagegen hätten, würde ich es gern im Rahmen der «Bibliothek der *Kultura*» herausbringen. (...) Falls Sie mein Angebot annehmen, bitte ich um eine Nachricht, ob Sie beabsichtigen, den Text zu ändern oder zu ergänzen. Nach so vielen Jahren wäre das verständlich.

In Erwartung Ihrer baldigen Antwort,
verbleibe ich mit besten Grüßen.

Jerzy Giedroyc[9]

Er musste zwar über einen Monat auf die Antwort warten, dann aber schrieb ihm Karski einen freudigen, zweiseitigen Brief, der mit der Versicherung begann, der Vorschlag hätte ihm eine «unbeschreibliche Freude» bereitet, und es gebe nichts, was für ihn jetzt, «am Ende seines Lebens», wichtiger sei, als dem polnischen Leser Einblick in seine Arbeit während des Krieges zu verschaffen. Danach folgte eine lange, mit Beispielen gespickte Liste von Änderungen und Ergänzungen, die er in der polnischen Ausgabe seines Buches vornehmen wollte.

Trotz dieses vielversprechenden Anfangs wurde das Projekt nicht realisiert. Es zog sich noch über weitere vierzehn Jahre hin und wurde schließlich von Karski selbst abgesagt. Er sei zu dem Schluss gekommen, erklärte er dem «Fürsten» in einem Brief von 1996, dass die Veröffentlichung des Buches «ohne gigantische Anmerkungen» keinen Sinn habe.

Jerzy Giedroyc, Chefredakteur der Pariser Exilzeitschrift *Kultura*

«Ich habe dieses Buch während des Krieges geschrieben», argumentierte er, «und konnte die wahren Namen, Orte, Pseudonyme etc. nicht angeben. Jetzt müsste man das alles erläutern, was die Lektüre stören, wenn nicht gar unerträglich machen würde. Ich hätte Ihnen das viel früher offen sagen müssen. Ich habe es nicht getan, und dessen schäme ich mich.»[10]

Vermutlich war auch der Zeitmangel am Scheitern des Projektes schuld. Seitdem er sein Schweigen gebrochen hatte – nach Lanzmann durfte ihn auch der amerikanische Historiker Walter Laqueur zu seiner «jüdischen Mission» befragen und das Gespräch 1980 in seinem Buch *The Terrible Secret* (dt. *Was niemand wissen wollte*, 1981) abdrucken –, gehörten Interviews und Vorträge immer öfter zu seinem Alltag. Zu den neuen Verpflichtungen kam die übliche Lehrtätigkeit an der Georgetown und im Pentagon hinzu. Im Jahre 1984 wurde er zwar emeritiert, und seinen Platz in der *School of Foreign Service* nahm Madeleine Allbright ein, doch auch danach setzte er seine Kurse in einem kleineren Rahmen fort.

Seine Vortragsreisen führten ihn quer durch die Vereinigten Staaten, aber auch nach Kanada und in etliche Länder Europas, nach Großbritannien, Schweden oder Dänemark. Und auch die Zahl der Auszeichnungen, mit denen er bedacht wurde, nahm ständig zu. Die Ehrendoktortitel der Georgetown University, des Baltimore Hebrew College, der Oregon State University und des Hebrew College of America gehörten ebenso dazu wie der Papst-Pius-XI.-Preis, die Eisenhower-Befreiungsmedaille des *Holocaust Memorial Council* und die Freiheitsmedaille des Amerikanisch-Jüdischen Komitees. Die schönste Ehrung wurde ihm aber im Sommer 1982 zuteil, als er und seine Frau für drei Wochen nach Israel eingeladen wurden, wo er am 7. Juni in Yad Vashem nun endlich die Medaille des «Gerechten unter den Völkern» empfangen und seinen Baum in der Allee der Gerechten pflanzen durfte.

Seine Beziehungen mit der polnischen Emigrantenszene, zu der er ohnehin schon immer ein distanziertes Verhältnis hatte, gestalteten sich allerdings trotz der vielen Erfolge weniger erfreulich. Das fiel manchem seiner amerikanischen Freunde auf, das bemerkte auch Władysław Bartoszewski, als er 1984 erneut nach Washington kam. Er gewann schnell den Eindruck, dass Karski in den polnischen Kreisen als Außenseiter galt und dass auch er selbst noch stärker als früher auf Distanz zu seinen Landsleuten ging.

Władysław Bartoszewski: *Er war ziemlich verbittert. Die polnische Emigration nahm ihm übel, dass er sich amerikanisiert, von der nationalen Sache entfernt hätte. Er sprach von sich, er sei Amerikaner, Katholik, Pole und Jude, und das irritierte einen Teil der Exilpolen – oft deswegen, wie ich vermute, weil sie den Kontext nicht verstanden.*[11]

Doch das war nicht der einzige Grund: Ein Jahr später, 1985, erschien in Amerika Karskis Buch *The Great Powers and Poland*, in dem er sich über die Politik des Westens gegenüber seinem Land, aber auch über dieses selbst sehr kritisch äußerte: Er warf der Londoner Exilregierung Naivität vor und stellte den Sinn des einst so gepriesenen polnischen Untergrunds stark in Frage. Auch das rief negative Reaktionen unter den US-Polen hervor. Und es gab schließlich noch eine dritte Ursache – das von ihm schon fast vergessene Interview mit Claude Lanzmann.

Anfang Mai 1985 bekam er einen weiteren Brief von Jerzy Giedroyc, in dem dieser ihm mitteilte, in den nächsten Tagen solle in Frankreich Lanzmanns Film *Shoah* anlaufen, und ihn bat, eine Besprechung für die

Kultura zu schreiben. Allein die Ankündigung des Films, berichtete er, hätte die Kritiker des polnischen Antisemitismus auf den Plan gerufen, und Lanzmann selbst habe dazu bereits ein großes Interview in *Libération* gegeben. Ihm gehe es aber trotzdem «um eine objektive Besprechung und nicht um das Reinwaschen der polnischen Gesellschaft»[12], betonte Giedroyc abschließend.

Nach drei Wochen antwortete ihm Karski mit einem ausführlichen Brief, in dem er sich zwar bereit erklärte, die gewünschte Rezension zu schreiben, auf die Nachricht über die bevorstehende Premiere von *Shoah* aber völlig überrascht reagierte. Dazu lieferte er auch eine genaue Beschreibung seiner Begegnung mit Lanzmann und eine kurze Schilderung ihrer späteren Kontakte.

---

27. Mai 1985

Sehr geehrter Herr,

(...) Über drei Jahre stand ich in einem lockeren Briefwechsel mit Herrn Lanzmann – ich fragte ihn ständig, was denn mit dem Film sei, er erklärte mir die Gründe für die Verzögerung. Schließlich haben wir uns «zerstritten» wegen Dingen, die mit dem Inhalt unseres Interviews nichts zu tun hatten. Im Jahre 1982 brach unsere Korrespondenz ab. Ich kam zu dem Schluss, dass der geplante Film ein Fiasko sei, und vergaß die ganze Geschichte.

Ihr Brief und die Presseauszüge, die Sie mitgeschickt haben, waren für mich eine Überraschung. Herr Lanzmann hat sich bei mir bis jetzt nicht gemeldet.

Wenn es um eine Rezension des Films geht, so tue ich das, was Sie für richtig halten. Ich vertraue auf Ihre Erfahrung und Ihre politischen Urteile. Ich muss aber den Film sehen. Hier herrscht vollkommenes Schweigen darüber – ich habe in der Presse keine einzige Meldung über seine Existenz oder über sein baldiges Anlaufen gelesen. ...

Haben Sie den Film gesehen? Kennt ihn vielleicht schon jemand von Ihren Mitarbeitern? Wäre er bereit, die Korrespondenz mit mir aufzunehmen, um mich darauf vorzubereiten, was mich erwartet? Ich bitte Sie sehr, mir alles zu schicken, was Sie über den Film und meine Teilnahme daran in der Presse finden können. Sie schreiben, Herr Lanzmann «beruft sich» auf mich in seinen antipolnischen Äußerungen. In den Presseausschnitten, die Sie mir schicken, steht nichts darüber. Seine persönliche Meinung zu dem polnischen Antisemitismus und der Kirche in Polen weicht leider nicht davon ab, was dazu in Büchern, Artikeln oder wissenschaftlichen Aufsätzen der internationalen jüdischen Gemeinschaft steht.

Sobald in der hiesigen Presse etwas über den Film erscheint oder er angekündigt wird, sage ich Ihnen sofort Bescheid. Und ich werde mir natürlich den Film ansehen und Ihnen meine Eindrücke schildern. Sie werden dann entscheiden, was mit ihnen geschehen soll. …

Ich grüße Sie herzlich, dankbar für Ihr Interesse an meiner Arbeit.

Ihr ergebener Jan Karski[13]

Welche «Dinge» zu Karskis Streit mit Lanzmann geführt hatten, ist leicht zu erraten: In den paar Jahren, die seit dem Interview vergangen waren, stieg seine Bekanntheit und damit die Zahl der TV-Sender, die ihn interviewen wollten, dermaßen, dass der zwischen ihnen bestehende Vertrag problematisch wurde. Schon sein erster Brief an Lanzmann, in dem er sich nach dem Film erkundigte, enthielt Kopien der Interviewanfragen von BBC, Channel Four und einigen großen amerikanischen Sendern. Doch die Post, die er ihm nach zwei weiteren Jahren schickte, war laut Lanzmann kein Brief mehr, sondern ein ganzer Stapel, der eine nach Datum und Wichtigkeit der Briefpartner geordnete Korrespondenz mit Leuten enthielt, die Karski überreden wollten, mit ihm zu brechen. Dass der Professor sich dennoch an den Vertrag hielt und alle Fernsehinterviews ablehnte, zeugte erneut von seiner Standhaftigkeit, die sogar Lanzmann als «heldenhaft» bezeichnete.

Nun, sieben Jahre nach dem Interview, hatte *Shoah* endlich seine Premiere und löste sofort international eine heftige Debatte und in Polen beziehungsweise in den polnischen Exilkreisen einen Sturm der Entrüstung aus. Der Polnisch-Amerikanische Kongress ging gar so weit, Lanzmann zu beschuldigen, die Polen in die Nähe der Nazis zu rücken – der Antisemitismus der einen würde sich in seiner Darstellung kaum noch von dem Judenhass der anderen unterscheiden. Die negativen Reaktionen ließen auch Karskis Teilnahme an dem Film in einem neuen Licht erscheinen: Von den acht Stunden Filmmaterial waren nur vierzig Minuten zu sehen, in denen er ausschließlich als Augenzeuge der Judenvernichtung sprach – der ganze zweite Teil, in dem er von seinen Versuchen berichtete, den Westen zum Handeln zu bewegen, war weggefallen. Mit seiner einseitigen und emotionsgeladenen Aussage bestätigte er also nicht nur das Ausmaß des Grauens, sondern auch Lanzmanns These von dem sterbenden jüdischen Volk, dem niemand zu Hilfe gekommen war. Die Irritation war umso größer, als Karski sich über den Film sehr positiv äußerte.

Claude Lanzmann: *Die erste Vorführung, die Karski in einem Kino in Washington sah, begeisterte ihn so sehr, dass er mir zehn Briefe schrieb, in denen er sich an die Brust schlug, er wurde mein glühendster Unterstützer, und ich erinnere mich mit einer Bewegtheit, die ich noch immer kaum kontrollieren kann, an die drei Tage, die wir zur Premiere des Films zusammen in Jerusalem verbrachten.*[14]

Auch in seiner Rezension, die im November 1985 in der *Kultura* erschien und später auf Englisch (in *Together*) und Französisch (in *Esprit*) abgedruckt wurde, brachte Karski diese Begeisterung deutlich zum Ausdruck, indem er *Shoah* den bedeutendsten Film über die Tragödie der Juden nannte. Er ließ zwar anklingen, dass er bevorzugt hätte, wenn auch die Teile des Interviews gezeigt worden wären, die sich mit seiner Mission im Westen befassten. Gleichzeitig erklärte er aber, er verstehe, warum Lanzmann sich ausschließlich auf den reinen Prozess der Judenvernichtung konzentriert habe – nur so habe er die Einmaligkeit des Holocaust zeigen können. Bei dieser Beurteilung blieb er auch, offiziell zumindest. Noch zwei Jahre nach der Premiere verteidigte er in einem Interview den Film, indem er sagte, für ihn selbst sei wichtig gewesen, was er in London und Washington getan und erreicht hatte, für Lanzmann – was er im Ghetto und im Lager gesehen hatte. Er bedaure, dass im Film nicht beides zu sehen sei, aber er nehme es Lanzmann nicht übel. Nur in privaten Gesprächen machte er manchmal seinem Ärger Luft.

Władysław Bartoszewski: *Später hat Karski mir gegenüber geklagt, Lanzmann habe alles herausgeschnitten, was auf den polnischen Untergrundstaat hingewiesen hätte. Lanzmann hingegen war der Meinung, ein*

Filmregisseur müsse eben kürzen. Aber Karski war im besetzten Polen nicht vom Himmel gefallen. Und seine Reise ins Lager hatte nicht ein Reisebüro organisiert, sondern der Untergrundstaat.[15]

Allerdings waren die meisten, die Karski zu Vorträgen einluden, nicht an den Verdiensten des polnischen Untergrundstaates, sondern an seinen eigenen Hilfsversuchen interessiert. Seit seiner Teilnahme an dem Lanzmann-Film wurde er darauf noch öfter angesprochen, und auch die meisten Beweise der Anerkennung, die er bekam, galten diesem Teil seiner Kriegstätigkeit. So schien er selbst mit der Zeit immer mehr davon überzeugt zu sein, dass seine «jüdische Mission» – so marginal sie oft bei den Gesprächen mit den westlichen Politikern (auch von ihm selbst) behandelt worden war und so wenig Einfluss sie auf den Lauf der Dinge gehabt hatte – die wichtigste Aufgabe seines Lebens gewesen war.

Ungefähr fünfundzwanzig Jahre später hatte die Begegnung Karski-Lanzmann ein Nachspiel, das in einer nicht minder heftigen Kontroverse gipfelte: Im Jahre 2009 erschien in Frankreich Yannick Haenels Roman *Jan Karski* (dt. *Das Schweigen des Jan Karski*, 2011), ein schmales Werk, das angesichts der Kraft und Genauigkeit von *Story of a Secret State* ein wenig störend, um nicht zu sagen: überflüssig wirkte. Auch die Bezeichnung «Roman» schien etwas übertrieben. Es war eine dreiteilige Collage, wobei der erste Teil minutiös Karskis Auftritt in Lanzmanns *Shoah* protokollierte, der zweite eine Zusammenfassung seines Buches lieferte und der dritte – in der Ich-Form gehalten und als Karskis innerer Monolog zu verstehen – von dem Misserfolg seiner «jüdischen» Mission, der Schuld der Alliierten, seinen diesbezüglichen Empfindungen und seinem jahrelangen Schweigen handelte. Dazwischen waren etliche Glossen zu Polen, Stalin, Kommunismus, Kafka und einigem mehr gestreut.

Vor allem der dritte Teil erschien problematisch: Haenel machte von den Regeln der Fiktionalisierung reichlich Gebrauch und legte seinem Protagonisten Sätze in den Mund, die sich bei aller Dehnbarkeit des Begriffs «künstlerische Freiheit» doch gegen die Realität behaupten mussten. Denn der fiktive Karski zwang regelrecht dazu, genauer zu überprüfen, inwieweit es sich bei seinen Vorwürfen an die Adresse der Alliierten, am Holocaust mitschuldig zu sein, oder bei seinen antikommunistischen Tiraden um die politischen Überzeugungen und ideologischen Fixierungen des wahren Karski handeln konnte. Dies galt in erste Linie für seine Begegnung mit Roosevelt, bei deren Schilderung Haenel noch einen Schritt weiter ging und sich des Mittels der Karikatur bediente. Doch sein Einfall, den US-Präsidenten als einen leicht zurückgebliebenen Lustmolch zu zeigen, der sich mehr für die Beine seiner Sekretärin als für die Weltlage interessiert und angesichts des Berichts über den Widerstand der Polen und die Vernichtung der Juden «ein Gähnen unterdrückt» und «auf seinem Sessel herumrutscht, wie jemand, der die richtige Position für ein Nickerchen sucht»[16], hinterließ eher einen schalen Nachgeschmack.

Das Buch wurde in Frankreich dennoch zu einem Bestseller und Kandidaten für den Goncourt-Preis. Seinen Erfolg verdankte es allerdings zum großen Teil Claude Lanzmann, der sich zwar erst nach ein paar Monaten, dafür aber umso energischer in die Diskussion um den Roman einschaltete: Im Januar 2010 publizierte er in der Zeitschrift *Marianne* einen langen Artikel, in dem er mit Haenel scharf ins Gericht ging – seine Arbeitsweise, die sich in seinen Augen im ersten und zweiten Teil dicht an der Grenze zum Plagiat bewegte, heftig kritisierte und ihm Geschichtsverfälschung vorwarf. Letzteres galt für den dritten, fiktiven Teil, an dem ihn ohnehin alles störte: das falsche Bild Karskis, der erfundene Verlauf des Treffens mit Roosevelt, die Art, mit der Frage der Schuld an dem Judenmord umzugehen.

Mit dem Artikel allein war es aber nicht getan. Als Nächstes holte Lanzmann aus seinem Archiv das Interview mit Karski hervor, schnitt den bis dahin unbekannten Teil – die Aufnahme des zweiten Tages – zu einem eigenen, einstündigen Film zusammen und ließ ihn unter dem Titel *Der Karski-Bericht* auf Arte ausstrahlen. Nun sollte Karski doch noch von dem zweiten Teil seiner Mission, vor allem von seiner Audienz bei Präsident Roosevelt, berichten. Zum einen, um Haenels verfälschenden Phantastereien entgegenzuwirken und zu beweisen, dass man keine literarische Fiktion braucht, um als unbegreiflich zu empfinden, was er als Realität erlebt hatte: das Scheitern des Versuchs, die Welt über das größte Verbrechen des 20. Jahrhunderts zu alarmieren. Und zum anderen, um durch sein Auftreten eine späte Erklärung dafür zu liefern, warum Lanzmann es bevorzugt hatte, diesen Teil des Interviews in *Shoah* nicht zu verwenden.

Claude Lanzmann: *Vielleicht wollte ich Karski in gewisser Weise vor sich selbst schützen. Er gab sich am zweiten Tag so anders als am ersten …, so dass der erste dadurch irgendwie an Kraft verlor. In der Schilderung seiner Begegnung, besonders mit Roosevelt, schien er sich vor Stolz aufzuplustern, vielleicht erleichtert, innerlich nicht mehr so mitgenommen zu sein wie am Vortag in seiner unvergesslichen Beschwörung des Ghettos. Er wirkte mondän, selbstzufrieden, ein wenig theatralisch und das widersprach der Tragik, die er bis dahin verkörpert hatte.*[17]

Um seine «schützende» Absicht zu belegen, ließ er Karski auch gleich zu Beginn des Films Dinge sagen, die tatsächlich als ein Anflug von Größenwahn ausgelegt werden konnten: «Ich war ein sehr wichtiger Mann», bekam man plötzlich zu hören. «Ich war ein Held. Alles stand mir zur Verfügung, ich traf die wichtigsten Persönlichkeiten. Sie taten alles für mich.»[18] Nur wer genau hinschaute, konnte sehen, dass Karski es in Wirklichkeit mit einer Mischung aus Konzentration («Ich will präzise sein») und leiser Selbstironie sagte, um sich auch gleich anschließend in Bescheidenheit zu üben: «Sie müssen sich klar machen, dass ich damals überhaupt keine Kontakte haben durfte. Ich musste dem zuständigen Büro jedes meiner Treffen melden.»[19]

Eine bewusste Manipulation? Ein sprachliches Missverständnis? Wie dem auch sei: Im Endeffekt hatten sowohl das neue Karski-Bild von Lanzmann als auch das von Haenel etwas Falsches oder gar Karikierendes an sich – in dem Buch erschien er zu pathetisch und sentimental, in dem Film zu arrogant und selbstherrlich. Selbst in Polen, wo man Haenel für gute Absichten und Lanzmann für das Herausrücken des unbekannten Filmmaterials hätte dankbar sein können, waren die Reaktionen alles andere als enthusiastisch. Wenn man Dankbarkeit empfand, dann höchstens für die neue Publicity, die Karski dank der Auseinandersetzung zwischen den beiden Franzosen bekommen hatte. «Was lernen wir aus der Ausstrahlung des *Karski-Berichts*?», fragte der Warschauer Journalist Jarosław Kurski in *Gazeta Wyborcza*, der größten Tageszeitung des Landes. «Das, dass wir uns nicht genügend darum gekümmert haben, der Welt die Gestalt Karskis näherzubringen. Im Endeffekt haben es die Franzosen für uns getan. Zwar mit Hilfe leicht geschmackloser Streitereien, aber mit dem guten Effekt, dass Karski nun ein polnischer ‹Gerechter unter den Völkern› ist, den man allgemein kennt. Ein universelles

Symbol der jüdischen Hoffnungslosigkeit, und nicht nur ein Pflaster für unser gequältes nationales Gewissen. Haenel und Lanzmann haben der Welt Karski zurückgegeben – welch eine Ironie des Schicksals.»[20]

19

RÜCKKEHR NACH POLEN

1991–1996

Im Februar 1990 erschien in der renommierten Krakauer Zeitschrift *Tygodnik Powszechny* (Allgemeines Wochenblatt) ein offener Brief, der aus der Feder des polnisch-jüdischen Schriftstellers Jerzy Korczak stammte und schon in seiner Überschrift die Polen dazu aufforderte, «Jan Karski Dankbarkeit auszudrücken». Der Appell kam plötzlich, hatte aber einen sehr konkreten Hintergrund: «Einer meiner Freunde», schrieb Korczak, «ist von seinen Gastvorlesungen in Philadelphia zurückgekommen, wo er zufällig den legendären Kurier des polnischen Untergrunds und heutigen Historiker, Professor Jan Karski, traf. Wer Karski während des Krieges war, braucht man der älteren Generation nicht zu erklären. Und für die jüngere nur so viel: Es war einer der Ersten, die den Westen über die Judenvernichtung informierten.»[1] Nach dieser Einleitung wies er auf Karskis Lehrtätigkeit an der Georgetown University und seine Publikationen hin, vor allem auf das Buch *The Great Powers and Poland*, das er als eines der besten Werke zur polnischen Geschichte des 20. Jahrhunderts bezeichnete, und stellte schließlich fest: «Wie Jan Karski meinem Freund anvertraute, wünscht er sich sehr, seine alte Heimat zu besuchen. Bis jetzt hat er aber von niemandem eine Einladung bekommen. Ich will weder diese Tatsache kommentieren noch suggerieren, welche wissenschaftliche oder sonstige Institution ihn einladen sollte. Ich stimme aber mit meinem Freund überein, dass der Ehrendoktortitel einer unserer großen Universitäten der kleinste Beweis der Anerkennung wäre, die unsere Gesellschaft diesem großen Sohn Polens schuldet.»[2]

Korczak war nicht der Einzige, der sich bemühte, die polnische Öffentlichkeit auf Karskis Verdienste aufmerksam zu machen. Die ersten Versuche gab es schon in den späten Achtzigern: zwei Zeitungsartikel des Krakauer Historikers Stanisław M. Jankowski (1986) und ein Interview, das der Publizist und Diplomat Maciej Kozłowski für *Tygodnik Powszechny* geführt hatte (1987). Jankowskis Artikel hatten übrigens unerwartete Folgen: Der auch von ihm (wie einst von Lanzmann und Wiesel) tot geglaubte Professor Karski schrieb ihm einen Brief, in dem er sich für die Texte bedankte; ein Jahr später lud er ihn in sein Haus in Bethesda ein, wo er für ihn sein Archiv öffnete und seine Fragen ausführlich beantwortete. Das Ergebnis war Jankowskis erstes, auf Polnisch verfasstes und in New York erschienenes Buch über den «Kurier Witold», auf das noch zwei weitere folgen sollten. Allerdings waren Jerzy Korczak und sein aus den USA zurückgekehrter Freund, der Posener Jurist Stanisław Sołtysiński, die Ersten, die auf die Idee kamen, Karskis Besuch in der alten Heimat anzuregen – und sie auch ihm selbst gegenüber zu äußern. Kurz nach seinem Appell schrieb Korczak einen Brief an den Professor, auf den er auch eine freundliche Antwort bekam.

---

1. 8. 1990

Verehrter, lieber Herr,

ich freue mich über Ihr Interesse an meiner Tätigkeit und danke Ihnen dafür sehr herzlich.

Was meinen Besuch in Polen betrifft, so sollten sich alle interessierten Institutionen, Universitäten oder Einzelpersonen an die amerikanische Botschaft mit dem Vorschlag wenden, dass die *Information Agency* für mich eine Vortragsreise organisiert, und dabei betonen, wie vorteilhaft dies für beide Länder und für die polnisch-amerikanischen Beziehungen wäre. Die in der Botschaft haben vermutlich von mir gehört oder kennen mich sogar. Ich kann sie aber nicht selbst darum bitten, das gehört sich nicht. Ich füge die Titel der möglichen Vorträge bei, wobei ich einiges an Material jetzt schon schicken könnte.

Ich habe sehr viel Arbeit, der ich kaum nachkomme. Ich unterrichte an der Georgetown University und im Pentagon, halte Vorträge – und bin dabei 76 Jahre alt.

Obwohl wir uns nicht kennen, grüße ich Sie herzlich und drücke fest Ihre Hand.

Beste Grüße an Prof. Sołtysiński.

Ihr Jan Karski[3]

Im Juni 1991 traf Jan Karski zu seinem ersten offiziellen Besuch im Nachkriegspolen ein (sein Forschungsaufenthalt von 1974 hatte einen privaten Charakter). Er war schließlich auf Einladung der Amerikaner gekommen, die als Gegenleistung eine kleine Vortragsreihe erwarteten. Von Seiten der Polen war die Verleihung des Ehrendoktortitels der Universität Warschau und etliche Gespräche geplant. Es gab überraschend viele Menschen, die ihn sehen, hören und ehren wollten. Am ungeduldigsten wurde er wohl aber von Jerzy Korczak erwartet, der in ihm «sein Idol» sah und ihn nun, zusammen mit seiner Frau und einem jungen Mitarbeiter der amerikanischen Botschaft, am Posener Flughafen in Empfang nehmen sollte. Seine Ungeduld wuchs proportional zu der Verspätung des Flugzeugs.

Jerzy Korczak: *Endlich kam aus dem Lautsprecher eine Durchsage, dass die Maschine gelandet war, die Wartenden umringten den Ausgang, und nach einer Weile tauchte dort, aufmerksam um sich schauend, unser Gast auf. Er war kleiner, als er auf Fotos erschien, und leicht gebeugt, aber munter und mit einem Lächeln im Gesicht. Wir liefen sofort auf ihn zu. Erst nach längeren Umständen ließ er sich die schwere Tasche abnehmen. Diese auffällige, fast schon übertriebene Bescheidenheit legte er vom ersten bis zum letzten Moment an den Tag.*[4]

Sobald er sich von der Reise einigermaßen erholt hatte, begann sein Terminmarathon. Er ließ sich gern auf die vielen Gespräche ein – man konnte spüren, so Korczaks Eindruck, der ihn auf dieser Reise begleitete, dass er sich nach Kontakten mit den Landsleuten sehnte. Er sprach über sein Leben und seine Lehrtätigkeit, über die Situation in Polen und in der Welt, über seine Hoffnungen und Befürchtungen. Und natürlich über den Krieg, wobei er in Bezug auf vieles, was damals geschah, die Widerstandsbewegung und seine eigene Tätigkeit eingeschlossen, oft überraschende Ansichten vertrat. Dies tat er auch in seiner Dankesrede, die er am 18. Juni bei der Verleihung des Ehrendoktortitels der Warschauer Universität hielt: «Unser Untergrund war stärker als jeder andere in Europa», sagte er unter anderem. «Seine Anführer sorgten dafür, dass Hunderte, Tausende Menschen an dem Kampf beteiligt waren. Die Gesellschaft sagte nicht nein, doch sie zahlte dafür einen schrecklichen, einen unvorstellbaren Preis. Heute, nach fünfzig Jahren, kommt mir manchmal die Reflexion: Haben wir von der Nation und von uns selbst nicht zu viel verlangt? Über den Ausgang des Krieges haben doch nicht wir entschieden, sondern Tausende von Bombenflugzeugen, Schiffen, Panzern und Kanonen der millionenstarken Armeen der Alliierten.»[5]

Noch deutlicher wurde er, als er Jerzy Korczak ein Interview für *Tygodnik Powszechny* gab: «Wir hatten damals in Polen keinen Quisling, das stimmt. Nur wen interessiert das heute? Wen interessiert es, dass Ungarn ein Satellit von Hitlerdeutschland war, Rumänien an der Seite Hitlers kämpfte und die Slowakei überhaupt sein Geschöpf war? Wen kümmert es?»[6] Diesen Hang zur Hinterfragung nationaler Dogmen, auch solcher, die er in seiner Jugend selbst mit Begeisterung vertreten hatte («wir haben keinen Quisling»), bekamen seine Gastgeber ebenso oft zu spüren wie seine generelle Neigung, einen unorthodoxen Standpunkt einzunehmen und ihn mit viel Verve und Sinn für Logik zu verteidigen.

Jerzy Korczak: *Er war tiefgründig, und durch die Breite seiner Interessen zwang er jeden Gesprächspartner, Wissen und Kompetenz zu demonstrieren. Er gab sich mit keinen Floskeln ab, egal zu welchem Thema.*[7]

Er wurde auch immer wieder auf seine Bücher angesprochen, vor allem auf *Story of a Secret State*, das immer noch nicht auf Polnisch vorlag. Nach den Gründen gefragt, antwortete er erneut, dass die Ausgabe viele Kommentare, Ergänzungen und Richtigstellungen erfordern würde. «Es war Krieg», erklärte er Korczak, der ihn ebenfalls danach fragte, «und ich zögerte nicht, einiges für die Propagandazwecke zu erfinden. Es gab für mich nichts Wichtigeres, als meinem Volk zu dienen. Dieses Buch jetzt, im freien Polen, zu publizieren, hätte also keinen Sinn. Aber ich würde einige Jahre meines Lebens dafür geben, dass *The Great Powers and Poland* so schnell wie möglich auf Polnisch herauskommt.»[8] Damit meinte er ein Angebot, das er kurz zuvor von dem traditionsreichen

Polnischen Verlagsinstitut (PIW) bekommen hatte: Nach drei Untergrundausgaben, die in kommunistischen Zeiten ohne sein Wissen erschienen waren, schlug ihm der damalige PIW-Direktor die erste offizielle, autorisierte Ausgabe vor – wofür Karski ihm ewige Dankbarkeit und dem Institut für erblindete Kinder in Laski bei Warschau alle Einnahmen aus dem Buch versprach. Ob das Institut die Spende wirklich bekam, ist nicht bekannt, das Buch erschien aber, wie vereinbart, im Jahre 1992.

Alles in allem war es eine sehr gelungene Reise, die der Professor auch sichtlich genoss – die vielen Begegnungen, die Zeremonie an der Warschauer Universität. Nach seiner Rückkehr nach Washington schickte er an Korczak einen Brief, in dem er sich für die Freundlichkeit bedankte, die er ihm, «einem unbekannten Landsmann», erwiesen habe. «Meine Vortragsreise kam infolge der Bemühungen und auf Initiative von Professor Sołtysiński zustande», schrieb er, «doch die Verleihung des Ehrendoktortitels wurde von Ihnen angeregt. Ich weiß es und danke Ihnen dafür von ganzem Herzen.»[9]

Er genoss diese Tage in Polen auch aus einem anderen Grund: Es war ein kleiner Ausgleich für den Rückzug ins Private, den er seit Ende der achtziger Jahre betrieb – seiner Frau zuliebe, die weder seinen neuen Ruhm guthieß noch seine plötzliche Bereitschaft verstand, über die Vergangenheit zu reden. In ihren Augen verstieß er damit nicht nur gegen sein Schweigegelöbnis, sondern auch gegen das Versprechen, das sie einander gegeben hatten: den Krieg ein für alle Mal hinter sich zu lassen. Sie mochte es auch nicht, wenn er auf Vortragsreisen ging und sie allein ließ. Ihre psychische Verfassung und auch ihr allgemeiner Gesundheitszustand hatten sich verschlechtert, sie litt zunehmend unter Herzproblemen und Arthritis. Die Reisen in europäische Bäder, die sie zusammen mit Jan unternahm, brachten nur eine kurzzeitige Verbesserung.

An ihrem 80. Geburtstag (28. Juli 1990) fand am *Dance Place* in Washington ein Tanzabend statt, an dem ihre wichtigste Choreographie uraufgeführt wurde: eine Holocaust-Tetralogie zu der Musik von Carl Rugges, die sie unter das Seneca-Motto *In memory of those I loved … Who are not more …* gestellt hatte. Neun Jahre hatte sie daran gearbeitet, während der Vorbereitung des letzten Teils, *The Train* (Der Zug), erlitt sie einen weiteren Nervenzusammenbruch. Die ursprünglich geplante Premiere am *Kennedy Center* musste abgesagt werden. Ihre Depression hatte sich in einen Verfolgungswahn verwandelt, dem sie zwei Jahre später nur noch auf eine Art zu entfliehen wusste: Am 25. Juli 1992 stieg sie über das Geländer ihres Balkons und stürzte sich in die Tiefe. Sie und Jan hatten diese Wohnung im 11. Stock eines Hochhauses erst vor Kurzem bezogen, noch einige Monate zuvor hatten sie in ihrer Villa, in der Nähe von Kaya Ploss, gelebt.

Kaya Ploss: *Ich erinnere mich, wie Jan Karski an diesem Tag um elf Uhr anrief und sagte: «Pola ist tot.» Ich fuhr sofort in seine Wohnung, wo ich seinen guten Freund, Miles Lerman, antraf. Es war ein in Lemberg geborener Jude und Gründer des Holocaust-Museums in Washington. Ich konnte aber nicht lange bleiben, denn an diesem Tag fand im Polnischen Kulturzentrum, dessen Geschäftsführerin ich war, ein Abschiedskonzert für Ignacy Paderewski statt. Danach sollten die sterblichen Überreste des Komponisten nach Polen überführt werden, wie er es sich gewünscht hatte. Gleich nach dem Konzert fuhr ich noch einmal in Karskis Wohnung. Miles Lerman war immer noch da, aber er war schon sehr müde und verabschiedete sich, als ich kam. Ich blieb bei Jan den Rest des Abends und die ganze Nacht. Er saß da, wippte wie ein alter Jude vor der Klagemauer hin und her und wiederholte ständig den Namen seiner Frau.*[10]

Die Totenmesse für Pola fand in derselben Kirche statt, in der siebenundzwanzig Jahre zuvor sie und Jan geheiratet hatten. Es waren sehr viele gekommen, um von ihr Abschied zu nehmen: Freunde, Kollegen, Schüler, Bewunderer, auch aus New York und anderen Städten. Jans Freunde in Polen erfuhren es später aus seinen Briefen. Auch Jerzy Korczak.

---

30. 11. 1992

Verehrter, lieber Herr,

(...) In meinem Leben gibt es eine schmerzvolle Veränderung. Meine Frau lebt nicht mehr, und ich bin allein. Ich lerne die Einsamkeit. Ich habe keine Pläne.

Ich erinnere mich mit viel Wärme an Sie – an Ihren guten Willen, Ihre Hilfsbereitschaft, Freundschaft und Heimatliebe. Ich erinnere mich auch an Ihre gütige Frau und ihre Freundlichkeit.

Ich füge einige Artikel über meine Frau bei – sie ist freiwillig gegangen, konnte das Alter nicht ertragen. Sie wurde von der jüdischen, polnischen und künstlerischen Gemeinschaft mit Würde verabschiedet. Ihr Grab wartet auf mich.

Irgendwann schreibe ich mehr. Bis dahin umarme ich Sie und küsse die Hände Ihrer Frau.

Ihr Jan Karski[11]

«Sie konnte das Alter nicht ertragen»: Diesen Satz habe er damals immer wieder gesagt. Doch alle hätten gewusst, dass er sich selbst die Schuld an ihrem Tod gegeben habe, so Kaya Ploss, die nach und nach Polas Platz an seiner Seite einnahm.

Kaya Ploss: *Meine Freundschaft mit Jan Karski war so natürlich und nach Polas Tod wurde sie noch tiefer. Wir waren beide allein – er verwitwet, ich geschieden. Zwei alte, einsame Menschen, die in dieser Freundschaft Trost fanden.*[12]

Über sein Schuldgefühl sprach er mit Kaya nicht. Mit wem dann? Mit einem anderen Freund? Mit Gott? Und an wen dachte er zuerst, wenn ihn nachts die Dämonen plagten? An all die Menschen in Nowy Sącz, die für seine Befreiung aus den Händen der Gestapo mit ihrem Leben bezahlten? An Marian, dem er zur Flucht nach Amerika verholfen hatte und der das Leben in der Fremde nicht ertragen konnte? Oder an Pola, die ihm zuliebe Katholikin geworden war und es als Verrat an ihrer ermordeten jüdischen Familie empfand?

Nach dem Tod seiner Frau rief er zwei Preise ins Leben: den *Pola Nirenska Award* für junge talentierte Tänzer und Choreographen. Und den *Jan Karski & Pola Nirenska Award* für diejenigen, die durch ihre Arbeit die Verdienste der Juden um die polnische Kultur dokumentieren und in besonderem Maße zur Verständigung zwischen Juden und Polen beitragen. Als einer der Ersten bekam ihn der Schriftsteller Henryk Grynberg: ein Holocaust-Überlebender und Meister der dokumentarischen Prosa (*Kalifornisches Kaddisch*), der seit Jahren in McLean, einem Vorort von Washington, lebt. Als er den Preis entgegennahm, verbeugte er sich vor dem anwesenden Jan Karski, dem «Juden honoris causa», wie er ihn in seiner Dankesrede nannte.

Die Bezeichnung fiel Grynberg wohl in einer solchen Situation ein wie die, die er im November 1992, wenige Monate nach Polas Tod, erlebte: In der polnischen Botschaft wurde ein Dokumentarfilm mit dem Titel *Geburtsort* gezeigt, der von seiner Suche nach dem Grab seines Vaters erzählte. Dieser hatte sich während des Krieges in einem polnischen Dorf versteckt und war kurz vor dem Einmarsch der Russen von den dortigen Bauern erschlagen worden. Grynberg erfuhr die Namen der Täter und auch, dass sie niemals bestraft worden waren. All das ging aus dem Film hervor, dessen Vorführung er in seinem Tagebuch festhielt: «Das Publikum bestand teils aus Polen, teils aus Juden. Die einen wunderten sich, dass die Polen darin so schlecht abschneiden, die anderen – dass so gut. Jan Karski sagte gar nichts, sondern kam mit Tränen in den Augen auf mich zu und versuchte, meine Hand zu küssen, als wollte er mich um Verzeihung bitten – was ich natürlich nicht zuließ. Am nächsten Tag rief er mich an und sagte: ‹Wie können Sie überhaupt auf Polnisch schreiben? Wie können Sie noch Polnisch sprechen?› – ‹Aber lieber Herr Jan›, warf ich ein, ‹sie sagen doch, dass sie alles taten, was sie konnten.› – ‹Sie lügen›, antwortete er.»[13]

Die Ermordung der Juden und das Verhalten der Polen angesichts der jüdischen Tragödie beschäftigte Professor Karski immer noch. Im Januar 1993 hinterlegte er bei Daniel Grinberg, dem damaligen Direktor des Jüdischen Historischen Instituts in Warschau, einen Brief, in dem er seine Mission von 1942/43 beschrieb und der mit der Feststellung endete, die polnische Exilregierung in London habe alles Mögliche getan, um den Juden zu helfen. Allerdings sei sie nicht nur in dieser Hinsicht machtlos gewesen, sondern auch in Bezug auf die Bewahrung der Unabhängigkeit ihres eigenen Landes. Im April 1993 war er wieder in Warschau, diesmal als Mitglied der offiziellen amerikanischen Delegation, die, mit dem Vizepräsidenten Al Gore an der Spitze, gekommen war, um an den Gedenkfeiern zum 50. Jahrestag des Warschauer Ghettoaufstands teilzunehmen. Bill Clinton dankte ihm dafür in einem Brief. Der polnische Präsident Lech Wałęsa hob seine Anwesenheit hervor, als er bei den Feierlichkeiten eine Ansprache hielt.

Karski und Wałęsa kannten sich seit den späten achtziger Jahren und begegneten einander mit großem Respekt, zumindest solange der Letztere Anführer der Gewerkschaft *Solidarność* war. Seiner späteren Karriere stand der Professor sehr skeptisch gegenüber.

Jan Karski: *Ein großer Mann. Enorme Verdienste. Aber nur bis er 1990 zum Präsidenten gewählt wurde. Danach eine Katastrophe. Wenn dieser Mann seinen Charakter beibehalten hätte – den eines Arbeiterführers –, würde er heute an der Spitze der internationalen Arbeiterklasse stehen. Doch das verstand er nicht. Er wollte regieren und kompromittierte sich dabei.*[14]

Wenige Tage nach den Feierlichkeiten, am 22. April 1993, fand in Washington die Eröffnung des *United States Holocaust Memorial Museum* statt, zu der auch Präsident Wałęsa erschienen war. Die polnische Botschaft gab ihm zu Ehren einen Empfang und lud dazu die Prominenz der Washingtoner Emigrantenszene ein. «Wir standen Spalier wie eine Ehrenkompanie», protokollierte Henryk Grynberg in seinem Tagebuch, «und der Präsident ging an uns vorbei, mit griesgrämigem Gesicht und dem Kulturrat Andrzej J. im Schlepptau, der ihm unsere Namen nannte. Er gab jedem die Hand, sah aber dabei niemanden an … Von einem Lächeln konnte keine Rede sein. In seiner kurzen Ansprache wies er uns an, ‹sich von der Vergangenheit loszusagen›, was hier irgendwie fehl am Platz und taktlos wirkte. ‹Ich reparieren! Ich regieren!›, karikierte ihn Jan Karski, ein Vorkriegsgentleman, der die Folklore nicht leiden kann.»[15]

Wałęsa selbst gegenüber verhielt sich der Professor aber offenbar tadellos, denn dieser sprach von ihm noch Jahre später in höchsten Tönen.

Lech Wałęsa: *Ich werde nie vergessen, wie während der Eröffnung des Holocaust-Museums in Washington, zu der auf Einladung von Bill Clinton etliche Staatspräsidenten und Premierminister aus Europa gekommen waren, Jan Karski mich herumführte und mit welcher Ehrerbietung er von allen behandelt wurde.*[16]

Solche offiziellen Termine nahm Karski zwar immer noch gern wahr, doch langsam erkannte er seine Grenzen. «Es liegt nicht an meiner Trägheit», schrieb er im Dezember 1993 an Jerzy Korczak, «sondern an meinem Alter und Gesundheitszustand, dass ich Ihre Briefe mit Verzögerung beantworte. Hinzu kommt, dass ich immer noch im Pentagon unterrichte und ständig zu irgendwelchen Vorträgen eingeladen werde. Neulich war ich auf einer dreiwöchigen Vortragsreise in Australien. Das alles mache ich mehr schlecht als recht, mit viel Müdigkeit. Ich bin ja schon fast achtzig Jahre alt.»[17]

Während der Reise nach Australien, dem letzten Kontinent, den er noch nicht kannte, hatte er eine Begegnung besonderer Art: Nach rund fünfzig Jahren traf er Dawid (Dudek) Landau, den Mann, der ihn im Warschauer Ghetto durch den Eingangstunnel geführt hatte. Nach dem Krieg begann er ein ganz neues Leben: Er emigrierte mit seiner Frau Luba nach Australien, wo er zunächst in der Textilbranche und dann als Immobilienhändler zu einem riesigen Vermögen kam.

Jan Karski: *Landau war ein Multimillionär geworden. Er hatte eine Elfenbeinkollektion, die eine ganze Wand einnahm, die herrlichsten Bilder. Aus seinem Salon, das so groß war wie fünf normale Zimmer, führte eine Wendeltreppe zum Penthouse. Dort gab es riesige Bäume, einen ganzen Park, Marmorstatuen, alles unter freiem Himmel … Er hatte einmal gesagt, wenn ich nach Melbourne komme, soll ich bei ihm wohnen … Eine Bekannte meinte dazu: «Wenn Landau Sie einlädt, dann sollten Sie hinfahren. Wir wissen alle, dass er verrückt ist. Er ist genial, aber verrückt.» Und er ließ mich wirklich bei sich, in einem dieser riesigen Zimmer, wohnen und schenkte mir ein Schachspiel.*[18]

Kaum hatte er sich von der Reise nach Australien erholt, folgten schon weitere Einladungen und Ehrungen. Am 12. Mai 1994 – den er später als den schönsten Tag seines Lebens bezeichnete – wurde ihm bei einer Zeremonie in der israelischen Botschaft in Washington die Ehrenbürgerschaft des Staates Israel verliehen. Ein Jahr später erhielt er die höchste Auszeichnung Polens: Am 8. Mai 1995, am 50. Jahrestag der deutschen Kapitulation, wurde er von Präsident Wałęsa mit dem Orden des Weißen Adlers ausgezeichnet. Im Juli desselben Jahres bekam er den Ehrendoktortitel der Maria-Curie-Skłodowska-Universität in Lublin.

Bei dieser Gelegenheit hatte er eine weitere überraschende Begegnung: mit Wiesława Kozielewska-Trzaska, der Tochter seines Bruders Stefan – desselben, der als junger Bursche von Zuhause weglief, um Matrose zu werden. Sie hatte offenbar auch eine Schwäche fürs Meer, denn sie lebte in Danzig. Den berühmten Onkel kannte sie lediglich aus

Präsident Lech Wałęsa und Jan Karski bei der Verleihung des Ordens des Weißen Adlers, 1995

Erzählungen, und auch diesen konnte sie nur ein sehr ungenaues Bild entnehmen – man sprach selten über ihn in der Familie, denn man wusste auch nicht viel: Informationen aus Amerika flossen ins kommunistische Polen nur spärlich. Nun war sie nach Lublin gekommen, um ihn endlich kennenzulernen.

Wiesława Kozielewska-Trzaska: *Gegen sechs Uhr morgens ging ich in das Hotelrestaurant hinunter. Ich fand dort einen einzigen Gast vor, der meinem Vater ähnlich sah. Ich ging auf ihn zu und fragte, ob ich mit Professor Karski das Vergnügen hätte. Der alte Herr stand langsam auf, während er erklärte, er sei nicht imstande, sich mit einer Frau im Sitzen zu unterhalten, und als ich mich vorgestellt hatte, drückte er mich herzlich an sich. Er war sehr gerührt und sichtlich erfreut. Für ein richtiges Gespräch hatten wir keine Zeit, denn bald kamen seine Betreuer, um ihn zu dem Festakt mitzunehmen. Doch am Abend, bevor ich nach Danzig zurückkehrte, hatten wir einige Augenblicke für uns und konnten uns ein wenig über die Familie* *unterhalten. Wir waren beide sehr bewegt. Seitdem standen wir in Briefkontakt und sahen uns bei allen seinen späteren Besuchen in Polen.*[19]

Bis zum nächsten Besuch sollte fast ein Jahr vergehen, doch davor wurde Karski zum Auslöser und gleichzeitig zur Hauptperson eines kleinen politischen Skandals: Als bei der Präsidentschaftswahl im November 1995 sein Freund und Favorit, der ehemalige Dissident Jacek Kuroń, nach der ersten Runde ausgeschieden war, entschloss er sich, Wałęsas Herausforderer in der zweiten Runde, den Ex-Kommunisten Aleksander Kwaśniewski, zu unterstützen. Und nachdem dieser mit 51,7 Prozent der Stimmen die Wahl gewonnen hatte, publizierte er auf der ersten Seite der Tageszeitung *Trybuna* (Tribüne), der Nachfolgerin der *Trybuna Ludu* (Volkstribüne), die jahrzehntelang offizielles Organ des kommunistischen Regimes war, einen Brief an den designierten Präsidenten:

Washington, 20. 11. 1995

Verehrter Herr Präsident,

Die polnische Nation hat Ihnen in demokratischen und freien Wahlen den Auftrag erteilt, ihren Willen und ihre Hoffnungen zu erfüllen.

Am 5. November, nach der ersten Wahlrunde, hat mich der Washingtoner Korrespondent der größten polnischen Tageszeitung um eine Stellungnahme gebeten. Ich habe sie ihm diktiert, um aufzuzeigen, was meiner Meinung nach für die Wähler entscheidend sein sollte. Mein Text wurde niemals veröffentlicht. Hier sein Inhalt:

Die unserer Heimat wohlgesinnten westlichen Länder wünschen uns vor allem eine Demokratie, die auf der Marktwirtschaft und der Zugehörigkeit zum vereinten Europa basiert. Ihre Erwartungen scheinen trotz der vielen Schwierigkeiten, mit denen die Polen zu kämpfen haben, in Erfüllung zu gehen. Der Kommunismus ist gefallen, und keine der politischen Gruppierungen beabsichtigt, ihn zu reanimieren … Nun teilt sich die polnische Gesellschaft in die, die sich angeblich für die sogenannte Volksrepublik verantwortlich fühlen, und in ihre Gegner. Hinter einer solchen Teilung steckt viel Heuchelei, Demagogie und Unkenntnis der Geschichte des eigenen Landes. Denn darüber, dass Polen unter die

Kontrolle Moskaus geriet, wurde von den Regierungen der Kriegskoalition England-USA-Sowjetunion entschieden; sie ließen sich dabei von den untereinander vereinbarten Bedingungen ihrer damaligen Staatsräson leiten. Die Polen hatten auf ihre Entscheidungen nicht den geringsten Einfluss. Ihnen blieb nur die Alternative, entweder den Status quo zu akzeptieren oder einen hoffnungslosen Kampf aufzunehmen. Die Möglichkeiten derjenigen, die sich für Ersteres entschieden hatten, waren bis zu den späten achtziger Jahren durch die Politik und die Übermacht der sowjetischen Regierung eingeschränkt. Erst als das sowjetische Regime zu wanken begann, entschlossen sie sich zur Zusammenarbeit mit der eigenen Gesellschaft, indem sie die Gründung der Gewerkschaft *Solidarność* zuließen. Diesmal ohne einen Krieg.

Die Aufgabe des Siegers dieser Wahlen sollte also darin bestehen, die besagte Teilung aufzuheben. Zu verbinden, statt zu trennen. Zu stabilisieren, statt zu destabilisieren. Toleranz und Verständnis zu zeigen, statt Rache zu üben. Das Land in die Normalität zu führen. Die Wahlen werden darüber entscheiden, welcher Kandidat sich besser für diese wichtige Aufgabe eignet.

Der Beitritt zum vereinten Europa sollte für Polen nicht bedeuten, ein Bollwerk des Westens zu werden. Das neue Europa braucht keine Bollwerke. Es braucht Brücken. Polen sollte eine Brücke zwischen dem Westen und den Ländern Osteuropas werden: der Ukraine, Weißrussland und vor allem Russland.

(...) Die Beurteilung dessen, welcher Kandidat angesichts dieser Situation wirksamer sein wird, liegt bei den Wählern.

Die polnische Gesellschaft hat nun ihre Wahl getroffen. Ich wünsche meiner Nation von ganzem Herzen, dass Sie, verehrter Herr Präsident, Ihre Rolle mit Erfolg erfüllen.

Hochachtungsvoll
Jan Karski[20]

Der Brief löste in vielen Kreisen scharfe Kritik aus. Am meisten empörten sich Karskis frühere Kampfgefährten, Jan Nowak-Jeziorański und Władysław Bartoszewski, die nun ihrerseits, zusammen mit drei weiteren

Unterzeichnern, einen offenen Brief in dem Londoner Exilblatt *Tydzień Polski* (Polnische Woche) publizierten. Sie erklärten darin, Karski habe mit seinem Statement nicht nur alle «Vasallen-Regierungen» der Volksrepublik für die Verbrechen entschuldigt, die sie an diesem Land begangen hätten, sondern ihnen auch den Verdienst zugeschrieben, Polen in die Unabhängigkeit zurückzuführen. «Es geht hier nicht um eine Wahl zwischen zwei Präsidentschaftskandidaten», schrieben sie ferner, «sondern um einen Zusammenstoß zweier Wertsysteme. Kwaśniewskis Sieg ist eine Niederlage all derer, die ein halbes Jahrhundert lang um die Befreiung Polens von dem ihm gewaltsam aufgezwungenen, verbrecherischen Einparteiensystem gekämpft haben.»[21] Und sie schlossen mit der bitteren Feststellung ab, «dass Jan Karski sowohl mit seiner Erklärung als auch mit seinem Brief an Aleksander Kwaśniewski die Ideale verraten hat, denen er so heldenhaft und unter wiederholtem Einsatz seines Lebens in den Jahren des Krieges und der Okkupation diente.»[22]

Auch unter den Emigranten in Amerika löste sowohl die politische Entwicklung in Polen als auch Karskis Brief heftige Reaktionen aus. «Kwaśniewskis Sieg hat uns alle hier sehr getroffen», schrieb Kaya Ploss an eine Warschauer Bekannte. «Manche kommen gar nicht mehr in die Botschaft. Und was meinen Freund Jan Karski betrifft, so ist die Hetze gegen ihn riesengroß. Die Menschen haben sich völlig von ihm abgewandt. Man erzählt sich, dass nur noch ich mit Karski befreundet sei.»[23] Doch zur Überraschung aller Kritiker sollte die Geschichte dem Professor recht geben. Kwaśniewski erwies sich als ein sehr erfolgreicher und beliebter Staatspräsident, in dessen beide Amtszeiten (er wurde im Jahre 2000 wiedergewählt) nicht zuletzt die Aufnahme Polens in die NATO (1999) und sein Eintritt in die EU (2004) fielen.

Einen Verbündeten fand Karski damals überraschend in dem mächtigen Jerzy Giedroyc, dem Chefredakteur der Pariser *Kultura*, der ebenfalls bereit war, den Wahlsieg der Postkommunisten als politische Tatsache zu akzeptieren und Kwaśniewski in dem «souveränen Fürstentum von Maisons-Laffitte», wie die kleine Villa in dem Pariser Vorort scherzhaft genannt wurde, eine «Audienz» gewährte. Über ihren politischen Pragmatismus und manches andere Thema konnten sich Karski und Giedroyc auch bald persönlich unterhalten: Der Professor hatte sich von seinem Sekretär, Waldemar Piasecki, und dem Lodzer Filmemacher

Jan Karski und Präsident Aleksander Kwaśniewski, 1996

Michał Fajbusiewicz zu einem Dokumentarfilm über sein Leben überreden lassen. Die Dreharbeiten zu *Meine Mission* (so der Titel des Films) sollten in Paris beginnen, wo ihn seine erste Kurierfahrt von 1940 hingeführt hatte. Als das Team erfuhr, dass Karski und Giedroyc seit fünfzig Jahren miteinander korrespondierten, sich aber noch nie begegnet waren, arrangierte es ein Treffen in Maisons-Laffitte. Am 22. Juni 1996 saßen sich die beiden Legenden der polnischen Zeitgeschichte endlich gegenüber. Sie unterhielten sich fast vier Stunden lang, kamen zusammen (die Filmleute zählten mit) auf 114 Zigaretten und waren sich in den meisten Punkten ihres Gesprächs einig – bis auf den Warschauer Aufstand: Sie sahen ihn beide als einen politischen Fehler an, nur hielt ihn Karski gleichzeitig für unausweichlich, während Giedroyc der Meinung war, im Falle der Absage des Aufstands hätten die Soldaten der Heimatarmee mit der gleichen Disziplin reagiert, wie sie dem Befehl zu dessen Beginn gefolgt waren.

Nach dieser historischen Begegnung fuhr das Team zu weiteren Filmaufnahmen nach Polen, um auch dort bald einige rührende Momente zu erleben: Der erste Drehort war Lodz, das der Professor zum ersten

Mal seit 65 Jahren sah – die kurze Reise zu Beginn des Krieges (im Auftrag seines Bruders) nicht mit gerechnet.

Michał Fajbusiewicz: *Während der ganzen Dreharbeiten hatte Karski große Probleme mit seinem Rückgrat, er bewegte sich mühsam, wurde die ganze Zeit medizinisch betreut, bekam Spritzen. Man sieht auch im Film, dass er schwach und krank war, dass ihm jede Bewegung Schwierigkeiten und Schmerzen bereitete. Trotzdem war er gut gelaunt und energiegeladen. Auf dem Weg vom Flughafen sang er ein Lied, das er aus der Kindheit kannte. Im «Grand Hotel», wo er abgestiegen war und seine Gäste empfing, instruierte er den Kellner, wie man seinen Lieblingsdrink, den «Manhattan», mixt. Darin war er ein Meister. Er hatte im Salon seiner Washingtoner Wohnung eine ganze Batterie Karaffen mit verschiedenen Sorten Whisky stehen. Den trank er manchmal auch pur, aber wenn es ein «Manhattan» war – Whisky und Wermut mit viel Eis –, dann gehörte auch eine kandierte Kirsche unbedingt ins Glas.*[24]

In Lodz besuchten sie als Erstes Karskis Geburtsort in der Kiliński-Straße. Es war (und ist) kein schöner Anblick: Das Haus Nr. 71, wo er zur Welt kam, existiert nicht mehr, genau an dieser Stelle beginnt ein großer, leerer Platz; der gegenüberliegende Bahnhof wird seit Jahren umgebaut. Sie waren auch in der Hl.-Kreuz-Kirche, wo er getauft wurde, und in seinem ehemaligen Gymnasium in der Sienkiewicz-Straße. Dann folgte ein Besuch bei der jüdischen Gemeinde, in der Synagoge und auf dem jüdischen Friedhof, wo plötzlich eine fremde Frau auf ihn zulief: Sie stellte sich als eine Lodzer Jüdin aus New York vor und sagte, sie und ihr Mann – man sah ihn im Hintergrund weinen – hätten versucht, das Grab ihrer Eltern zu finden, was ihnen aber nicht gelungen sei.

Er hatte natürlich auch etliche offizielle Termine: ein Treffen mit dem israelischen Botschafter, ein Konzert im Großen Theater, die Verleihung des Ehrendoktortitels der Lodzer Universität, ein Seminar im Europäischen Institut, Besuche bei den wichtigsten Medien der Stadt. Und auch eine Pressekonferenz, bei der er sich, wie immer, von der charmanten und zugleich von der «schwierigen», polemischen Seite zeigte. Er sei ein alter Mann, verkündete er, politisch, finanziell und moralisch unabhängig, und könne es sich leisten, geradeheraus zu sagen, was er denke. So ließ er auch diesmal einige kritische Bemerkungen an die Adresse seiner Landsleute fallen. Zu viel Hurrapatriotismus. Zu viel Heldentum und irrationale Opferbereitschaft. Wenig Glück, wenn es um große Anführer gehe. Positives Gegenbeispiel: die Franzosen. Sie hätten Paris gleich zu Beginn des Krieges zu einer offenen Stadt erklärt. Warschau hingegen habe erst am 28. September 1939 kapituliert, obwohl es gegen zwei feindliche Armeen nicht die geringste Chance gehabt habe. Beide Städte seien Eigentum der vielen Generationen gewesen, die sie gebaut hätten, doch die Franzosen hätten es begriffen, und die Polen nicht.

Nach Lodz kamen weitere Drehorte, und überall erwartete ihn ein ähnlich intensives Programm. Zurück in Washington, schrieb er am 25. Juli 1996 an Jerzy Giedroyc: «Erst jetzt, nach meiner Rückkehr aus Polen, bin ich imstande, Ihnen für die Ehre des Gesprächs mit mir, Ihre Freundlichkeit und Ihre Nachsicht zu danken. Mein Besuch in Polen war länger als geplant, denn das Programm überstieg weit meine Kräfte: Paris, Lodz, Warschau, Kielce und wieder Warschau. Interviews, Fernsehaufnahmen, unzählige Begegnungen und Diskussionen. Irgendwann konnte ich nicht mehr und befolgte den guten Rat, den man mir dort gab, indem ich einen einwöchigen ‹Urlaub› in Kazimierz Dolny machte.»[25]

Der Kurzurlaub tat ihm offenbar gut, denn laut Henryk Grynberg machte er bald wieder einen munteren Eindruck. «Ich traf Karski in letzter Zeit zweimal», vermerkte er in seinem Tagebuch am 23. September 1996. «Er läuft etwas gebückt, aber flink, raucht wie ein Schlot und trinkt drei Gin Tonics zum Lunch, ohne aufzuhören, Sinnvolles zu reden.»[26] Seine gute Verfassung war dringend nötig, denn die Dreharbeiten waren noch nicht vorbei – er und das Lodzer Fernsehteam sollten zum Schluss siebzehn gemeinsame Tage in Israel, in Masada, Haifa und Bethlehem, verbringen.

Michal Fajbusiewicz: *Erst dort konnte ich sehen, wie grenzenlos Jan Kozielewski vel Karski von den Juden verehrt wurde. Die Älteren erkannten ihn auf der Straße und kamen auf ihn zu. Und er hatte Dutzende von Einladungen und Begegnungen, bei denen er wie ein Staatsmann empfangen wurde. Israels Oberrabbiner Lau meinte sogar, man müsste für ihn in jeder größeren Stadt ein Denkmal aufstellen. Am wichtigsten aber war ein Treffen in Haifa, in dem wunderschönen, oberhalb der Stadt gelegenen Haus von*

Schewach Weiss, dem damaligen Parlamentspräsidenten und späteren Botschafter Israels in Polen.[27]

Bei einem anderen Empfang, im Haus des polnischen Botschafters in Tel Aviv, traf Karski einen weiteren alten Bekannten: den Journalisten Aleksander Klugman, dem er zum großen Teil seine Auszeichnung als «Gerechter unter den Völkern» verdankte. Klugman selbst sollte von dieser Begegnung vor allem eines in Erinnerung behalten: Karskis Monolog darüber, dass das jüdische Volk von Gott nicht zweimal, wie das Alte Testament es wolle, sondern gleich dreimal auserwählt worden sei: Das erste Mal, als er seine Vereinbarung mit Abraham getroffen habe. Das zweite Mal, als er über Moses den Juden – und über sie allen Menschen – die zehn Gebote gegeben habe. Und das dritte Mal, als er seinen Sohn auf die Erde geschickt und unter allen Frauen der Welt eine Jüdin dafür ausgesucht habe, ihm das Leben zu schenken. An wen er in dem Moment dachte und wer ihn auf diese Tatsache aufmerksam gemacht hatte, behielt der Professor für sich.

20

DIE LETZTEN JAHRE

1997–2000

Schon wieder einer, der ihn überreden wollte, etwas zu tun, was er seit Jahrzehnten nicht getan hatte und nie wieder tun wollte. Dazu auch noch ein Deutscher, was die Situation völlig inakzeptabel machte – könnte man meinen. Dem war aber nicht so. Lothar Evers, damals, im Jahre 1996, Geschäftsführer der Informations- und Beratungsstelle für NS-Verfolgte, hatte das Glück, von Jan Karski als ein «sympathischer junger Mann» eingestuft zu werden, so dass die Begrüßung recht freundlich ausfiel. Er sei der erste Deutsche, erfuhr er gleich zu Beginn, den der Professor seit Konrad Adenauer kennenlerne – was scherzhaft gemeint, aber wahr war: Karski wurde Kanzler Adenauer vorgestellt, als dieser in den sechziger Jahren die Georgetown University besuchte. Allerdings war Evers nicht in sein Appartement in Chevy Chale, einem eleganten Vorort von Washington, gekommen, um sich nach dem Stand seiner Beziehungen zu den Deutschen zu erkundigen, sondern um ihn gewissermaßen zu einem Gegenbesuch einzuladen: Er und sein Team wollten am 24. Januar 1997 in Bonn an die internationale Öffentlichkeit treten und zu mehr «Gerechtigkeit für die Überlebenden des Holocaust in Mittel- und Osteuropa» aufrufen. Und Karski sollte nach Deutschland kommen, um dem Appell durch seine Anwesenheit den Charakter eines politischen Großereignisses zu verleihen. Die Reise würde Berlin, München, Köln und natürlich auch Bonn umfassen, wo er unmittelbar vor dem Jahrestag der Befreiung des KZ Auschwitz-Birkenau einen Vortrag halten würde.

Letzteres war ein Argument, dem der Professor nicht widerstehen konnte. Als Evers auch noch versprach, die Reise bis ins kleinste Detail zu organisieren und ihn während ihrer gesamten Dauer zu begleiten, sagte er schließlich zu. Es war dennoch keine leichte Entscheidung: Er sollte zum ersten Mal seit 55 Jahren ein Land besuchen, das er einst so gehasst hatte, dass er seitdem nicht einmal auf einem dortigen Flughafen umsteigen wollte. Und dazu, im Alter von fast 83 Jahren, die Strapaze einer hektischen Reise durch vier Städte auf sich nehmen. Tröstlich war nur der Gedanke (wie er später gestand), dass die Deutschen noch nie nach seinem Besuch verlangt hätten und dass sich auch jetzt ihr Interesse an seiner Person wohl in Grenzen halten würde.

Wie sehr er die Macht der Medien unterschätzt hatte, davon konnte er sich gleich nach seiner Ankunft in Berlin überzeugen. Allein der Vorbericht im *Spiegel* hatte ihn zu einem wichtigen Mann gemacht: Er wurde von einer Schar Reporter und Fotografen begrüßt, bekannte Berliner Publizisten wollten ihn treffen, interviewen oder zum Essen einladen, und vor dem Centrum Judaicum, wo er (neben dem Haus der Wannseekonferenz) sprechen sollte, bildete sich eine Schlange, die bis um die nächste Straßenecke reichte. Anfangs reagierte er erstaunt, formulierte die ersten Statements vorsichtig und blickte ein wenig skeptisch in die Kameras. Doch schon bald gewann er seine Selbstsicherheit zurück und wurde ganz der alte Routinier, der die Aufmerksamkeit der Medien zu nutzen weiß. Er sei gekommen, ließ er die Journalisten wissen, weil er hoffe, damit den Überlebenden zu helfen, die noch immer von jeglicher Hilfe seitens der Deutschen ausgeschlossen seien.

Auch sein Vortrag, in seinem unverwechselbaren, polnisch gefärbten Englisch gehalten, war perfekt vorbereitet. Er dauerte exakt 21 Minuten – die Länge hatte er, wie immer, mit der Stoppuhr geprobt – und war jene Mischung aus Tatsachenbericht und persönlicher Erinnerung, die schon die große Stärke der *Story of a Secret State* war und auf seine deutschen Zuhörer einen umso größeren Eindruck machte, als sie sein Buch nicht kannten. Er entschuldigte sich zum Schluss, dass er so viel über sich und seine Vergangenheit gesprochen habe. Er habe es nur getan, weil er darum gebeten worden sei und weil er glaube, damit etwas Sinnvolles zu bewirken. Doch als sie seine Entschuldigung ignorierten und – von seinem wachem Geist und ansteckenden Sinn für Humor angetan – noch mehr Erinnerungen aus ihm herauszulocken versuchten, stellte er sich fast eine Stunde lang ihren Fragen. Nicht anders war es in der Israelitischen Kultusgemeinde in München, im Bonner Wasserwerk oder in der Kölner Synagoge.

Natürlich musste er auch diesmal erklären, dass er über dreißig Jahre geschwiegen habe, weil er, ähnlich wie die jüdischen Opfer, ein normales Leben (als ein «Yankee mit ausländischem Akzent») habe führen wollen. Und auch diesmal musste er einiges davon, was über seine historische Mission mittlerweile im Umlauf war, korrigieren. Etwa die Behauptung, Präsident Roosevelt habe sich nach dem Gespräch mit ihm entschlossen, das *War Refugee Board* zu gründen, das Hilfsmaßnahmen für die Juden koordinieren sollte. Einige Historiker würden das glauben, erzählte er in Berlin, und manchmal versuche er es auch. Doch das sei Selbstbetrug und Schönfärberei, denn in Wirklichkeit habe Roosevelt nach ihrer Unterredung gar nichts getan. Man habe ihn noch monatelang drängen müssen, bis er das *Board* Anfang 1944 gründete – zu einem Zeitpunkt, als schon mehrere Millionen Juden tot gewesen seien.

Bei aller Routine solcher und ähnlicher Statements vergaß er nicht, in welchem Land er sich befand. Er machte keinen Hehl daraus, dass er Deutschland seit dem Krieg zutiefst gehasst hatte. Aber er sprach auch von seinem Glauben an die junge Generation, die sich vermutlich diesen alten antisemitischen und rassistischen «Unsinn» längst aus den Köpfen geschlagen habe, und von seiner Bereitschaft, ihren Anspruch auf ein normales Leben anzuerkennen. «Die Welt verändert sich», sagte er vor dem Kölner Publikum, «Menschen und Regierungen ebenso. Heute ist Deutschland ein wichtiger Pfeiler für Sicherheit und Fortschritt in Europa. Und man kann die heutige Generation nicht für die Verbrechen ihrer Väter verantwortlich machen.»[1]

Dort, in Köln, wo er am Jahrestag der Befreiung von Auschwitz in der Synagoge sprach, endete auch seine Reise. Als er seinen Vortrag mit dem Satz *This ist my last day in Germany* begann, konnte man ihm einen Moment lang seine Erleichterung und Erschöpfung anmerken. Dennoch ließ er es sich nicht nehmen, in den wenigen freien Stunden, die er hatte, einige Orte zu besuchen. Etwa den Kölner Karmel Maria vom Frieden, wo eine Zeitlang die «katholische Jüdin» Edith Stein gelebt hatte. Er habe sich, so Lothar Evers, besonders stark für sie interessiert (was nicht verwundert) und sei bei diesem Kirchgang von ihm und Martin Stankowski, einem Kölner Journalisten und ausgewiesenen Kenner der Stadt, begleitet worden.

Lothar Evers: *In einer Kapelle zeigte uns Stankowski ein Gemälde, auf dem das Fegefeuer dargestellt war, das, wie er sagte, von der katholischen*

Kirche erfunden worden sei. Worauf Karski mit dem ihm eigenen leisen Humor antwortete: «Mister Stankowski, als Katholik möchte ich Sie darauf aufmerksam machen, dass das Fegefeuer von meiner Kirche nicht erfunden, sondern entdeckt wurde.»[2]

Sein zehntägiger Besuch in Deutschland hatte übrigens noch einen weiteren Grund: die bevorstehende Premiere des Buches *Einer gegen den Holocaust. Als Kurier in geheimer Mission* des Autorenduos E. Thomas Wood und Stanisław M. Jankowski. Die Idee zu der amerikanischen Originalausgabe ging von Thomas Wood aus, einem Journalisten und Historiker aus Tennessee, der in seinem Alltag als Redakteur des Magazins *Nashville Life* arbeitete. Er lernte Professor Karski kennen, als dieser einen Vortrag in Tennessee hielt, und war von ihm und seiner Geschichte so fasziniert, dass er beschloss, über ihn ein Buch zu schreiben. Einen idealen Co-Autor fand er in dem schon erwähnten Krakauer Historiker Stanisław Jankowski, der Karski seit den späten Achtzigern kannte und bereits ein Buch über ihn publiziert hatte.

Die Gespräche mit dem Professor wurden für Wood zu einem unvergesslichen Erlebnis und für Karski selbst zu einer willkommenen Abwechslung. Seit dem Tod seiner Frau lebte er sehr zurückgezogen. Er wohnte im 17. Stock eines Appartementhauses in Chavy Chale, die Wohnung war kleiner als die frühere, in der allein Polas riesige Büchersammlung sehr viel Platz eingenommen hatte. Jetzt bestand die Einrichtung seines Salons nur aus einer kleinen Bibliothek, einem herrlich bequemen Sofa und einigen weiteren Möbeln, allen voran einem Regal, in dem die besagten Kristallkaraffen mit verschiedenen Whiskysorten standen. Dort empfing er auch Thomas Wood, den er sowohl an seinem früheren Leben als auch an seinen aktuellen Gewohnheiten teilhaben ließ.

Thomas Wood: *Professor Karski erlaubte mir, ihn stundenlang zu allen Details zu befragen. In den Pausen zwischen den Interviews instruierte er mich, welche Fragen wir als Nächstes besprechen sollten. Doch egal, bei welchem Thema wir gerade waren – sobald es 17 Uhr wurde, unterbrach er unser Gespräch und sah mich mit glühenden Augen an. «Meester Wood», sagte er dann mit dem starken Akzent in seiner Baritonstimme. «Das ist eine sehr interessante Unterhaltung. Doch meinen Sie nicht, dass wir einen Drink nehmen sollten?»*[3]

Das Buch von Wood und Jankowski (*Karski: How One Man Tried to Stop the Holocaust*) war 1994 im renommierten New Yorker Verlag John Wiley & Sons erschienen. Nun, Anfang 1997, sollte die deutsche Ausgabe folgen, und es war wohl kein Zufall, dass der Bleicher Verlag sie ins Programm genommen hatte: Heinz Max Bleicher, Sohn einer Jüdin und eines Christen, war ein Verleger, der sich – mit seinen Publikationen und seiner 1988 gegründeten Stiftung – besonders stark für die Aussöhnung beider Religionsgruppen engagierte und dafür mit der Otto-Hirsch-Medaille ausgezeichnet wurde. Warum aber brachte er ein Buch über Jan Karski und nicht die deutsche Übersetzung von *Story of a Secret State* heraus? Weil niemand nach dem Kriegsbestseller verlangte (weshalb er zum allgemeinen Erstaunen auf Deutsch erst 2011 erschien)? Oder weil Karski selbst gegen die deutsche Ausgabe war? Aus demselben Grund vielleicht, aus dem er früher die polnische abgelehnt hatte? Zu viele Ergänzungen und Korrekturen? Oder ging es womöglich um die unüberhörbaren antideutschen Akzente, die zwar im Zweiten Weltkrieg ihren Ursprung hatten, doch in Zeiten des Kalten Krieges aus bündnispolitischen Gründen problematisch waren und in der Zeit danach immer noch für Irritationen sorgen konnten?

Jan Karski: *Aber das war doch einer der Hauptgründe, warum ich mich um keine deutsche Ausgabe von «Story» bemühte. In den USA kam Eisenhower an die Macht, in Deutschland war Adenauer Bundeskanzler, die BRD wurde NATO-Mitglied. Ich kam zu dem Schluss, dass die Veröffentlichung dieses Buch etwas Destruktives an sich hätte. Denn infolge meiner Lehrtätigkeit an der Georgetown und im Pentagon, durch die ich selbst an dem psychologischen Krieg zwischen West und Ost beteiligt war, hatte ich begriffen, dass Deutschland zu unserer Stütze in Europa geworden war.*[4]

Ein Jahr nach Karskis Reise nach Deutschland beschloss ein anderes Land, seine politische Weitsicht zu würdigen. 1998, als Israel den 50. Jahrestag der Staatsgründung feierte, wurde er von den Gedenkstätte Yad Vashem für den Friedensnobelpreis vorgeschlagen. Die Begründung lautete, durch seine berühmte Mission, bei der er versucht habe, die Juden vor der Vernichtung zu bewahren, habe er der Welt gezeigt, welche tragischen Folgen es haben könne, wenn ein Volk, das keinen eigenen Staat besitze, nicht imstande sei, sich im Falle einer tödlichen Bedrohung selbst zu verteidigen und nur auf andere Völker angewiesen sei. Der Vorschlag wurde angenommen, und Karski gehörte bald zu den Nominierten, doch im Endeffekt bevorzugte das Preiskomitee zwei Iren, John Hume und David Trimble, die für ihre Anstrengungen ausgezeichnet wurden, eine friedliche Lösung im Nordirlandkonflikt herbeizuführen.

Diese Entscheidung wird Professor Karski gefallen haben. Ein vergleichbares Politiker-Paar sah er auch im eigenen Land und scherte sich nicht darum, dass er sich mit dieser Analogie neue Feinde machte: Wenn es nach ihm ginge, verkündete er mehr als einmal, würde er den Orden des Weißen Adlers (die höchste polnische Auszeichnung) sowohl Lech Wałęsa als auch General Wojciech Jaruzelski geben – dafür, dass der Sieg über einen Feind, sprich: der Sturz des Kommunismus, zum ersten Mal in der polnischen Geschichte ohne Blutvergießen gelungen sei. Damit irritierte er all diejenigen, die bei dem Namen Jaruzelski nicht an das gewaltlose Ende des kommunistischen Regimes (1989), sondern an die Todesopfer des von ihm 1981 ausgerufenen Kriegszustands dachten. Doch Karski blieb bei seiner Meinung und stand sogar in einem freundschaftlichen Briefwechsel mit dem General.

Herrn
Wojciech Jaruzelski
Warschau

Washington, 2. 2. 1998

Verehrter Herr Präsident,

es bekümmert mich sehr, dass ich diesen Brief mit solcher Verspätung schreibe. Mein Gesundheitszustand hat sich in letzter Zeit verschlechtert. Mein Rückenleiden bewirkt, dass ich immer weniger laufe, und die Arthritis – dass ich nicht mehr per Hand schreiben kann. Das alles hat zur Folge, dass ich mit der Beantwortung der Briefe ständig im Rückstand bin.

Ich habe die Unterlagen, die Sie mir geschickt haben, aufmerksam gelesen. Es ist ein Quellenmaterial, das nur von Historikern ausgewertet werden kann. Ich bin aber sicher, dass die Geschichte Ihre Tätigkeit anders beurteilen wird als Ihre Zeitgenossen, die politisch geteilt sind und immer noch sehr emotional reagieren. So war es in der Vergangenheit mit Adam Czartoryski*, Tadeusz Kościuszko, Aleksander Wielopolski**, Marschall Piłsudski, General Sikorski, Stanisław Mikołajczyk und vielen anderen …

Aus der Presse und anderen Informationsquellen erfahre ich, dass das Leben Ihnen keine Schläge erspart. Aber auch, dass Sie diese mit Würde hinnehmen. Es tut mir leid zu hören, dass Sie dazu auch noch gesundheitliche Probleme haben …

Ich bin schon ein alter Mann, habe 84 Jahre auf dem Buckel. Mein Herz schlägt polnisch, aber meine Weltanschauung verdanke ich meiner zweiten Heimat Amerika, von der ich so viel Freundlichkeit und Anerkennung erfahren habe. Wahrscheinlich deshalb betrachte ich den Lauf der Dinge in Polen anders als viele Patrioten, die dort leben. Ich sehe den Wald, sie – die Bäume.

Ich wünsche Ihnen, Herr Präsident, viel Gesundheit, Stärke, Ausdauer und Optimismus und verbleibe

mit höchster Hochachtung

Ihr ergebener Jan Karski[5]

«Ich sehe den Wald, sie – die Bäume»: Mit diesem Satz antwortete er auch oft auf die Frage der Journalisten, was ihn dazu berechtige, die Zustände in Polen zu kritisieren. Denn das tat er in vielen Interviews und bei jedem Besuch in der Heimat. Er äußerte sich kritisch über den Chauvinismus und Antisemitismus der Polen, über ihre politische Unreife und ihre Selbstbezogenheit, ihren Hang, die Verdienste der anderen herunterzuspielen und die eigenen aufzubauschen. Als Beispiel des Letzteren nannte er oft ihre Sicht der Entwicklung im eigenen Land und in der Sowjetunion. Nur Menschen, die politisch naiv oder fanatische Gegner Russlands seien, argumentierte er, könnten behaupten, ohne Gorbatschow und seine Perestrojka wären in Polen der Runde Tisch, die freien

* **Adam Czartoryski** (1770–1861), Anführer des konservativen, unversöhnlich antirussischen Lagers innerhalb der polnischen Emigration in Paris.

** **Aleksander Wielopolski** (1803–1877), pro-russischer Führer der Regierung Kongresspolens.

Wahlen von 1989, die erste demokratische Regierung von Tadeusz Mazowiecki, und schließlich der Fall der Berliner Mauer und die Veränderungen in anderen Ländern Europas möglich gewesen.

Jan Karski: *Das zuzugeben, mindert doch nicht im Geringsten die Verdienste der Polen bei der Umgestaltung Europas. Ohne den Sieg der «Solidarność» von 1980 hätte es keinen Gorbatschow von 1985 und ohne ihn keinen erneuten Erfolg der «Solidarność» von 1989 gegeben. Es gibt keine andere Logik.*[6]

Im Jahre 1998 war er wieder in Lodz, wo er sich nicht nur zu den früheren und aktuellen politischen Konstellationen, sondern auch zu seiner Friedensnobelpreis-Kandidatur und dem Verhältnis der Juden zu ihm selbst äußerte. Das eine sei ein absoluter «Unsinn» gewesen und das andere würde manchmal leicht absurde Formen annehmen, konstatierte er bei einem Gespräch über die polnisch-jüdischen Beziehungen, zu dem er sich, zusammen mit dem damaligen Lodzer Bürgermeister Marek Czekalski und dem Arzt und Schriftsteller Arnold Mostowicz, in der Wohnung von Marek Edelman einfand. Vor allem die amerikanischen Juden seien so fest von dem allgemein herrschenden Antisemitismus überzeugt, dass sie mit jedem, der ihnen wohlgesinnt sei, am liebsten gleich «Tango tanzen» würden. Und ihn, ihren bewährten Freund, würden sie nie anders als «Herr Graf» oder mindestens «Herr General» titulieren und seien davon auch nicht durch die Erklärung abzubringen, er sei so ein General wie sie Chinesen, erzählte er lachend.

Dann aber wurde er wieder ganz ernst, als das Gespräch auf die aktuellen Anzeichen des polnischen Antisemitismus kam, und vor allem bei der Premiere des Dokumentarfilms *Der Fotograf* von Dariusz Jabłoński, in dessen Vordergrund Arnold Mostowicz stand. Er hatte den Krieg als Arzt im Ghetto von Lodz (Litzmannstadt) verbracht. Sein Gegenspieler im Film war Walter Genewein, NS-Finanzleiter des Ghettos und Hobbyfotograf. Er hatte damals im Ghetto eine Farbdia-Serie gemacht, die in den achtziger Jahren zufällig in einem Salzburger Antiquariat gefunden wurde. Jabłoński zeigte in seinem Film eine Auswahl der Farbdias, die den Eindruck einer gespenstigen Normalität vermittelten, und konfrontierte sie und die Erinnerungen des NS-Fotografen mit den in Schwarz-Weiß gedrehten Aufnahmen vom heutigen Lodz und Interviewszenen mit dem achtzigjährigen Mostowicz, einem der letzten Überlebenden. Nach dem Krieg schwer erkrankt, gab er den Arztberuf auf, zog nach Warschau und wurde Journalist und Schriftsteller.

Jan Karski kannte seine Geschichte nicht: Sie waren zwar derselbe Jahrgang und hatten beide ihre Jugend in Lodz verbracht, doch kennengelernt hatten sie sich erst im hohen Alter. Er wusste aber auch nicht viel über das Lodzer Ghetto. Er wird den Namen seines deutschen Verwalters, Hans Biebow, gehört haben. Und mit Sicherheit war ihm bekannt, dass von allen Ghettos in Polen dieses am längsten bestand (bis Herbst 1944) und dass dies Mordechaj Chaim Rumkowski, dem Vorsitzenden des Judenrates und eigentlichen Ghettoverwalter, zu verdanken war. Doch wusste er auch, warum Rumkowski gleichzeitig zu den umstrittensten Gestalten jener Zeit gehörte? Dass er für die einen ein geltungssüchtiger Egomane und Kollaborateur war, der sich wie ein absoluter Monarch gab und eifrig dazu beitrug, die Idee der «Endlösung» umzusetzen? Und für die anderen ein genialer Organisator, der das Ghetto in ein perfekt funktionierendes Unternehmen verwandelte und so mehrere Tausend Menschen vor der Vernichtung bewahrte? Kannte er die Legende, die um seinen Tod entstanden war? Er sei mit dem letzten Transport aus Lodz ins KZ Auschwitz gekommen, dort respektvoll herumgeführt und dann bei lebendigem Leibe in einen Krematoriumsofen geworfen worden. Vermutlich nicht. Rumkowski war bis vor Kurzem im historischen Bewusstsein der Polen relativ schwach verankert. Erst in den letzten Jahren und dank solcher Bücher wie *Die Elenden von Lodz* von Steve Sem-Sandberg oder *Die Fliegenfängerfabrik* von Andrzej Bart hat sich das geändert. Und außerdem, hätte Karski das alles gewusst, wäre wohl seine Reaktion auf den Film anders ausgefallen.

Dariusz Jabłoński: *Als der Film zu Ende war, herrschte im Zuschauerraum erst einmal ein langes Schweigen. Als Erster stand Professor Karski auf, ging auf Arnold Mostowicz zu, umarmte ihn und sagte, sichtlich erschüttert, er habe nicht gewusst, dass der so viel Schlimmes erlebt hätte.*[7]

Ein Jahr später, im Herbst 1999, hatte Karski in Warschau seine eigene Premiere: die feierliche Präsentation der ersten polnischen Ausgabe von *Story of a Secret State*, die, von seinem Freund Jacek Kuroń moderiert, im königlichen Schloss stattfand. Er hatte sich zu dem Buch schließlich von dem engagierten Warschauer Verleger Andrzej Rosner überreden lassen. Seinem Argument, es sei ein wichtiges historisches Zeugnis, das man der jungen polnischen Generation nicht vorenthalten solle, hatte er nicht viel entgegenzusetzen, zumal sein Sekretär, Waldemar Piasecki, und der Warschauer Historiker Andrzej Kunert ihm die Vorbereitung der Ausgabe (Redaktion der Übersetzung, Einleitung, Anmerkungen, Namensglossar etc.) komplett abnahmen. Er brauchte nur ein kurzes, symbolisch auf den 1. September 1999 datiertes Vorwort zu schreiben und, Monate später, für das Buch den Preis des polnischen PEN-Clubs entgegenzunehmen.

Das letzte Mal kam er nach Polen im Frühjahr 2000. Diesmal aus einem Anlass, der ihn besonders freute: Am 15. Mai sollte er, zusammen mit Marek Edelman, Roman Polański und dem Theaterregisseur Kazimierz Dejmek, die Ehrenbürgerschaft der Stadt Lodz erhalten. Allerdings ging dem feierlichen Ereignis eine Welle rechtsradikaler und antisemitischer Exzesse voraus, die auch vor dem allgemein respektierten Marek Edelman keinen Halt machte – und seinen Freund Jan Karski zu einer sofortigen und scharfen Reaktion veranlasste.

Washington, 25. 3. 2000

Mein lieber und edler Freund,

unsere gemeinsame Stadt Lodz hat Dich mit den Händen eines antipolnischen Gesindels angegriffen. Ich fühle mich wie im Jahre 1968, als Arthur Rubinstein meine Frau, Pola Nireńska, anrief und sagte: «Es passiert etwas Schreckliches. Die Polen werden von anderen Polen aus Polen vertrieben.»

Es passiert etwas Schreckliches. Die Polen schreiben an die Wand Deines Hauses: «Raus!» Die Polen sagen Dir: «Scher dich hinaus!» Dir, einem der wertvollsten Polen, die ich kenne …

Mit großem Bedauern stelle ich fest: In der Dritten Polnischen Republik herrscht in Bezug auf den Antisemitismus ein Klima der Toleranz und Zustimmung. Und niemand soll mir erzählen, dass es nicht wahr ist. Wer in Polen die Macht ausübt und behauptet, Schmierereien an den Mauern wie «Juden ins Gas», «Juden raus», «Polen für die Polen» seien nur harmlose Delikte junger Hooligans, der ist dem Begriff «regierende

Elite», wie er im Westen definiert wird, nicht gewachsen. Wer Toleranz übt, der stimmt zu und ist mitverantwortlich …

Die Polen sollten endlich ihre zivilisatorische Prüfung bestehen und dem Hass im eigenen Land den Kampf ansagen, statt sich um jemanden wie Haider in Österreich zu kümmern.

Das, was Dir zugestoßen ist, lieber Doktor, erfüllt mich mit Ekel, mit Verachtung für die Täter, mit Verblüffung wegen der Ratlosigkeit der polnischen Behörden und mit dem Gefühl echter Solidarität mit Dir in Deinem Schmerz. Du hast recht, wenn Du schreibst: «Heute schmieren sie, morgen werden sie töten.»

Wird sie jemand daran hindern?

Jan Karski[8]

Als er Wochen später in Lodz ankam, hielt seine Empörung immer noch an, so dass er auch in seiner Dankesrede bei der Verleihung der Ehrenbürgerschaft auf den Zwischenfall einging: Zunächst erzählte er davon, wie er in seiner Kindheit im Innenhof seines Geburtshauses die Nachbarskinder vertrieb, die sich einen Spaß daraus machten, die Juden bei einem religiösen Fest zu stören. Und dann ging er zur Gegenwart über: «Wenn heute andere, erwachsene Lodzer Bürger den Hausfrieden eines der bedeutendsten Söhne dieser Stadt, Dr. Marek Edelman, stören, ihn beschimpfen und verhöhnen, dann kann ich mir nicht den Luxus leisten, mich damit nicht auseinanderzusetzen», ließ er das Publikum wissen. «Ich bin alt und krank geworden und würde es heute nicht mehr schaffen, jemanden zu verjagen oder zu beschützen. Also muss ich mich aufs Reden verlegen. Derzeit gehen schlimme Dinge in Polen vor. Es wird immer mehr zum Land der ‹Einzelgötter› und ‹Exklusivgötter›. Dem gemeinsamen, einzigen Gott, an den zu glauben mich meine Mutter gelehrt hat, wird die Tür versperrt.»[9]

Er wusste, dass es sein letzter Besuch in Polen war, und hatte sichtlich das Bedürfnis, eine Bilanz zu ziehen. Auch privat ließ er es erkennen – in Gesprächen mit Menschen, die in den letzten Jahren zu seinen Freunden geworden waren. Er hatte sie überall, in Warschau, in Lublin, in Kazimierz Dolny, wo er sich immer sehr gern aufhielt, viele Bekanntschaften schloss und zum Ehrenmitglied des dortigen Rotary Clubs geworden war (und wo sich heute an der Wand einer stadtbekannten Bäckerei eine

Tafel befindet, die daran erinnert). Und natürlich in Lodz, wo man ihn manchmal an ganz entlegenen Orten antreffen konnte. Etwa im Garten des Filmemachers Michał Fajbusiewicz, mit dem er seit den gemeinsamen Dreharbeiten zu *Meine Mission* (der Film hatte 1997 Premiere) befreundet war und bei dem er, wie er sagte, die Gerüche seiner Kindheit wiederfand. Auch bei diesem letzten Besuch sahen sie sich wieder.

Michał Fajbusiewicz: *Er war schon sehr krank und ging am Stock, strotzte aber trotzdem wie früher vor Energie und Humor. Er sagte zu mir, er würde nicht mehr rauchen, und im Gegensatz zu früher könne er jetzt nur noch wenig Alkohol vertragen. Zwei, drei «Manhattans», und er würde sofort einschlafen. Dann fügte er hinzu: «Ganz einschlafen würde er am liebsten in Lodz.»*[10]

Er sagte auch andere Dinge, die Fajbusiewicz zum letzten Mal mit seiner Kamera festhalten durfte – über das Altsein, die Einsamkeit, seinen Alltag in Washington. Dinge wie: «Ich war psychisch auf das Altsein nicht vorbereitet. Und jetzt macht es mich verlegen. Meine Hässlichkeit, meine Schwäche. Ich gehe nirgendwo mehr hin, nur wenn ich muss. Ich bleibe zu Hause, liege im Bett, sitze im Bett, lese Bücher. Ich bin nicht mehr aktiv. Alles langweilt mich. Ich bin 86 Jahre alt, und ich mag nicht mehr. Ich bin nur noch müde, ständig müde.»[11] Oder auch über die Legende, die um sein Leben entstanden war: «Dieser Karski interessiert mich seit zwanzig Jahren nicht mehr. Ich trete auf als er, weil man mich ständig dazu zwingt. Ich soll dahin, ich soll dorthin. Ich habe keinen Grund, nein zu sagen, aber ich habe auch dazu keine Kraft mehr. Es ist, als wären meine inneren Fundamente zusammengefallen. Ganz plötzlich.»[12]

Eines hatte er aber über seinen bescheidenen Alltag nicht gesagt: dass er bis zuletzt leidenschaftlich gern Schach spielte. Hing das womöglich auch mit seiner Kindheit in Lodz zusammen? Damit, dass die Stadt damals eine Schach-Hochburg war und Namen wie Hersz Salwe und Akiba Rubinstein mit größtem Respekt ausgesprochen wurden? Meistens spielte er mit Mariusz Handzlik, einem jungen, begabten Diplomaten, der Jahre später bei der Katastrophe des Flugzeugs von Präsident Lech Kaczyński bei Smolensk (2010) ums Leben kommen sollte.

Mariusz Handzlik: *In den fünf Jahren, in denen ich Mitarbeiter der polnischen Botschaft in Washington war, traf ich Professor Karski bei vielen Gelegenheiten. Doch der Freitagabend war für unser Schachspiel reserviert. Wir sprachen dabei über verschiedene Dinge. Das heißt, der Professor sprach, und ich hörte ihm aufmerksam zu. Er war ein faszinierender Geschichtenerzähler.*[13]

Später, als Handzlik Mitarbeiter der polnischen Vertretung bei der UNO in New York wurde, erinnerte er sich nach eigenen Worten besonders oft daran, was ihm Professor Karski über die Vereinten Nationen gesagt habe: Deren Gründung habe er für das größte internationale politische Ereignis gehalten, durch das die Welt zu einem besseren Ort geworden sei. Und er habe ihm von seinem Versuch erzählt, unmittelbar nach dem Krieg einen Posten bei der UNO zu bekommen, was an der Bedingung, er solle mit der neuen, kommunistischen Regierung zusammenarbeiten, leider gescheitert sei.

Auch Kaya Ploss, Karskis Lebensgefährtin der letzten Jahre, hat einiges in Erinnerung behalten, was er als verpasste Chancen empfunden haben soll. Vor allem seine Selbstvorwürfe, nicht genug zur Rettung der Juden getan zu haben. Er sei von dem Gedanken geradezu besessen gewesen – ein Paradoxon, bei dem man genauso ungläubig den Kopf schüttelt wie bei Steven Spielbergs Film über Oskar Schindler, der sich in der Schlussszene von der riesigen Schar seiner jüdischen Schützlinge verabschiedet und sich gleichzeitig Vorwürfe macht, nicht genug Menschenleben gerettet zu haben.

Einmal, als sie ihm erzählte, dass sie seit der Scheidung von Sidney Ploss über eine größere Summe verfüge, die sie sinnvoll ausgeben möchte, gab er ihr einen Rat: Sie solle eine Stiftung gründen, die polnische Kinder in den Ferien nach Amerika einlade. Sie müssten dabei nicht unbedingt das Holocaust-Mahnmal besichtigen – es genüge, dass sie sich den amerikanischen Alltag einprägen würden: die vielen Hautfarben, Sprachen, Religionen. Eine bessere Lektion der Toleranz könne man sich kaum vorstellen. Er half ihr auch, die Idee umzusetzen, indem er einen Betrag beisteuerte und ihr den Kontakt zu Jolanta Kwaśniewska, der sozial engagierten Frau des Ex-Präsidenten, ermöglichte. Es war der beste Rat, den er ihr geben konnte: Das Projekt und die Zusammenarbeit beider Frauen haben inzwischen eine lange Tradition, und Kaya Ploss wurde

Jahre später zur Gründungsdirektorin eines «Jan-Karski-Instituts für Dialog und Toleranz», das seinen Sitz zuerst in Washington hatte und dann nach Schlesien verlegt wurde.

Nach jenem letzten Besuch in Polen im Jahre 2000 hatte er auch noch eine weitere gute Idee, die er, als sein kleines persönliches Vermächtnis, selbst umsetzte: die Stiftung des «Jan-Karski-Adlers», eines Preises, mit dem nach seinem Wunsch diejenigen ausgezeichnet werden sollten, die sich auf eine «würdevolle Weise um Polen Sorgen machen» und «dem Land Gutes wünschen». Die Liste der Preisträger ist mittlerweile lang: von Jacek Kuroń, Józef Tischner, Aleksander Kwaśniewski, Bronisław Geremek und Marek Edelman über Oriana Fallaci, Elie Wiesel und Schimon Peres bis zum Krakauer Wochenblatt *Tygodnik Powszechny* und dem Hoover-Institut in Stanford.

Der 12. Juli 2000 war ein Donnerstag, doch Jan Karski und Mariusz Handzlik spielten trotzdem Schach. Anfangs waren sie allein, bald schloss sich ihnen aber (wenn auch nur am Telefon) Karskis Sekretär an.

Waldemar Piasecki: *Der Professor zitterte vor Kälte, und Mariusz rief mich in New York an, damit ich ihn überredete, sich ins Krankenhaus bringen zu lassen. «Erzählen Sie keinen Quatsch, sondern spielen Sie! Es ist Schach und Ihre Situation nicht sehr erfreulich», hörte ich im Hintergrund die erhobene Stimme von Jan Karski. Er hatte diese Partie gewonnen. Gegen 21 Uhr ließ er sich ins Georgetown University Hospital bringen. Auf seine letzte Reise. Er wurde auf einer Intensivstation untergebracht und fiel schnell in einen Schlaf, aus dem er nicht mehr aufwachte. Er starb am nächsten Tag, kurz vor elf Uhr.*[14]

«Ganz einschlafen würde ich am liebsten in Lodz»: Dieser Wunsch wurde ihm an jenem 13. Juli 2000 nicht erfüllt. Dafür aber der, den er für seinen letzten Weg hatte: Während der Trauermesse in der Washingtoner St. Matthew's Cathedral sprach sein ehemaliger Student, Rabbi Michael Berenbaum, für ihn das Kaddisch. Und als er kurze Zeit später auf dem Friedhof Mount Olivet, neben seiner Frau Pola, beigesetzt wurde, schmückten seinen Sarg zwei Fahnen, die polnische und die amerikanische, und ein aus Warschau mitgebrachter Davidstern.

SCHATTENKABINETT

Eine Art Epilog

Das Poznański-Palais in Lodz. Jan Karskis «Kabinett» befindet sich im Erdgeschoss, die der anderen Lodzer Berühmtheiten im ersten Stock. Nur Marek Edelman teilt sich seit Kurzem mit ihm die Ebene. Man kann sich gut vorstellen, wie einer der prominenten «Nachbarn» nachts vorbeischaut, auf dem lachsfarbenen Sofa Platz nimmt und sich in ein geistreiches Gespräch verwickeln lässt. Oder noch besser: Wie sie sich alle auf einmal zu einer gutgelaunten Nachtgesellschaft einfinden. Der elegant gekleidete Hausherr geht von Gast zu Gast, serviert selbstgemixte

Jan-Karski-Kabinett im Stadtmuseum Lodz

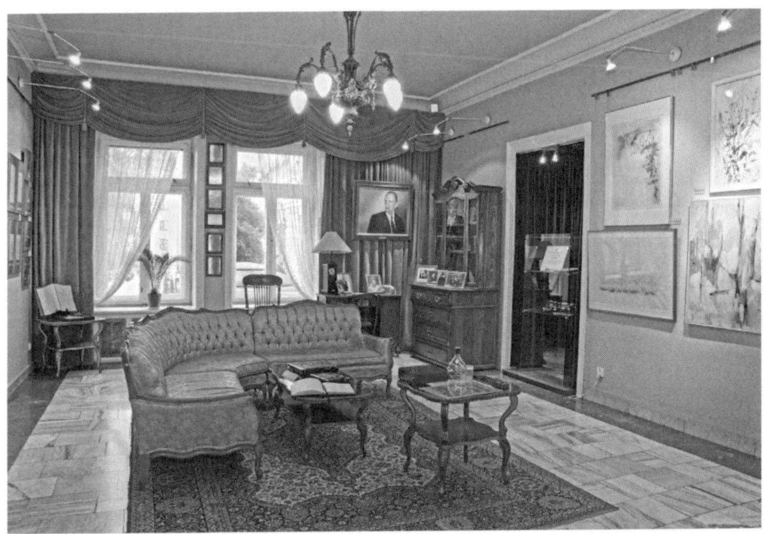

Drinks und führt mit jedem eine leichte, amüsante Unterhaltung. Mit Władysław Reymont darüber, inwieweit das Lodz aus *Das Gelobte Land* der Stadt seiner Kindheit gleicht. Mit Julian Tuwim über die Last, die ein Jugendlicher empfindet, wenn man ihm einen so großen Dichter zum Vorbild macht. Mit Arthur Rubinstein über den Rat, den er seiner geliebten Pola damals in Florenz gab. Mit Aleksander Tansman über das Hollywood der vierziger Jahre. Mit Jerzy Kosiński über die dunklen Geheimnisse New Yorks. Mit Karl Dedecius darüber, wie es war, Deutschland nach einem halben Jahrhundert wiederzusehen. Und mit Marek Edelman … Nein, diesmal nicht über das sterbende Kind aus dem Ghetto. Dann schon lieber darüber, ob die Polen nun wirklich unverbesserliche Antisemiten sind oder nicht.

Und mit sich selbst? Später, wenn er allein geblieben ist? Worüber spricht er dann? Und was macht er? Geht er mit halbleerem Glas in der Hand im Zimmer herum? Bleibt er an den einzelnen Bildern stehen? Oder an dem Schreibtisch? Da liegt immer noch der Brief, den er damals an den jungen Jan Kozielewski geschrieben hat. «Ich fahre hin, um Dich zu treffen … Vielleicht erkennen wir einander wieder …»

DANKSAGUNG

Ich hatte nur einmal die Ehre und das Vergnügen, Jan Karski zu begegnen. Es war während seines Besuches in Deutschland im Jahre 1997: Nach einem langem Abend in den engen Hinterhofräumen der Israelitischen Kultusgemeinde in München – dem Vortrag und den vielen Fragen des Publikums und der Journalisten – genoss er es sichtlich, zum Schluss ein ruhiges Gespräch in seiner Muttersprache zu führen, und beantwortete meine Fragen (die ich ihm im Auftrag des Bayerischen Rundfunks stellte) mit viel Geduld, Verve, Humor und jener vollendeten Höflichkeit, der er das Etikett «der letzte Gentleman» verdankte. Sein Bild hatte ich beim Schreiben dieses Buches immer wieder vor Augen.

Als Material für eine Biographie hat das von ihm an diesem Abend Gesagte natürlich nicht gereicht. Umso dankbarer bin ich all denjenigen, die mich mit wertvollen Informationen, Hinweisen, Texten und Filmen versorgt haben: Prof. Władysław Bartoszewski, Marek Bieńczyk, Lothar Evers, Michał Fajbusiewicz, Dariusz Jabłoński, Maja Jakóbczyk, Stanisław M. Jankowski, Jerzy Korczak, Anna Mieszkowska, Kaya Mirecka-Ploss, Andrzej Rosner, Marian Turski, Ewa Wierzyńska, Maciej Wierzyński, Prof. Andrzej Żbikowski sowie den Mitarbeitern des Antje Kunstmann Verlags in München, des Museums für Polnische Geschichte in Warschau, des Stadtmuseums Lodz, des Jan-Karski-Instituts in Ruda Śląska, des Archivs des Institut Littéeraire in Maisons-Laffitte, des Archivs der Polnischen Emigration in Thorn, des Archivs des Polnischen Rundfunks in Warschau und des Literaturarchivs Ossolineum in Breslau. Ohne ihre Hilfsbereitschaft und ohne die Großzügigkeit der Stiftung für deutsch-polnische Zusammenarbeit hätte dieses Buch niemals entstehen können. Ihnen allen gilt mein herzlicher Dank.

ANHANG

ZITATQUELLEN

Zitate, die nicht mit anderslautenden Angaben versehen sind, wurden von der Autorin aus dem Polnischen und Englischen ins Deutsche übersetzt.

Vorbemerkung

1 Ryszard Kapuściński, *Lapidarium.* Aus dem Polnischen von Martin Pollack. Eichborn Verlag, Frankfurt a. M. 1992, S. 191.
2 Elie Wiesel, *Vorwort* (in: E. Thomas Wood/Stanisław M. Jankowski, *Jan Karski – Einer gegen den Holocaust. Als Kurier in geheimer Mission.* Aus dem Amerikanischen von Anna Kaiser. Bleicher Verlag, Gerlingen 1997, S. 8).

Marek Bieńczyk: *Der Große Erzähler*

Marek Bieńczyk, *Wielki Narrator* (in: M. B., *Książka twarzy*, Verlag Świat Książki, Warschau 2012, S. 189–192). Aus dem Polnischen von Marta Kijowska.

1. Der «Lodzermensch»

1 Film *Moja misja*, Regie: Michał Fajbusiewicz und Waldemar Piasecki, Polen 1997; Abschrift der Filmkassette, Archiv von M. F.
2 Ebd.
3 Ebd.
4 Ebd.
5 Julian Tuwim, *Polnische Blumen* (in: *Panorama der polnischen Literatur des 20. Jahrhunderts*, Teil 1: *Poesie*, Hg. und übers. Karl Dedecius, Ammann Verlag, Zürich 1996, Bd. 1, S. 263).
6 Jan Karski, Brief an Jan Kozielewski vom 23. 9. 1999; Stadtmuseum Lodz.
7 Film *Moja misja*, Regie: Michał Fajbusiewicz und Waldemar Piasecki, Polen 1997; Abschrift der Filmkassette, Archiv von M. F.
8 Ebd.

9 Marek Tomaszewski, *Jan Karski – ostatnie wspomnienie* (in: Kurier Plus, New York, 2001, Nr. 337/T. 1).
10 Karl Dedecius, *Ein Europäer aus Lodz. Erinnerungen.* Suhrkamp Verlag, Frankfurt a. M. 2006, S. 54.
11 Film *Moja misja*, a. a. O.
12 Karl Dedecius, *Ein Europäer aus Lodz*, a. a. O., S. 17/18.
13 Arthur Rubinstein, *Erinnerungen. Die frühen Jahre.* Aus dem Englischen von Günther Danehl. S. Fischer Verlag, Frankfurt a. M. 1973, S. 19.
14 Zitiert nach: Witold Bereś/Krzysztof Burnetko, *Marek Edelman erzählt.* Aus dem Polnischen von Barbara Kulińska-Krautmann. Parthas Verlag, Berlin 2009, S. 183.
15 Israel J. Singer, *Die Brüder Aschkenasi.* Aus dem Amerikanischen von Gertrud Baruch. Rowohlt Taschenbuch Verlag, Reinbek 1989, S. 23.
16 Henryk Grynberg, *Memorbuch.* Verlag W. A. B., Warschau 2000, S. 327.
17 Walter Heinrich, *Die Stunde des Pelikans. Die Lebensgeschichte des Maximilian Kolbe.* Diogenes Verlag, Zürich 2009, S. 14 f.
18 Jan Karski/Maciej Wierzyński, *Emisariusz własnymi słowami. Zapis rozmów przeprowadzonych w latach 1995–1997 w Waszyngtonie, emitowanych w Głosie Ameryki.* Verlag PIW, Warschau 2012, S. 13 f.
19 Ebd., S. 11.
20 Karl Dedecius, *Ein Europäer aus Lodz*, a. a. O., S. 63.
21 Jan Karski im Gespräch mit der Autorin; 22. Januar 1997.
22 Film *Moja misja*, a. a. O.
23 Harvey Sachs, *Arthur Rubinstein. Die Biographie.* Aus dem Amerikanischen von Michael Schmidt. Kindler Verlag, München 1997, S. 26 f.
24 Film *Moja misja*, a. a. O.
25 Jan Karski/Maciej Wierzyński, *Emisariusz własnymi słowami*, a. a. O., S. 14.
26 Karl Dedecius, *Ein Europäer aus Lodz*, a. a. O., S. 12.
27 Ebd., S. 45.

2. Nach Lemberg

1 Film *Moja misja*, a. a. O.
2 Marek Tomaszewski, *Jan Karski – ostatnie wspomnienie*, a. a. O., Nr. 337/T. 1.
3 Roman Pawłowski, *Wszystko o moim ojcu. Rozmowa z Agnieszką Holland* (in: Gazeta Wyborcza, Beilage *Wysokie Obcasy*, 23. 12. 2006).
4 Julian Stryjkowski, *Echo.* Aus dem Polnischen von Esther Kinsky. Aufbau Verlag, Berlin 1995, S. 37 f.
5 Ders. im Gespräch mit der Autorin; 8. Juni 1995.
6 Ebd.
7 Marek Tomaszewski, *Jan Karski – ostatnie wspomnienie*, a. a. O., Nr. 337/T. 1.
8 Ebd.

9 Ebd.
10 Antoni Graf Sobański, *Nachrichten aus Berlin 1933–36.* Aus dem Polnischen von Barbara Kulińska-Krautmann. Parthas Verlag, Berlin 2007, S. 175.
11 Ebd.
12 Ebd., S. 187.
13 Ebd., S. 189.
14 Ebd.
15 Ebd.
16 Ebd., S. 190.
17 Jan Karski/Maciej Wierzyński, *Emisariusz własnymi słowami,* a. a. O., S. 18.
18 Zitiert nach: E. Thomas Wood/Stanisław M. Jankowski, *Jan Karski – Einer gegen den Holocaust,* a. a. O., S. 24.

3. Junger Diplomat

1 Jan Karski/Maciej Wierzyński, *Emisariusz własnymi słowami,* a. a. O., S. 18.
2 Ebd.
3 Ryszard Kapuściński, *Die Welt im Notizbuch.* Aus dem Polnischen von Martin Pollack. Eichborn Verlag, Frankfurt a. M. 2000, S. 322.
4 Jan Karski, *Wielkie mocarstwa wobec Polski, 1919–1945. Od Wersalu do Jałty.* Aus dem Englischen von Elżbieta Morawiec. Wydawnictwo Universytetu Marii Curie-Skłodowskiej, Lublin 1998, S. 238.
5 Ebd., S. 248.
6 Jan Karski, *Wielkie mocarstwa wobec Polski,* a. a. O., S. 246.
7 *Dokumente und Materialien zur ostmitteleuropäischen Geschichte. Themenmodul ‹Zweite Polnische Republik›,* Hg. Herder-Institut, Bearb. Heidi Hein-Kirche, Übers. Eduard Mühle; erstellt am 5. 7. 2011; Webseite des Herder-Instituts.
8 Ebd.
9 Maria Dąbrowska, *Tagebücher 1914–1965.* Ausw. und Hg. Tadeusz Drewnowski. Aus dem Polnischen von Klaus Staemmler. Suhrkamp Verlag/Polnische Bibliothek, Frankfurt a. M. 1989, S. 154.
10 Jan Karski/Maciej Wierzyński, *Emisariusz własnymi słowami,* a. a. O., S. 20.
11 Józef Beck, *Ostatni raport.* Verlag PIW, Warschau 1987, S. 174.
12 Jan Karski, *Mein Bericht an die Welt. Geschichte eines Staates im Untergrund.* Hg. Céline Gervais-Francelle. Aus dem englischen Originaltext und der französischen Neuausgabe von 2010 übersetzt von Franka Reinhart und Ursel Schäfer. Antje Kunstmann Verlag, München 2011, S. 37.
13 Heinrich Jaenecke, *Polen. Träumer – Helden – Opfer.* Verlag Gruner und Jahr, Hamburg 1981, S. 32.
14 Józef Beck, *Ostatni raport,* a. a. O., S. 181.
15 Ebd.

4. Der Kriegsausbruch

1 Jan Karski/Maciej Wierzyński, *Emisariusz własnymi słowami*, a. a. O., S. 22.
2 Marek Tomaszewski, *Jan Karski – ostatnie wspomnienie*, a. a. O., Nr. 337/T. 1.
3 Jan Karski/Maciej Wierzyński, *Emisariusz własnymi słowami*, a. a. O., S. 24.
4 Marek Tomaszewski, *Jan Karski – ostatnie wspomnienie*, a. a. O., Nr. 338/T.2.
5 Stanisław Wyspiański, *Die Hochzeit*. Aus dem Polnischen von Karl Dedecius. Suhrkamp Verlag, Frankfurt am Main 1992, S. 250.
6 Maria Dąbrowska, *Tagebücher 1914–1965*, a. a. O., S. 166.
7 Władysław Bartoszewski, *Herbst der Hoffnungen. Es lohnt sich, anständig zu sein*. Herausgegeben und mit einem Nachwort von Reinhold Lehmann. Herder Verlag, Freiburg im Breisgau 1983.
8 Jan Karski, *Mein Bericht*, a. a. O., S. 44.
9 Ebd., S. 51.
10 Jan Karski/Maciej Wierzyński, *Emisariusz własnymi słowami*, a. a. O., S. 22.
11 Jan Karski, *Mein Bericht*, a. a. O., S. 60 f.
12 Marek Tomaszewski, *Jan Karski – ostatnie wspomnienie*, a. a. O., Nr. 337/T. 1.

5. Einstieg in die Konspiration

1 Jan Karski/Maciej Wierzyński, *Emisariusz własnymi słowami*, a. a. O., S. 22.
2 Marek Tomaszewski, *Jan Karski – ostatnie wspomnienie*, a. a. O., Nr. 338/T. 2.
3 Jan Karski, *Mein Bericht*, a. a. O., S. 97 f.
4 Marek Tomaszewski, *Jan Karski – ostatnie wspomnienie*, a. a. O., Nr. 337/T. 1.
5 Jan Karski, *Mein Bericht*, a. a. O., S. 112.
6 Gerhard Gnauck, «*Eine tragische Gestalt*». *Władysław Bartoszewski kannte Jan Karski seit 1942 und ist ihm bis zu dessen Tod im Jahr 2000 immer wieder begegnet. Eine Erinnerung* (in: Die Welt, 26. 02. 2011).
7 Andrzej Żbikowski, *Karski*. Verlag Świat Książki, Warschau 2011, S. 57 f.
8 Jan Karski, Bericht für die Exilregierung vom Februar 1940; zitiert nach: E. Thomas Wood/Stanisław M. Jankowski, *Jan Karski – Einer gegen den Holocaust*, a. a. O., S. 60.
9 Andrzej Żbikowski, *Karski*, a. a. O., S. 79.

6. Angers und zurück

1 Niklas Frank, *Meine deutsche Mutter*. Bertelsmann Verlag, München 2005, S. 271.
2 Jan Karski, *Mein Bericht*, a. a. O., S. 175.
3 Ebd., S. 182.
4 Stanisław Mackiewicz (Cat), *Lata nadziei. 17 września 1939–5 lipca 1945*. Verlag Głos, Warschau 1990, S. 53 f.

5 Sławomir Koper, *Polskie piekiełko. Obrazy z życia elit emigracyjnych 1939–1945*. Verlag Bellona, Warschau 2012, S. 78.
6 Ebd.
7 Ebd., S. 77.
8 Jan Karski/Maciej Wierzyński, *Emisariusz własnymi słowami*, a. a. O., S. 44.
9 Stanisław M. Jankowski, *Karski. Raporty tajnego emisarjusza*. Rebis, Posen 2009, S. 52.
10 Mitschnitt der Podiumsdiskussion *Erinnerung an Jan Karski* im Warschauer Kino «Kultura» am 13. 7. 2010.
11 Film *Emisariusze*, Regie: Andrzej Wolski, Polen 1987.
12 Krzysztof Masłoń, *Lubieński znów pyta: Bić się czy się nie bić?* (in: Rzeczpospolita, 9. 9. 2009).
13 Stanisław M. Jankowski, *Karski*, a. a. O., S. 71.
14 Andrzej Żbikowski, *Karski*, a. a. O., S. 127.
15 Stanisław Mierzwa, *Nasze ludowe kontakty: droga Kraków-Budapeszt-Paryż-Londyn*; zitiert nach: Stanisław M. Jankowski, *Karski*, a. a. O., S. 88.
16 Stefan Korboński, *Bohaterowie Państwa Podziemnego, jak ich znalem*; zitiert nach: E. Thomas Wood/Stanisław M. Jankowski, *Jan Karski – Einer gegen den Holocaust*, a. a. O., S. 88.
17 Jan Karski/Maciej Wierzyński, *Emisariusz własnymi słowami*, a. a. O., S. 82.
18 Ebd., S. 60.

7. In den Händen der Gestapo

1 Andrzej Bobkowski, *Wehmut? Wonach zum Teufel. Tagebücher aus Frankreich*, Bd. 1. 1940–41. Aus dem Polnischen von Martin Pollack. Rospo Verlag, Hamburg 2000, S. 6.
2 Ebd., S. 15 f.
3 Ebd., S. 16.
4 Ebd., S. 31.
5 Jan Karski/Maciej Wierzyński, *Emisariusz własnymi słowami*, a. a. O., S. 62.
6 Zofia Rysiówna, Erinnerung an Jan Karski (in: *W służbie Państwa Podziemnego. Opowieść o Janie Karskim*. Feature des Polnischen Rundfunks, 5. 9. 2000).
7 Marek Tomaszewski, *Jan Karski – ostatnie wspomnienie*, a. a. O., Nr. 338/T. 2.
8 Jerzy Leśnik, *Zmarł prof. J. Slowikowski, ostatni z wybawicieli Jana Karskiego;* Portal sądeczanin. info.
9 Marek Tomaszewski, *Jan Karski – ostatnie wspomnienie*, a. a. O., Nr. 338/T. 2.
10 Stanisław M. Jankowski, *Karski*, a. a. O., S. 151 f.
11 Jan Karski, *Relacja dotycząca: Bohaterskich czynów mjr rez. Jana Słowikowskiego związanych z ratowaniem mego życia w lipcu 1940 roku* (in: Aleksander B. Skotnicki, *Jan Karski. Człowiek, który chciał zatrzymać Holokaust*. Verlag AA, Krakau 2009, S. 15).

8. Arbeit im Untergrund

1 Włodzimierz Kalicki, *Retinger, gracz, który budował Europę* (in: Gazeta Wyborcza, 20. 9. 2010).
2 Jan Pomian, *Józef Retinger. Życie i pamiętnik «szarej eminencji»*. Verlag Pelikan, Warschau 1990, S. 191.
3 Ebd., S. 110.
4 Ebd., S. 113.
5 Ebd., S. 114 f.
6 Ebd., S. 115.
7 Film *Moja misja*, a. a. O.
8 Ebd.
9 Jan Karski/Maciej Wierzyński, *Emisariusz własnymi słowami*, a. a. O., S. 77.
10 Stanisław Mackiewicz (Cat), *Lata nadziei*, a. a. O., S. 119.
11 Stanisław M. Jankowski, *Karski*, a. a. O., S. 177.
12 Jan Karski/Maciej Wierzyński, *Emisariusz własnymi słowami*, a. a. O., S. 80.

9. Der Augenzeuge

1 Władysław Bartoszewski, *Środowisko naturalne, korzenie*. Verlag Świat Książki, Warschau 2010, S. 162.
2 Ebd., S. 193.
3 Zofia Kossak-Szczucka, *Die Prophezeiungen erfüllen sich*. Aus dem Polnischen von Jürgen Hensel (in: *Der Fremde als Nachbar. Polnische Positionen zur jüdischen Präsenz. Texte seit 1800*. Hg. François Guesnet. Suhrkamp Verlag, Frankfurt am Main 2009, S. 427).
4 Marcel Reich-Ranicki, *Mein Leben*. Deutsche Verlags-Anstalt, Stuttgart/München 1999, S. 250.
5 Jan Karski/Maciej Wierzyński, *Emisariusz własnymi słowami*, a. a. O., S. 103.
6 Vorwort zu David Landau, *Caged. A Story of Jewish Resistance*. Pan Macmillan Australia, Sydney 2000.
7 Jan Karski, *Mein Bericht*, a. a. O., S. 460.
8 Anna Mieszkowska, *Die Mutter der Holocaust-Kinder. Irena Sendler und die geretteten Kinder aus dem Warschauer Ghetto*. Aus dem Polnischen von Urszula Usakowska-Wolff und Manfred Wolff. DVA, München 2006, S. 112.
9 Anna Mieszkowska im Gespräch mit der Autorin; 4. Juni 2012.
10 Dies., *Die Mutter der Holocaust-Kinder*, a. a. O., S. 285.
11 Jan Karski, *Mein Bericht*, a. a. O., S. 460.
12 Ryszard Kapuściński, *Die Welt im Notizbuch*, a. a. O., 246 f.
13 Witold Bereś/Krzysztof Burnetko, *Marek Edelman erzählt*, a. a. O., S. 184.
14 Jan Karski/Maciej Wierzyński, *Emisariusz własnymi słowami*, a. a. O., S. 102.

15 Mitschnitt der Podiumsdiskussion *Erinnerung an Jan Karski*, a. a. O.

16 Hanna Krall, *Liebe* (in: H. K., *Da ist kein Fluss mehr.* Aus dem Polnischen von Roswitha Matwin-Buschmann. Verlag Neue Kritik, Frankfurt am Main 1999, S. 14 f.).

17 Dies., *Porträt mit Kinnladensteckschuss* (in: H. K., *Tanz auf fremder Hochzeit.* Aus dem Polnischen von Hubert Schumann. Verlag Neue Kritik, Frankfurt am Main 1993, S. 94).

18 Jan Karski, *Mein Bericht*, a. a. O., S. 486 f.

19 Zofia Kossak-Szczucka, *Protest*; zitiert nach: E. Thomas Wood/Stanisław M. Jankowski, *Jan Karski – Einer gegen den Holocaust*, a. a. O., S. 169.

20 Ebd., S. 169 f.

21 Władysław Bartoszewski, *Środowisko*, a. a. O., S. 193 f.

22 Ebd., S. 155.

23 Ebd.

24 Aleksandra Klich/Ewa Furtak, *Spór o Zofię Kossak* (in: Gazeta Wyborcza, Beilage *Wysokie Obcasy*, 26. 3. 2007).

10. «Polnisches London»

1 Jan Karski im Gespräch mit der Autorin; 22. Januar 1997.

2 Ders./Maciej Wierzyński, *Emisariusz własnymi słowami*, a. a. O., S. 112.

3 Ders. im Gespräch mit der Autorin; 22. Januar 1997.

4 Film *Messenger from Poland*, Regie: Martin Smith, Großbritannien 1987.

5 Gustaw Herling, *Tagebuch bei Nacht geschrieben.* Ausgewählt und aus dem Polnischen übersetzt von Nina Kozlowski. Hanser Verlag, München/Wien 2000, S. 410.

6 Edward Raczyński, *W sojuszniczym Londynie. Dziennik 1939–1945.* Verlag NOWa, Warschau 1989, S. 157 f.

7 Ders., *Bericht des polnischen Außenministers an die alliierten Regierungen über die Judenvernichtung in Polen* (in: *Der Fremde als Nachbar*, a. a. O., S. 462).

8 Ebd.

9 Ebd., S. 468.

10 Edward Raczyński, *W sojuszniczym Londynie*, a. a. O., S. 157 f.

11 Jerzy Lerski, *Emisariusz Jur.* Vorwort Stefan Korboński. Verlag Interim, Warschau 1989, S. 65.

12 Ebd., S. 66.

13 Antoni Słonimski, *Alfabet wspomnień.* Verlag PIW, Warschau 1975, S. 96 f.

14 Stanisław M. Jankowski, *Karski*, a. a. O., S. 257.

Maria Kuncewiczowa: *Der Unbekannte*

Maria Kuncewiczowa, *Nieznajomy* (in: Nowa Polska, London 1943, H. 3). Aus dem Polnischen von Marta Kijowska.

11. Bei den Briten

1 Jerzy Korczak, *Jan Karski – Opowieść biograficzna.* Verlag Veda, Warschau 2010, S. 86.
2 Jan Karski/Maciej Wierzyński, *Emisariusz własnymi słowami*, a. a. O., S. 160.
3 Ebd., S. 157.
4 Ebd., S. 165.
5 Stanisław M. Jankowski, *Karski*, a. a. O., S. 297 f.
6 Ebd., S. 583.
7 Jan Karski/Maciej Wierzyński, *Emisariusz własnymi słowami*, a. a. O., S. 140.
8 Ryszard Kapuściński, *Lapidarium*, a. a. O., S. 57.
9 Feliks Topolski, *Fourteen Letters.* Faber and Faber, London 1988, keine Seitennummerierung.
10 Alexei Tolstoy/A Polish Underground Worker/Thomas Mann, *Terror in Europe. The Fate of the Jews.* National Committee for Rescue from Nazi Terror, London 1943, S. 9.
11 Ebd., S. 11.
12 Antoni Słonimski, *Alfabet wspomnień*, a. a. O., S. 97.
13 Jan Karski im Gespräch mit der Autorin; 22. Januar 1997.
14 Andrzej Wajda im Gespräch mit der Autorin; 13. September 2007.
15 *Aufruf des Judenhilfsrats (Mai 1943).* Aus dem Polnischen von Peter Oliver Loew (in: *Der Fremde als Nachbar*, a. a. O., S. 458 f.).
16 Jan Józef Lipski, *Über den Sinn des Warschauer Ghettoaufstands* (in: J. J. L., *Wir müssen uns alles sagen.* Deutsch-polnischer Verlag, Warschau 1998, S. 240).
17 Hanna Krall, *Schneller als der liebe Gott.* Aus dem Polnischen von Klaus Staemmler. Suhrkamp Verlag, Frankfurt am Main 1980, S. 20.
18 Jan Karski, *Mein Bericht*, a. a. O., S. 610.
19 Ders./Maciej Wierzyński, *Emisariusz własnymi słowami*, a. a. O., S. 154.

12. Bis ins Weiße Haus

1 Jan Karski/Maciej Wierzyński, *Emisariusz własnymi słowami*, a. a. O., S. 170.
2 Jan Ciechanowski, *Vergeblicher Sieg.* Thomas Verlag, Zürich 1952, S. 182.
3 Ebd., S. 182.
4 Jan Pomian, *Józef Retinger*, a. a. O., S. 176.
5 Ebd., S. 177.
6 Jan Karski/Maciej Wierzyński, *Emisariusz własnymi słowami*, a. a. O., S. 172.
7 Ebd., S. 178.
8 Jan Karski im Gespräch mit der Autorin; 22. Januar 1997.
9 Jan Ciechanowski, *Vergeblicher Sieg*, a. a. O., S. 182.
10 Ebd., S. 183.

11 Ebd., S. 192 f.
12 Marek Tomaszewski, *Jan Karski – ostatnie wspomnienie*, a. a. O., Nr. 339/T. 3.
13 Zitiert nach: E. Thomas Wood/Stanisław M. Jankowski, *Jan Karski – Einer gegen den Holocaust*, a. a. O., S. 256.
14 Jan Karski, Brief an Jerzy Korczak vom 9. 5. 1991 (in: Aleksander Skotnicki, *Jan Karski*, a. a. O., S. 32 f.).
15 Ders./Maciej Wierzyński, *Emisariusz własnymi słowami*, a. a. O., S. 182.
16 Film *Moja misja*, a. a. O.
17 Marcel Reich-Ranicki, *Mein Leben*, a. a. O., S. 166.

13. Wieder in London

1 Stanisław M. Jankowski, *Filmowe plany emisariusza Karskiego* (in: Realia, 2012, Nr. 1).
2 Zitiert nach: E. Thomas Wood/Stanisław M. Jankowski, *Jan Karski – Einer gegen den Holocaust*, a. a. O., S. 279.
3 Martha Gellhorn, Vorwort zu *Das Gesicht der Zeit. Reportagen 1937–1987*. Aus dem Amerikanischen von Hans-Ulrich Möhring. Knaus Verlag, München/Hamburg 1989, S. 12 f.
4 Dies., Brief an Ernest Hemingway vom 13. 12. 1943 (in: M. G., *Ausgewählte Briefe*. Hg. Calorine Moorehead. Aus dem Englischen von Miriam Mandelkow. Dörlemann Verlag, Zürich 2009, S. 128).
5 Dies., *Drei Polen* (in: *Das Gesicht der Zeit*, a. a. O., S. 112).
6 Ebd., S. 113.
7 Ebd.
8 Ebd., S. 114.
9 Martha Gellhorn, Vorwort zu *Das Gesicht der Zeit*, a. a. O., S. 17.
10 Dies., *Drei Polen* (in: *Das Gesicht der Zeit*, a. a. O., S. 114).
11 Stanisław M. Jankowski, *Filmowe plany*, a. a. O.
12 Jan Nowak-Jeziorański, *Kurier z Warszawy*. Verlag Znak, Krakau 1997, S. 155.
13 Ebd., S. 192.
14 Ebd., S. 247.
15 Ebd.
16 Ebd. 247.
17 Ebd., S. 247 f.
18 Ebd., S. 244.
19 Ebd., S. 244 f.

14. Der Bestseller

1 Stanisław M. Jankowski, *Filmowe plany*, a. a. O.
2 Jerzy Lerski, *Emisariusz Jur*, a. a. O., S. 156.

3 Ebd., S. 160.
4 Jan Pomian, *Józef Retinger*, a. a. O., S. 192.
5 Ebd.
6 Ebd., S. 197 f.
7 Jan Karski/Maciej Wierzyński, *Emisariusz własnymi słowami*, a. a. O., S. 206.
8 Zitiert nach: Jan Lechoń, *Dziennik*, 3 Bde. Caldra House, London 1970, Bd. 3, S. 341.
9 Stanisław Mackiewicz (Cat), *Lata nadziei*, a. a. O., S. 183.
10 Jan Karski/Maciej Wierzyński, *Emisariusz własnymi słowami*, a. a. O., S. 132.
11 Zbigniew Brzeziński über Jan Karski; Webseite des Projekts *Jan Karski – Niedokończona misja*, Museum für Polnische Geschichte Warschau.
12 Film *Moja misja*, a. a. O.

15. Das Kriegsende

1 Jan Karski/Maciej Wierzyński, *Emisariusz własnymi słowami*, a. a. O., S. 5.
2 Ebd., S 206.
3 Jerzy Lerski, *Emisariusz Jur*, a. a. O., S. 207 f.
4 Jan Karski/Maciej Wierzyński, *Emisariusz własnymi słowami*, a. a. O., S. 197.
5 Jerzy Lerski, *Emisariusz Jur*, a. a. O., S. 234.
6 Ebd.
7 Ebd.
8 Ebd., S. 234 f.
9 Zitiert nach Heinrich Jaenecke, *Polen*, a. a. O., S. 149.
10 Ebd.
11 Marek Tomaszewski, *Jan Karski – ostatnie wspomnienie*, a. a. O.,Nr. 339/T. 3.
12 Jan Karski/Maciej Wierzyński, *Emisariusz własnymi słowami*, a. a. O., S. 208.
13 Jan Ciechanowski, *Vergeblicher Sieg*, a. a. O., S. 383.
14 Marek Tomaszewski, *Jan Karski – ostatnie wspomnienie*, a. a. O., Nr. 337/T. 1.
15 Jan Karski, Brief an Zofia Kossak-Szczucka vom 5. 9. 1945 (aus dem Archiv der Familie Kossak; Webseite des Projekts *Jan Karski – Niedokończona* misja, Museum für Polnische Geschichte Warschau).
16 Marek Tomaszewski, *Jan Karski – ostatnie wspomnienie*, a. a. O., Nr. 339/T. 3.
17 Jan Karski/Maciej Wierzyński, *Emisariusz własnymi słowami*, a. a. O., S. 225.

16. Der gute Amerikaner

1 Jan Karski/Maciej Wierzyński, *Emisariusz własnymi słowami*, a. a. O., S. 239.
2 Marek Tomaszewski, *Jan Karski – ostatnie wspomnienie*, a. a. O., Nr. 337/T. 1.
3 Ebd., Nr. 337/T. 1.
4 Ryszard Kapuściński, *Notizen eines Weltbürgers*. Aus dem Polnischen von Martin Pollack. Eichborn Verlag, Frankfurt a. M. 2007, S. 30.

5 Jan Karski im Gespräch mit der Autorin; 22. Januar 1997.
6 Waldemar Piasecki, *Koniec inkwizytora* (in: Przegląd, 2007, Nr. 19).
7 Jan Lechoń, *Dziennik*, a. a. O., Bd. 2, S. 517 f.
8 Sławomir Mrożek, *Balthasar. Autobiographie.* Aus dem Polnischen von Marta Kijowska. Diogenes Verlag, Zürich 2007, S. 169.
9 Marek Tomaszewski, *Jan Karski – ostatnie wspomnienie*, a. a. O., Nr. 337/T. 1.
10 Roman Daszczyński, *Na froncie zimnej wojny* (in: Gazeta Wyborcza, 22. 1. 2010).
11 Marek Tomaszewski, *Jan Karski – ostatnie wspomnienie*, a. a. O., Nr. 339/T. 3.
12 Jan Lechoń, *Dziennik*, a. a. O., Bd. 3, S. 534.
13 Marek Tomaszewski, *Jan Karski – ostatnie wspomnienie*, a. a. O., Nr. 337/T. 1.
14 Jan Karski/Maciej Wierzyński, *Emisariusz własnymi słowami*, a. a. O., S. 135.
15 Ders., Brief an *Wiadomości* vom 5. 3. 1967; Archiwum Emigracji przy Bibliotece Uniwersytetu Mikołaja Kopernika w Toruniu.

17. Pola

1 Film *Moja misja*, a. a. O.
2 Ebd.
3 Marek Tomaszewski, *Jan Karski – ostatnie wspomnienie*, a. a. O., Nr. 338/T. 2.
4 Film *Moja misja*, a. a. O.
5 Ebd.
6 Jacek Madeja, *Żyć bez siebie nie mogliśmy* (in: Gazeta Wyborcza, 2. 12. 2008).
7 Kaya Mirecka-Ploss, *Kobieta, która widziała za dużo.* Verlag Świat Książki, Warschau 2012, S. 138.
8 Jacek Madeja, *Życ bez siebie nie mogliśmy*, a. a. O.
9 Film *Moja misja*, a. a. O.
10 Jerzy Korczak, *Słowa po latach milczenia. Rozmowa z profesorem Janem Karskim* (in: Tygodnik Powszechny, 30. 6. 1991).
11 Marek Tomaszewski, *Jan Karski – ostatnie wspomnienie*, a. a. O., Nr. 339/T. 3.
12 Ebd.
13 Kaya Mirecka-Ploss, *Kobieta, która widziała za dużo* a. a. O., S. 138 f.
14 Zitiert nach: Richard Pearson, *Modern Dance Matriarch* (in: Washington Post, 27. 7. 1992).
15 Marek Tomaszewski, *Jan Karski – ostatnie wspomnienie*, a. a. O., Nr. 339/T. 3.
16 Mitschnitt der Podiumsdiskussion *Erinnerung an Jan Karski* a. a. O.

18. Der neue Ruhm

1 Aleksander Klugman, *Jan Karski, jakiego znałem* (in: Midrasz, 2005, Nr. 1).
2 Ebd.
3 Jan Karski, Brief an Jerzy Giedroyc vom 27. 5. 1985; Archiv des Institut Littéraire.

4 Claude Lanzmann, *Der patagonische Hase. Erinnerungen.* Aus dem Französischen von Barbara Heber-Schärer u. a. Rowohlt Verlag, Reinbek bei Hamburg 2010, S. 624.
5 Władysław Bartoszewski, *Środowisko naturalne*, a. a. O., S. 193 ff.
6 Waldemar Piasecki, *Noc Pana Boga. Rozmowa z Elie Wieselem, laureatem pokojowej Nagrody Nobla* (in: Przegląd, 2004, Nr. 28).
7 Jan Karski, *Przywódcy Wolnego Świata wiedzieli o Zagładzie w 1943 roku* (in: Zeszyty Historyczne, 1982, H. 59).
8 Waldemar Piasecki, *Noc Pana Boga*, a. a. O.
9 Jerzy Giedroyc, Brief an Jan Karski vom 15. 2. 1982; Archiv des Institut Littéraire.
10 Jan Karski, Brief an Jerzy Giedroyc vom 16. 5. 1996; Archiv des Institut Littéraire.
11 Władysław Bartoszewski, *Środowisko naturalne*, a. a. O., S. 193 ff.
12 Jerzy Giedroyc, Brief an Jan Karski vom 6. 5. 1985; Archiv des Institut Littéraire.
13 Jan Karski, Brief an Jerzy Giedroyc vom 27. 5. 1985; Archiv des Institut Littéraire.
14 Claude Lanzmann, *Der patagonische Hase*, a. a. O., S. 627.
15 Gerhard Gnauck, «*Eine tragische Gestalt*», a. a. O.
16 Yannick Haenel, *Das Schweigen des Jan Karski.* Roman. Aus dem Französischen von Claudia Steinitz. Rowohlt Verlag, Reinbek bei Hamburg 2011, S. 122 f.
17 Claude Lanzmann, «*Jan Karski*» *von Yannick Haenel: Ein falscher Roman* (in: Presseheft zu *Der Karski-Bericht.* absolut Medien, Berlin 2010).
18 Ders., *Der Karski-Bericht*, Arte 2010.
19 Ebd.
20 Jarosław Kurski, *Karykatury Jana Karskiego* (in: Gazeta Wyborcza, 22. 3. 2010).

19. Rückkehr nach Polen

1 Jerzy Korczak, *Wyrazić wdzieczność dla Jana Karskiego* (in: Tygodnik Powszechny, 25. 2. 1990).
2 Ebd.
3 Jan Karski, Brief an Jerzy Korczak vom 1. 8. 1990 (in: Aleksander Skotnicki, *Jan Karski*, a. a. O., S. 32).
4 Jerzy Korczak, *Jan Karski*, a. a. O., S. 188.
5 Jan Karski, Dankesrede bei der Verleihung des Ehrendoktortitels der Warschauer Universität am 18. 6. 1991; Abdruck in: Dziennik Polski, 1. 7. 1991.
6 Jerzy Korczak, *Slłwa po latach milczenia*, a. a. O.
7 Ders., *Jan Karski*, a. a. O., S. 188 f.
8 Ders., *Słowa po latach milczenia*, a. a O.

9 Jan Karski, Brief an Jerzy Korczak vom 26. 6. 1991 (in: Aleksander Skotnicki, *Jan Karski*, a. a. O., S. 33).
10 Kaya Ploss, *Ta ostatnia niedziela*, Manuskript; Archiv von K. P.
11 Jan Karski, Brief an Jerzy Korczak vom 30. 11. 1992 (in: Aleksander Skotnicki, *Jan Karski*, a. a. O., S. 33).
12 Kaya Ploss, *Ta ostatnia niedziela*, a. a. O.
13 Henryk Grynberg, *Pamiętnik*. Verlag Świat Książki, Warschau 2011, S. 425.
14 Marek Tomaszewski, *Jan Karski – ostatnie wspomnienie*, a. a. O., Nr. 339/T. 3.
15 Henryk Grynberg, *Pamiętnik*, a. a. O., S. 438 f.
16 Waldemar Piasecki, *Chylę czoło przed bohaterem. Rozmowa z Lechem Wałęsą, laureatem Nagrody Wolności im. Jana Karskiego* (in: Przegląd, 2007, Nr. 5).
17 Jan Karski, Brief an Jerzy Korczak vom 12. 12. 1993 (in: Aleksander Skotnicki, *Jan Karski*, a. a. O., S. 33 f.).
18 Film *Moja misja*, a. a. O.
19 Waldemar Piasecki, *Nie mówcie, że Karski nie ma rodziny! Rozmowa z dr Wiesławą Kozielewską-Trzaską, bratanicą i córką chrzestną bohatera* (in: Wprost, 24. 5. 2012).
20 Jan Karski, Offener Brief an Aleksander Kwaśniewski (in: Trybuna, 25./26. 11. 1995).
21 Jan Nowak-Jeziorański u. a., Offener Brief an Jan Karski (in: Tydzień Polski, 16. 12. 1995).
22 Ebd.
23 Kaya Ploss, E-Mail an Anna Mieszkowska vom 26. 2. 1996.
24 Michał Fajbusiewicz im Gespräch mit der Autorin; 31. August 2012.
25 Jan Karski, Brief an Jerzy Giedroyc vom 25. 7. 1996; Archiv des Institut Littéraire.
26 Henryk Grynberg, *Pamiętnik*, a. a. O., S. 491.
27 Michał Fajbusiewicz, *Byłem płytą gramofonową. Wspomnienie o Janie Karskim.* TV Polska 2000; Abschrift der Filmkassette, Archiv von M. F.

20. Die letzten Jahre

1 Claudia Freytag, *Von der Pflicht zu reden. Jan Karski berichtet über seine Erlebnisse als V-Mann im Warschauer Ghetto* (in: Kölner Stadt-Anzeiger, 25. 1. 1997).
2 Lothar Evers im Gespräch mit der Autorin; 19. September 2012.
3 E. Thomas Wood, *Karski in His Own Words* (in: Plus. Journal for Polish American Affairs, 14. 6. 2008).
4 Krzysztof Masłoń: *Za dużo widziałem. Wywiad z Janem Karskim przeprowadzony w grudniu 1999 r.* (in: Rzeczpospolita, 15./16. 7. 2000).
5 Wojciech Jaruzelski, *Listy*, Agencja ATM, Warschau 2010, S. 292.
6 Waldemar Piasecki, *Lekcja Karskiego* (in: Przegląd, 2005, Nr. 29).
7 Dariusz Jabłoński im Gespräch mit der Autorin; 28. August 2012.

8 Waldemar Piasecki, *Kolczasty anioł stróż* (in: Przegląd, 2009, Nr. 41).
9 Witold Bereś/Krzysztof Burnetko, *Marek Edelman erzählt*, a. a. O., S. 183.
10 Jan Karski in Lodz im Jahre 2000; Filmmaterial aus dem Archiv von Michał Fajbusiewicz.
11 Ebd.
12 Ebd.
13 Mariusz Handzlik, *The Last Game* (in: The Karski Connection, 2005, Nr. 1).
14 Waldemar Piasecki, *Mariusz Handzlik: Pożegnanie* (in: Dziennik Związkowy, 10. 4. 2010).

BILDNACHWEIS

Archiv Jerzy Leśniak S. 120, 125
KARTA (Fundacja Ośrodka KARTA) S. 128, 169, 314
Marian Fajbusiewicz S. 307
NAC (Narodowe Archiwum Cyfrowe) S. 49, 51, 54, 59, 100, 101, 132, 143, 151, 191, 207, 209, 211, 213, 216, 233, 235, 292

PERSONENREGISTER

Stadtmuseum Lodz S. 17, 19, 24, 29, 32, 35, 43, 206, 252, 287, 295, 312, 333, 337, 355
Adenauer, Konrad 343, 345
Albertyn, Pater 25
Allbright, Madeleine 314
Anders, Władysław 136, 279
Anielewicz, Mordechaj 201
Arad, Yitzhak 152–153, 311
Arciszewski, Tomasz 250, 257–258, 261–262
Asquith, Herbert enry 188

Balfour, Arthur James 188
Banach, Stefan 34
Bart, Andrzej 349
Bartoszewski, Władysław 69, 86–87, 143, 156–157, 309–310, 315, 318, 335
Beck, Józef 48, 50–51, 53–57, 59, 62–63, 70, 73, 101, 138, 189, 299
Berenbaum, Michael 354
Berija, Lawrenti 199
Berle, Adolf 211
Berman, Jakub 266
Bernstein, Leonard 254–255
Berry, Gerald 196
Biddle, Anthony J. Drexel 70, 189, 204, 214,
Biddle , Francis 211
Biebow, Hans 349
Bielecki, Tadeusz 99, 173
Bierut, Bolesław 257
Blatt, Thomas 153
Bleicher, Heinz Max 345
Bobkowski, Andrzej 112–113
Bohlen, Charles 211, 273
Borzęcki, Marian 85–89, 100, 110
Brzeziński, Tadeusz 251
Brzeziński, Zbigniew 251, 310
Budjonny, Semjon Michailowitsch 65
Bullitt, William C. 211

Calles, Plutarco Elías 126
Capra, Frank 232
Carter, Jimmy 251, 310
Castellane, Boni de 126
Cat-Mackiewicz, Stanisław 98–99, 137, 248
Chamberlain, Arthur Neville 55, 189
Chaplin, Charlie 34
Chruschtschow, Nikita 283
Churchill, Winston 127–130, 165, 187, 189–191, 200, 203, 208–209, 234, 237–238, 242–245, 247, 249–250, 258–262, 264, 286, 299
Chwistek, Leon 33
Cicognani, Amleto 220
Ciechanowski, Jan 15, 204–207, 210, 212, 214–218, 220–221, 227, 232, 239, 258, 264–265, 269, 271, 273, 284
Ciołkosz, Adam 173
Clinton, Bill 295, 330–331
Cohen, Ben 211–212
Conrad, Joseph 126, 188, 196
Cox, Oscar 211–212
Cripps, Stafford 136
Crow, Peter 304
Curtiz, Martin 231

Cyrankiewicz, Józef 107, 114, 121, 131–133, 301
Czartoryski, Adam 347
Czekalski, Marek 348
Czerniaków, Adam 145

Dąbrowska, Maria 57, 68
Dalton, Hugh 194
Davies, Joseph E. 231
Davis, Richard T. 298
Dębski, Aleksander 108–109
Dedecius, Karl 14, 16, 20, 21, 26, 29, 30, 356
Dejmek, Kazimierz 350
Dickens, Charles 172
Donovan, William J. 211, 220, 253
Drymmer, Wiktor Tomir 35, 48–50, 54, 60, 70, 105
Dubrow, Elbridge 211

Easterman, Alexander L. 166
Edelman, Marek 14, 151–152, 202, 348, 350–351, 354–356
Eden, Anthony 136, 166, 171, 189–193, 258, 309
Ehrlich, Frances 40
Ehrlich, Krystyna 40
Ehrlich, Ludwik 33, 40
Eisenhower, Dwight D. 276, 279, 282–283, 296, 345
Ejbuszyc, Lejb 26
Elisabeth II., Königin von Großbritannien, 195
Engels, Kurt 153–154
Epstein, Jacob 293
Evers, Lothar 341, 343

Fajbusiewicz, Michał 336–339, 352
Fallaci, Oriana 354
Feiner, Leon 146–150, 152–153, 158, 168, 201, 310
Feis, Herbert 211, 218
Felman, Shoshana 10
Ficowska, Elżbieta 150
Field, Noël 281
Ford, John 232
Fox, Severin *siehe* Fuchs, Salomon
Frank, Brigitte 94
Frank, Hans 87, 94–95
Frank, Niklas 94
Frankfurter, Felix 211–213, 218
Fuchs, Salomon 26, 29

Garczyńska, Maria 104–105
Gellhorn, Martha 227–229
Genewein, Walter 348
Georg V., König von Großbritannien, 195
Geremek, Bronisław 354
Getts, Clark H. 244
Geyer, Ludwig 21
Giedroyc, Jerzy 312–316, 336–337, 339
Gierałtowski, Krzysztof 10
Gierek, Edward 299–301
Ginzburg, Yankele 305
Głód, Karol 121
Goebbels, Joseph 84
Göring, Hermann Wilhelm 44, 52, 58, 123
Göth, Amon 133
Goldberg, Sasza 26
Goldmann, Nahum 211, 214
Gollancz, Victor 196
Gombrowicz, Witold 313
Gomułka, Władysław 279, 284, 299, 301
Gorbatschow, Michail 277, 347–348
Gore, Al 330
Grandi, Dino 131
Greenwood, Arthur 194
Grinberg, Daniel 330
Grobelny, Julian 158
Grottger, Artur 174
Grydzewski, Mieczysław 55
Grynberg, Henryk 23, 329–331, 339
Grzybowski, Wacław 72

Haenel, Yannick 8, 319–322
Haider, Jörg 351
Hamann, Heinrich 124
Handzlik, Mariusz 352–354
Hausner, Gideon 311
Heinrich, Walter 24
Hemingway, Ernest 227–229
Henderson, Loy 211
Henderson, Neville 62
Herbst, Stanisław 160
Herling, Gustaw 170
Hillman, Sidney 219
Himmler, Heinrich Luitpold 84, 123, 198
Hiss, Alger 278
Hitchcock, Alfred 253
Hitler, Adolf 38, 44, 52–53, 56–58, 62–64, 68, 71, 79, 95, 146, 205, 266, 290, 298, 326
Hlond, August 173
Höberth, Eugen von 94
Holland, Agnieszka 36
Hoover, Herbert 21, 268–269, 272
Hopkins, Harry 227
Horaz, 131
Horowitz, Bronisław 27
Horst, Louis 293
Hull, Cordell 189, 211–212, 218
Hume, John 346
Humphrey, Doris 293
Hyde, Ronald 196

Ingarden, Roman 33

Jabłoński, Dariusz 348–349
Jackson, George 294
Jaenecke, Heinrich 61
Jankowski, Jan Stanisław 260, 263
Jankowski, Stanisław M. 8, 76, 153, 324, 344–345
Jaruzelski, Wojciech 346–347
Jenet, Józef 121
Jeziorański, Zdzisław *siehe* Nowak, Jan
Johannes Paul II., 40
Justin, John 292–293
Justinian de Ledesma, John *siehe* Justin, John

Kaczyński, Lech 352
Kaczyński, Zygmunt 173
Kafka, Franz 319
Kaganowitsch, Lasar Moissejewitsch 38
Kanarek, Eliasz 15
Kapuściński, Ryszard 7–8, 151, 195, 275
Katzenelson, Jizchak 23
Kawalkowski, Aleksander 162
Kermisz, Josef 306
Kiepura, Jan 34
Kieślowski, Krzysztof 111
Kirszenbaum, Menachem 146–147, 201, 310
Kleiner, Juliusz 33
Klimkowski, Jerzy 193
Klugman, Aleksander 305–306, 340
Knoll, Roman 138–140, 146
Koestler, Arthur 196–197
Kolbe, Maximilian 7, 24
Komorowski, Tadeusz 114, 121, 131, 133, 245–247
Korboński, Stefan 108–109, 114, 139, 174, 246
Korczak, Janusz 7
Korczak, Jerzy 186, 323–328, 331
Kościuszko, Tadeusz 217, 347
Kosiński, Jerzy 14, 356
Kossak, Jerzy 142
Kossak, Juliusz 142
Kossak, Tadeusz 142
Kossak, Wojciech 142
Kossak-Szczucka, Zofia 142–144, 155–157, 160, 172, 266–268, 310
Kostołowski, Erazm 36
Kot, Stanisław 98–106, 108–109, 127, 129, 136, 220–222, 224–226, 240–242, 257, 269

Kozielewska, Jadwiga 107, 135, 268, 275, 284–285
Kozielewska , Walentyna (geb. Burawska) 17, 18, 20–23, 31, 35, 49, 268, 351
Kozielewska-Trzaska, Wiesława 332–333
Kozielewski, Andrzej 18
Kozielewski, Cyprian 19
Kozielewski, Edmund 24
Kozielewski, Laura 19, 81–82
Kozielewski, Marian 17, 19, 31–32, 35–36, 41–42, 46, 82–87, 89–90, 92–93, 100, 102, 104, 106–107, 135, 268, 275, 284–285, 329
Kozielewski, Stefan jun. 332
Kozielewski, Stefan sen. 17–18
Kozłowski, Maciej 324
Krajewski, Alfred 97
Krall, Hanna 153, 202
Kraus, Charles H. 277
Krauze, Edmund 160
Kriza, John 254–255
Kucharski, Eugeniusz 91–92, 117
Kucharski, Witold 91–92, 117
Kułakowski, Adam 167
Kuncewiczowa, Maria 175, 185
Kunert, Andrzej 350
Kuroń, Jacek 334, 349, 354
Kurski, Jarosław 321
Kwaśniewska, Jolanta 353
Kwaśniewski, Aleksander 15, 334–337, 354
Kwieciński, Franciszek 108
Kwieciński, Michał 200

Landau, Dawid (Dudek) 148, 201, 332
Lane, Allen 196
Lang, Harold 254–255
Lange, Oskar 273
Langrod, Bronisława 132–133
Lanzmann, Claude 8, 306–309, 314–322, 324
Laqueur, Walter 314
Laskowik, Józef 122
Lau, Israel Meir 339
Law, Richard 166, 194
Lechoń, Jan 279, 284–285
Lehr-Spławiński, Tadeusz 94
Leiner, Mordechaj Józef 153
Lenin, Wladimir Iljitsch 162
Lenoch-Bukowska, Jadwiga (Cousine) 18, 27, 35
Lerman, Miles 328
Lerski, Jerzy 41, 91–92, 103, 172–173, 232–233, 242, 258, 261–262, 267
Lewis, Clarence C. 294
Limón, José 293
Lipmann, Walter 213
Lippe-Biesterfeld, Bernhard Prinz zur 286
Lipski, Jan Józef 202
Lipski, Józef 52–53, 58–59, 62–63, 299
Lubitsch, Ernst 230
Ludwig XVI., König von Frankreich, 41
Łukasiewicz, Juliusz 104–105

Majski, Iwan 136, 187
Makowiecki, Jerzy 134, 138, 160
Malraux, André 197
Mann, Thomas 197
Martin, Kingsley 196
Mason-MacFarlane, Frank Noël 163–164
Maurier, Daphne du 197
Mazowiecki, Tadeusz 348
McCarthy, Joseph 277–279
McCloy, John 211, 218
McCormick, Robert 220
McLaren, Moray 226
Metternich, Clemens Wenzel Fürst von 28
Mickiewicz, Adam 95
Mierzwa, Stanisław 107, 114, 133
Mieszkowska, Anna 149–150

Mikołajczyk, Stanisław 99, 165, 167, 172–174, 186, 204, 206, 209–211, 220, 224–226, 229, 232, 239–240, 242, 244–245, 247, 249–250, 257–260, 266–267, 269–270, 279, 285, 347
Miłosz, Czesław 313
Molotow, Wjatscheslaw Michailowitsch 58, 70, 76
Mooney, Edward 220
Morawski, Jan 122
Mościcki, Ignacy 47–48, 69, 72, 83
Mostowicz, Arnold 348–349
Mrożek, Sławomir 280
Müller, Bruno 94
Musiał, Franciszek 115–116
Mussolini, Benito 57, 292

Nałkowska, Zofia 42
Napoleon I., Bonaparte 28, 234
Nicolson, Harold 189
Nireńska, Pola (Gattin) 14–15, 196, 288–298, 302–303, 315, 327–329, 350, 354, 356
Nirensztajn, Pola *siehe* Nireńska, Pola
Nowak, Jan 232–238, 245–246, 248, 259, 281–282, 335

Okulicki, Leopold 260, 263
Olszewski, Janusz 15
O'Malley, Owen 188–189, 262
Orwell, George 197
Osborne, Harold 226
Osóbka-Morawski, Edward 257

Pacewicz, Walentyna 167
Paderewski, Ignacy 328
Palach, Jan 7
Palmer, Roundell Cecil 191
Papée, Kazimierz 170
Pawlikowska-Jasnorzewska, Maria 142
Pehle, John W. 218
Peiper, Tadeusz 51
Peres, Schimon 354
Pétain, Philippe 113
Piasecki, Waldemar 265, 278, 336, 350, 354
Pilc, Tadeusz 107, 121, 133
Piłsudski, Józef 19–20, 25, 31, 41–42, 48, 50–51, 55–56, 65, 85, 87–89, 94, 99–101, 135, 138, 347
Pius XII., 147, 169–170
Ploss, Kaya 296–297, 302, 328–329, 336, 353
Ploss, Sidney 296–297, 302, 353
Polański, Roman 111, 350
Potocki, Józef 142
Poznański, Israel 13, 21
Poznański, Karol 49–50
Proust, Marcel 253
Przytycki, Kuba 26
Pułaski, Kazimierz 279
Pużak, Kazimierz 108, 301

Quisling, Vidkun 182, 277, 326

Raczkiewicz, Władysław 83, 98, 128, 147, 169, 202, 209, 258
Raczyński, Edward Graf 49, 130, 170–172, 204, 258, 269
Radziwiłł, Stanisław 199
Ratajski, Cyryl 139, 146
Reeves, Emery 240, 244
Reicher, Wolf 289
Reich-Ranicki, Marcel 145, 222
Reid, Helen Rodgers 273
Renée (Renia; Geliebte von Karski), 137, 140, 160, 172, 267–268
Renoir, Jean 232
Retinger, Józef Hieronim 126–131, 136, 186–189, 193, 196–197, 208–209, 225, 236–238, 243–245, 249, 286
Reymont, Władysław 14, 29, 356
Ribbentrop, Joachim von 52–53, 58, 62–63, 70, 76, 123
Riegner, Gerhart 166

Ripa, Karol 220–221
Robbins, Jerome 254–255
Roberts, William A. 277
Romer, Tadeusz 218, 239
Roosevelt, Eleanor 227
Roosevelt, Franklin Delano 166–167, 175, 203, 205, 208, 211, 214–219, 226–227, 236, 242, 244–245, 253, 256–260, 262, 264, 274, 299, 309, 320–321, 343
Rosenberg, Ethel Greenglass 278
Rosenberg, Julius 278
Rosieński, Stanisław 121–122
Rosner, Andrzej 350
Rosset, François 157
Rowecki, Stefan 108, 134, 139, 147, 176, 208
Rubinstein, Akiba 352
Rubinstein, Arthur 14, 21, 290, 292, 350, 356
Rugges, Carl 327
Rumkowski, Mordechaj Chaim 349
Rydz-migły, Edward 65, 73
Ryś, Stefan 114–115
Ryś, Zbigniew 114–115, 121–122, 124
Rysiówna, Zofia 111, 114–115, 121, 124
Rzepecki, Jan 133

Saint-Saëns, Camille 290
Salwe, Hersz 352
Samborski, Bogdan 162
Samozwaniec, Magdalena 142
Savery, Frank 186–187, 192
Scheibler, Karl 21, 111
Schindler, Oskar 353
Schwarzbart, Ignacy 168
Scott, Malcolm 164–165
Selborne, Lord von *siehe* Palmer, Roundell Cecil
Sem-Sandberg, Steve 349
Sendler, Irena 148–150
Seneca, 327
Shawn, Ted 293
Siemiątkowska, Zofia 137–138
Sikorska, Helena 176
Sikorski, Władysław 83, 85, 88–89, 97–101, 104–106, 108–110, 127–131, 135–137, 139–140, 147, 165, 167, 170, 173, 175–176, 186–187, 191–195, 199–202, 205–206, 208–211, 215, 220, 236, 270, 347
Silverman, Sydney 166
Singer, Israel J. 22
Siudak, Paweł 98, 165, 168, 172–173
Składkowski, Felicjan Sławoj 69, 83
Skotnicki, Aleksander 304
Sławik, Danuta 123–124
Sławik, Lucjan 123
Słonimski, Antoni 68, 174–175, 198
Słowikowski, Jan 119–122, 124–125, 297
Słowikowski, Teodor 124
Sobański, Antoni 44–45, 68, 195
Sokołowska, Krystyna 240, 254–255
Solarz, Stephen J. 311
Sołtysiński, Stanisław 324–325, 327
Sosnkowski, Kazimierz 89, 104, 209, 236
Soukop, Willi 293
Spellman, Francis 220
Spielberg, Steven 133, 353
Stalin, Josef 38, 58, 71, 75, 136–137, 140, 187, 199–200, 204, 206, 226, 234, 238, 241, 245, 247, 249–250, 257, 259, 262, 266, 280–281, 283, 299, 301, 319
Staniszewski, Władysław 172
Stankowski, Martin 343–344
Stark, Pesach *siehe* Stryjkowski, Julian
Starkiewicz, Leon 25–26
Starzyński, Stefan 83–84
Stein, Edith 343
Steinhaus, Hugo 34
Stevenson, Adlai 296
Stimson, Henry 211
Strauch, Berta 161
Strauch, Rudolf 161

Streicher, Julius 45
Strich, Samuel A. 220
Stroński, Stanisław 174
Stroop, Jürgen 200
Stryjkowski, Julian 37–38
Surzyński, Tadeusz 114
Światło, Józef 281, 283
Świętochowski, Ryszard 88, 110
Szafran, Tadeusz 121
Szembek, Jan 48

Talleyrand, Charles Maurice de 28
Tansman, Aleksander 14, 356
Tienpont, Paul 159
Tischner, Józef 354
Tolstoi, Alexei 197
Tolstoi, Lew Nikolajewitsch 253
Topolski, Feliks 15, 195–196
Tour, Evelyn de la 293
Trimble, David 346
Truman, Harry S. 264
Tuchatschewski, Michail Nikolajewitsch 65
Tuwim, Julian 14, 16, 26, 37, 55, 68, 221–223, 356

Waga, Józef *siehe* Rs, Stefan
Wajda, Andrzej 13, 20, 27, 74, 111, 200
Waldman, Morris 214
Wałęsa, Lech 330–334, 346
Walsh, Edmund A. 274–275, 277–278
Washington, George 217
Weidman, Charles 293
Weiss, Schewach 340
Weizsäcker, Ernst Heinrich Freiherr von 62
Wells , Herbert G. 198
Wertheim, Aleksander 138
Wertheim, Bronisław 138
Wertheim, Janina 138
Wertheim, Stanisław 138
Wideł, Feliks 122
Widerszal, Ludwig 160
Wielopolski, Aleksander 347
Wieniawa-Długoszowski, Bolesław 55
Wierzyński, Maciej 256
Wiesel, Elie 8, 309–312, 324, 354
Wigman, Mary 291, 303
Wise, Stephen 166, 211, 214, 218
Witkiewicz, Stanisław Ignacy 71
Woliński, Henryk 145, 160
Wood , E. Thomas 8, 76, 153, 344–345
Wyspiański, Stanisław 67

Zagajewski, Adam 31
Żak, Franciszek 121
Zaleski, August 170, 279
Zamoyski, Władisław 126, 188
Zanussi, Krzysztof 111
Zarychta, Apoloniusz 53, 105
Żbikowski, Andrzej 89, 91, 102, 106, 153, 218
Żeromski, Stefan 37
Żuławski, Zygmunt 114
Zygielbojm, Szmul 160, 168–169, 202–203